高等职业教育规划教材
高等职业院校船舶技术类专业拓展课程教学用书

Jisuanji Fuzhu Chuanti Sanwei Jiegou Sheji

计算机辅助船体三维结构设计

（船舶工程技术专业）

刘桂香　主编
徐得志　主审

人民交通出版社

内 容 提 要

本书为高等职业教育规划教材，共八章，内容包括：绪论，船体设置，平面板架、曲面板架、肘板的三维建模，出图、出船体报表、提取 HDSHM 系统需要的数据。本书以沪东中华造船集团研发的 EFSHD 船体结构设计系统为基础，运用计算机辅助进行船体三维建模，大量地引用现代船舶绘图理念，具有一定的前沿性、实践性和可操作性。

本书适用于船舶工程技术专业的学生，也可供相关行业的技术人员参考使用。

图书在版编目（CIP）数据

计算机辅助船体三维结构设计／刘桂香主编. —北京：人民交通出版社，2010.1

ISBN 978-7-114-08190-3

I. 计… II. 刘… III. 船体结构－计算机辅助设计－高等学校：技术学校－教材 IV. U663-39

中国版本图书馆 CIP 数据核字（2010）第 000582 号

高等职业教育规划教材

书　　名：计算机辅助船体三维结构设计
著 作 者：刘桂香
责任编辑：钱悦良
出版发行：人民交通出版社
地　　址：（100011）北京市朝阳区安定门外外馆斜街 3 号
网　　址：http://www.chinasybook.com
销售电话：（010）64981400，59757915
总 经 销：北京交实文化发展有限公司
印　　刷：北京鑫正大印刷有限公司
开　　本：787×1092　1/16
印　　张：14.75
字　　数：348 千
版　　次：2010 年 1 月第 1 版
印　　次：2013 年 6 月第 2 次印刷
书　　号：ISBN 978-7-114-08190-3
印　　数：2001－5000 册
定　　价：33.00 元

前言

QIANYAN

为深入贯彻《教育部关于全面提高高等职业教育教学质量的若干意见》,积极推进课程改革和教材建设,为职业教育教学和培训提供更加丰富、多样和实用的教材,更好地满足我国造船工业快速发展的需要,中国交通教育研究会职业教育分会船舶技术专业委员会组织全国开办有船舶技术类专业的职业院校及其骨干教师,编写了高等职业教育船舶技术类专业拓展课程系列规划教材。

本系列教材注重以就业为导向,以能力为本位,面向市场,面向社会,体现了职业教育的特色,满足了高素质的实用型、技能型船舶技术类专业高等职业人才培养的需要。

本系列教材是针对三年制高等职业教育编写的,二年制的也可参考使用。同时,本系列教材还适用于船员的考证培训和船厂职工的自学以及其他形式的职业教育。

《计算机辅助船体三维结构设计》充分体现了高等职业教育培养目标、岗位能力、学生综合素质的培养要求,注重运用计算机辅助进行船体三维建模,将理论与实践紧密地结合在一起,加强学生实际动手能力,大量地引用现代船舶绘图理念,与当今造船业的新工艺、新技术密切结合,既能使学生毕业后快速胜任工作岗位需要,又增强了适应职业变化的能力,突出了学生综合素质、创新能力和创业精神的培养,具有一定的前沿性、实践性和可操作性,适用于船舶工程技术专业的学生使用。

本书共分八章,内容包括:绪论、船体设置、平面板架、曲面板架、肘板的三维建模、出图、出船体报表、提取 HDSHM 系统需要的数据。

参加本书编写工作的有:主编江苏海事职业技术学院刘桂香(编写第一至三章),参编江苏海事职业技术学院端木玉(编写第四、五、八章)、九江职业技术学院高靖(编写第六、七章)。

本书由武汉交通职业学院徐得志担任主审,沪东中华造船(集团)有限公司上海东欣软件工程有限公司贾宝华高级工程师担任指导,在此表示感谢!

限于编者经历和水平,教材内容难以覆盖全国各地的实际情况,希望各教学单位在积极选用和推广本系列教材的同时,注重总结经验,及时提出修改意见和建议,以便再版修订时改正。

中国交通教育研究会职业教育分会船舶技术专业委员会
二〇一〇年一月

目录
MULU

第一章 绪 论

在我国，计算机船体建造系统已在大、中、小各类船厂广泛使用，但国产的三维的计算机船体结构设计系统国内尚不多见。本课程以沪东中华造船集团研发的 EFSHD 船体结构设计系统为基础，结合企业生产实际，与舾装设计系统、船体建造系统集成一体，进行三维结构设计，它将大大提高船舶设计能力和水平，缩短船舶设计和建造周期。

一、EFSHD 船体结构设计系统功能

EFSHD 船体设计系统根据船体设计要求（包括：船体总布置图、基本设计图、分段划分图、技术规格书、有关规范规则、建造方针、施工要领，以及由 HDSHM 船体线型三向光顺系统生成的船体型线等），采用图形交互的方式，进行三维的船体结构产品数据模型的建模，在计算机中先造出这艘船来。

系统可以生成：

（1）船体结构产品数据库。存放平面板架、曲面板架等船体结构的数据。船体结构产品数据带有拓扑关系数据。

（2）船体三维实体模型。屏幕显示的船体三维实体模型实现了交互设计，并为设计者提供了观察船体结构产品数据的窗口。船体三维实体模型也可作为管系设计等系统的船体背景。

（3）船体图纸。包括船体分段图等各种船体图纸，船体图纸符合船体制图标准。

（4）提供给 HDSHM 船体建造系统的零件文件及必要的数据文件。使船体设计与船体计算机辅助建造系统无缝连接。

EFSHD 船体设计系统的主要功能如下：

（1）船体项目设置功能。包括：坐标定位面设置、模型设置、基本船体曲线设置、船体标准设置等功能。

（2）平面板架建模功能。包括：分段定义、板架属性定义、边界定义、板缝定义、板零件定义、内孔定义、边界孔定义、扶强材定义、面板定义、折边定义、切口定义、补板定义、肘板定义、辅助划线等功能。

（3）曲面板架建模功能。包括：船体曲线定义、曲面板缝定义、曲面板定义、曲面型材定义、曲面板架定义等功能。

（4）肘板建模功能。通过参数化建模的方式进行肘板定义。

（5）船体图纸生成功能。生成满足船体制图标准的截面图，提供标注添加和图形处理，得到船体图纸。可以生成分段结构图、工作图、外板展开图。

（6）船体零件生成功能。包括：曲面板缝数据提取，曲面板数据提取，板材船体零件展开，板材和型材零件数据文件生成。

(7)与舾装设计系统的接口功能。

(8)利用 AUTOCAD 图纸的快速建模功能。通过拾取 AUTOCAD 的 DWG 文件中的板架、扶强材、肋骨、纵骨等的图形,快速建模。

(9)通用功能。包括:工程管理、图册和模型的管理、模型的查询、消隐的功能、模型的三维浏览等功能。

二、系统特点

EFSHD 船体设计系统具有以下特点:

1. 船体结构模型数据具有拓扑关系

EFSHD 船体设计系统建立船体结构产品数据库。船体结构产品数据带有拓扑关系数据,这些拓扑关系数据描述了船体结构相互间的关系。

拓扑关系的建立,使得某一结构修改了,其他相关联的船体结构不用重新定义就会自动随之得到修改。例如,肋板板架引用底纵桁、内底和船体曲面为边界,如果底纵桁、内底或船体曲面有修改,肋板无须改动肋板建模数据就能自动得到修改。再例如,肋板上的贯通切口引用纵骨而开设,如果纵骨的位置或规格有修改,肋板上的贯通切口将自动得到修改。

拓扑关系的建立,也使得船体建模可大量采用结构对象复制的方式进行,复制出的结构对象通常不需要作其他修改,这样可加快设计建模进度。

2. 全交互的建模方式,使得能以最直观简便的方式建模

无论是平面板架还是曲面板架建模,都采用全交互的方式建模,是最直观简便的建模方式,所涉及的结构数据都可以通过鼠标在图面上获取,建模的每一个新进展都立即可以在图形上反映出来。

3. 能产生满足船体制图标准的船体图纸

一个船体设计系统是否成功,最重要的一点就是看是否能生成满足船体制图标准的船体图纸。EFSHD 系统能生成满足船体制图标准的各种船体图纸,包括分段结构图,图面中的结构图形是系统自动剖切生成的,图中正面可见和背面被遮盖的板架、扶强材都以船体制图标准规定的线条种类表示。

4. 船体图纸与船体结构产品数据库密切相关

EFSHD 系统生成的船体图纸不是单纯的图形,而是与船体结构产品数据库密切相关,互联互动的。船体结构产品数据库中船体结构修改了,相关的船体图纸一刷新就会自动修改,而选择船体图纸中的船体结构的图形,实际上也选中了船体结构产品数据库中的船体结构,于是可通过图纸修改船体结构产品数据库中的船体结构,也可在图面上标注零件名、材质、坡口,而无须键盘输入字符串,这就保证了船体图纸与船体结构产品数据库的一致性。

5. 船体设计系统与 HDSHM 船体建造系统连成一体

EFSHD 系统着眼于船体的设计建模,满足设计的要求。但 EFSHD 系统与船体建造系统 HDSHM 是连成一体的,EFSHD 系统可作为 HDSHM 系统的前导系统,为 HDSHM 系统提供结构零件的数据和其他曲面板架的数据,使在 HDSHM 系统中不再需要花费时间精力来生成结构零件,或准备外板板缝和外板零件数据,这就大大减少了放样工作量,加快了放样进度。

6. 船体设计系统与舾装设计系统具有相同的平台和风格

EFSHD 船体设计系统与舾装设计系统同属一个总的设计系统，因此，与舾装设计系统具有相同的图形平台和风格，这就使得我们能迅速掌握 EFSHD 船体设计系统和舾装设计系统，触类旁通。

7. 船体设计标准向个人开放

EFSHD 船体设计系统的船体设计标准是开放的。我们完全可以根据自己的工艺和产品的情况，建立自己的贯通切口标准、补板标准、型材端部切割标准、焊接坡口标准和其他标准。

8. EFSHD 系统既适用于船体设计部门也适用于船厂放样

虽然 EFSHD 船体设计系统是为船体设计而开发的，它满足了船体设计的要求，适用于有船体设计能力的船厂和设计院所，但对于没有船体设计能力只按船体图纸放样造船的船厂也是适用的。使用 EFSHD 系统建模，可取代船体零件的生成，系统熟练后，周期会更短，更重要的是，差错会大大减少。

在船体设计状态下，界面上的一级功能按钮如图 1-1 所示。

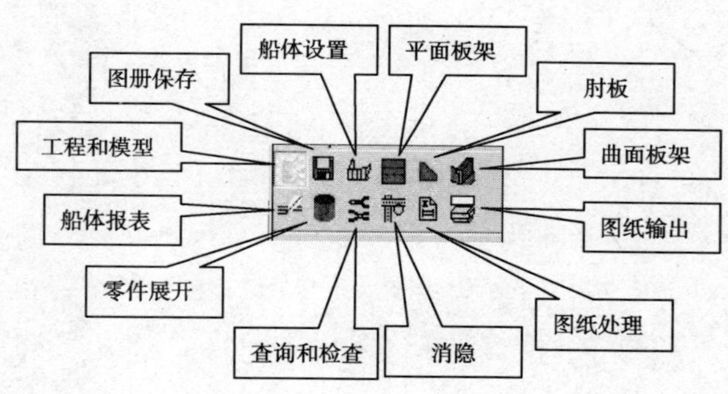

图 1-1　一级功能按钮

SIKAOYULIANXI

一、判断题

1. EFSHD 船体结构设计系统是中国开发的第一套船体结构设计软件。(　　)
2. EFCSD 软件是属于船舶详细设计的软件。(　　)
3. EFCSD 软件按照专业分为船体设计和舾装设计两块。(　　)
4. 模型数据的拓扑关系是该软件使用非常便利的特点。(　　)
5. AUTOCAD 软件是 EFCSD 系统的支撑软件。(　　)
6. EFCSD 软件由 3 个视口组成，分别是三维立体、俯视和主视视口。(　　)
7. EFCSD 软件是开放程序软件。(　　)

二、简答题

1. EFSHD 船体结构设计系统包含的子系统有哪些?
2. EFSHD 船体设计系统的主要功能的主要功能有哪些?
3. EFSHD 船体设计系统本身的特点有哪些?
4. 运行 EFSHD 船体设计系统所要求计算机能达到的最基本的配置是什么?
5. 请说出 EFSHD 船体设计系统与 HDSHM 船体建造系统之间的联系。

第二章　船体设置

知识目标

1. 能够正确理解船体项目设置的内容；
2. 理解和掌握坐标定位面的设置；
3. 理解和掌握船体模型的刷新、船体曲线的设置及船体标注库的设置的主要内容。

能力目标

1. 熟练掌握船体项目设置中工程、图册及模型的选择或创建；
2. 熟练掌握船体坐标定位面的设置；
3. 熟练掌握船体模型的刷新、船体曲线的设置及船体标注库的设置。

第一节　船体项目设置

船体项目设置包括工程、图册、模型等的设置。由于船体设计系统是建立在船舶设计系统(EFCSD)的平台之上的，因此许多针对船舶工程的操作，包括工程管理、图册管理、模型管理等等，均是相通的。在进入船舶设计系统的界面以后，会在界面上出现如图2-1所示的常驻窗口。

点击其中的工程和模型管理按钮，进行船体项目的设置。

一、选择或创建工程

点击“工程管理”按钮，进行工程的选择或创建。但当前工程未关闭时，系统会提示先关闭当前工程再进行工程的选择或创建。

点击“工程管理”按钮，出现如图2-2所示的工程管理对话框。

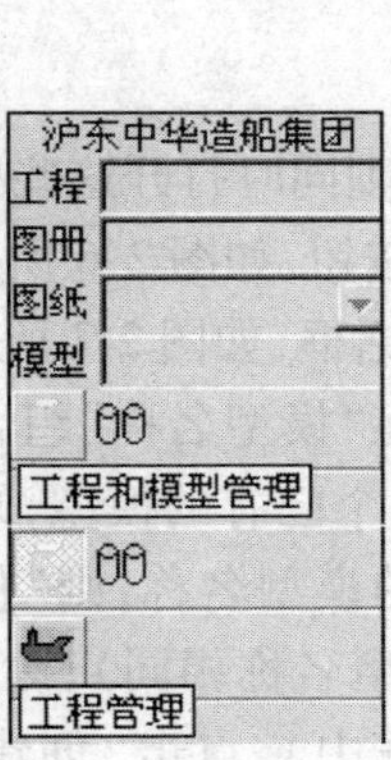

图2-1　船体项目设置

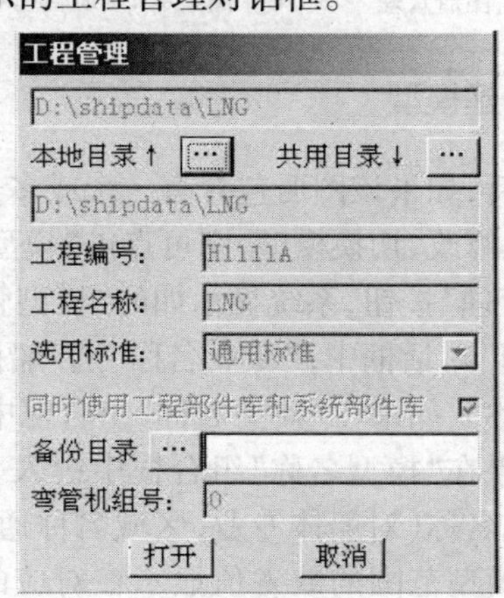

图2-2　工程管理对话框

若点击“本地目录”后的按钮，出现目录选择对话框。如果我们在对话框选择了一个已有的船舶工程的目录，工程管理对话框中即显示所选择的工程的目录、工程编号、工程名称等信息，点击“打开”按钮，即切换到了所选择的工程。

如果在目录选择对话框选择了一个非船舶工程的目录（船舶工程目录的上级目录），工程管理对话框中即把“打开”按钮换名为“创建”，并激活工程目录、工程编号、工程名称和选用标准等编辑框，供操作者键入相应信息。其中，选用标准只对舾装系统起作用，对船体设计，选“通用标准”即可。然后，点击“创建”按钮，即创建了一个新工程。

二、选择或创建图册

在打开工程后，如果没有打开图册，则系统出现图 2-3 所示的按钮，供船体设计人员进行图册选择或创建。

点击“图册管理”按钮，出现如图 2-4 所示的图册管理对话框。在“科室名称”下拉框中选择“船体”。系统在“文件名称”下拉框中显示属于船体的已有的图册文件名称。在“文件名称”下拉框中选择一个已有的图册文件，点击“打开”按钮，即打开选中的图册，显示该图册中的船体模型。

如果在“文件名称”下拉框中键入一个新的图册文件名，或文件名称为空，则图册管理对话框形式变为如图 2-5 所示的形式。此时，在“文件名称”下拉框中键入一个新的图册文件名，并键入新建图册范围，点击“创建”按钮，即创建新的图册。在输入新建图册范围时，可以使用相对肋骨号和纵向定位号的定位坐标表达式。

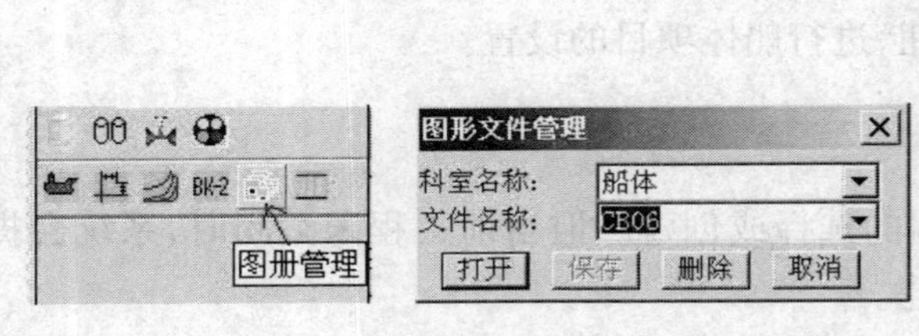

图 2-3　图册管理　　图 2-4　图册管理对话框

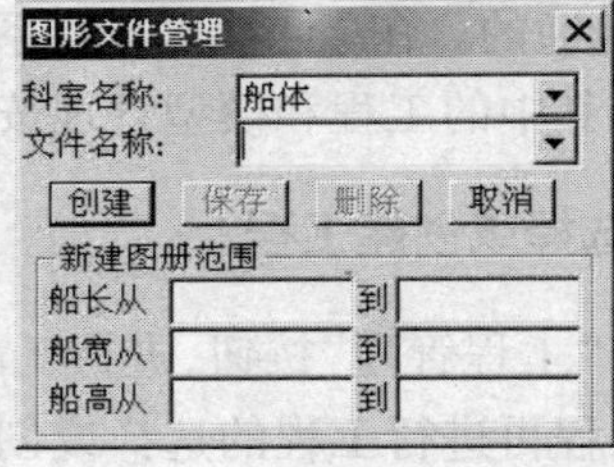

图 2-5　变后的对话框

三、选择或创建模型

在打开图册后，如果该图册包含有一个或多个模型，则同时打开这些模型并显示。如果要在该图册中创建、修改、切换模型，则可点击“模型管理”按钮，如图 2-6 所示。

点击“模型管理”按钮，系统显示如的“模型管理”对话框，如图 2-7 所示。

在“模型管理”对话框中，“专业名称”选“船体”，即在“模型名称”组合框中列出属于船体的已有的模型名称。如果在“模型名称”组合框中选择一个已有的模型，则可对该模型作模型范围的修改。如果在“模型名称”组合框中键入一个新的模型名称，则“修改”变为“创建”按钮，此时键入区域名称（对船体专业，区域名称通常与模型名称相同），键入模型范围（系统把图册的范围作为模型范围的缺省值显示在对应的编辑框中），点击“创建”按钮，即创建了该模型。

所创建的模型应添加到当前图册。如果所选择的模型没在当前图册，也可添加到当前图册。点击“加入图册”按钮，即把模型添加到了当前图册。

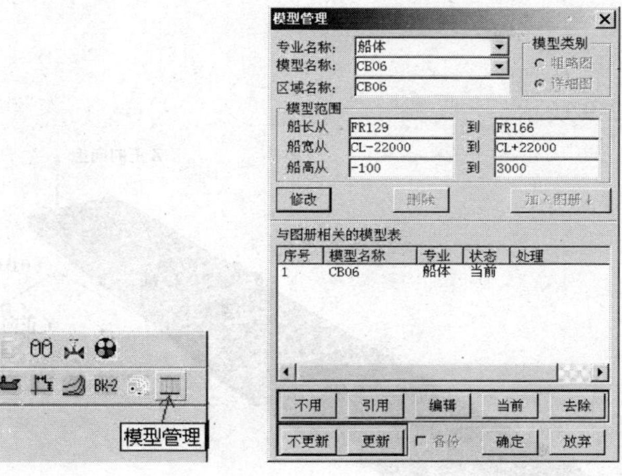

图 2-6　模型管理　　　　图 2-7　模型管理对话框

模型在图册中有“引用”、“当前”等状态。所谓引用，就是将该模型的图形在图册中显示出来，但是不能修改该模型。所谓当前，就是将该模型设置为当前模型，允许修改，并且根据该模型的专业属性设置提供所属专业的功能按钮。在当前图册，可以有多个模型，但只有一个模型可以设置为当前模型。在“与图册相关的模型表”中，选择模型的序号，点击“引用”或“当前”按钮，即可设置模型在图册中的状态。

点击“确定”按钮，完成所作的模型设置，退出“模型管理”对话框。

四、打开上次的工程和图册

如果我们已经创建有工程和模型，则在进入本系统，点击工程和模型管理按钮时，将会弹出对话框提示我们是否打开最近使用的工程和模型，如图 2-8 所示。

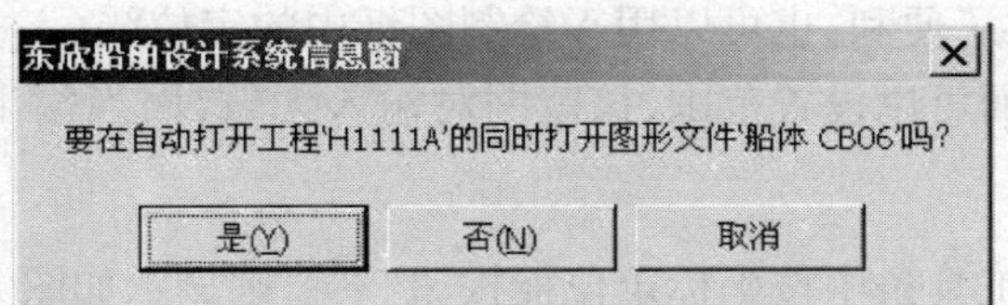

图 2-8　提示对话框

如果选择“是”，则打开上一次操作的工程和图册，在图形区出现图册中所包含的模型的图形，并按打开的当前模型的专业类别出现按专业的按钮。如果打开的模型是船体专业的模型，则进入船体设计的环境。

如果选择“否”，则打开上一次操作的工程，但不打开图册。

如果选择“取消”，系统回到设计的环境，供船体设计人员进行工程选择或创建。

第二节　坐标定位面设置

一、船体坐标系

船体坐标系如图 2-9 所示。

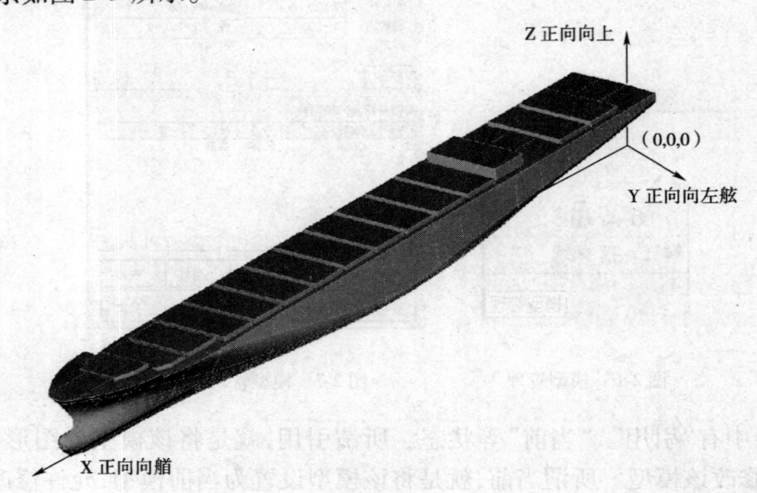

图 2-9　船体坐标系

船体坐标系的坐标轴为 X,Y,Z。无论对民船,还是军船,坐标系的原点通常定在船艉的艉垂线处(0 号肋位处,即 FR0)。X 轴向艏为正,Y 轴向左舷为正,Z 轴向上为正。

二、坐标定位面

坐标定位面是为船体坐标系确定的一组“参照物”(或称为“标签”),用于确定坐标位置,例如,用 FR32 来指示一个横剖面,用 DK1 来指示 1 甲板。有了参照物,以后就可用 FR32 + 300 来表示相对于 32#肋骨向艏加 300 的位置,用 DK1-200 来表示相对于 1 甲板向下 200 的位置,给船舶设计定位提供了便利,也可以用于绘制图纸中的定位线。

本系统的坐标定位面可以设置范围,该范围对输入无效,而当输出时,只有落在范围内的定位位置才会使用。

在工程和模型管理工具条中按坐标定位面按钮 ,则显示如图 2-10 所示的对话框。

三、肋号定位

船长坐标用肋号定位远比用船长绝对坐标定位要便利得多。为了生成“肋号”标签,先要给出肋距定义表数据。肋距定义表数据的格式如下:

F1,d1,F2,d2,F3,…,Ln

这里,Fi 是肋骨号,di 是肋距。以上数据表示,从肋号 F1(也就是全船的最艉部的整肋号,对民船通常是一个负肋号,对军船通常是一个最大的肋号)起,到肋号 F2 止,其间每档肋距是

d1,从肋号 F2 起,到肋号 F3 止,每档肋距是 d2,等等。

在"FR0 坐标"位置输入 0 肋号对应的绝对坐标。

对通常的船舶,0 肋号在艉部,"FR0 坐标"通常为 0。

对军用舰艇,0 肋号在艏部,"FR0 坐标"通常为一个大的正数。

船体基本信息

肋距定义表 -5, 600, 20, 750, 60　FR0座标 0　肋号定位

纵骨宽度表 0, 0, 500, 20　宽度定位

纵骨高度表 500, 21, 500, 40　高度定位

坐标定位名称表:　获取线型文件　甲板定义

定位名称	定位面	坐标值	从船长	到船长	从船宽	到船宽	从船高	到船高
FR53	正向横剖面	36750						
FR54	正向横剖面	37500						
FR55	正向横剖面	38250						
FR56	正向横剖面	39000						
FR57	正向横剖面	39750						
FR58	正向横剖面	40500						
FR59	正向横剖面	41250						
FR60	正向横剖面	42000						
L-20	正向纵剖面	-10000						
L-19	正向纵剖面	-9500						
L-18	正向纵剖面	-9000						
L-17	正向纵剖面	-8500						
L-16	正向纵剖面	-8000						
L-15	正向纵剖面	-7500						
L-14	正向纵剖面	-7000						
L-13	正向纵剖面	-6500						
L-12	正向纵剖面	-6000						

添　加　修　改　删　除　设置定位属性　结束

图 2-10　船体基本信息对话框

按"肋号定位"按钮,即会在"已定义的定位面"列表中列出肋号定位标签。

不能直接修改或删除列表中列出的肋号定位标签,但是能够修改肋号定位面的定位属性。要修改肋号定位标签,必须先修改肋号定位描述数据,然后再按"肋号定位"按钮,在"已定义的定位面"列表中的肋号定位标签即被刷新。

四、纵骨宽度和高度定位

在船体设计中,宽度和高度经常使用舯横剖面上的纵骨位置定位,此时就需要定义纵骨宽度和高度定位数据。通常只考虑外板曲面上的纵骨定位。甲板的纵骨号应在"曲面板架"的"创建标签"中作为"标签"来创建。

纵骨定位表数据格式如下:

d1,L1,d2,L2,d3,L3,…,dn,Ln

这里,Li 是纵骨号,di 是纵骨间距。以上数据表示,纵骨号 L1 的宽度或高度绝对坐标是 d1,从纵骨号 L1 起,到纵骨号 L2 止,其间每档纵骨宽度或高度间距是 d2,从纵骨号 L2 起,到肋号 L3 止,每档纵骨宽度或高度间距是 d3,等等。宽度纵骨号与高度纵骨号不能同号。

有了纵骨定位表数据后,按相应的"宽度定位"或"高度定义"按钮,即会在"已定义的定位面"列表中列出该类纵骨定位面数据。纵骨定位面以 Li 的形式命名。对以宽度表示的纵骨定位面,同时产生 Li 和 L-i,Li 在左舷,L-i 在右舷。

不能直接修改或删除列表中列出的纵骨定位面,但是能够修改纵骨定位面的定位属性。要修改纵骨定位面,必须先修改纵骨定位表数据,然后再按相应按钮,在"已定义的定位面"列表中的纵骨定位面即被刷新。

五、获取线型文件,生成船体曲面

船体曲面由一组型线样条文件表示,包括:

肋骨线样条文件	FRAME * ??. DAT
纵剖线样条文件	BLINE * ??. DAT
水线样条文件	WLINE * ??. DAT
结构线文件	JGX??. DAT

其中,?? 为船号,与船体建造系统的产品数据目录的最后 2 个字符相同。可以有多个船体曲面,例如,船体外壳曲面和内壳曲面。* 是区分各船体曲面的字符串,例如:为空时表示船体外壳曲面,IB 可表示船体内壳曲面。

型线样条文件由 HDSHM 船体建造系统的程序生成,存放在船体建造系统的产品数据目录中。“获取线型文件”就是从船体建造系统的产品数据目录中获取指定的线型文件,改造成船体设计用的船体坐标系下的型线样条文件,存放在船舶设计工程的 DATA 目录中。改造后的型线样条文件的文件名中没有船号??。

按“获取线型文件”按钮,则显示“选择任意一个型线文件”的标准文件选择对话框,从 HDSHM 船体建造系统线型数据目录中选择该船的任意一个线型文件,则该船的线型文件和结构线文件会被提取到本系统中,产生相应的船体曲面。船体曲面命名为:SHELL *。这里,* 即为型线样条文件名中的字符串 *。

六、甲板块定义

为了在本系统中使用甲板面,必须先定义甲板块。具有不带折角的甲板中昂线并且具有相同的梁拱的甲板,称为一个甲板块。一个甲板面由一个或多个甲板块组成。当一个甲板的中昂线有折角时,应在折角位置划分成不同的甲板块。当一个甲板的梁拱在某肋位发生改变时,也应在该肋位划分成不同的甲板块。当一个甲板的梁拱在各肋位都不同时,不宜再作为甲板面处理,而应作为一个船体曲面处理。

按“甲板定义”按钮,则出现如图 2-11 所示的对话框。

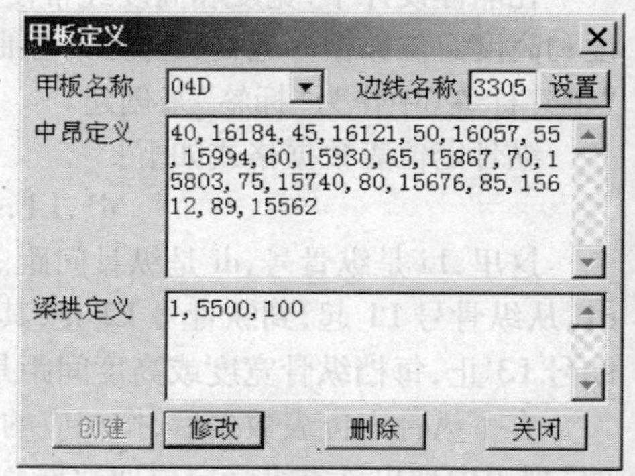

图 2-11 甲板定义对话框

在“甲板名称”中输入要新建或选择要修改的甲板块名称,然后分别在“中昂定义”和“梁拱定义”中输入中昂定义和梁拱定义数据,格式如下:

中昂定义:依次输入中昂上各点的肋位值和高度值。其中肋位前不带字母“FR”。

梁拱定义:依次输入各梁拱段的拱类型、拱宽、拱高。其中拱类型为 0 时是直线段,为 1 时是圆弧段。

如果是 HDSHM 船体建造系统中已经定义的结构线中的甲板,则可以在输入“边线名称”后再按“设置”按钮,让系统根据结构线文件中对甲板的描述,在“中昂定义”和“梁拱定义”输入框中自动显示定义数据。

最后按“创建”或“修改”按钮,即创建或修改了指定的甲板块。

如果要删除一个甲板块定义，则选择"甲板名称"后按"删除"按钮，确认后即可。

定义了甲板块，接着就可进行甲板定位面的定义。

七、其他坐标定位面

除肋号和纵骨定位面外，还有下列6种坐标定位面：正向横剖面、正向纵剖面、正向水线面、甲板面、反向横剖面和反向纵剖面。其中反向横剖面和反向纵剖面专门用于军船。

我们可对这些坐标定位面进行添加、修改和删除。

1. 添加

按"添加"按钮，系统即显示如图2-12所示的"定义定位面"对话框。

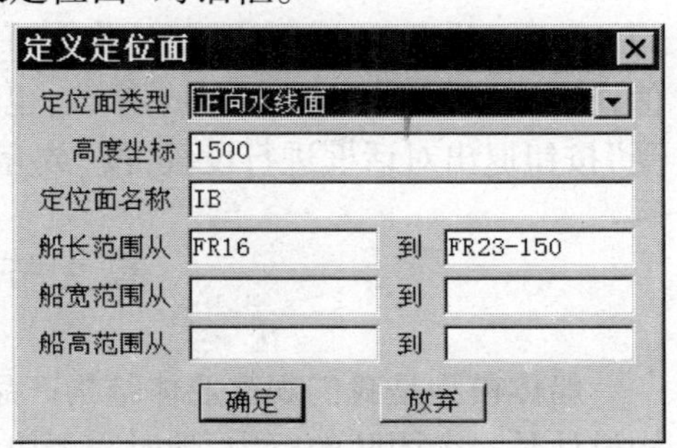

图2-12　定义定位面对话框

定位面类型：在下拉框显示的"正向横剖面"、"正向纵剖面"、"正向水线面"、"甲板面"、"反向横剖面"、"反向纵剖面"中选择一个。

定位位置：当定位面类型选择"横剖面"时，输入长度坐标；选择"纵剖面"时，输入宽度坐标；选择"水线面"时，输入高度坐标；选择"甲板面"时，选择甲板块名称。

定位面名称：由字母、数字、'－'、'_'等字符组成的字符串。对于甲板面，其名称一般与所选择的甲板块名称相同；当甲板面由多块甲板块组成时，其名称应取为与各甲板块同名，所选择的甲板块名称只是其中一块的名称，定位面名称才是合并后的真正名称。

定位面范围：给出坐标定位面的适用范围，船长坐标从多少到多少，船宽坐标从多少到多少，船高坐标从多少到多少。如果某一坐标不给出，则对该方向不作限制。

按"确定"按钮，即生成该坐标定位面，并在"已定义的定位面"列表中列出该坐标定位面，然后可以继续添加。

按"放弃"按钮，即退出坐标定位面的添加。

2. 修改

在"已定义的定位面"列表中选择一个除"肋号定位"和"纵骨定位"外的坐标定位面，然后按"修改"按钮，系统即显示如同"添加"操作时所显示的"定义坐标面"对话框。对话框中的各输入框显示有该定位面的描述数据。修改想修改的数据，然后按"确定"按钮，即完成该坐标定位面的修改，在"已定义的定位面"列表中显示出该坐标定位面的经修改的描述数据。如果按"放弃"按钮，即放弃对该坐标定位面的修改。

3. 删除

在"已定义的定位面"列表中选择一批坐标定位面，然后按"删除"按钮，则显示一个有要删除定位面名称(其中已经去除了"肋号定位"和"纵骨定位"的坐标定位面)的删除确认对话框，确认后系统即删除这些坐标定位面。

八、设置定位属性

坐标定位面有下列属性：

(1)绘制定位线:设置是否要在图纸中绘制该定位线。

(2)标注在边框:设置当绘制定位线时是否要在视区边界标注该定位线名称。

(3)标注在中央:设置当绘制定位线时是否要在视区中央标注该定位线名称。

(4)定位参考:设置该定位面是否作为定位参考面。不作为定位参考面的定位面,一般用于绘制定位线。

在"已定义的定位面"列表中选择一批坐标定位面,然后按"设置定位属性"按钮,则进入如图2-13所示的对话框。该对话框中列出了所有可以设置的属性项目,其中带灰色的项目表示所选择的坐标定位面中该项目的原始值不是相同的,不带灰色的项目表示所选择的坐标定位面中该项目的原始值相同,而且当前设置的就是其原始值。可以将带灰色的项目设置成一个相同的值或者保持灰色则该项目不予修改,也可以设置不带灰色的项目,最后按"接受"按钮退出对话框进行设置,按"放弃"按钮退出对话框,不作设置。

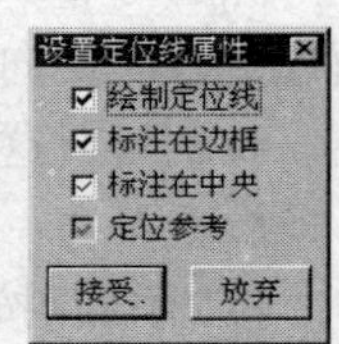

图2-13　设置定位线属性

第三节　船体模型的刷新

船体模型是我们观察船体结构产品数据的窗口,也是进行交互设计建模的界面。船体结构设计是一个团队的行为,随时需要协调和借鉴。每个船体结构设计人员在进行所承担的设计项目时,需要调用已建的船体产品数据,需要知道同伴的进展,这可以通过船体模型的刷新来实现。"船体模型刷新"就是从船体产品数据库中搜索已有的指定的对象,形成船体模型实体并显示。

点击"船体设置"按钮,在弹出的船体设置工具条中点击"刷新船体模型"按钮,系统即显示模型设置对话框,如图2-14所示。

a)

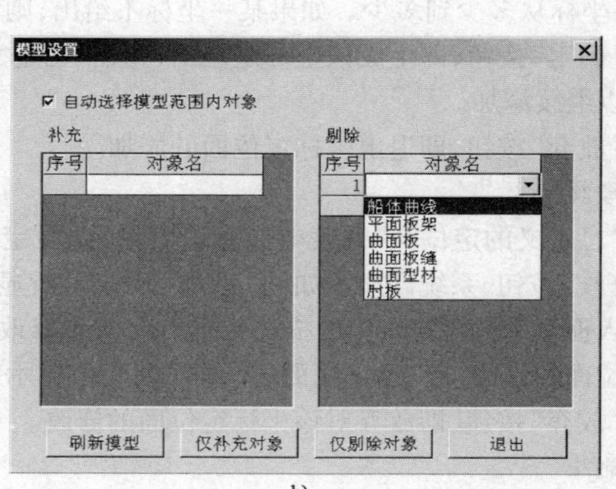

b)

图2-14　模型设置

对话框中,"补充"列表中可以给出指定要加入到模型中去的对象。指定的对象不受模型范围的限制。给出对象名,可以使用通配符"＊"和"?","＊"表示一个字符串,"?"表示一个字符。

"剔除"列表中可以给出不要加入到模型中去的对象。给出要剔除的对象名,可以在组合框的下拉表中选择要剔除的指定的类型的对象,有以下类型的对象可供选择:

船体曲线

平面板架

曲面板

曲面板缝

曲面型材

肘板

也可以在表格中直接键入要剔除的对象名，可以使用通配符“*”和“?”，“*”表示一个字符串，“?”表示一个字符。

我们可进行“刷新模型”、“仅补充对象”和“仅剔除对象”的操作。

一、刷新模型

刷新模型，就是清除模型中原有的实体，根据船体产品数据库中当前的指定的对象，重新形成船体模型实体并显示。

如果选中“自动选择模型范围内对象”复选框，则在刷新模型时模型范围内的对象只要不是指定要剔除的，都选择出来。如果不选“自动选择模型范围内对象”复选框，则在刷新模型时没有自动选择的对象。

在“补充”列表中给出另外要加入到模型中去的对象。在“剔除”列表中给出不要加入到模型中去的对象。

点击“刷新模型”按钮，系统即进行刷新模型。在刷新模型的过程中，系统在窗口的右上角动态显示正在加入到模型中去的船体结构对象名。

当系统显示“模型刷新结束”的信息时，模型刷新结束。但此时图形区显示的实体图形并不立即改变，要等到按“退出”按钮，关闭模型设置对话框，才显示刷新后的模型。

二、仅补充对象

仅补充对象，就是不清除模型中已有的实体，只根据“补充”列表中给出的对象名，从船体产品数据库中提取数据，生成船体模型实体，添加到模型或替换模型中同名的实体，并显示。

做“仅补充对象”的操作，不考虑是否选中“自动选择模型范围内对象”复选框，也不考虑“剔除”列表中的内容。

点击“仅补充对象”按钮，系统即进行补充对象到模型。在补充对象的过程中，系统在窗口的右上角动态显示正在加入到模型中去的船体结构对象名。

当系统显示“模型添加结束”的信息时，补充对象结束。但此时图形区显示的实体图形并不立即改变，要等到按“退出”按钮，关闭模型设置对话框，才显示新的模型。

三、仅剔除对象

仅剔除对象，就是从当前模型中剔除“剔除”列表中给出的对象。

点击“仅剔除对象”按钮，系统即从当前模型中剔除指定的对象。当系统显示“模型剔除结束”的信息时，剔除对象结束。但此时图形区显示的实体图形并不立即改变，要等到按“退出”按钮，关闭模型设置对话框，才显示新的模型。

第四节　基本船体曲线设置

基本船体曲线指的是 X 向或 Y 向或 Z 向的坐标定位面与指定的船体曲面的交线，以及经转换的来自 HDSHM 系统的结构线。这些基本船体曲线大多是船体结构的轨迹线或边界线，在船体结构建模中需要引用这些基本船体曲线。基本船体曲线设置功能，使得可批量地产生船体曲线，避免在船体结构建模时一个个零碎地定义。

点击“船体设置”按钮，在弹出的船体设置工具条中点击“基本曲线”按钮，系统即显示生成如图 2-15 所示的基本曲线对话框。

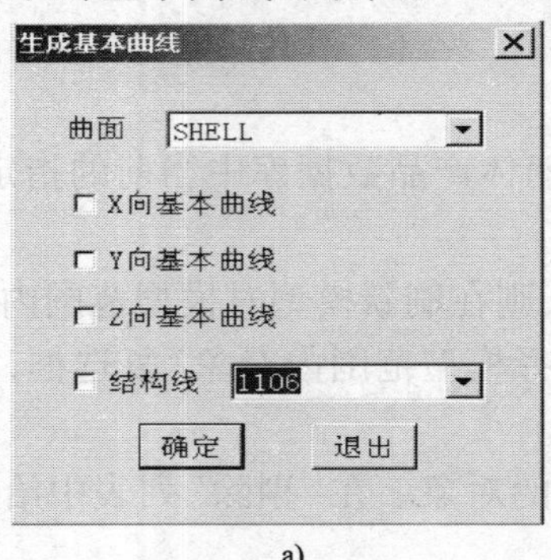

a)

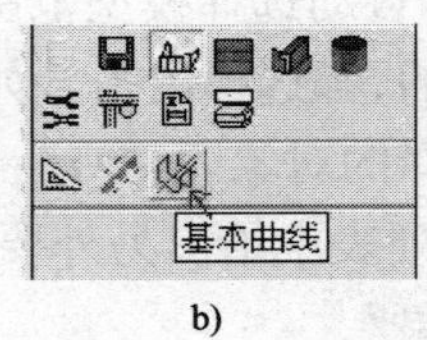

b)

图 2-15　基本曲线的设置

在“曲面”组合框的下拉表中选择曲面，例如，SHELL。如果要生成 X 向坐标定位面与指定的船体曲面的交线，则选中“X 向基本曲线”复选框；如果要生成 Y 向坐标定位面与指定的船体曲面的交线，则选中“Y 向基本曲线”复选框；如果要生成 Z 向坐标定位面与指定的船体曲面的交线，则选中“Z 向基本曲线”复选框；如果要转换来自 HDSHM 系统的结构线，则选中“结构线”复选框，并在其后的结构线组合框的下拉表中选择要转换的结构线的名字。

点击“确定”按钮，系统即生成指定的基本船体曲线。生成的基本船体曲线的名字为：

对 X 向基本曲线：<曲面名>X<肋号>，例如，SHELLX30。

对 Y 向基本曲线：<曲面名>Y<纵骨定位面号>，例如，SHELLY2。

对 Z 向基本曲线：<曲面名>Z<纵骨定位面号>，例如，SHELLZ41。

对结构线：<曲面名>J<结构线名>，例如，SHELLJ1101。

这里不提供删除基本船体曲线的功能。如果要删除不需要的基本船体曲线，可使用“曲面板架”建模中的删除功能。

第五节　船体设计标准库设置

“船体标准设置”根据船体设计所采用的标准要求进行标准定义，生成船体标准数据库。

点击“船体设置”按钮，在弹出的船体设置工具条中点击“船体标准库”按钮，系统即显示如图 2-16 所示船体标准设置对话框。

可以设置的船体标准有：

贯通切口标准
补板标准
端部切割标准
型材规格标准
焊接坡口标准
材质标准
船体设计缺省值

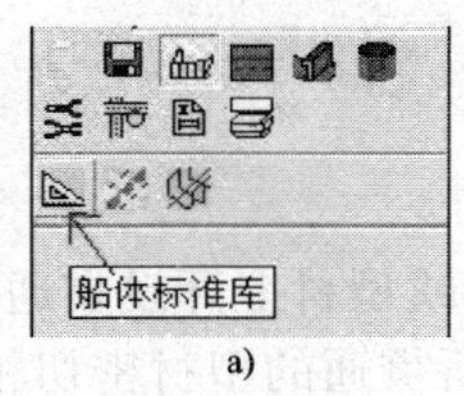

a)

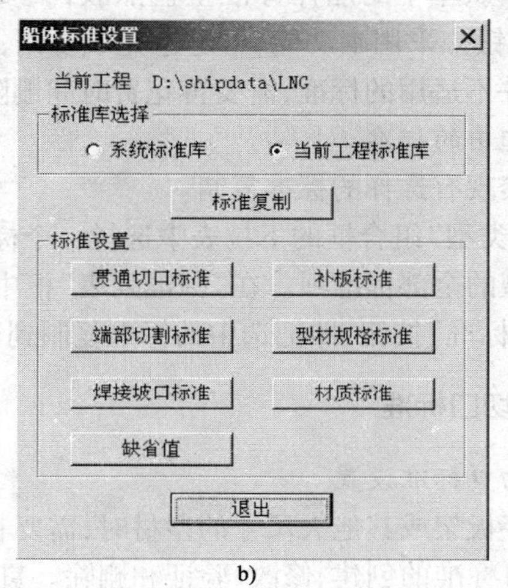

b)

图 2-16　船体标准设置

每一船体工程都应建立有当前工程的船体标准数据库，在船体设计中只使用当前工程的船体标准数据库。在对话框的上方显示有当前工程的位置，供核对。系统既可以设置系统标准库，也可以设置当前工程的标准库，通过标准库选择单选框来选择。船体工程的船体标准数据库最初可以从系统标准库或先前工程的船体标准数据库复制得到，点击"标准复制"按钮可进行标准复制。对选中的标准数据库中的各标准可以进行创建、修改、验证、删除等操作，点击"标准设置"中的相应按钮可进行相应标准的设置。

本系统的船体标准是开放的，我们可以根据系统提供的模板创建自己的标准。系统标准库中存有本系统开发单位随系统一起提供的船体标准，应根据相应的要求，修改和扩充系统标准库中的船体标准。

通常，在当前工程的船体标准数据库只存放有该船体设计所需要的标准，该工程用不到的标准应该删除，避免在标准调用时从过多的标准项中挑选。在系统标准库中应该包罗使用过的各个标准。一条船设计结束，应该把该船采用的标准归并到系统标准库。

一、标准复制

点击"标准复制"按钮可进行标准复制。系统显示如图 2-17 所示的标准复制对话框。

1. 选择参照库

要从中复制标准的船体标准数据库称为参照库。参照库可以是系统标准库，也可以是先前工程的船体标准数据库。通常，我们用本系统设计船舶产品，应选择系统标准库和先前工程

的船体标准数据库作参照库，分别从中选择复制适合的标准。窗口中一开始显示的是系统标准库的路径，可以通过点击“参照库”按钮来选择参照库。系统显示“选择参照库”的标准文件选择对话框，从中选择参照库的路径。选择参照库后，系统显示所选择的参照库的路径。

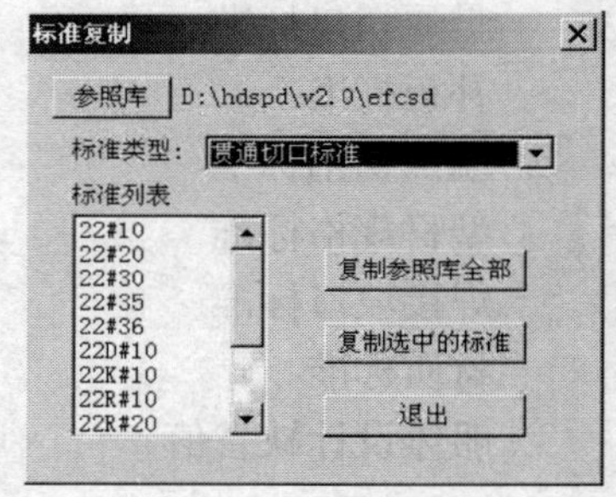

图 2-17　标准复制对话框

2. 复制参照库全部

如果对参照库中的船体标准全盘照收，只要点击“复制参照库全部”按钮。采用本功能，可迅速完成复制，但常常复制进了当前工程并不适用的标准，需要再花费时间删除。

3. 复制选中的标准

本功能实现有选择的标准复制。

在“标准类型”组合框的下拉表中选择一个标准类型，系统即在“标准列表”框中即列出参照库中该类型的全部标准项。在“标准列表”框中选择所需要的标准项，支持多重选择。点击“复制选中的标准”按钮，即把选中的标准复制到当前标准库。

二、贯通切口标准

1. 贯通切口标准设置

型材贯穿板架或其他大尺寸的型材时，需要在平面板架或型材上开设贯通切口。本功能进行贯通切口标准的创建、修改、验证和删除。贯通切口与所贯通的型材密切相关，贯通切口围绕着型材，最多可有 8 个节点半径和 7 个距离参数，设置贯通切口就是定义这些参数。

点击“贯通切口标准”按钮，系统即显示如图 2-18 所示的“切口标准定义”对话框。

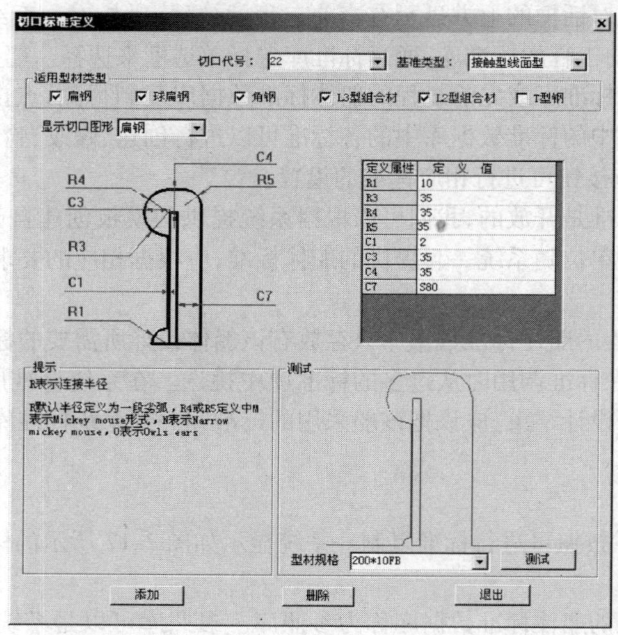

图 2-18　切口标准定义

切口代号是字符串。“切口代号”组合框列出切口标准库中已定义的切口代号。

在“基准类型”的下拉框中选择所要定义的切口的基准类型。有5种基准类型：水密型、全开型、接触型线面型、接触非型线面型和两面接触非水密型。

“适用型材类型”规定了该切口所适用的各种型材，我们使用复选框进行选择。

选中一种基准类型和一种型材类型，即在切口示图区显示该基准类型在选择的型材类型时的切口示图。示图中图示描述该切口所需要的参数 Ri 和 Ci，并列出定义各参数的表格。参数定义值可以是常数，也可以是规定的条件表达式，以适应各种场合。

我们给出一个新的切口代号，选择切口的基准类型、适用的型材类型，在参数表中给出切口参数定义值，按“添加”按钮，即可创建切口标准。

我们选中一个已有的切口代号，系统即显示该切口标准的全部描述信息。如果修改该切口标准的描述信息，按“添加”按钮，即可修改该切口标准。如果按“删除”按钮，即可在获确认后删除该切口标准。

对话框中的“测试”区，供测试用。我们在型材规格下拉表中选择一种型材，按“测试”按钮，即显示该切口标准在指定的型材情况下的图形，看是否符合要求，使切口标准设置更方便正确。

2. 切口的基准类型

切口的基准类型为5类，分别为：水密型、全开型、接触型线面型、接触非型线面型和两面接触非水密型。

(1)水密型。型材和切口之间完全进行水密接触(所有边界)，如图2-19所示。

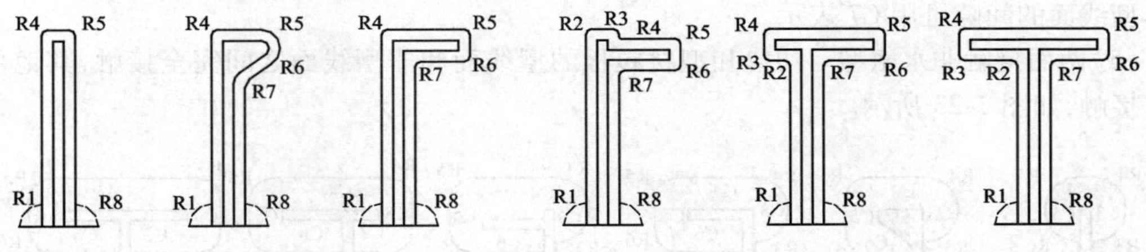

图2-19　水密型

该种型式下，因型材的不同，要给出指定的各半径 Ri，并给出 C1，表示切口与型材的间隙 C1。

(2)全开型。型材和所开的切口之间完全没有接触，如图2-20所示。

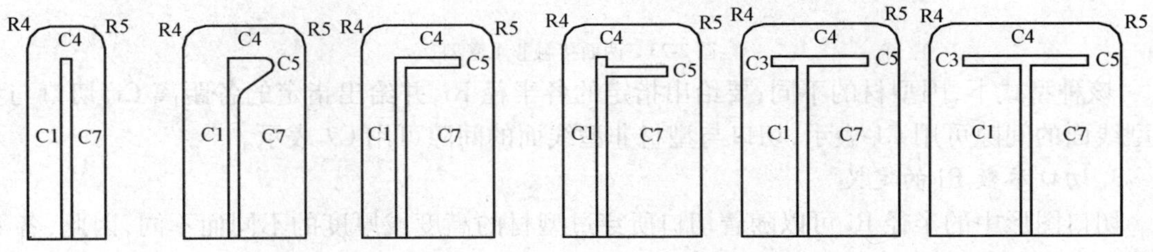

图2-20　全开型

该种型式下，因型材的不同，要给出指定的各半径 Ri，并给出指定的各距离 Ci。

(3)接触型线面型。切口和型材腹板的理论面(型线面)接触，其他部分则没有接触，如图2-21所示。

该种型式下，因型材的不同，要给出指定的各半径 Ri，并给出指定的各距离 Ci，切口与型

材型线面的间隙可用 C1 表示。

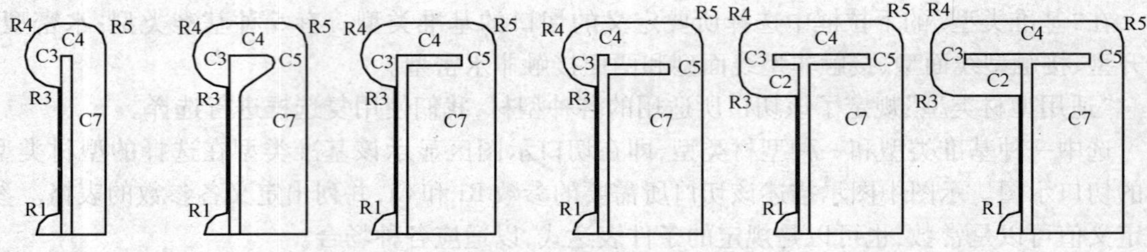

图 2-21　接触型线面型

（4）接触非型线面型。切口和型材腹板的非型线面完全接触，其他部分则完全没有接触，如图 2-22 所示。

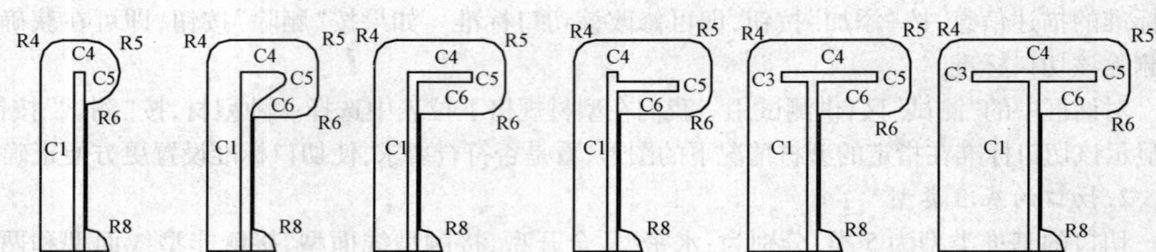

图 2-22　接触非型线面型

该种型式下，因型材的不同，要给出指定的各半径 Ri，并给出指定的各距离 Ci，切口与型材非型线面的间隙可用 C7 表示。

（5）两面接触非水密型。切口和型材腹板的型线面和非型线面之间完全接触，其他部分没有接触，如图 2-23 所示。

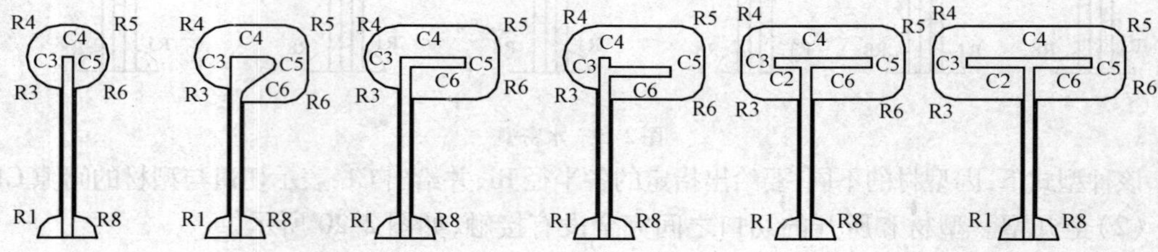

图 2-23　两面接触非水密型

该种型式下，因型材的不同，要给出指定的各半径 Ri，并给出指定的各距离 Ci，切口与型材型线面的间隙可用 C1 表示，切口与型材非型线面的间隙可用 C7 表示。

3. 切口参数 Ri 的定义

切口图形中的半径 Ri 可以随着切口所穿过型材的高度或厚度的不同而不同，因此，各 Ri 可输入半径的计算表达式。表达式的形式为：

r1，h1，r2，h2，…，rn

这里，ri 是具体的半径值，hi 是型材的高度或厚度，当 hi < 50 时为厚度，反之为高度。每种半径至多可以定义四种不同的值（即 n < =4）。假设 X 是型材的高度。如果 Ri 如下描述：

当 X < =100 时 R = −10（KS10），当 100 < X < =250 时 R =40，当 250 < X 时 R =60

则 Ri 的计算表达式如下：

$$-10,100,40,250,60$$

用厚度而不是型材的高度来判断，主要用于 R1 和 R8 的定义（型材根部的两个半径）。

规定：R = 0 为无 R；R < 0 为 KS 切角，R > 0 为常规半径。

考虑到以后零件数控切割时不能切割过小的半径，因此规定半径值必须大于 4，如果给出的半径值不大于 4，系统自动把半径设置为 0，取消该半径。

特殊情况：

（1）对于 R1 和 R8 的半径可以定义为 9 位整数 xxxyyyrrr（xxx、yyy、rrr 都必须为三位整数），生成的切口形式如下：

xxx = 0　沿型材面板生成 VU 切口

yyy = 0　沿型材轮廓生成 VU 切口

xxx = yyy = 0　生成圆弧切口（如果 rrr < 0 生成 KS 切口）

定义时半径前用 U 表示，即 Uxxxyyyrrr，如图 2-24 所示。

（2）对于半径的定义的 M、N、O 样式：半径值前分别添加字母 M、N、O。半径的定义的 M、N、O 样式仅仅适合 R4 和 R5。R 值必须大于 4。

M 形式（Mickey Mouse），例如 M25，如图 2-25 所示；

N 形式（Narrow Mickey Mouse），例如 N30，如图 2-26 所示；

O 形式（Owls Ear），例如 O25，如图 2-27 所示。

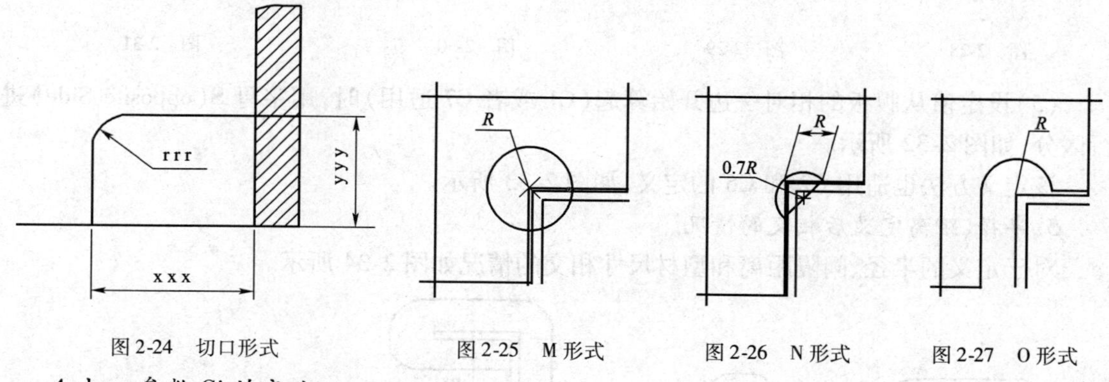

图 2-24　切口形式　　图 2-25　M 形式　　图 2-26　N 形式　　图 2-27　O 形式

4. 切口参数 Ci 的定义

各 Ci 可以按如下方式定义：

（1）给定一个确定值。

（2）通过半径加/减一个偏移量，如：R4 或者 R4 + 25。

（3）无定义（为 0）。

对于一些特定的型材和切口，C1/C3 和 C5/C7 之间不是相互独立的。规则如下：

（1）如果 C1 = −1 则通过 C3 计算 C1。

（2）如果 C3 = −1 则通过 C1 计算 C3。

（3）如果 C7 = −1 则通过 C5 计算 C7。

（4）如果 C5 = −1 则通过 C7 计算 C5。

特殊规定：

(1)对于球扁钢来说,C5 有两种定义方式,一种是从型材的最右端或者从右端圆弧的圆心到切口的距离,如图 2-28 所示。

通常为从球的中心至边界。对于从球顶端到边界,用前缀字母 E(End point to boundary)进行区分。

(2)对于非对称的 T 型钢,C3 通常指从最右端到切口的距离。当 C3 表示从 T 型钢的腹板到切口边线距离的时候,用字母 T(web To boundary)进行区分,如图 2-29 所示。

(3)对于 L3 型组合型材,C4 缺省情况指型材最顶端到边线的距离,当表示从面板的顶端到切口边线的距离时,用字母 T(face To boundary)进行区分,如图 2-30 所示。

(4)当切口的一个边线和型材相连,另一边开口的情况下,C7(C1)可以赋值为 1000 + <xxx>,表示 C7(C1)的值是:B - S + <xxx>(其中,B 表示面板的宽度,S 表示腹板的厚度)。

这种定义方式可以得到切口从连接边到另一边的距离 B + <xxx>。特别是在 T 型钢的一边和切口相连的情况,如图 2-31 所示。

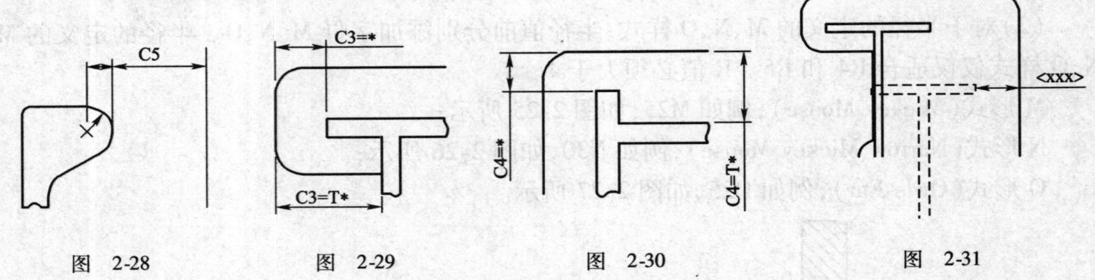

图 2-28 图 2-29 图 2-30 图 2-31

(5)设定值从腹板的相对一边开始算起(C1 或者 C7 适用)时,用字母 S(opposite Side)进行区分,如图 2-32 所示。

该定义方法也适用 C2 和 C6 的定义,如图 2-33 所示。

5. 半径、距离定义后相交的情况

对于定义的半径、间隔距离和型材尺寸相交的情况如图 2-34 所示。

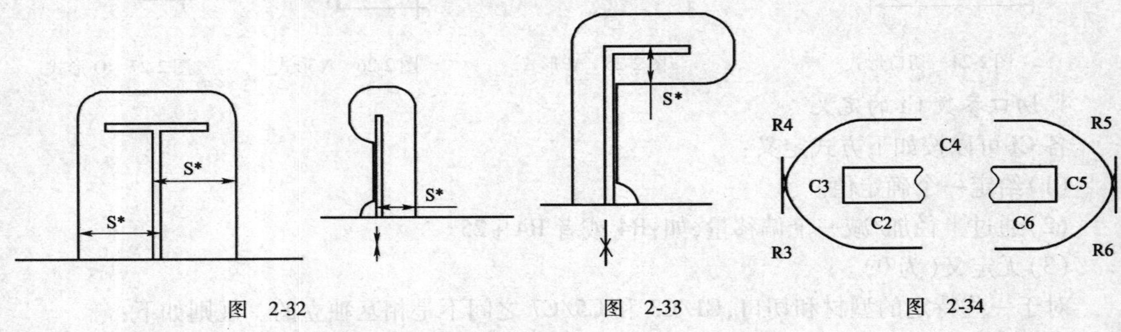

图 2-32 图 2-33 图 2-34

R3/R4(R5/R6)重叠的情况进行如下处理:

保留 R4/C3/C4/C2,而 R3 自动调节和 R4 直接相连(R5/R6 类似处理)。

同样的,R2/R3(R6/R7)也有可能相交。在这种情况下,R3 的起始点会根据 R2 的终止点在 X 方向相同进行调节。如果 R3 和 R4 直接相连,那么会改变 R2,通常情况下使用折角连接。

R6/R7 类似处理(一般情况下改变 R6)。

三、补板标准

1. 补板标准设置

在平面板架上开设型材贯通切口时，有时为了补强或为了水密，需要设置补板。补板与贯通切口和贯通的型材密切相关，相对于切口和型材，指定补板类型和搭接距离等参数就能定义补板标准。本功能进行补板标准的创建、修改、验证和删除。

点击“补板标准”按钮，系统即显示如图 2-35 所示的“补板标准定义”对话框。

在“补板类型”的下拉框中选择所要定义的补板的基准类型。有 9 种基准类型：

11　单侧不落地

12　双侧不落地

21　单侧落地

22　双侧落地

31　单侧水密

32　双侧水密

33　三侧水密

34　单侧嵌入式水密

35　右上侧水密

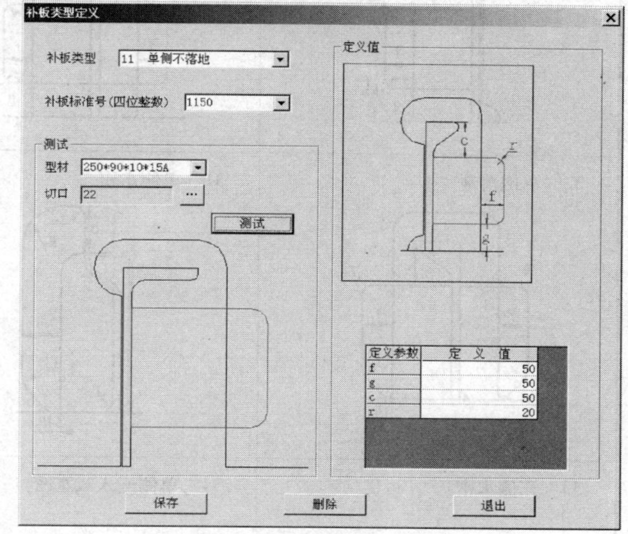

图 2-35　补板标准定义

基准类型表述的开头的数字是补板基准类型的代号。

在选择了一种补板基准类型后，系统即在“补板标准号”组合框列出标准库中已定义的该基准类型的补板标准号，并显示该基准类型的补板的示图。图中示图描述该类型补板所需要的参数，列出定义各参数的表格。

补板标准号是一个 4 位整数，通常前 2 位取上面补板基准类型的代号，后 2 位为序号。

我们选择一种补板基准类型，在“补板标准号”组合框中给出一个新的补板标准号，在参数表中给出补板参数定义值，按“保存”按钮，即可创建补板标准。

我们选中一个已有的补板标准号，系统即显示该补板标准的全部描述信息。如果修改该补板标准的描述信息，按“保存”按钮，即可修改该补板标准。如果按“删除”按钮，即可在获确认后删除该补板标准。

对话框中的“测试”区，供我们测试用。在型材下拉表中选择一种型材，通过切口选择按钮选择一个切口代号，按“测试”按钮，即显示该补板标准在指定的型材和切口代号的情况下的图形，看是否符合要求，使补板标准设置更方便正确。

2. 补板的基准类型和对应的参数

有 9 种基准类型，其图形和对应的参数如表 2-1 所示。

补板各参数的取值可以随着切口所穿过型材的高度的不同而变，可以是表达式：

$$v1, h1, v2, h2, \cdots, vn$$

这里，vi 是常数，hi 是型材的高度。通常 vi 是尺寸，但是当 $0 < vi < 1$ 时，vi 表示系数，参数

的实际值为 vi * hi。例如：表达式“20,100,0.2”表示：当型材高度 h 小于等于 100 时，参数值为 20，当型材高度 h 大于 100 时，参数值为 0.2 * h。

圆角参数 r1 或 r2 可以为负数。当 r1 或 r2 <0 时，为切角。

补板的类型各参数表　　表 2-1

11　单侧不落地 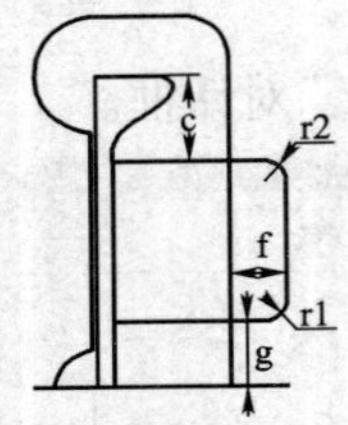	12　双侧不落地 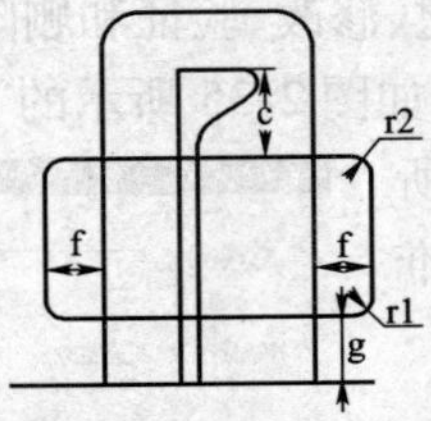	21　单侧落地 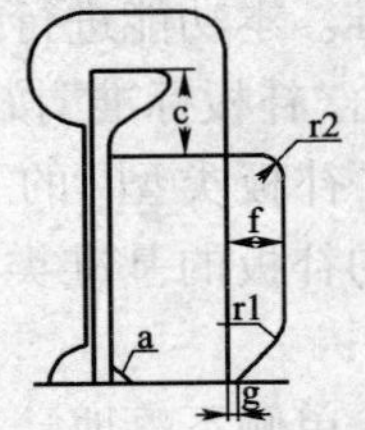
22　双侧落地 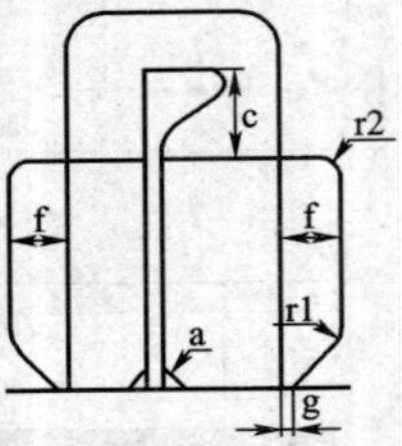	31　单侧水密 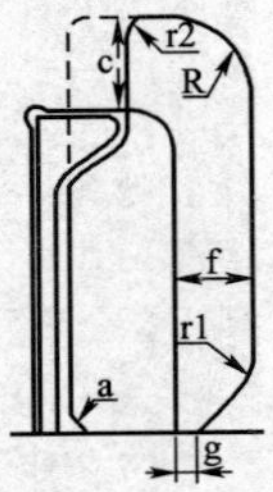	32　双侧水密 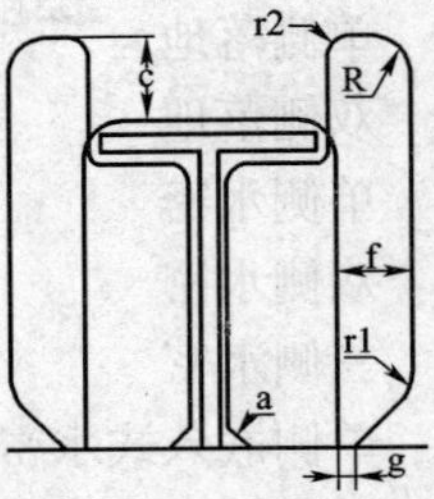
33　三侧水密 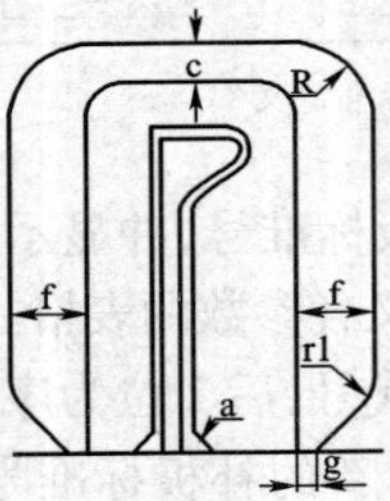	34　单侧嵌入式水密 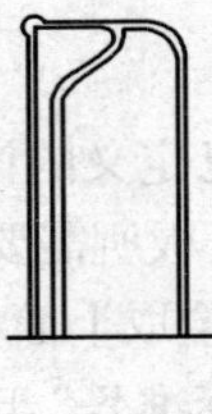	35　右上侧水密 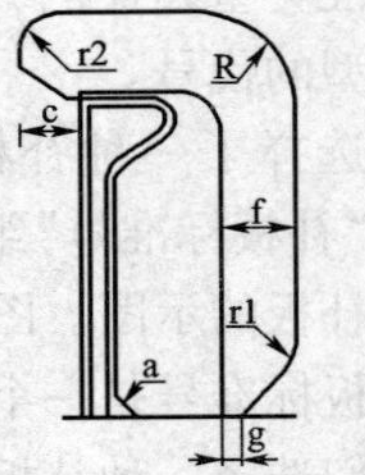

参数 g >0 时意义如图 2-35 所示。当 g <0 时意义如图 2-36 所示，表示避让焊脚的距离。

四、端部切割标准

1. 端部切割标准设置

端部切割标准用于定义型材零件端部的形状。本功能进行端部切割标准的创建、修改和删除。

点击“端部切割标准”按钮，系统即显示“端部切割标准定义”对话框，如图 2-37 所示。

型材端部切割代号是 4 位整数，前 2 位是端部切割类型码，后 2 位是序号。在“类型”下拉框中选择所要定义的端部切割标准的类型。有 20 多种端部切割类型，分别对应各种不同类型的型材和端部形式。

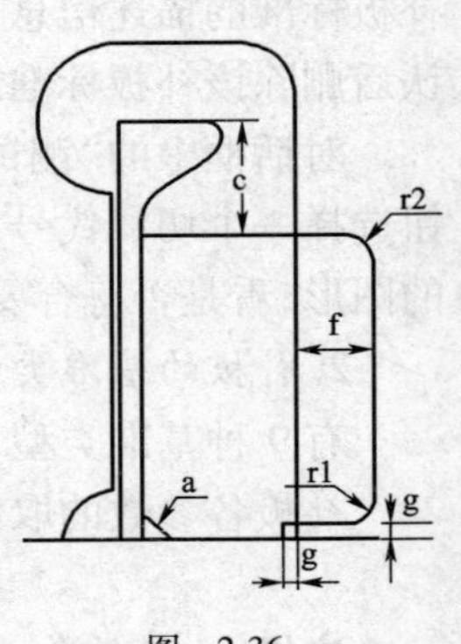

图　2-36

在选择了一种端部切割标准的类型后，系统即在“序号”组合框列

出标准库中已定义的该类型的端部切割标准的序号，并显示该类型的端部形式的示图，注明描述该类型端部形式所需要的参数。

端部形式可以通过 a，b，c，R1，R2，α1，α2，α3，α4 共 9 个参数给出。一种类型的端部形式只使用其中的几个参数，不使用的参数的编辑框自动设置成不可用。参数的具体含义在端部形式的示图中已表明。参数可分为两种。一种是在端部切割标准设置时给了定值的参数，以后在调用端部切割标准定义型材端部形式时不再需要给出；还有一种是变量，在端部切割标准设置时给了缺省值，但我们在调用端部切割标准定义型材端部形式时仍可指定变量的值，或由系统根据节点形式自动计算变量的值。在"变量定义"区设置是否要把某个参数设置为变量。

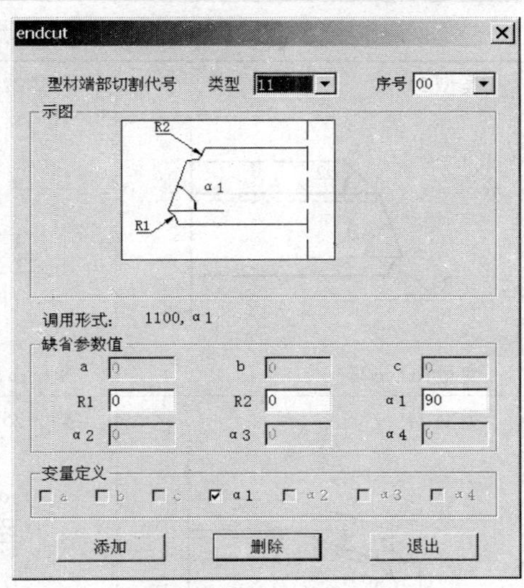

图 2-37　端部切割标准定义

"调用形式"字符串显示该端部切割标准以后的调用形式。

我们选择一种端部切割标准的类型，在"序号"组合框中给出一个新的序号，在"缺省参数值"表中给出参数的缺省定义值，按"添加"按钮，即可创建端部切割标准。

我们选中一个已有的端部切割标准，系统即显示该端部切割标准的全部描述信息。如果修改该端部切割标准的描述信息，按"添加"按钮，即可修改该端部切割标准。如果按"删除"按钮，即可在获确认后删除该端部切割标准。

2. 端部切割类型和参数

端部切割类型和参数的形式如表 2-2 所示。

端部切割类型和参数表　　表 2-2

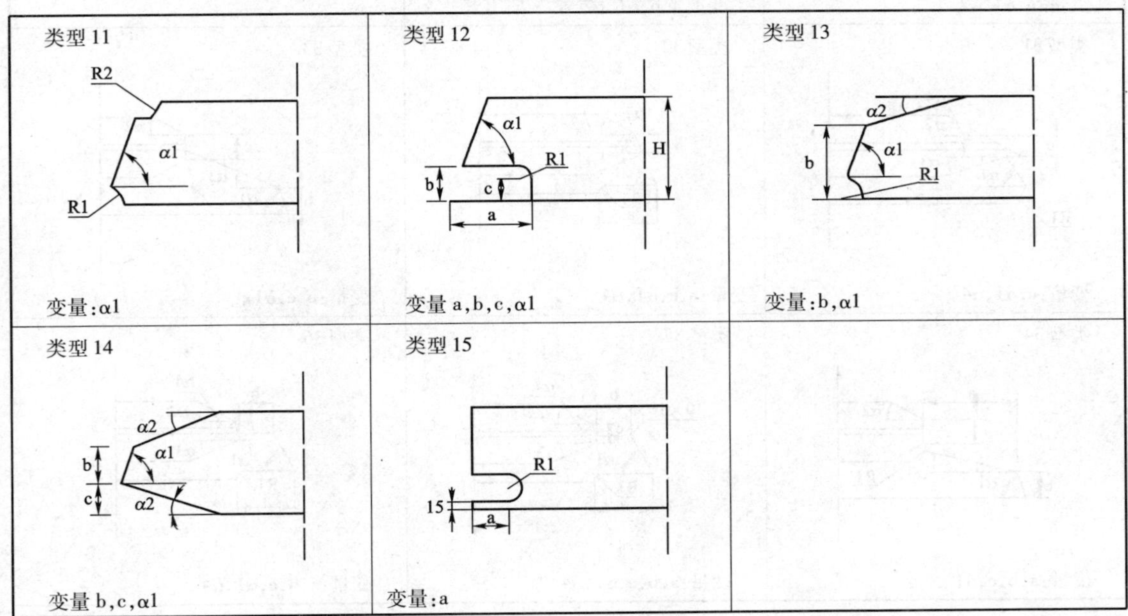

续上表

类型 21 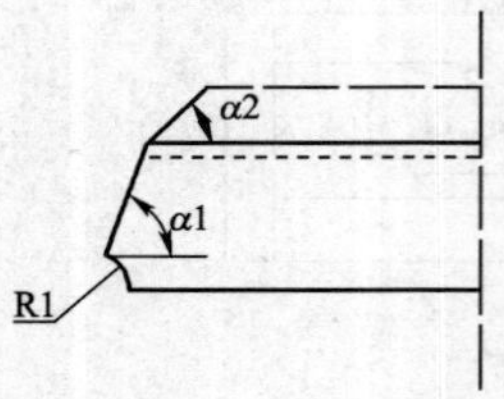 变量:α1,α2	类型 22 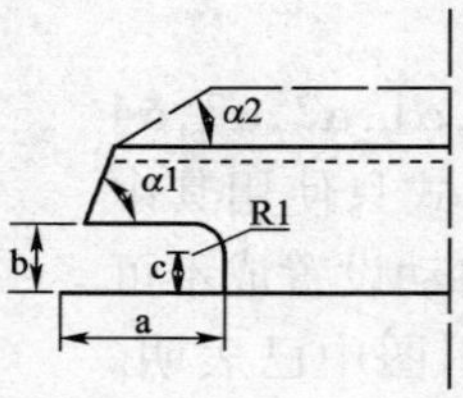 变量:a,b,c,α1,α2	类型 23 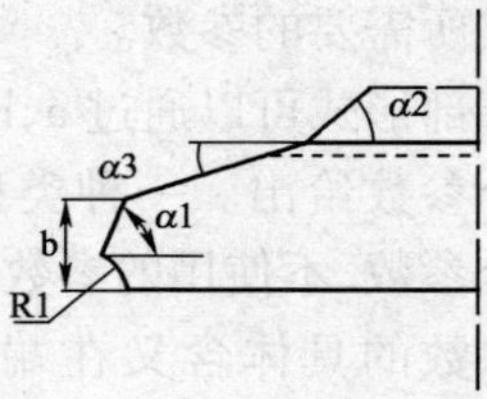 变量:b,α1
类型 24 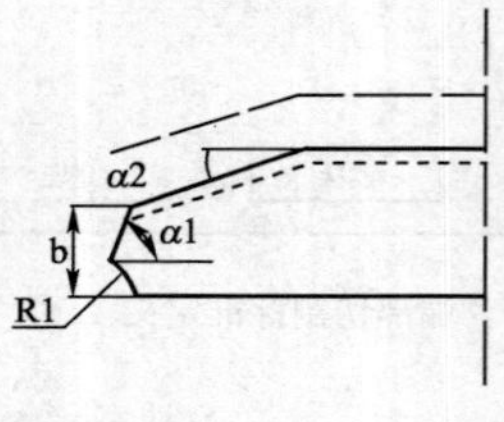 变量:b,α1	类型 25 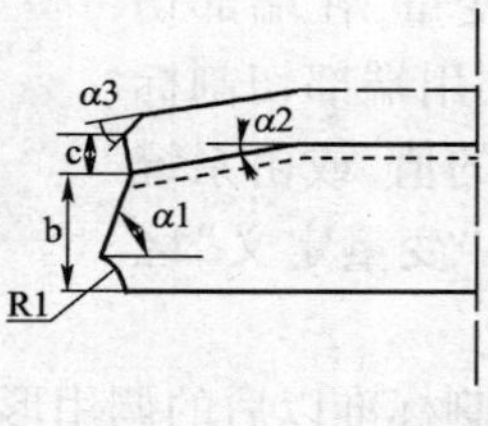 变量:b,c,α1	类型 26 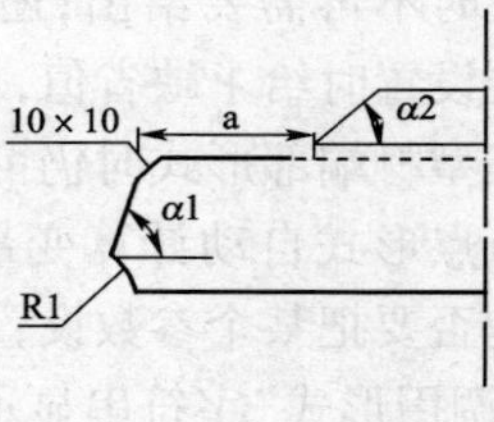 变量:a,α1,α2
类型 27 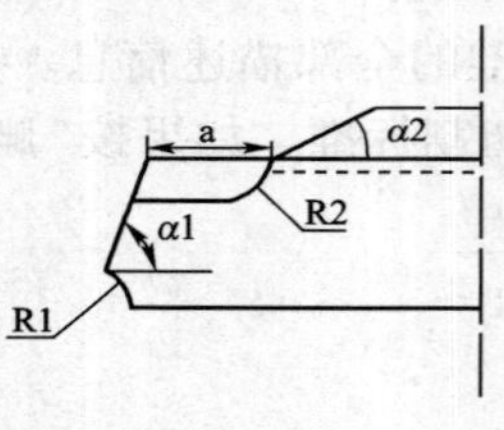 变量:a,α1,α2	类型 28 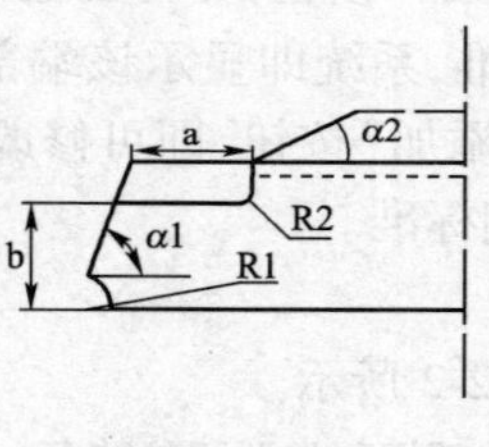 变量 a,b,α1,α2	
类型 31 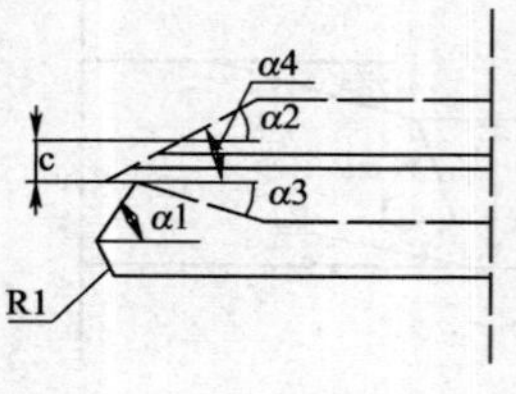 变量:c,α1,α4	类型 32 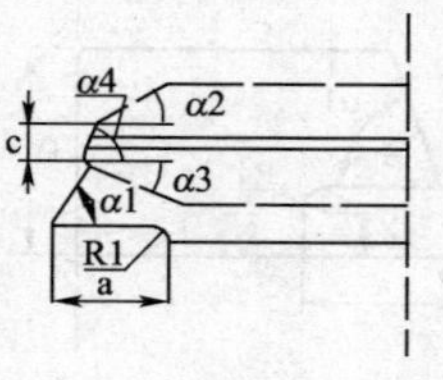 变量:a,c,α1,α4	类型 33 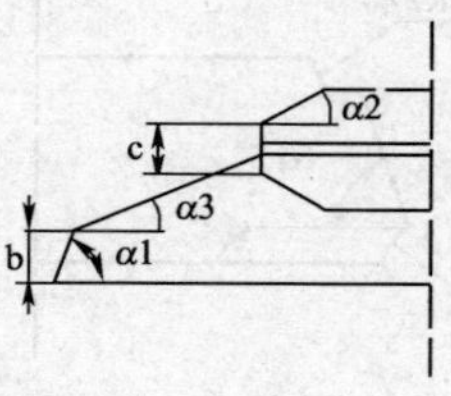 变量:b,c,α1
类型 34 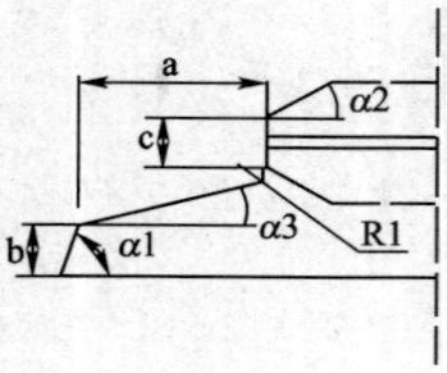 变量:a,b,c,α1	类型 35 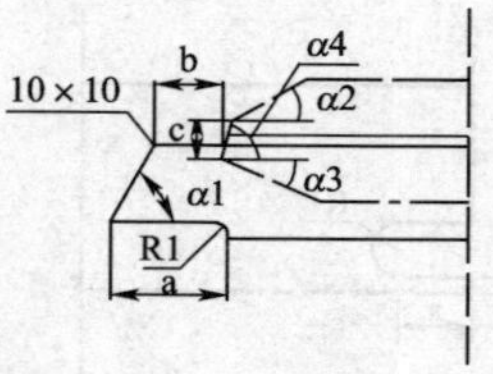 变量:a,b,c,α1,α4	类型 36 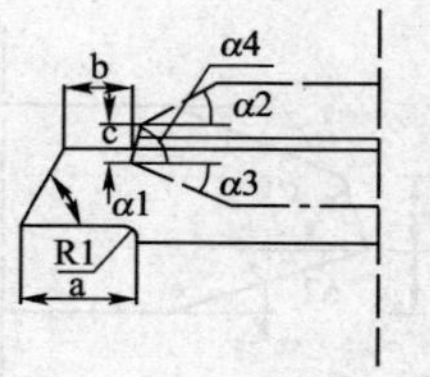 变量:a,b,c,α1,α4

续上表

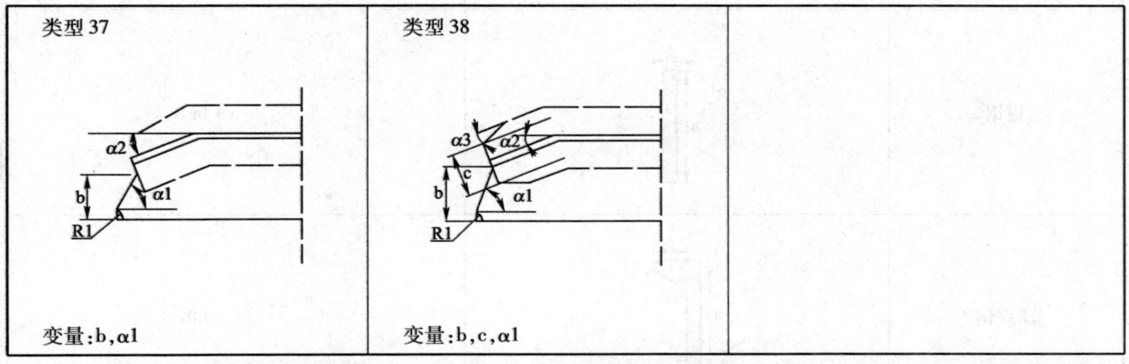

类型 11 ~15 适用于除球扁钢,角钢和 T 型钢外的各种型材,类型 21 ~28 适用于球扁钢和角钢,类型 31 ~38 适用于 T 型钢。

五、型材规格标准

1. 型材规格标准设置

型材规格标准用于定义型材的型材名和规格尺寸,以便船体建模时通过组合框来选择引用,保证型材名和规格尺寸的统一。本功能进行型材规格标准的创建、修改和删除。

点击"型材规格标准"按钮,系统即显示"型材标准定义"对话框,如图 2-38 所示。

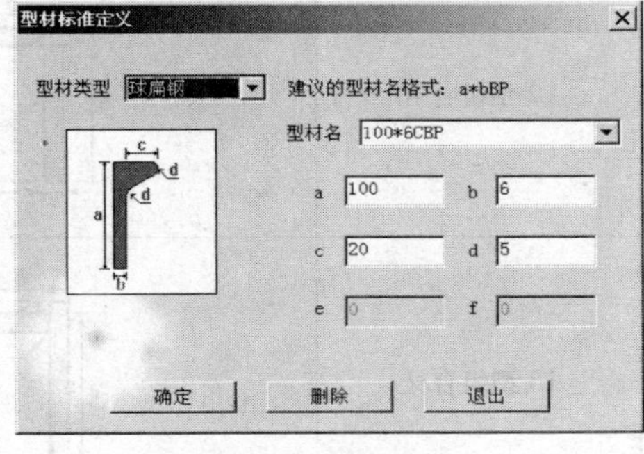

图 2-38 型材标准定义

在"型材类型"下拉框中选择所要定义的型材的类型。有 10 多种常用的型材类型。在选择了一种型材类型后,系统即显示该类型的型材的示图,示图描述该类型的型材所需要的参数,并在"型材名"组合框列出标准库中已定义的该类型的型材名。型材名满足一定的编码规则。

我们选择一种型材类型,在"型材名"组合框中给出一个新的型材名,在各参数值编辑框中给出参数的定义值,按"确定"按钮,即可创建型材标准。

我们选中一个已有的型材名,系统即显示该型材名的全部描述信息。如果修改该型材标准的描述信息,按"确定"按钮,即可修改该型材标准。如果按"删除"按钮,即可在获确认后删除该型材标准。

2. 型材描述

表 2-3 列出本系统可处理的型材、参数和型材名编码。

虽然在本船体设计系统中可以处理我们给出的任何型材名编码字符串,但本船体设计系统要提取零件,传递到 HDSHM 船体建造系统,在 HDSHM 船体建造系统中对型材名编码字符串有专门的规定,为了保持船体设计系统和船体建造系统对型材名编码的一致,采用表 2-3 建议的型材名编码。

型材名编码表 表 2-3

型材类型	示图及参数	建议的型材名编码
扁钢	a, b	a * bFB
球扁钢	a, b, c, d	a * bBP
角钢	a, b, c, d, e, f	a * b * c * dA 或 d = c 时 a * b * cA
L2 型组合材	a, b, c, d, e	a * b * c * dM
L3 型组合材	a, b, c, d, e	a * b * c * dN
T 型钢	a, b, c, d	a * b * c * dT 或 d = c 时 a * b * cT
槽钢	a, b, c, d, e, f	a * b * c * d[或 d = c 时 a * b * c[

续上表

型材类型	示图及参数	建议的型材名编码
工字钢	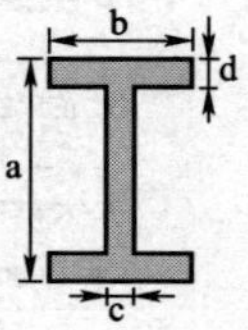 b, d, a, c	a * b * c * dH a * b * c * dI 或 d = c 时 a * b * cH a * b * cI
圆钢	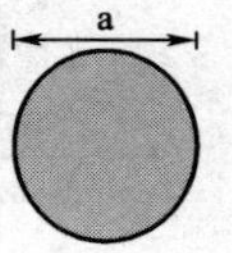 a	aRB
半圆钢	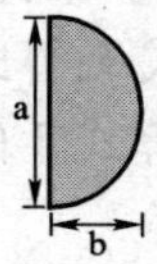 a, b	a * bHRB
方钢	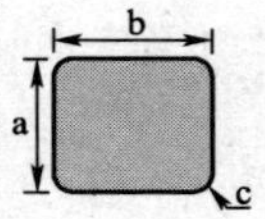 b, a, c	a * bSB
圆管	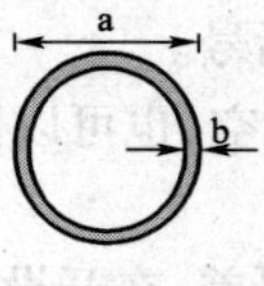 a, b	a * bD
方管	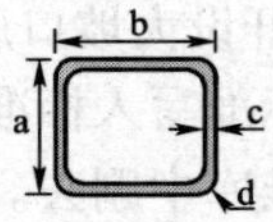 b, a, c, d	a * b * cSP

六、焊接坡口标准

零件通常要根据焊接方式和板厚的不同而开设不同的焊接坡口。本系统可定义坡口标准。在坡口标准中给出各坡口的标准代号和相应的描述。以后在船体设计时,对板架的边界、板缝、型材零件的端部,就可以选择标准库中的坡口标准代号,定义坡口。使得在船体出图时可以读取模型中的坡口信息,把它们标注在船体图纸上,也为以后零件数控切割,利用数控切割机自动切割坡口创造了条件。

点击“坡口标准”按钮,系统即弹出“坡口标准定义”对话框,如图 2-39 所示。

在“坡口代号”下拉框中列有已定义的坡口代号。选择坡口代号,系统显示已定义的该坡口代号的描述数据,供浏览或修改。也可在“坡口代号”中键入坡口代号,即开始建立一个新

的坡口标准。

一个坡口标准由"反面(非构架面)坡口"、"正面(构架面)坡口"和"大坡口"三部分中的一个或几个部分组成。在"反面坡口"、"正面坡口"和"大坡口"复选框中选择坡口标准的组成部分,未被选中的,其数据输入框成为灰色,表示无效。

在坡口标准定义中,角度的单位是"度"。以坡口中心线为分界,当坡口角均分时,角度为坡口角的一半的度数;当上方角度与下方角度不同时,以"上方角度,下方角度"的形式给出角度。

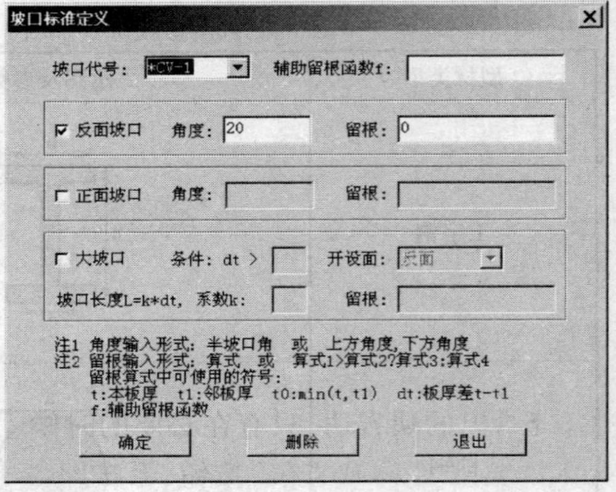

图 2-39 坡口标准定义

在坡口标准定义中,留根的单位是"毫米"。留根可以用一个算式给出,也可以用条件表达式给出。条件表达式形式为:

算式 1 > 算式 2? 算式 3:算式 4

表示,当算式 1 的值大于算式 2 的值时留根为算式 3 的值,否则为算式 4 的值。在算式中,可以出现常数、变量和运算符。变量有:

t 表示本板厚度;

t1 表示邻板厚度;

t0 表示 t 和 t1 中薄的一个;

dt 表示厚度差,dt = t-t1;

f 表示辅助留根函数。

运算符有 + - * /,无优先级。算式中不能有括号。

辅助留根函数 f 在留根计算时调用,它可以为空,也可以像留根一样用一个算式或条件表达式给出,但算式中不能再出现 f。

定义大坡口时,给出开设大坡口时的最小板厚差,在开设面下拉框中选择开设在正面还是反面,给出大坡口长度是板厚差的多少倍,再给出开设大坡口后板中间的留根。

点击"确定"按钮,即把新建或修改后的坡口标准写入标准库。

点击"删除"按钮,即把显示的坡口标准从标准库中删去。

七、材质标准

材质标准给出材料的牌号和密度。以后在船体设计时,就可以选择标准库中的材质,避免材质数据的不一致。在重量重心计算时也要引用标准库中的材质标准数据。

点击"材质标准"按钮,系统即弹出"材质定义"对话框,如图 2-40 所示。

在"材料牌号"格中输入材料牌号。材料牌号为不超过 8 个字符的字符串。在"密度"格中输入材料的密度,单位为:公斤/立方分米,在"表面处理"格中输入材料的表面处理要求,可以为空。

在列表最下方的空白行中输入材料牌号、密度和表面处理的数据,即新建了一个材质标准。在列表最下方又会出现新的空白行,供输入另一个材质标准。

在列表中选择一个已有的材质标准、修改材料牌号或密度,以及表面处理的数据,即修改

了一个材质标准。

点击“删除”按钮，即在获得再次确认后，把选中的一个材质标准从列表中删去。

点击“确定”按钮，即用材质定义列表中的材质标准数据更新标准库中的材质标准表，并退出“材质定义”对话框。

如果点击“取消”按钮，则不修改标准库中的材质标准表，并退出“材质定义”对话框。

八、船体缺省值

船体缺省值给出在船体设计建模时的一些缺省值，使得我们在大多数情况下可直接使用系统给出的缺省值，只有在必要的时候才重新键入其他数值，方便建模。

点击“船体缺省值”按钮，系统即弹出“缺省值定义”对话框，如图 2-41 所示。

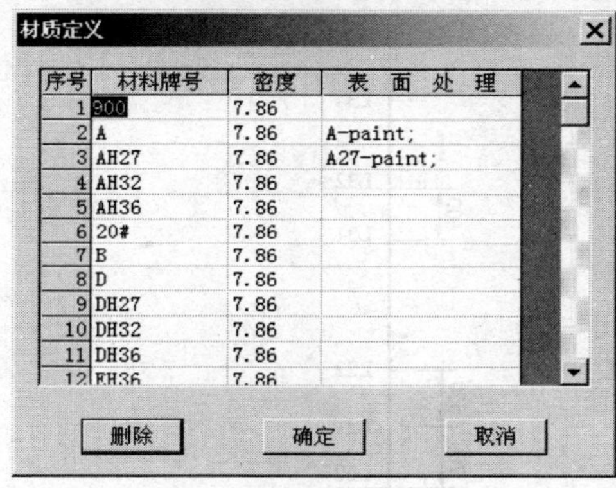

图 2-40 材质定义

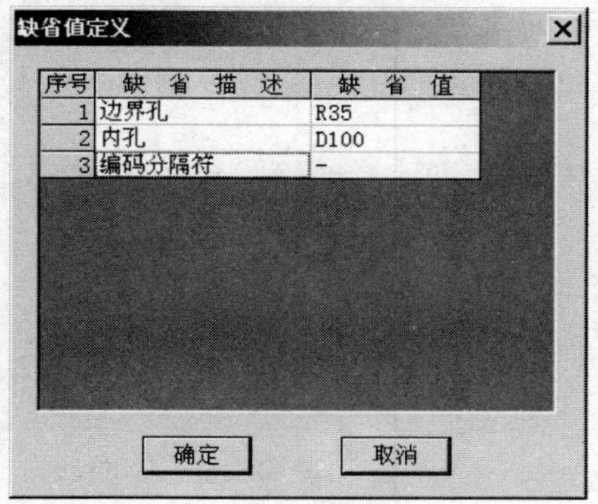

图 2-41 缺省值定义

在列表中列出了目前系统所定义的全部船体缺省值。船体缺省值的意义可从其“缺省描述”中得知。船体缺省值的命名和添加，由系统开发者根据我们要求和设计需要进行添加。我们不能添加或删除船体缺省值的项，也不能更改“缺省描述”，但我们可以根据船体工程的具体情况，设置“缺省值”的具体配置值。

点击“确定”按钮，即用列表中的船体缺省值数据更新标准库中的船体缺省值标准表，并退出对话框。

如果点击“取消”按钮，则不修改标准库中的船体缺省值标准表，并退出对话框。

第六节 船体项目设置实例

现在，我们通过一个实例来练习有关船体项目的设置。

一、建立一个工程

一个工程应包括以下几个部分：

Data——数据库

Models——模型文件

Drawings——图册文件

Output——输出文件

标准:通用标准

二、坐标定位面

(1)定义肋位肋距(理论肋距):-5,600,250(即这艘船从艏到艉分为255个肋距,每个肋距之间的距离为600mm),长度方向的坐标原点在FR0(0号肋位的X坐标是0),点击“肋号定位”。

(2)纵骨宽度表:0,0,680,10,650,17,点击“宽度定位”。

第一个0是指纵骨L0在Y=0处;680是指L0-L10纵骨沿船宽度方向之间的间距是680mm;650是指L10-L17纵骨之间的间距是650mm,如图2-42所示。

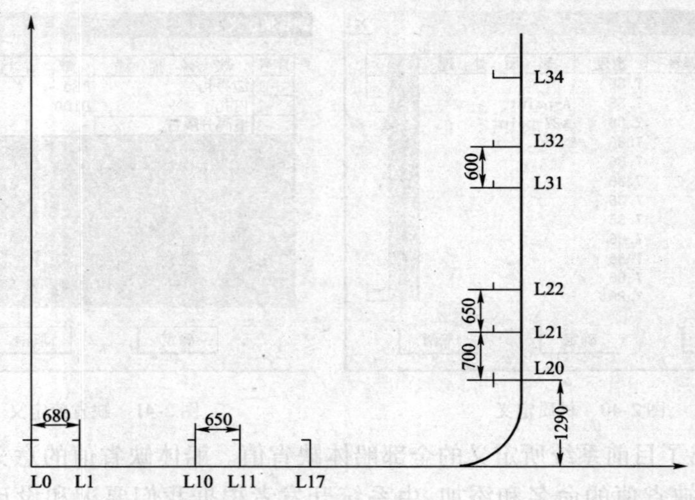

图2-42 纵骨定位

(3)纵骨高度表:1290,20,700,21,650,31,600,34,点“高度定位”。

1290是指舷侧第一根纵骨的高度距基线为1290mm;

700是指L20-L21之间的高度差为700mm;

650是指L21-L31之间相临纵骨间距为650mm;

600是指L31-L34之间相临纵骨间距为600mm。

(4)获取甲板型线:BLINE,WLINE,FRAME。若有JGX,LSEA4也可以一起读取(从沪东线型系统中得到的)。

(5)甲板定义:名称1D。

中昂定义:-5,11300,100,11300,250,11300(表示甲板中心线从FR-5到FR250的高度都是11300,若是甲板不是水平直线,可以把每个肋位都给出来)。

(6)梁拱定义:0,1460,0,0,10490,400。

第一个数字是指梁拱的形式:0指直线型;1是指圆弧型;

1460是指第一段梁拱距船体中心线宽度;

第二个0是指第一段梁拱第二点与第一点的高度差为0;

第三个 0 是指第二段梁拱的形式；
10490 是指第二段梁拱第二点距前一点沿宽度方向的距离；
400 是指第二段梁拱第二点距前一点沿高度方向的高度差(图 2-43)。

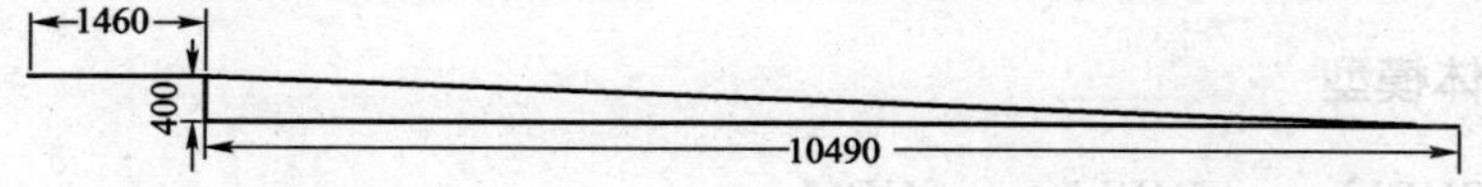

图 2-43 梁拱的定义

点击“设置定位属性”,先全选并不设定位,点接受,再选中全部肋骨号(FR-5 ~ FR250),除标注在中央不选外,其他都选,再点接受。

“型线管理”用于查看型线,二维背景图一般不用。

三、图册管理

科室名称:船体
文件名称:603PS
范围:船长 FR82 ~ FR97
船宽 -12000 ~ 12000
船高 -200 ~ 14000
点击“创建”和“图册保存”
注:在 CAD 菜单项/工具/选项/显示中,其中“新建布局时显示页面设置管理器”和“在新布局创建视口”不勾取。

四、模型管理

“船体”,“603PS”,点击“创建”;
范围:船长 FR82 ~ FR97,船宽 -12000 ~ 12000,船高 -200 ~ 14000;
点击“加入图册”,状态“当前”,点击“图册保存”;
若不能生成把图册关掉,删除掉,再建立一个,再建立一遍“模型管理”即可。

五、分段定义

点船体设置中的“分段定义”;
输入:603PS,FR82,FR97,-12000,12000,-200,14000。

六、船体曲线的设置

点“基本曲线”;
曲面“SHELL”:
生成 X 向基本曲线
生成 Y 向基本曲线
生成 Z 向基本曲线
曲面“1D”:

生成 X 向基本曲线

生成 Y 向基本曲线

确定，等待，退出。

七、刷新船体模型

加入设置：SHELLx * ,SHELLy * ,SHELLz *

1Dx * ,1Dy * .(* ---- 通配符)

点击"仅加入对象"，"退出"；

不要点"刷新"，除非把加入和剔除对象都输进去，若什么都不填，则把所有对象都剔除。

八、船体标准库

选中"当前工程标准库"，再点击"复制"；

选"复制参照库全部"，将 D:\EFCSD\DATA 内的标准复制到当前工程文件夹中；

点击"系统标准库"的作用是将当前工程标准库中的新标准库中复制到系统标准库中，使之更完善。

SIKAOYULIANXI

一、判断题

1. 点击工程和模型管理时，默认提示的都是最近使用的工程和模型。 ( )
2. 设置的船体坐标系 X=0 的位置是在船尾定义的最后一个站号处。 ( )
3. 不同位置处的相同零件可以使用相同的标签。 ( )
4. 获取的型线文件均是本系统自行生成的文件。 ( )
5. 系统的标准库可自行添加新的标准件。 ( )
6. 图册的范围和模型的范围可以不一致。 ( )
7. 肋号定位时民用船和军用船不同。 ( )
8. 创建 K 行板时无须设置其对称性。 ( )
9. 创建曲面板时必须逆时针方向选择板缝边界。 ( )
10. 刷新船体模型时所剔除的对象仅仅是不显示而非删除。 ( )
11. 对于生成甲板处的基本曲线一般不含 Z 向基本曲线。 ( )
12. 型材端部处的边界孔只能通过修改端部形式完成。 ( )
13. 对于曲面板架内已经建立的对象可以重新再次建立。 ( )
14. 在曲面板上开孔和在曲面型材上开孔的方法一样。 ( )

二、简答题

1. 一般建立的工程文件夹下包含哪几个文件夹？

2. 进行新工程的“坐标定位面”设置时，请说出纵骨宽度表：例如0,0,680,10,650,17的数据含义。

3. 进行“坐标定位面”设置时，获取型线文件包括哪些文件？这些文件的功能是什么？

4. 请写出定义某条船梁拱:0,1460,0,0,10490,400的数据具体含义。

5. 船体坐标系中X=0,Y=0,Z=0分别在船体的什么位置？

6. 请写出甲板定义时，关于中昂和甲板定义的数据格式。

7. 船体设置包括的功能有哪些？

8. 设置定位属性的作用是什么？

9. 刷新船体模型时可使用哪些通配符？

10. 船体设计标准库含有哪些标准？

11. 型材的贯穿切口及切口处的补板分为哪几种类型？

第三章 平面板架

知识目标

1. 能够正确理解平面板架建模界面、板架属性及边界的定义；
2. 理解和掌握平面曲线定义、板缝、板零件、边界孔的定义；
3. 理解和掌握扶强材、面板、折边、贯穿孔的定义。

能力目标

1. 熟练掌握平面板架建模界面的定义；能定义平面板架的板架属性及边界；
2. 熟练掌握平面曲线、板缝、板零件、边界孔定义方法，运用案例熟练操作；
3. 熟练定义扶强材、面板、折边、贯穿孔，运用案例熟练操作。

第一节 平面板架建模概述

船体由若干个分段组成，平面板架是分段的组成部分之一。在船体数据库中，每一个板架都存储于分段之中，其关系如图 3-1 所示。分段的大小与范围约束了平面板架建模的范围，不允许超出分段范围的平面板架。

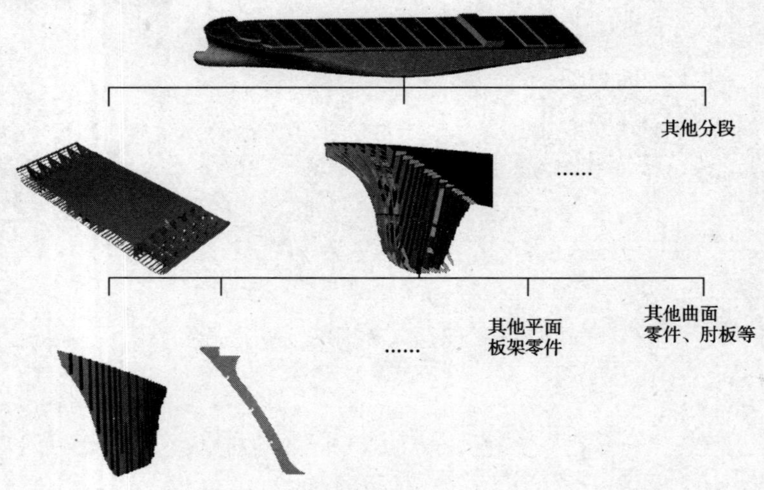

图 3-1 船体分段

平面板架建模用于建立船体上为平面的板架（不包含肘板），以及属于该平面板架的一些属性和零件，包括平面板架的位置等基本属性、边界信息、平面板架上曲线、板缝线、板零件、内

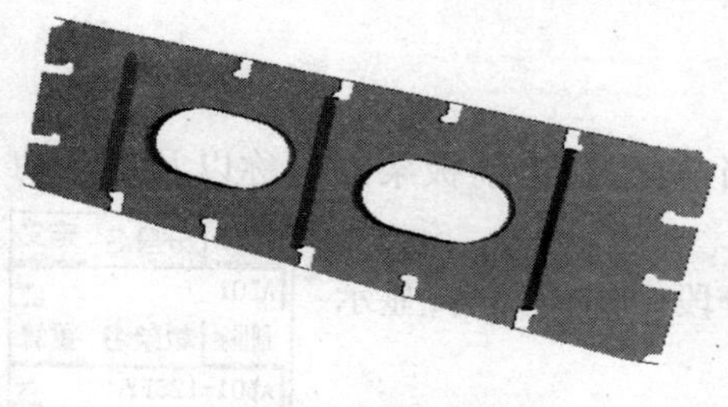

图 3-2 平面板架

孔、边界孔、扶强材、面板、折边、贯通切口、辅助划线等信息。

例如,图 3-2 所示的典型的横剖面所在平面板架,由四段边界、一块板、两个内孔(每个内孔上均有面板)、四个边界孔、十三个贯通切口、三根扶强材构成。还可以使用平面板架定义平面的甲板、纵向板、纵桁、腹板等。

第二节 平面板架建模界面

一、概述

平面板架建模的功能界面如图 3-3 所示。在对话框中,选择按钮,会弹出平面板架建模的功能按钮区。分别建立平面板架的各项属性以及依附于该板架的零件。主要包括:

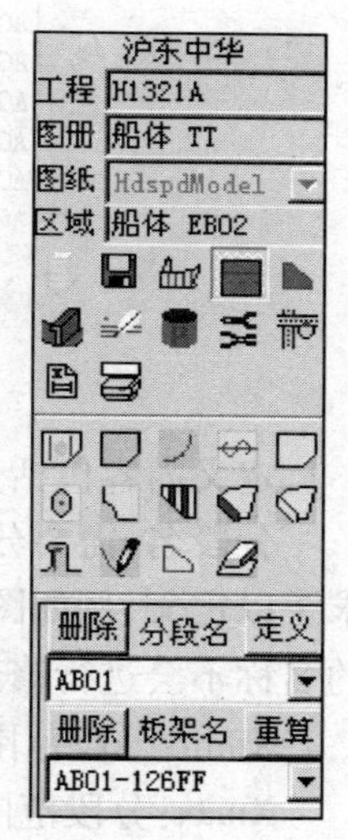

图 3-3 平面板架功能界面

平面板架属性设置:设定该板架的名称、部件名称、定位面信息、对称属性、基本类型等。

平面板架边界:定义该板架的边界,计算出板架的范围。

平面曲线定义:定义该板架定位面上的曲线。曲线可以作为边界参考、板缝线参考、内孔参考、边界孔参考、扶强材定位线参考、贯通切口参考以及辅助划线参考等。

板缝定义:定义平面板架上的板缝,用于划分板零件。

板零件定义:按照边界和板缝的定义,对本块板的零件进行划分,并定义板厚、零件号等信息。

内孔定义:定义在板上的开孔。例如人孔、管子的贯穿孔等。

边界孔定义:定义板边界上的开孔。例如流水孔、焊接孔等。

扶强材定义:定义依附于该板架的扶强材,用于加强。同时还可以定义扶强材上的开孔、边界孔、贯通切口等。

面板定义:定义面板。面板可以在板的边界上,也可以在板的内孔上。

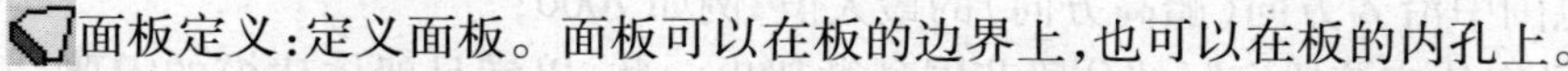

折边定义:定义板某一条边界上的折边,与该板零件为一体。

贯通切口定义:定义扶强材穿过板架时所开的切口,以及该切口上的补板。

辅助划线:板架上加工时所需要的辅助划线的定义。

修改板架元素:通过图形的选择方式,对板的属性进行选择后修改。

二、当前属性界面

在功能按钮区域的下侧为当前属性的界面。包括当前分段、当前板架的名称以及部分功能按钮。如图 3-4 所示。

其中，上一部分为当前分段的名称，下一部分为该分段中的板架名，显示为当前板架的名称。

删除 分段名 定义
AB01
删除 板架名 重算
AB01-126FF

图 3-4　属性界面

1. 分段的定义与删除

分段是船舶建造和搭载的单位之一，由若干个板架等元素组成。该对话框下属的下拉框中罗列了所有已经定义过的分段，我们可以进行选择。下拉框中所显示的分段名为单前操作的分段的名称。

点击分段定义按钮，弹出分段定义对话框，如图 3-5 所示。

分段定义

分段名	Xmin	Xmax	Ymin	Ymax	Zmin	Zmax
AG01C	FR-7	FR12	-8000	8000	-100	11000
AG01P	FR-7	FR12	-14000	14000	-100	11000
AG01S	FR-7	FR12	-14000	14000	-100	11000
AG02C	FR5	FR30	-8000	8000	-100	11000
AG02P	FR5	FR30	-14000	14000	-100	11000
AG03C	FR23	FR45	-8000	8000	-100	7000
AG03P	FR23	FR45	4000	14000	-100	7000
AG04C	FR20	FR45	-14000	14000	-100	11000

分段重算　确定　取消

图 3-5　分段定义对话框

定义内容包括分段名称和分段的范围。所有已经定义过的分段属性均会显示。

分段名：需要分段的分段名称。分段名称的长度不能超过 12 个字符，依据船舶成组的要求予以定义，例如图 3-5 中的 AG11。分段名称定义完后，不允许再进行修改，修改后下属板架的名称不会进行修改，若修改当前分段内板架可能无法选中，请予以还原。

Xmin：分段范围中沿 X 方向（船长方向）的最小值，支持肋位号定义，例如 FR121；

Xmax：分段范围中沿 X 方向（船长方向）的最大值，支持肋位号定义，例如 FR147；

Ymin：分段范围中沿 Y 方向（船宽方向）的最小值，例如 -6200；

Ymax：分段范围中沿 Y 方向（船宽方向）的最大值，例如 6200；

Zmin：分段范围中沿 Z 方向（船高方向）的最小值，例如 3000；

Zmax：分段范围中沿 Z 方向（船高方向）的最大值，例如 7000；

分段范围的设定值应该比实际的分段范围稍微超出一些，以满足船体建模的需要。设定完毕后点击确定按钮保存，取消按钮不对当前修改进行保存。允许对已经定义过的分段的范围进行修改。

分段的删除在当前属性界面上点击删除按钮即可以删除。需要注意的是一旦确认删除后，该分段中所有定义的构件都会被删除，而且不可恢复，因此在使用分段删除功能时应该谨慎。系统会连续弹出两个确认窗口对本次删除进行确认。

可以通过分段名下拉框中的选择设定当前分段。当前分段内的所有板架均会体现在板架名下拉框中，供设定当前板架。

2. 分段重算

在上述分段定义对话框中，还有一个分段重算按钮，当我们选择了某一个分段以后，点击分段重算按钮，系统会弹出对话框，如图 3-6 所示。

初始状态系统会把当前选定分段中的所有板架罗列在“不重算的板架”列表中。我们把要重算的板架加入到“要重算的板架”列表中，然后进行重算。

“—>”：将“不重算的板架”列表中选择的板架加入到“要重算的板架”列表中；

“—>>”：将“不重算的板架”列表中的所有板架加入到“要重算的板架”列表中；

“<—”：将“要重算的板架”列表中选择的板架退回到“不重算的板架”列表中；

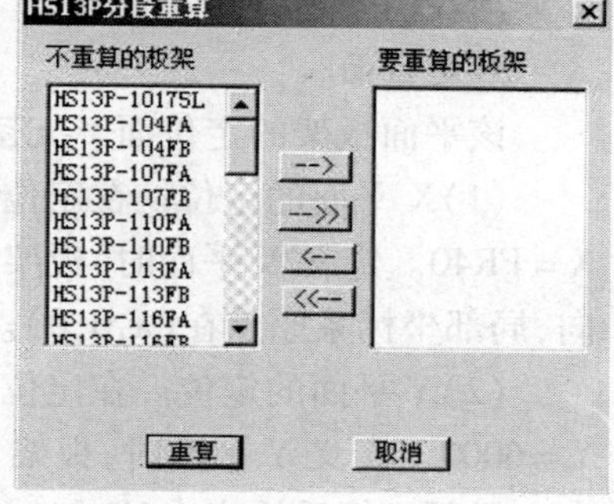

图 3-6　分段重算

“<<—”：将“要重算的板架”中所有板架退回到“不重算的板架”列表中。

重算时，系统会弹出进度条提示，重算结束后，会弹出重算中发现的板架出错的信息。

3. 板架的删除和重算

板架名下拉框中显示的为当前板架。一旦选择了当前板架，交互操作的视图中当前板架的所有元素都会高亮黄色显示。

点击删除按钮，系统会提示删除当前板架并进行确认，板架删除后不可恢复，因此请谨慎使用。

板架的重算用于当该板架的相关属性（即已经建立的拓扑关系）发生更改时，不需要依次重新对相关元素重新进行定义，仅需点击重算按钮，板架的所有元素会根据发生更改的关系进行重算，并在视图中显示。重算完毕后会在左面的对话框下部提示信息栏中显示。

第三节　板架属性定义

在进行平面板架建模时，首先需要定义板架属性。点击板架属性定义按钮，会弹出如图 3-7 所示对话框。

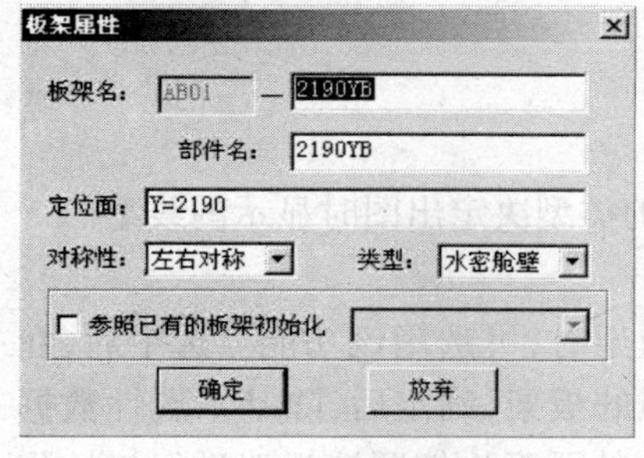

图 3-7　板架属性

该对话框包含如下属性定义：

1. 板架名

由分段名和板架名称组成。板架名称定义时应尽量体现板架的结构特性和定位位置信息等，便于识别。例如图 3-7 中板架名称为 AB01-2190YB，AB01 是板架所属的分段（不能更改），2190Y 体现了该板架的定位信息（Y = 2190），后面再跟其他字符以示与该定位面上已有的其他板架相区别。

我们给出的板架名称，同时显示在“部件名”框中，作为部件名的缺省值。

2. 部件名

给出该板架的部件名称。板架上零件的件号以该名称作为组成零件名的一段编码。例如零件件号定义为2190YB-1,2190YB-2,……,2190YB-21,……(其中“-”为编码分隔符,我们可设置其他字符作为编码分隔符,甚至可设置为空。

当我们采用“HZ零件编码”时,部件名必须符合零件编码的规则。

3. 定位面

该平面板架的定位面。支持四种格式,如图3-8所示。

(1)X平面的定位。在定位面输入框输入用于确定X平面的船体长度坐标:X=a。例如:X=FR40。定义X平面时,板架自身的局部坐标系为:向左舷为U轴正向,高度向上为V轴正向,局部坐标系原点在(a,0,0)。

(2)Y平面的定位。在定位面输入框输入用于确定Y平面的船体宽度坐标:Y=b。例如:Y=6000。定义Y平面时,板架自身的局部坐标系为:向船艏为U轴正向,高度向上为V轴正向。局部坐标系原点在(0,b,0)。

(3)Z平面的定位。在定位面输入框输入用于确定Z平面的船体高度坐标:Z=c。例如:Z=8750。定义Z平面时,板架自身的局部坐标系为:向船艏为U轴正向,向左舷为V轴正向。局部坐标系原点在(0,0,c)。

(4)三点平面的定位。定位面可以通过三点确定斜平面,如图3-9所示。在定位面输入框输入用于确定平面的任意不共线的三点的坐标:P=x1,y1,z1,x2,y2,z2,x3,y3,z3。例如:P=FR40,0,5000,FR60,0,5700,FR40,8000,5000。

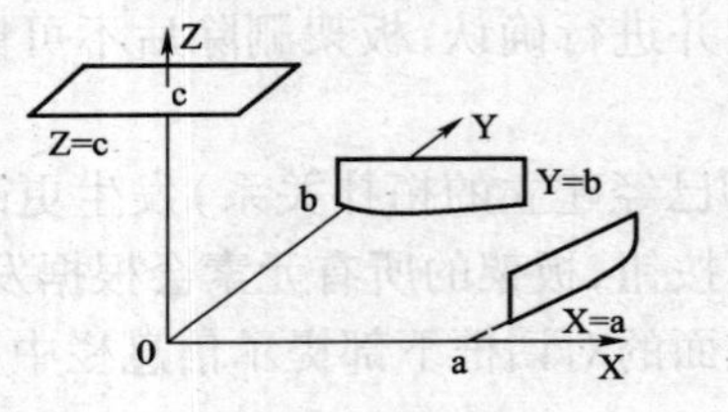

图3-8 定位面

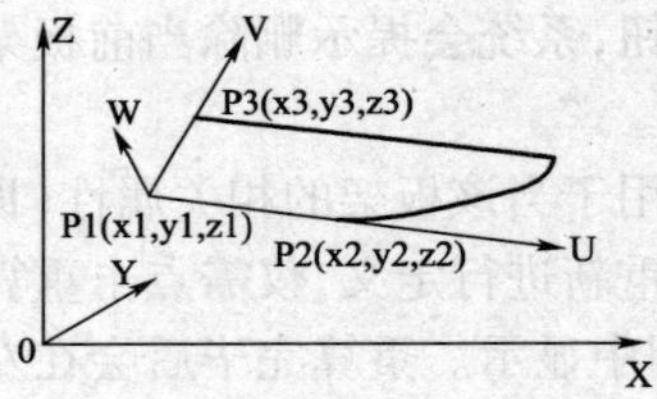

图3-9 三点平面的定位

定义三点平面时,板架的局部坐标系为:第1点至第2点的方向是U轴正向,第1点到第3点的朝向与U轴垂直为V轴正向,U、V方向构成的右手坐标系的向上为W轴正向,如图所示,原点为第1点。

4. 对称性

板架的对称性包括:左右对称,仅左,仅右,跨舯。

5. 类型

板架的类型为:常规,强构架,水密舱壁,弱构架。板架的类型决定出图时显示的线型。

6. 参照已有的板架初始化

当需要建立多个不同位置,但同一类型且形状类似的板架时,可选用该功能。选中后,在下拉框中会列出该分段下所有已经有的板架,选择需要参照的板架,确定后,除基本属性数据外(基本属性数据为属性定义对话框上显示的数据),板架上的元素均按照该板架进行初始化并生成。

如图 3-10 所示的多个类似的横舱壁,可以在定义一个板架后,其他的板架在不同定位面参照定义过的板架进行初始化,可大大加快船体建模的速度。

7. 其他

当新生成一块板架时,选择“确定”按钮会生成新的信息,并在当前属性界面板架名下拉框中加入。

当板架名已经存在,对部件名、定位面、对称性、类型等修改后,确定按钮会自动更新板架名相同板架的信息,并重新生成。

图 3-10 板架的初始化

第四节 边界定义

板架基本属性定义完毕后,开始进行板架的边界定义。边界定义确定板架的范围和形状。边界定义的范围应在分段范围中。

一、边界定义对话框

边界定义对话框如图 3-11 所示。

板架的边界按照边界段顺序进行定义。

1. 边界定义的方向

边界定义的方向应满足:当板架局部坐标系的 W 轴正向指向设计者时,边界走向构成逆时针方向的要求。具体来说:

对于以横剖面定义的板架(X = a),图面为从船艏向船艉看时,但习惯上横剖面视图往往为从船艉向船艏看,此时,应顺时针向定义边界才对。

对于以纵剖面定义的板架(Y = b),方向为从右舷向左舷看,逆时针向定义边界。

对于以水线高度定义的剖面(Z = c),方向为从上往下看,逆时针向定义边界。

对于三点确定的平面,沿着局部坐标系的 W 轴正向往负向看,逆时针向定义边界。

当板架边界定义的方向不满足以上要求时,确定后系统会提示边界走向错,此时可以对边界重新进行排序,直到边界顺序正确,如图 3-12 所示。

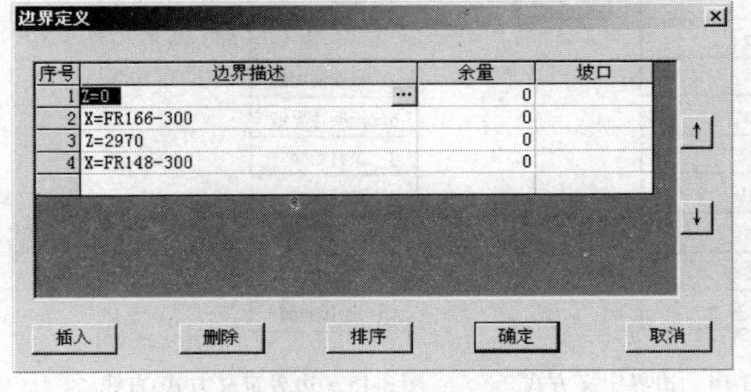

图 3-11 边界定义

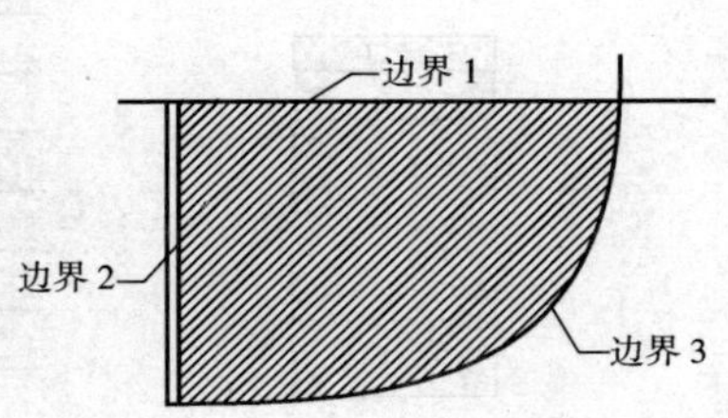

图 3-12 边界顺序

2. 边界排序

本系统对边界排序提供两种方式。通过对话框底部的“排序”按钮或者对话框左边的“↑”、“↓”按钮进行。

当使用“排序”按钮时，该按钮会显示成为“结束排序”，此时只需要在对话框上按顺序依次点击边界段即可完成排序。全部选择完毕后，“结束排序”会还原成“排序”按钮。

当使用“↑”、“↓”时，将当前的边界段进行上移或者下移，完成排序过程。

3. 余量和坡口定义

余量和坡口定义为该边界段上的余量和坡口的定义。余量定义为数值，在该边界段的余量内输入。余量的定义缺省值为0，即没有余量。

坡口定义为下拉选择框，从选择框中进行选择。坡口来源于标准中坡口定义的内容。坡口定义的缺省值为空，即没有定义坡口。

定义的坡口将在可标注在图纸上。

余量和坡口的定义也将在零件展开时体现在零件上，传递到 HDSHM 系统，如图 3-13 所示。

4. 其他

对于边界的描述方式将在下面专门说明。在边界定义对话框还有如下其他按钮：

“插入”按钮在当前选定的边界段中插入新的边界段；

“删除”按钮用于删除当前选定的边界段；

“确定”则保存后退出；

“取消”为不保存退出。

二、边界描述方式

边界的描述，提供直接输入和交互选择方式；当进行交互选择时（按下 ⋯），会弹出如图 3-14 所示的对话框，提供交互布置的功能（灰色为该定义板架上不能使用的功能或者目前暂不提供的功能，下同）。

1. 直线定义

以某条直线作为板架边界的定位线。按下后会弹出如图 3-15 所示的对话框。

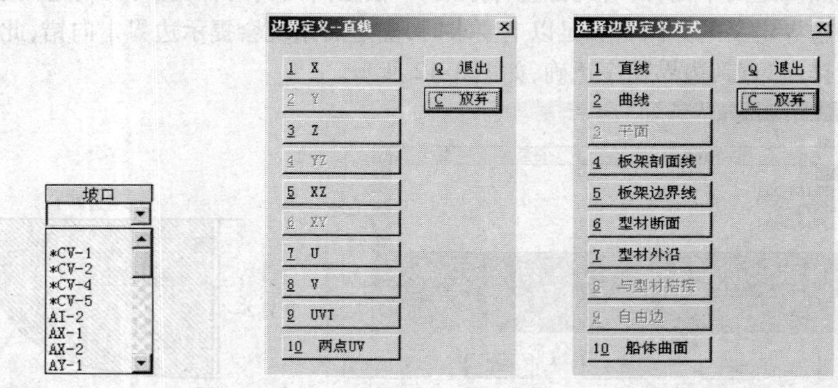

图 3-13 坡口的定义　　图 3-14 边界定义方式　　图 3-15 边界定义方式-直线

根据板架的定位面会将一部分定位面方式不可用（例如板架定位面为横剖面 x = a 的形式下，X、XY、XZ 定义方式不可用）。选择相应的方式后，会弹出输入对话框，如图 3-16 所示。

可以直接输入，例如：FR120；也可以选择 ⋯ 后在图面交互选择。在图面交互选择时需要

注意不能在与定义方式相同的显示视区内进行选择。例如,使用 X 作为边界线时,不能在横剖面视区内进行选择。

每种选择方式的具体定义如下:

X:需要输入 X 坐标,可以输入定位面 FR145 +200 或者直接数值的方式 5000。

Y:需要输入 Y 坐标,可以输入直接坐标或者相对坐标 L1 +300 等方式。

Z:需要输入 Z 坐标,可以输入直接坐标或者相对坐标 1DECK -250 等方式。

YZ/XZ/XY:需要输入两个点坐标确定一条直线。点坐标分别根据提示的定义方式(YZ/XZ/XY)进行输入。

U/V:需要输入 U 或 V 坐标。U、V 为当前板架局部坐标系的坐标。关于局部坐标系的定义在板架属性定义中已经详细描述。

UVT:需要输入 U、V 坐标,以及与 U 轴正方向的夹角(角度形式)。U、V 为当前板架局部坐标系的坐标,基点为(1000,2000),与 U 轴夹角为 36°的一条直线作为板的边界,如图 3-17 所示。

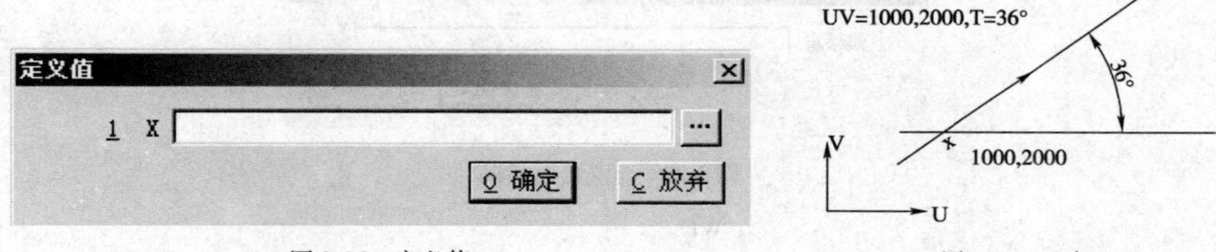

图 3-16 定义值　　图 3-17 坐标

两点 UV:局部坐标系上的两点连线作为定位线。UV = u1,v1,u2,v2。

若使用直接输入的方式,可以采用如下的输入方法:

U/V = a(与局部系轴平行的直线);

X/Y/Z = a(X 或 Y 或 Z 平面与局部系平面的交线);

UV/YZ/XZ/XY = a1,b1,a2,b2(过指定平面中的 2 点的线段);

UV/YZ/XZ/XY = a,b,T = t(给定局部系平面中一点及角度的直线)。

2. 曲线

可以选择定义在该平面板架上的内部曲线作为边界。如图 3-18 所示。

若采用直接输入可为以下方式:

CUR = 板架内部曲线名(给出局部系平面中用'板架内部曲线名'命名的样条)。

CUR = [UV/YZ/XZ/XY,]a1,b1,r2,a2,b2,…,rn,an,bn(给出指定平面中的投影样条),其中 a,b 为定义的每一个点,r 为连接前后两点的圆弧半径,为 0 时为直接与直线连接。

3. 板架剖面线

当前要定义的板架与不在同一个平面的已经定义的板架相接时,可以取已经定义的板架的剖面线作为当前要定义的板架的边界。如图 3-19 所示,分别使用板架 1、2、3、4 的剖面作为边界的定义。

在边界对话框中,系统会显示出板架的名称。由于板架的剖面有两个面和定义的平面有交线(板架的理论面和非理论面),系统默认会使用计算得到的面作为边界。

使用板架的剖面线时,当在图面上选择了板架后,系统会弹出对话框,提示输入法向偏移

量，如图 3-20 所示，直接输入数值即可。

使用偏移量时，偏移量的正向为两板架交线方向（两板架 W 方向叉乘得到）的左侧。如图 3-21 所示。

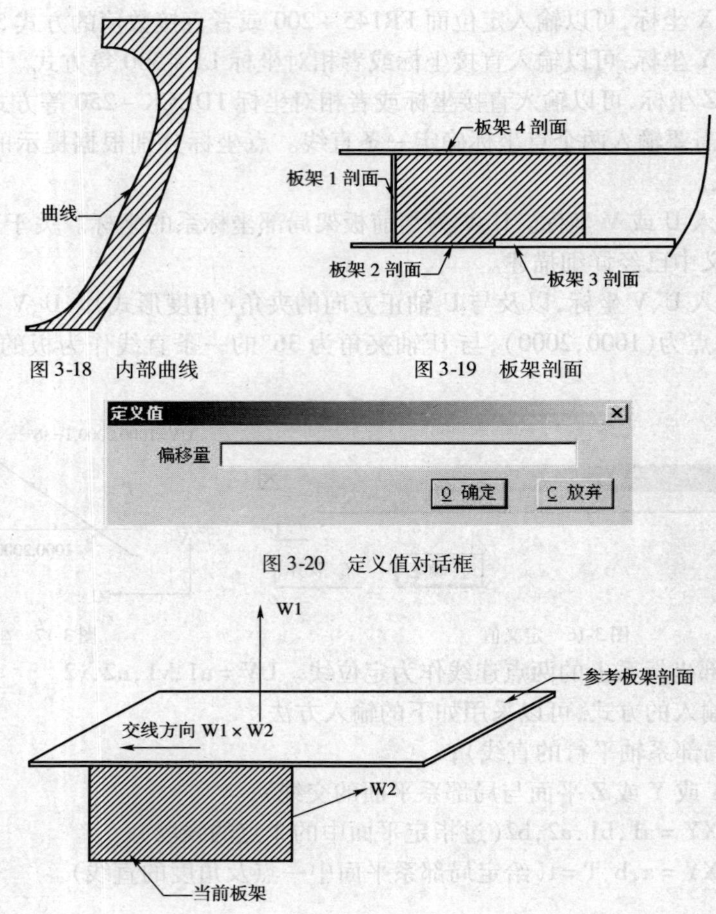

图 3-18　内部曲线

图 3-19　板架剖面

图 3-20　定义值对话框

图 3-21　偏移量的方向

直接输入格式如下：

‘板架名’（局部系平面与指定板架的正反两面的交线）

4. 板架边界线

可以取与本板架处于同一个平面的其他板架的边界作为本板架边界的参考。提供图面选择边界。

若使用直接输入，格式如图 3-22 所示。

‘板架名’，LIM = i（取指定板架的边界 i）

5. 型材断面

取型材的截面作为板架的参考边界，提供图面选择和直接输入方式。

直接输入时格式为：

‘板架名’，Fi（局部系平面与指定板架的面板相截的截面样条）；

‘板架名’,扶强材引用名(局部系平面与指定板架的扶强材相截的截面样条);

曲面型材标签名(局部系平面与曲面型材相截的截面样条)如图3-23所示。

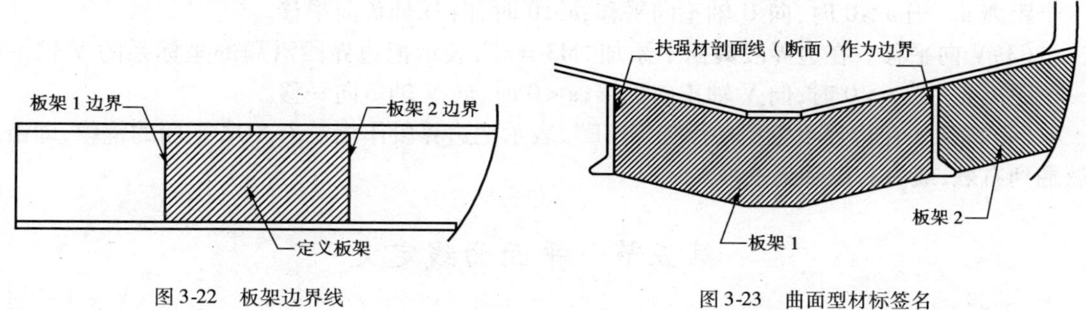

图3-22 板架边界线　　图3-23 曲面型材标签名

6. 型材外沿

可以取型材的顶线样条在局部系平面的投影样条作为平面板架的参考。提供图面选择和直接输入。

直接输入时格式为:

ALONG = 曲面型材标签名;

ALONG = ‘板架名’,扶强材引用名;

ALONG = ‘板架名’,Fi。

7. 船体曲面

选择已经定义过的船体曲面作为边界,选择后会弹出曲面选择对话框(图3-24)。

图3-24 船体曲面对话框

可直接选择。我们也可以在边界定义中直接输入已经定义的船体曲面的名称作为参考。

注意:当使用三点平面作为平面板架的定位面,同时使用船体曲面作为边界,要注意三点平面围成平行四边形的范围应包含所要截交的船体曲面。

如图3-25所示,a)图中的三点坐标的范围与不包含船体曲面,若此时使用船体曲面作为边界则无法计算得到;使用b)图所示的三点定位则能很好地解决此问题。

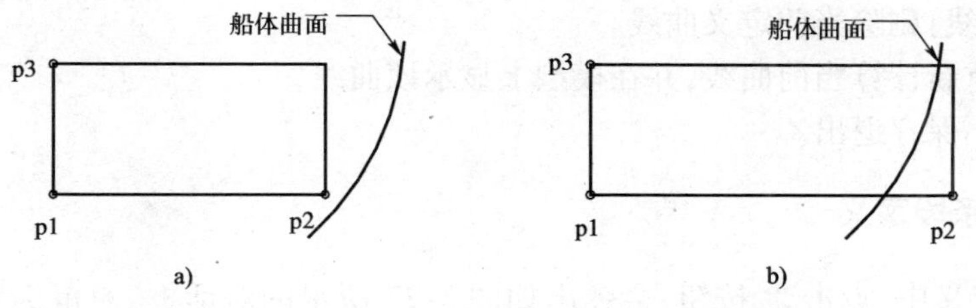

图3-25 三点平面做定位面

8. 边界段的偏移和镜像

对各边界段,操作者可以通过直接编辑边界段数据的方式,对边界段进行法向偏移、U向平移、V向平移、镜像等变换。

(1)法向偏移。在边界段数据中添加“M1 = a”,表示把边界段法向偏移一个距离a(作法向平行曲线)。偏移方向可以由a的正负来控制。如果偏移方向反了,只要改变a的正负

即可。

(2)U 向平移。在边界段数据中添加“M2 = a”,表示把边界段沿局部坐标系的 U 轴平移一个距离 a。当 a >0 时,向 U 轴正向平移,a <0 时,向 U 轴负向平移。

(3)V 向平移。在边界段数据中添加“M3 = a”,表示把边界段沿局部坐标系的 V 轴平移一个距离 a。当 a >0 时,向 V 轴正向平移,a <0 时,向 V 轴负向平移。

(4)镜像。在边界段数据中添加“REF”,表示把边界段作相对于 XOZ 平面的镜像,即由左舷翻到右舷,或由右舷翻到左舷。

第五节　平面曲线定义

平面曲线定义是在当前定义的平面板架上定义只属于该板架的内部曲线。内部曲线可以用来作为板架的边界、板缝、内孔样条、边界孔的样条、型材的迹线、板架上划线等。

曲线定义的坐标系与定义的板架坐标系一致。

已经定义的内部曲线在数据库中已经存在,但并不是在所有的图面上都能看到。内部曲线只显示在投影视图和轴测视图里。当视图为船体截面图时,不显示内部曲线的图形。

一、平面曲线定义对话框

曲线定义对话框如图 3-26 所示。

(1)曲线名称:定义该板架上的曲线名称,在后续的引用过程中将使用该名称作为参考。曲线名称只在该板架起作用。

(2)封闭(复选框):定义该曲线是否封闭。

(3)曲线样条段定义:定义组成曲线的各样条段,以及定义样条过程中的一些辅助功能,包括样条段顺序的更改、插入样条段和删除样条段功能等。

(4)曲线起点/曲线终点:定义的曲线的起点和终点的大概位置,一般情况下可以不用精确值,用于定义曲线的走向。

(5)保存曲线:当前曲线更改后,保存该曲线,若为重新创建的曲线,则是新添加曲线。

(6)删除曲线:删除当前定义曲线。

(7)确定:重新计算当前曲线,并在模型上显示该曲线。

(8)取消:不保存退出。

二、曲线样条段定义

在样条段定义中,点击···按钮,会弹出如图 3-27 所示的对话框,对鼠标所在的曲线样条段进行交互定义。

1. 与板架交线

获取选定板架与当前板架的交线,为一直线段。选择该方式后,会提示在图面上选择参考的板架。选中后,会弹出“平面曲线参数定义”对话框,进行平面曲线参数定义,见后面“平面曲线参数定义”。

选中的板架名会显示在定义对话框中。

例如:‘CB01-153F’,SID =0,M1 =100,R =50,如图 3-28 所示。

其中‘CB01-153F’为板架名称。所引用的板架有两个面,用 SID =1 表示与引用板架的 W 轴正向一致的面,用 SID =0 表示与引用板架的 W 轴反向的面。我们可以手工修改。

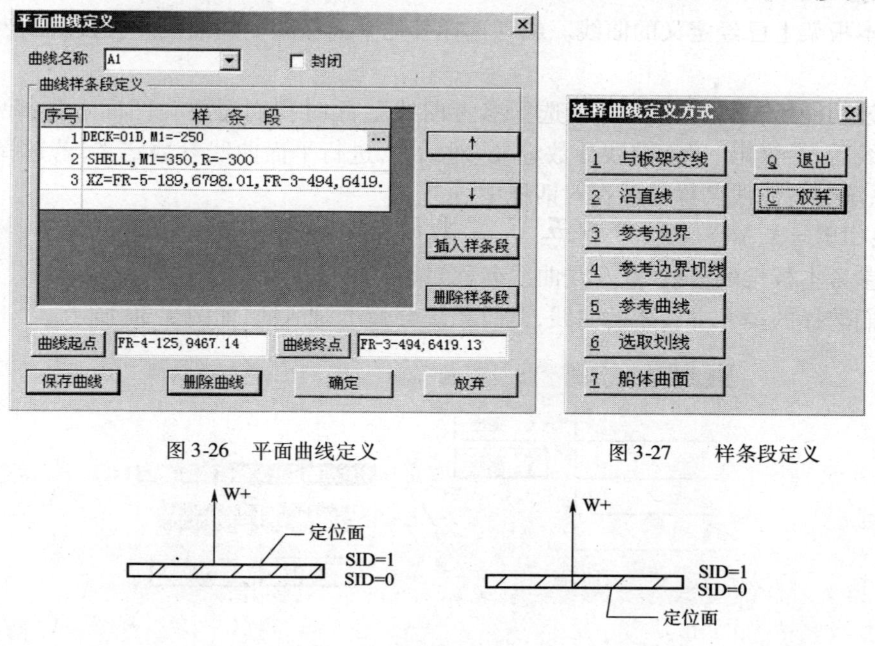

图 3-26　平面曲线定义　　　图 3-27　样条段定义

图　3-28

2. *沿直线*

通过船体或者板架坐标定义一条直线作为曲线的参考。

选择此方式后,会弹出直线定义方式的对话框进行定义。选中直线后,会弹出“平面曲线参数定义”对话框,进行平面曲线参数定义。

3. *参考边界*

参考本板架上已经定义的边界作为曲线段的定义。

选择此方式后,会提示在图面上选择一条边界作为曲线段定义的参考。选中边界后,会弹出“平面曲线参数定义”对话框,进行平面曲线参数定义,选中的板架的边界会显示在定义对话框中。

例如:LIM =2,M1 =100

表示参考板架的第二条边界偏移 100。

4. *参考边界切线*

参考本板架上已经定义的边界上某一点的切线作为曲线段的定义。

选择此方式,会提示在图面上选择一条边界,选中边界后会弹出如图 3-29 对话框,提示确定边界上的一点,取定该点的方式可以通过边界与直线的交点的方式确定。

选择后,会弹出“平面曲线参数定义”对话框,进行平面曲线参数定义,选中的板架边界以及确定切点的参考直线都会显示在对话框中。

例如:TANLIM =2,X =FR-3 +100,M1 =100

表示过参考板架第二条边界与直线 X = FR-3 +100 的交点的切线(与边界相切)偏移 100 得到的直线作为曲线段。

5. 参考曲线

参考本板架上已经定义的曲线。或者选择其他平面板架上的曲线并且投影到当前板架平面内。

选择该功能后,系统会提示“请选择参考曲线”,此时我们需要在图面上选择一条曲线。在选中曲线后,会弹出“平面曲线参数定义”对话框,进行平面曲线参数定义,若选择的是本板架曲线,系统会将曲线名称显示在对话框中。

例如:CUR = A,M1 =100

表示参考本板架的曲线 A(A 是曲线名称)偏移 100。

若我们选择的是非本板架的曲线,此时系统会弹出对话框,如图 3-30 所示。

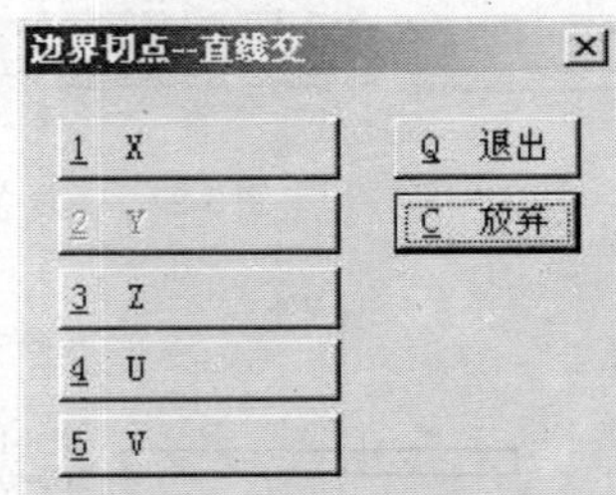

图 3-29　边界切点

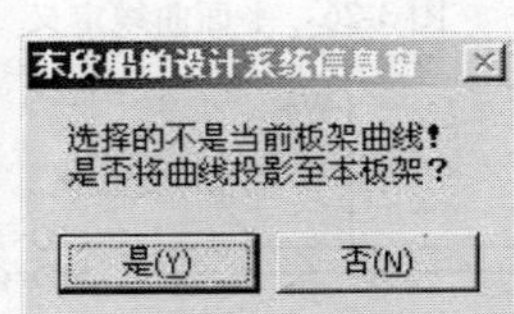

图 3-30　信息窗

若选择“是”,系统将选择的曲线投影到本板架上,并将曲线的样条描述显示在对话框中。

例如:CUR = UV,3.995,3888.23,-6101.61,25.03,3978.28,-5728.84,33.12,4011.32,-5746.49,41.4193,4044.35,…

当使用非本板架曲线的时候,仅能选取和本板架平行的板架上所定义的曲线进行投影(复制),当选取的曲线所在板架与当前板架不平行时,系统会提示出错。采用此种方式获取的曲线,曲线间已经没有拓扑关系(无关联),若参考曲线发生更改则不会随之改变。

6. 选取划线

参考本板架上已经定义的划线作为曲线段的定义。

该功能使用直接在 AutoCAD 上的画图作为曲线的定义。

显示曲线的投影样条数据(该功能待完善)。

7. 船体曲面

选择船体曲面作为曲线的参考。

选择后,会弹出“平面曲线参数定义”对话框,进行平面曲线参数定义。

选定船体曲面后,系统会自动将板架面与船体曲面求交得到曲线。

8. 平面曲线参数定义

平面曲线参数定义是指对曲线段指定偏移、镜像、反向和连接圆弧。

平面曲线参数定义的对话框如图 3-31 所示。

提示输入偏移量、偏移方式、圆弧半径以及反射属性等。其中偏移量、圆弧半径均为数值。

半径值为正值时以逆时针圆弧连接连接上一曲线段；负值时以顺时针圆弧连接连接上一曲线段。如图3-32所示，为逆时针向定义的曲线上的连接圆弧。半径表示的是当前定义曲线段与上一曲线段之间的圆弧连接半径，当第一段有半径时或者最后一段仅有半径时另有解释，详见后面的“其他定义方式”。

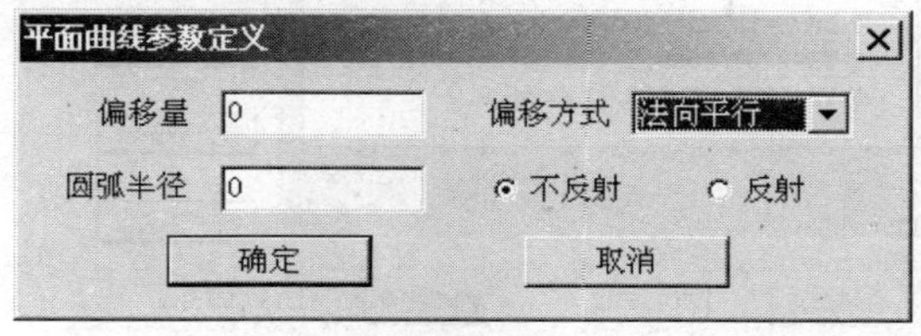

图3-31　平面曲线参数定义

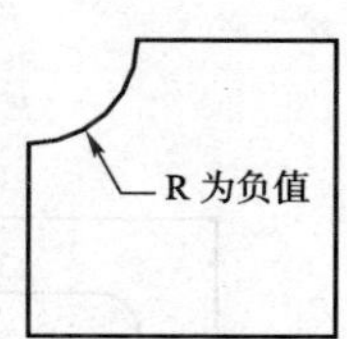

图3-32　逆时针定义的曲线

当半径值不为0时，在曲线段数据中表示为“R = r”。

当偏移量不为0时，必须指定偏移方式。偏移方式有3种：

(1)法向平行：是指把曲线段法向偏移一个距离a(作法向平行曲线)，偏移方向是，以沿着样条的走向看，左手为正。在曲线段数据中表示为“M1 = a”。

(2)U向平移：是指把曲线段沿局部坐标系的U轴平移一个距离a，向U轴正向平移，偏移量为正，反之为负。在曲线段数据中表示为“M2 = a”。

(3)V向平移：是指把曲线段沿局部坐标系的V轴平移一个距离a，向V轴正向平移，偏移量为正，反之为负。在曲线段数据中表示为“M3 = a”。

反射选项表示是否需要将已经得到的曲线段进行镜像(相对中纵剖面)。选中反射时，在曲线段数据中表示为“REF”。

对各曲线段，操作者还可以通过直接编辑曲线段数据的方式，在边界段数据中添加“REV”，表示把曲线段反向。

9. 其他定义方式

在定义曲线时，还有以下几种可以使用的定义方式，如图3-33所示情况。

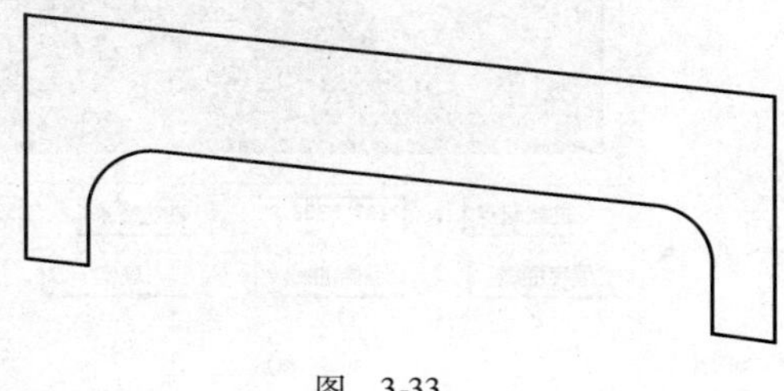

图　3-33

其曲线定义的内容如图3-34所示。

其每段的定义如图3-34所示。但是在第三段和第四段定义中最后增加了半径值R = 100，表示这两段直线使用半径100进行光滑连接。曲线定义完毕后，需要指定曲线的起点和终点(可在图面上选取)，此时的起点和终点可以为近似值。然后添加或者保存曲线即可。以后在定义板架的时候，就可以引用该曲线。

在曲线定义的过程中，可能还会出现如图3-35所示情况。

其中下面一条边界使用曲线定义，如图3-36所示。

这种情况与上面一种情况的区别是，曲线的定义仅使用了一段曲线段(甲板线的偏移线作为参考线)，但定义了两端的R = 150，分别表示从起点到第一段使用R = 150连接；第一段到终点使用R = 150连接，即定义出如图所示的曲线。此时要求起点和终点为准确值。以后即可引用该曲线。

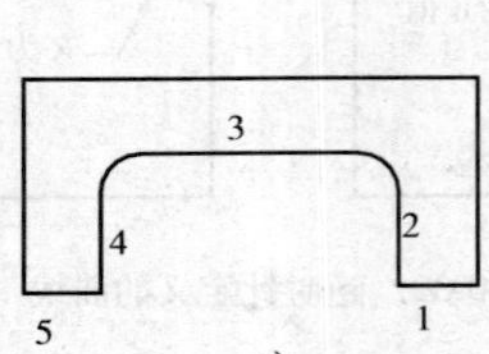

a)

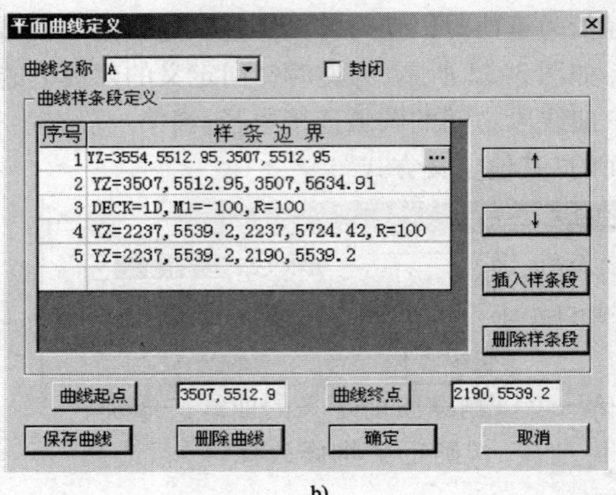

b)

图 3-34

10. 调节曲线段顺序

在曲线段定义中,可以对已经定义的曲线的顺序进行调节,使用"↑""↓"将当前样条段上移或者下移;使用"插入样条段"在当前光标所在样条段的前面插入新的样条段;使用"删除样条段"删除当前样条段。

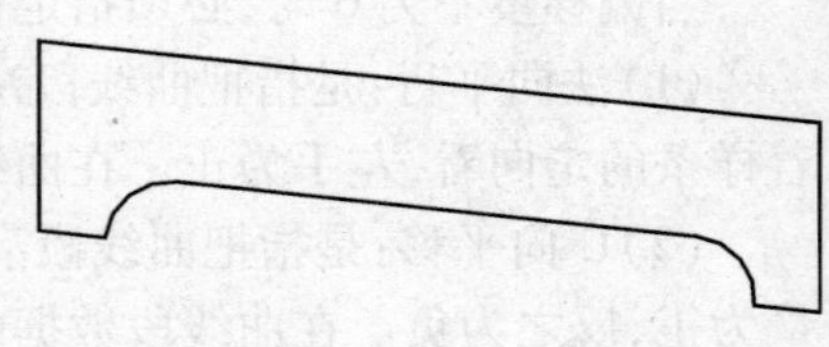

图 3-35

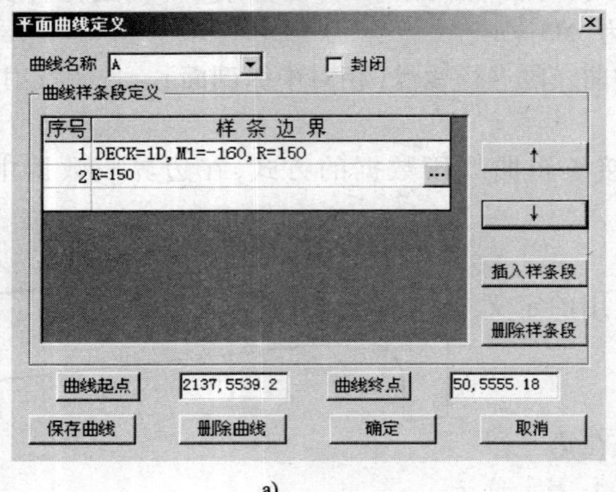

a)

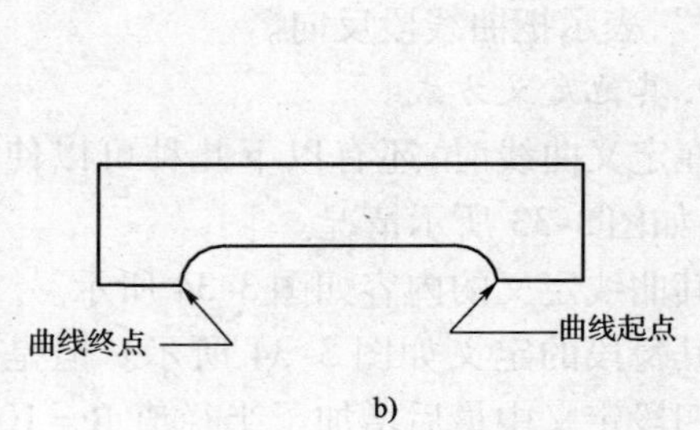

b)

图 3-36

三、其他定义

1. 曲线的起讫点定义

当曲线样条段均定义完毕后,若定义的曲线不是封闭曲线,需要定义曲线起点和曲线终点来确定样条。当曲线的起讫点仅作为参考时,可以不为精确值,系统会自动寻找最近点;若曲线的起讫点参与计算时(如前述和半径有关时),需要给出精确点。曲线的起讫点均可以在图形上获取。

点击"曲线起点"("曲线终点"),系统会关闭对话框,在模型上,已经定义的曲线段都会

以其他颜色显示出来，此时我们只需要在图形上选择即可。起讫点的位置不同，获得的曲线也会不同，如图 3-37 所示，曲线的起讫点的位置不同，虽然为同样的定义曲线段，得到的曲线也各不相同。

2. 添加、保存、删除曲线

当为新定义曲线时，系统显示添加曲线，当对已有曲线进行修改时，显示保存曲线。使用“删除曲线”可以删除当前定义的曲线。添加、保存、删除曲线后，确定会将修改保存，若选择取消，则不会更改数据库中数据，下次打开后已做的修改将会丢失。

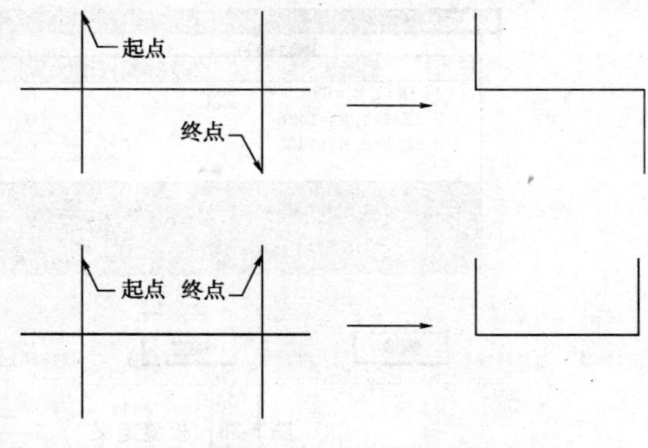

图 3-37　曲线的起点和终点

第六节　板缝定义

在板的边界已经定义完毕后，可以对板缝进行定义，用以在板架上划分不同的板零件。亦可以在板架已经定义完毕后，对板缝进行修改。

一、板缝定义对话框

点击板缝定义按钮，会弹出如图 3-38 所示的对话框，已经定义的板缝会显示其中。

板缝定义线段：板缝的定义样条，可以有多种方式可以定义。该定义线段需要和边界至少有两个交点；

左侧\右侧余量：沿着板缝的走向，板的左侧和右侧的余量。定义的余量不在模型上予以体现，但是在零件展开时会考虑进去；

坡口：该板缝定义的两块板零件所开的坡口；

删除：删除当前的定义板缝；

确定：保存板缝定义或修改的结果并退出；

取消：不保存定义或者修改的结果，直接退出。

二、板缝线段定义方式

在定义板缝线段的过程中，点击对话框中的 ··· 按钮，会弹出如图 3-39 所示板缝定义的方式的选择对话框。

我们可以选择一种定义方式进行交互的板缝定义。

1. 沿直线

根据定位坐标制定一条直线作为板缝线的定义。

2. 沿曲线

沿本板架上已经定义的曲线作为板缝的定义。可以在图形上选择本板架的曲线，或者直接输入 CUR = A（A 为曲线名称）。

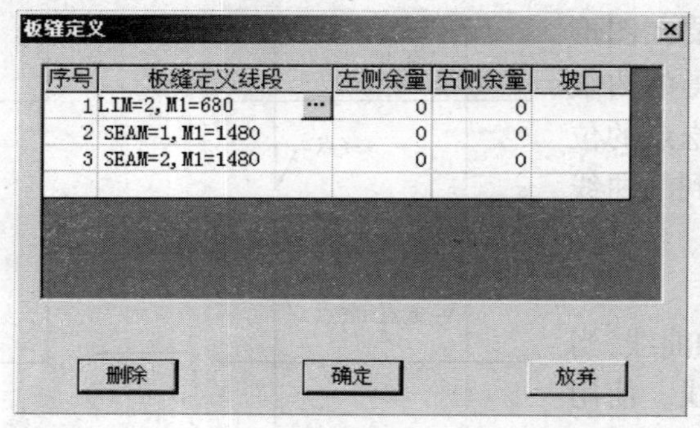

序号	板缝定义线段	左侧余量	右侧余量	坡口
1	LIM=2, M1=680	0	0	
2	SEAM=1, M1=1480	0	0	
3	SEAM=2, M1=1480	0	0	

图 3-38　板缝定义

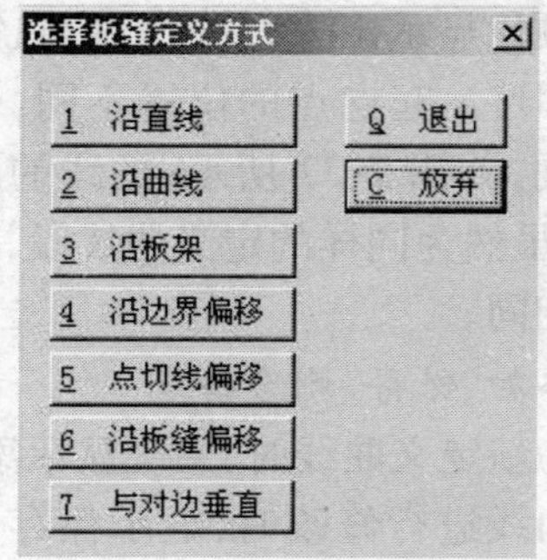

图 3-39　板缝线段定义

3. 沿板架

沿某一与当前板架有交的板架的交线,作为板缝定义的参考。

如图 3-40 所示,在定义船舶的横向板架时,被多个纵向的板架贯穿。我们可以在纵向板架之间分别定义不同板架,也可以定义一个横贯全船的板架,然后在每一个纵向贯穿的板架处定义板缝对定义板架进行分割。在这种情况下,我们就可以使用沿板架的定义方式。

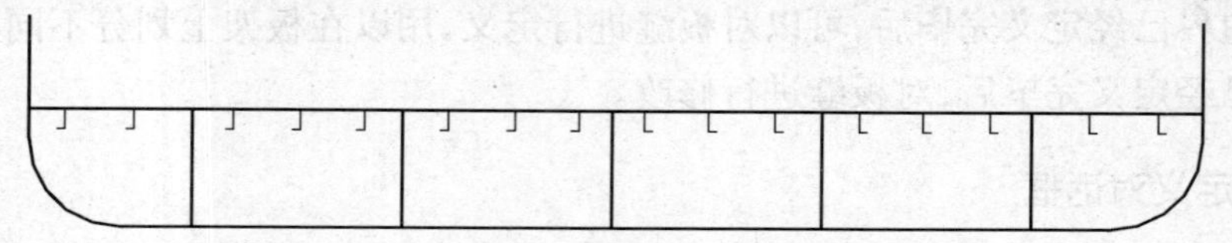

图 3-40　船舶横向板架

系统会提示在图面上选择板架,然后将选择的板架名称显示在定义对话框中。系统将计算本板架与所选择的板架的定位面的交线,作为板缝。但是必须注意,由于板架的板零件是有厚度的,操作者还得根据所选择的板架的板零件厚度及其朝向,在生成的板缝上给出左侧或右侧余量,并且必须是负余量,来让出板零件厚度。

4. 沿边界偏移

该方式可以参考边界作偏移(平行于该边界)来定义板缝。如图 3-41 所示,参考边界 2 偏移 100 后得到板缝 1。

选择该功能后,系统提示在图面上选择一条边界,并且输入偏移量后得到。

系统描述为:LIM = 2, M1 = 100

5. 点切线偏移

系统提供沿某一条边界上一点的切线偏移一段距离后得到板缝。如图 3-42 所示。

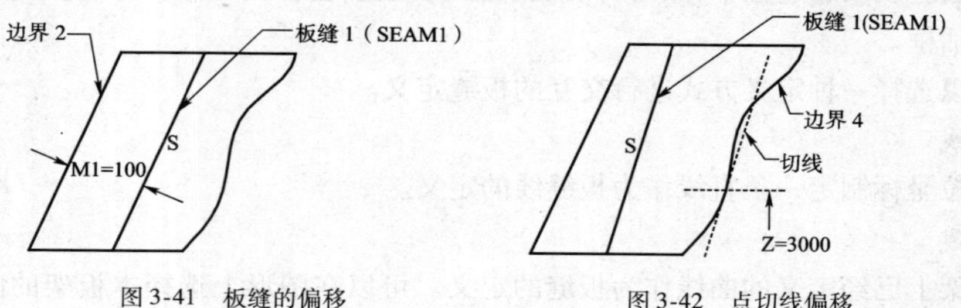

图 3-41　板缝的偏移　　　　图 3-42　点切线偏移

沿边界 4 上与 Z = 3000 的直线的交点，作边界 4 的切线，将切线偏移一段距离后得到板缝 1。

系统描述：TANLIM = 4，Z = 3000。

6. 沿板缝偏移

定义板缝的时候，也可以使用已经定义好的板缝作平移后等到新的板缝，如图 3-43 所示：

系统描述：SEAM = 1，M1 = 200

7. 与对边垂直

定义时还可以使用边界上一点作对边的垂线作为板缝线，如图 3-44 所示。

在边界 1 与直线 Y = 3000 的交点，作边界 2 的垂线。

系统描述：PERLIM = 1，Y = 3000

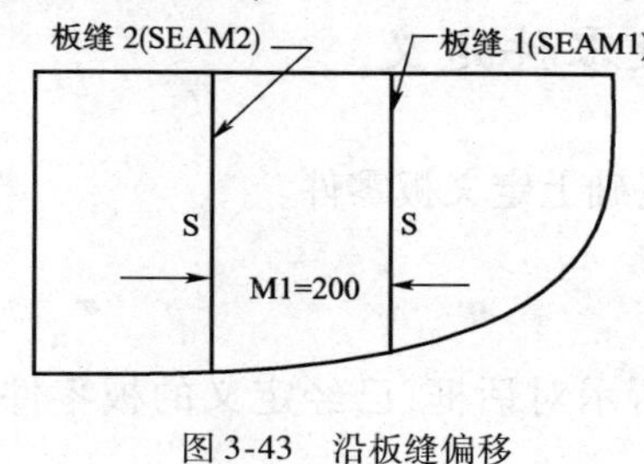

图 3-43 沿板缝偏移

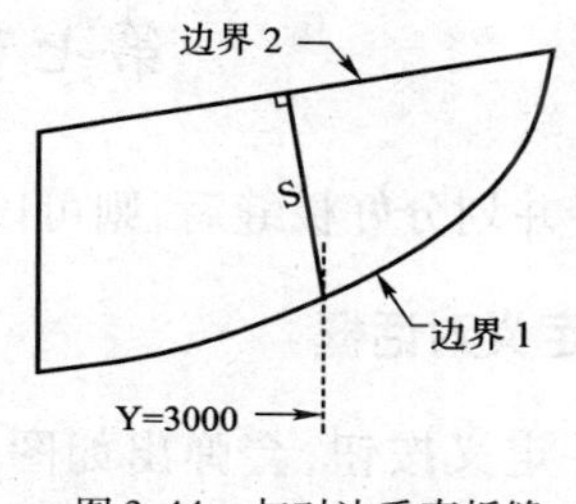

图 3-44 与对边垂直板缝

三、选择板缝的起末位置

当板缝定位线定义完成后，需要选择板缝的起末位置。

定义板缝的起末位置有下述 3 种情况：

完全贯穿

只给定起点，终点贯穿

给定起点和终点

起点和终点的定义可以是边界，也可以是板缝。

定义好板缝定位线后，系统会提示“请选择起点位置，直接右键为完全贯穿”，此时我们可以在图面上选择本板架的边界或者某一条已经定义过的板缝，若此时直接点击鼠标右键或者回车，则默认为不需要定义起讫点位置，系统会自动计算贯穿全板架的板缝。

确定好起点位置后，系统会提示“请选择终点位置，直接右键为完全贯穿”，此时可以在图面上选择本板架的边界或者某一条已经定义过的板缝，若此时点击鼠标右键或者回车，则系统认为不需要定义讫点位置，系统会计算从起点至完全贯穿板架的板缝。

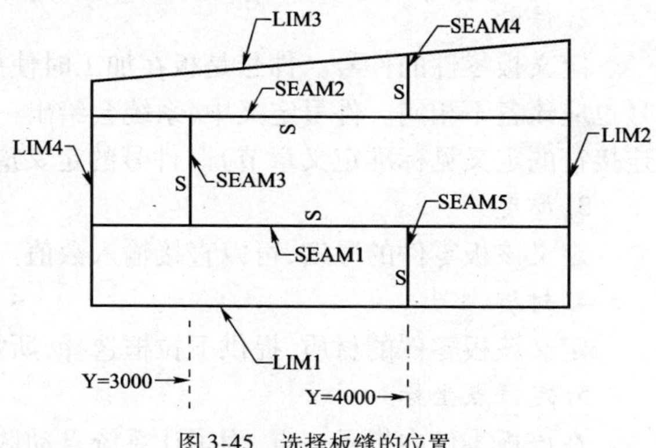

图 3-45 选择板缝的位置

对图 3-45 所示例，系统描述如下：

SEAM1：Z = 1000；表示定位线在 Z = 1000，完全贯穿板架的板缝；

SEAM2：Z = 2200；表示定位线在 Z =

2200，完全贯穿板架的板缝；

SEAM3：Y=3000，FROM(SEAM1)TO(SEAM2)；表示定义线在 Y=3000 的从板缝 1 至板缝 2 的一条板缝；

SEAM4：Y=4000，FROM(SEAM2)TO(LIM3)；表示定义线在 Y=4000 的从板缝 2 至边界 3 的一条板缝；

SEAM5：Y=4000，TO(SEAM5)；表示定义线在 Y=4000 的从边界(自动计算得到)至板缝 1 的一条板缝；

在确定板缝的起讫点时，若需要引用某一条板缝作为参考，该板缝必须先于要定义的板缝定义。例如在定义第 2 条板缝时，不能使用 FROM(SEAM3)，否则不能保证得到正确定义。

第七节　板零件定义

定义过边界并划分好板缝后，则可以在此基础上定义板零件。

一、板零件定义对话框

点击板零件定义按钮，会弹出如图 3-46 所示对话框，已经定义的板零件会显示在对话框中。

1. 板零件厚度朝向

定义板零件厚度的朝向，同一个板架上板零件的厚度朝向应该相一致。在下拉选项框中依据板架的定位面不同而有所区别，当板架以 X 坐标为定位面时，显示："向艉"，"向艏"和"分中"；当板架以 Y 坐标为定位面时，显示："向左舷"，"向右舷"和"分中"；当板架以 Z 坐标为定位面时，显示："向下"，"向上"和"分中"；当板架以三点为定位面时，显示："W-向"，"W+向"和"分中"。可以根据建模情况进行选择。

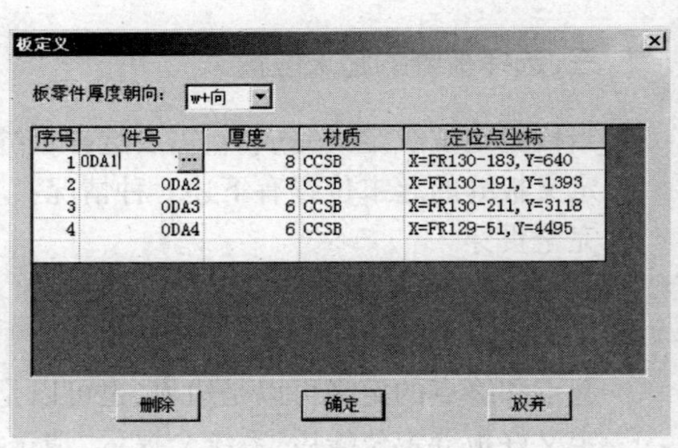

序号	件号	厚度	材质	定位点坐标
1	ODA1	8	CCSB	X=FR130-183, Y=640
2	ODA2	8	CCSB	X=FR130-191, Y=1393
3	ODA3	6	CCSB	X=FR130-211, Y=3118
4	ODA4	6	CCSB	X=FR129-51, Y=4495

图 3-46　板定义

2. 件号

定义板零件的件号。件号是板在加工时使用的标识名，当两块板零件外形等不相同时，件号也应该各不相同。件号定义中，系统会给出一个默认值，为"板架名+连接符+序号"(缺省连接符的定义见标准定义章节)。件号的定义应该符合企业的零件编码要求。

3. 厚度

定义该板零件的厚度，可以直接输入数值。

4. 材质

定义该板零件的材质，提供下拉框选择，所需的材质必须在材质标准中已经定义。

5. 定位点坐标

在该板零件内指示一点，为了让系统自动区分不同的板零件。若板架上没有定义板缝，则

可以把板架作为一个板零件处理，此时可以不指定板架内一点坐标。

6. 删除

删除当前光标所在位置的板零件定义。

7. 确定

保存现在的板零件定义，重新计算并在模型中重新生成。

8. 放弃

不保存当前的修改并退出。

二、板零件定义具体方式

板零件定义中，件号、厚度都可以直接输入，材质可以选择，关键在于定义定位点坐标。

定位点坐标在熟悉的情况下可以输入，输入格式为：U = ＊＊，V = ＊＊；或者 X、Y、Z 坐标中的任意两个的组合。系统支持在图面上直接用鼠标点取点来确定。

点击定位点坐标中的…按钮，系统会提示："请在零件内部指示一点"，此时可以根据图面上边界和板缝的定义确定板零件中的点，鼠标点击后，在所在板零件的位置会显示一个花样符号，用以标明该板架已经定义。如图 3-47所示。

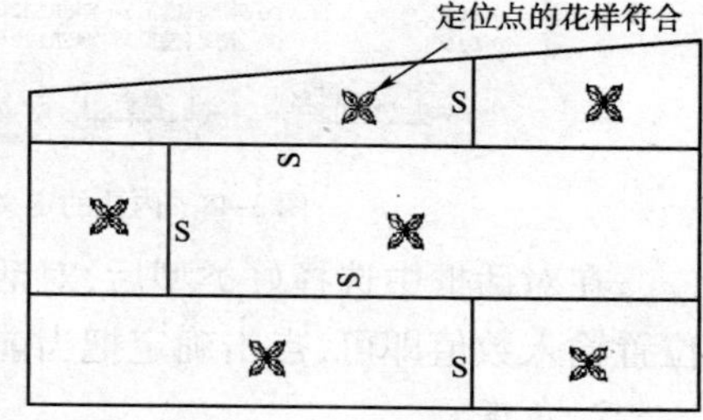

图 3-47 板架的鼠标定义

连续选择完毕后，点击鼠标右键或者直接回车，则已经定义过的板架会显示在对话框中，此时我们还可以对定义信息进行修改。

当修改板零件的定位坐标时，系统会在已经定义过的板架的位置显示花样符号，表示该位置板零件已经定义。

当板零件定义完毕，点击确认后，系统会自动根据板零件定位坐标的位置、板边界和板缝的定义计算得到板零件，若存在两个定位坐标在同一个板零件中时，此时系统会提示"板零件重复定义"；当存在还没有定义的板零件时，系统会提示"尚有板零件没有定义"，此时我们还可以进行修改直至定义正确。

第八节 内孔定义

船体上因为设计要求，需要在板架上开孔。通过给出孔类型尺寸、倾斜角度和定位坐标进行定义，在板架边界定义完毕后，我们就可以在板架上定义内孔。

一、内孔定义对话框

点击内孔定义按钮，系统会弹出当前板架的内孔定义对话框，已经定义过的内孔会显示在对话框中。如图 3-48 所示。

1. 类型尺寸

定义的内孔尺寸，提供直接输入或者弹出内孔尺寸对话框进行选择。本系统使用参数化定义的方式，目前支持下列几种内孔尺寸的输入方式：

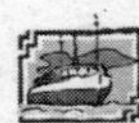

D 直径	圆孔
HO 长 * 宽	腰圆孔
HE 长 * 宽	椭圆孔
HR 长 * 宽 * r	矩形孔
HOR 长 * r1 * r2	蛋圆孔
CUR	用封闭样条围成的孔(已经定义的曲线名称)

若点击类型尺寸中的 ··· 按钮,系统会弹出内孔类型与尺寸对话框,如图 3-49 所示。

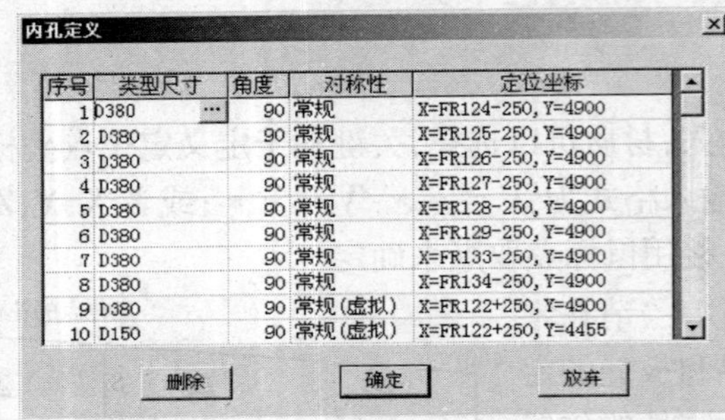

序号	类型尺寸	角度	对称性	定位坐标
1	D380	90	常规	X=FR124-250, Y=4900
2	D380	90	常规	X=FR125-250, Y=4900
3	D380	90	常规	X=FR126-250, Y=4900
4	D380	90	常规	X=FR127-250, Y=4900
5	D380	90	常规	X=FR128-250, Y=4900
6	D380	90	常规	X=FR129-250, Y=4900
7	D380	90	常规	X=FR133-250, Y=4900
8	D380	90	常规	X=FR134-250, Y=4900
9	D380	90	常规(虚拟)	X=FR122+250, Y=4900
10	D150	90	常规(虚拟)	X=FR122+250, Y=4455

图 3-48　内孔的定义

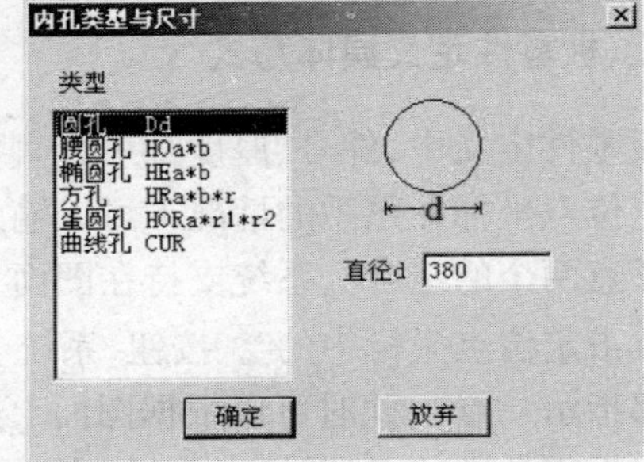

图 3-49　内孔类型与尺寸

在对话框中选择好类型后,对话框右半部分会显示出参考图形和参数,此时在对应的参数位置输入数值即可,点击确定把当前的输入值显示出来,放弃则不保存当前的修改。

2. 角度

内孔与定位坐标之间的夹角,为具体的数值。夹角是指内孔 a 轴与板架 U 轴之间的角度。当使用沿边界的方式定义内孔时,该角度参数也可以用来确定内孔是沿边界还是垂直于边界。

3. 对称性

表示内孔的对称性。内孔的对称性为下拉选择框,共有 6 个选项如下:

常规:根据板架的对称性决定内孔的对称性;

仅左:对左右对称的板架,使用该参数则内孔仅开在板架的左侧;

仅右:对左右对称的板架,使用该参数则内孔仅开在板架的右侧;

常规(虚拟):常规的虚拟孔,内孔的定义与常规相一致;

仅左(虚拟):仅左的虚拟孔,定义与仅左孔一致;

仅右(虚拟):仅右的虚拟孔,定义与仅右孔一致。

虚拟孔表示该孔在零件处理时不开孔,直到在装配阶段时才现场开孔。虚拟孔在模型中只显示孔的定义样条,并不在模型中显示已经挖掉的孔。

4. 定位坐标

表示孔的中心的定位坐标。

二、内孔定义方式

内孔的定义包括内孔的类型、尺寸、定位点,定位角度、内孔对称性等。除定位点外,其他已经在上述章节中予以说明,不再赘述。

在内孔定位坐标中,点击…按钮,会弹出内孔定义方式的对话框,如图 3-50 所示。

表示三种定义内孔的方式。

1. 图形选择点

提供在图面上直接用鼠标选取点。选择该功能后,系统会提示“请确定要返回的点”。我们可以在图面上连续选取多个点,点击鼠标右键或者直接回车,会把每个孔的定位坐标显示在对话框中。

若使用该功能,需要注意的是选取点的视图,例如若板架定义在 X 平面,此时若在 Y 平面上选择一点,很可能得不到正确的值,此时希望在 X 的正投影面上选择。

2. 线与线交点

通过定义两条线的交点来确定内孔的中心点。选择该功能后,系统会弹出如图 3-51 所示对话框。

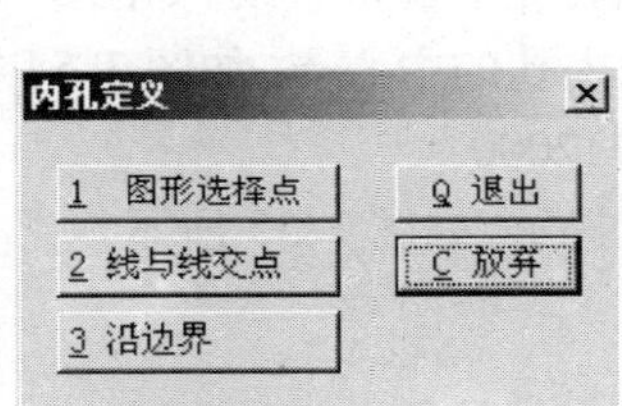

图 3-50 内孔定义方式

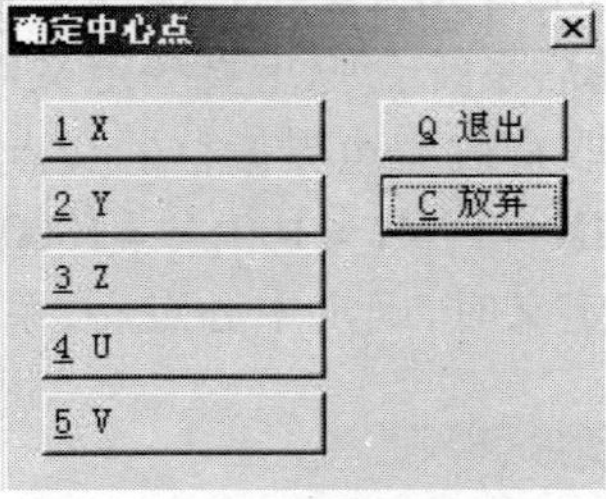

图 3-51 内孔中心点的确定

用以确定第一条定位线,选择上述的任一种定位线方式后,会弹出定位线输入对话框如图 3-52 所示。

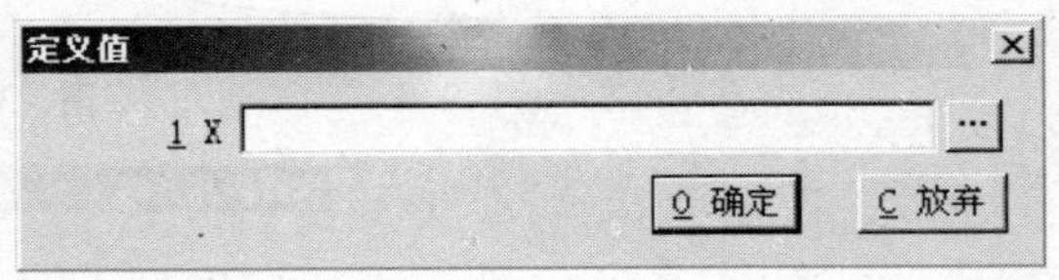

图 3-52 定义值

该对话框与前面讲到的定位线对话框一致,不再叙述。

确定好一条定位线后,则需要通过输入另一条定位线用来求交点,再次弹出定位中心点的对话框,但是前面已经选择的方式将不允许使用。

此时输入另一条定位线后就可以得到内孔的中心点。

在采用此种方法是也可以使用批量定义:

例如,第一条定位线为 X = FR154;第二条定位线为:Y = 500(500)3000,表示 Y 坐标从 500 至 3000,每隔距离 500 一档定义一条线。则上述定义方式分别表示中心点在:

X = FR154, Y = 500;

X = FR154, Y = 1000;

X = FR154, Y = 1500;

X = FR154, Y = 2000;

X = FR154, Y = 2500;

X = FR154, Y = 3000;

的六个内孔。

又例如:Y = 1500, X = FR100(2)110 + 260,表示的内孔中心点分别为:

Y = 1500, X = FR100 + 260;

Y = 1500, X = FR102 + 260;

Y = 1500, X = FR104 + 260;

Y = 1500, X = FR106 + 260;

Y = 1500, X = FR108 + 260;

Y = 1500, X = FR110 + 260。

3. *沿边界*

使用该功能,系统首先会提示在图面上选择一条参考边界,然后选择内孔的中心点沿边界的偏移量是多少,随后系统会弹出直线定义对话框,提示输入直线,如图 3-53 所示。

系统会自动求取直线与边界偏移的交点作为内孔的中心点,如图 3-54 所示。

定义描述为:LIM = 1, M1 = 100, Y = 1000(500)2000

使用参考边界定义时,确定中心点后,系统会提示,如图 3-55 所示。

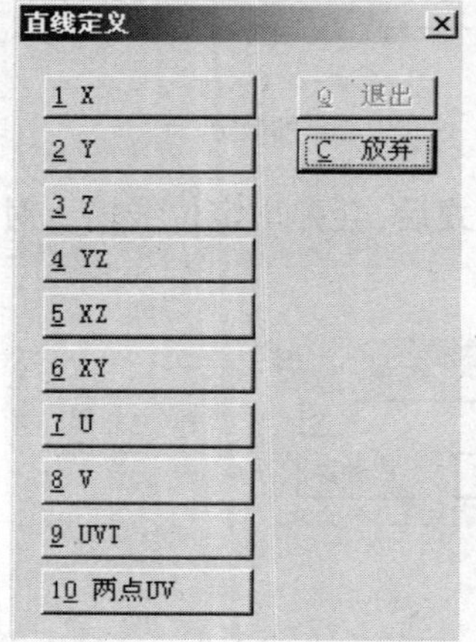

图 3-53 直线定义

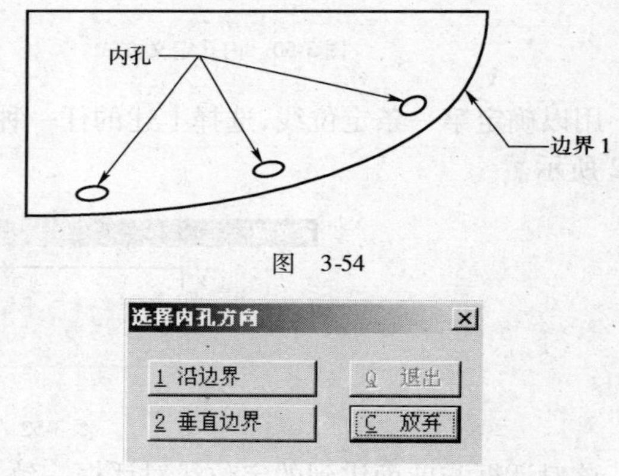

图 3-54

图 3-55 选择内孔方向

提示内孔的方向是沿着边界还是垂直于边界(内孔中的 a 轴)。

沿边界、垂直边界在对话框中角度选项显示 ALONGLIM 或者 PERPLIM,如图 3-56 所示。

在这种情况下,点击确定后,系统会自动计算每个内孔的角度,并保存定义的过程(沿边界、垂直边界)等信息。

三、内孔定义中其他需要注意的问题

(1)内孔的定义与边界相交时,内孔仍然可以开出来。如图 3-57 所示。

在两块不同的板架(特别是两个分段)相接,但是内孔刚好开在板架边界上时,可以分别在两块板架的相同位置定义同样大小的内孔,可以保证定义的准确性。

(2)但是不允许如图3-58所示这种情况的内孔定义。

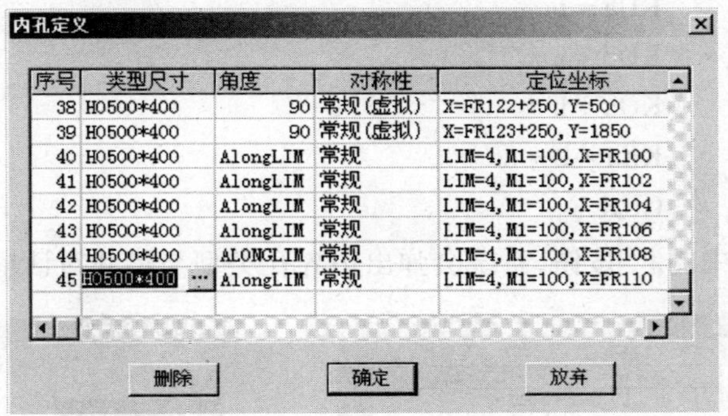

内孔定义

序号	类型尺寸	角度	对称性	定位坐标
38	H0500*400	90	常规(虚拟)	X=FR122+250,Y=500
39	H0500*400	90	常规(虚拟)	X=FR123+250,Y=1850
40	H0500*400	AlongLIM	常规	LIM=4,M1=100,X=FR100
41	H0500*400	AlongLIM	常规	LIM=4,M1=100,X=FR102
42	H0500*400	AlongLIM	常规	LIM=4,M1=100,X=FR104
43	H0500*400	AlongLIM	常规	LIM=4,M1=100,X=FR106
44	H0500*400	ALONGLIM	常规	LIM=4,M1=100,X=FR108
45	H0500*400	AlongLIM	常规	LIM=4,M1=100,X=FR110

删除 确定 放弃

图3-56 内孔子定义

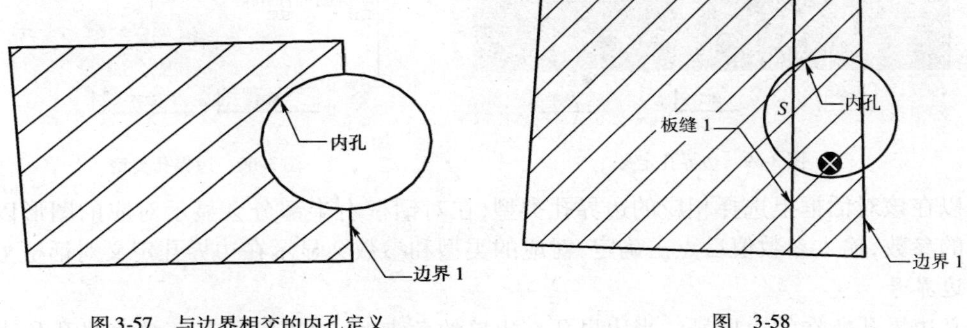

图3-57 与边界相交的内孔定义

图 3-58

此种情况下,内孔将一块板零件分成了两块板零件,不允许这样处理。此时应在内孔内再添加一条从板缝1到边界1的板缝,使分成2个零件。

(3)使用曲线作为内孔时,曲线一定要是封闭曲线。

第九节 边界孔定义

边界孔是在板架或者扶强材的外周上开的孔,例如在现场使用的通焊孔、流水孔等都可以通过边界孔进行定义。在板架的边界定义完毕后,就可以进行边界孔的定义。

一、边界孔定义对话框

在操作界面上点击"边界孔"按钮,会弹出边界孔定义对话框,如图3-59所示,已经定义的边界孔会显示在对话框上。

1. 类型尺寸

定义边界孔的类型,以及该边界孔的尺寸参数。

目前支持的边界孔格式为:

水密角孔 KSa

扇型孔 Rr

VU 型孔　　　VUa * b * r
U 型孔　　　KUa * b
落地圆孔　　　KDd * c
落地腰圆孔　　　KOa * b
落地椭圆孔　　　KEa * b * c
曲线孔　　　CUR

若点击类型尺寸中的…按钮,系统会弹出边界孔类型与尺寸对话框,如图 3-60 所示。

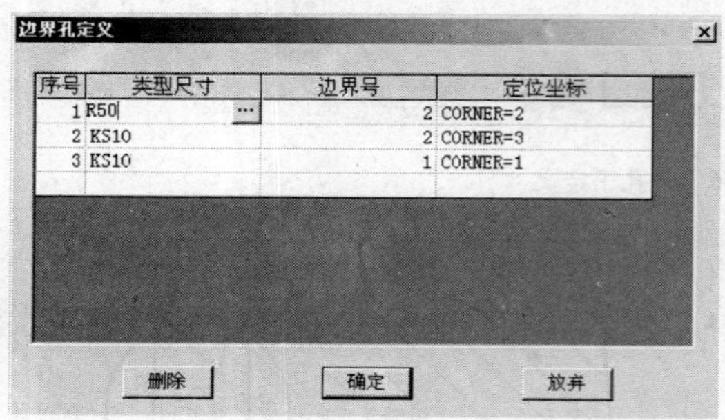

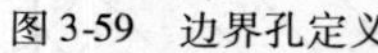

图 3-59　边界孔定义

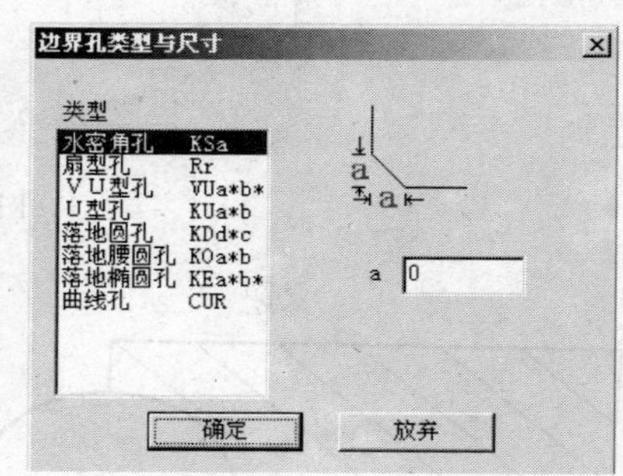

图 3-60　边界孔类型

可以在该对话框上选择相应的边界孔类型,在对话框右半部分会显示对应的图形以及需要输入的参数,输入参数值后点击确定,对应的类型和参数会显示在边界孔定义对话框上。

2. 边界号

定义边界孔所在的边界号。当边界孔在边界的角点时,边界号用于调整边界孔长边所在的位置。可以直接输入或者在模型上选择。

3. 定位坐标

边界孔的定位描述。

4. 删除

删除光标所在位置的边界孔。

5. 确定

保存修改并退出,重新计算并生成模型。

6. 放弃

不保存修改并退出。

二、边界孔定义方式

当边界孔的类型尺寸选定以后,就可以在板架上布置边界孔了。

点击定位点坐标中的…按钮,系统会弹出定义方式对话框,如图 3-61 所示。

定义边界孔可以通过上述的三种方式,其中"沿边界"、"角点号"使用较多,"沿板缝"定义使用不多。

1. 沿边界

该定义方式指的是板缝沿着板的边界定义,此时除了需要选择边界外,还需要定义一条直

线确定边界上的一点。

选择"沿边界",系统会弹出选择定位线的对话框,如图3-62所示。

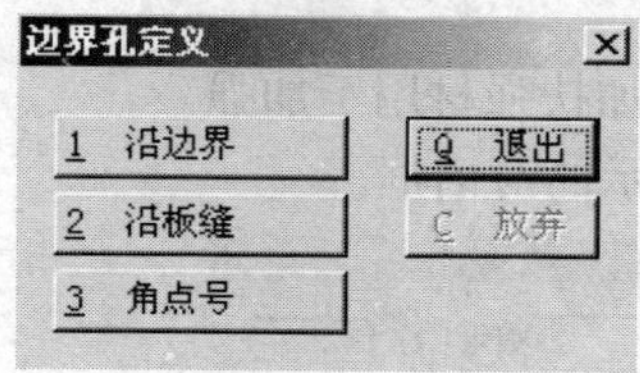

图3-61 边界孔定义方式

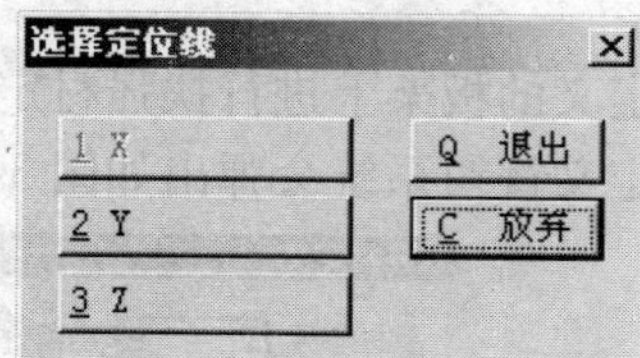

图3-62 定位

该定位线用于求和边界的交点,目前提供X、Y、Z的输入方式。

选择好定位线后,系统会返回至主对话框,此时可以在边界号一栏中给定边界号(具体的数字,例如1,2,…)。

由于直线和边界可能有多个交点,因此边界号需要给准确。

在沿边界定义中,给定的直线可以使用a(s)b+c的形式,系统会一次定义出多个边界孔。

2. 沿板缝

当前板架与其他板架相贯时(或者和外板),有时会有板缝和当前板缝相交,必要时需要开边界孔,可以使用该种方式。如图3-63所示。

选择该功能后,系统会提示选择板缝,选择好和本板架相交的板缝,系统会自动计算出和该板缝相交的边界号,并显示在对话框上。

3. 角点号

有一些边界孔开在板架的角点(两条边界的交点)上,此时需要给定角点号以及边界。

选择该功能后,系统会提示选择角点号,"请选择两边界相交的角点",此时可在图面上角点附近选择,系统会自动计算并给出角点号。角点号的定义如图3-64所示。

选择好角点后,系统会给出一个边界号,我们可以对边界号进行修改。边界号不同即使其他参数相同生成的效果也可能不同,如图3-65所示。

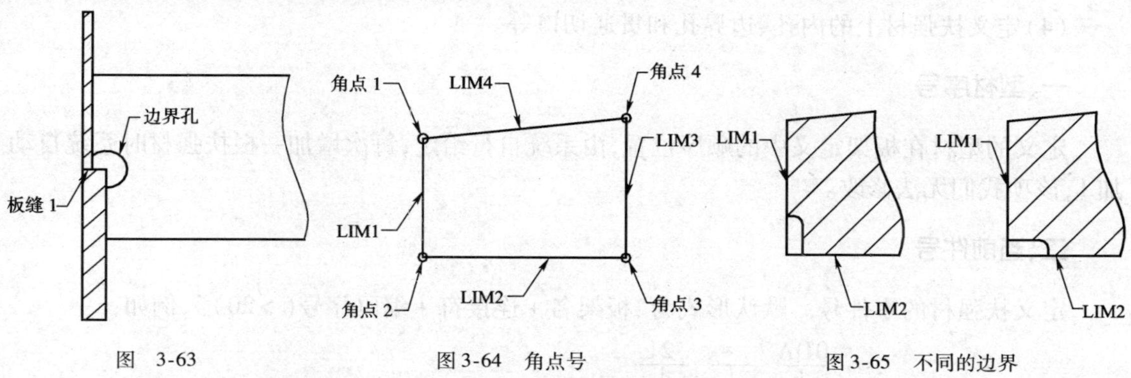

图 3-63　　图3-64 角点号　　图3-65 不同的边界

在图3-65中,左图表示CORNER=2,边界号为1;右图表示CORNER=2,边界号为2。两者虽然角点号相同,但是边界号不相同生成的结果也不同。

注意:在边界孔的定义中,采用不同的定位方式,边界孔的类型尺寸可能会有所不同,例如使用"沿边界"定义边界孔时,若使用KS类型(水密角孔),系统计算就会出错。

第十节　扶强材定义

可以在已经定义的板架上进行扶强材定义,增加扶强材用于加强。

选择扶强材定义按钮系统会弹出如图 3-66 所示的对话框。

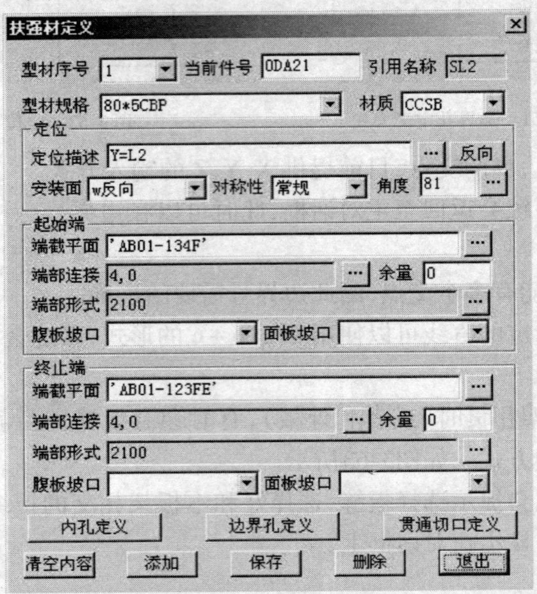

图 3-66　扶强材的定义

一般在定义扶强材的时候都需要按以下步骤:

(1)选定型材类型;

(2)确定扶强材的定位描述,包括定位线、安装面、对称性等;

(3)确定扶强材的起始端和终止端的端部描述,包括端截平面、连接方式和端部形式;

(4)定义扶强材上的内孔、边界孔和贯通切口等。

一、型材序号

定义的型材在板架定义中的顺序位置,由系统自行给定,每次增加一根扶强材时系统自动加 1,该项我们无法修改。

二、当前件号

定义扶强材的零件号。默认形式为"板架名 + 连接符 + 编码序号(>20)",例如:

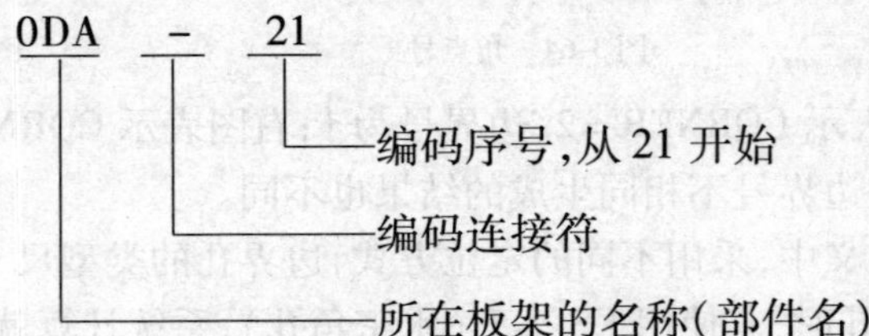

系统会自动给定一个零件件号。对于形状规格完全相同的扶强材,该件号可以重复,对于件号相同而形状规格不同的扶强材,在零件展开时会出错。

三、引用名称

该定义扶强材的引用名称,该引用名称具有唯一性,且不会随着其他扶强材的增加和删除而变化,可以作为其他船体构件的引用参考。

平面板架的扶强材的引用名称可以为以下三种方式:

(1)SFi:i 是肋号,肋号及其船长坐标存放在船体坐标系对照表中。当该扶强材零件的定位船长坐标与船体坐标中某肋号 i 的船长坐标接近时(偏差小于 50),用 SFi 作为引用名,表示是该板架在 i 肋号的扶强材。例如某一扶强材的定位线为 FR45,则引用名称为 SF45。

(2)SLi:i 是宽度和高度标签号,根据舯横剖面图,各宽度的扶强材和各高度的扶强材零件依次编号,存放在船体坐标系对照表中。当本板架的该扶强材零件的定位与船体坐标系表中某序号 i 的坐标接近时(偏差小于 50),用 Li 作为引用名,表示是该板架在 Li 位置的扶强材。例如某一扶强材的定位线为 L3,则引用名称为 SL3。

(3)Si:i 是序号。当本板架的该扶强材零件在船体坐标系对照表中无对应的标签时,用 Si 作为引用名,i 在该板架从 1 开始自动编号。若在 SFi 和 SLi 的定义方式中,同一坐标有超过一根以上的扶强材时,从第二根开始都是使用该方式定义,例如某一板架上在 FR50 的定位线上定义了三段扶强材,那么第一根的引用名为 SF50,第二根和第三根则可能定义为 S2、S3 以示区别。Si 也不会重复,若中间某一根扶强材定义后被删除,该引用名称也不会再次使用。例如系统定义了 S1,S2,S3,…,S8,若 S3 被删除,新增加一根扶强材不会使用 S3 的引用名称,而会被定义为 S9。

四、型材规格

所要创建的扶强材的规格,可以通过下拉框中选择,除扁钢的型材规格外,其他规格必须在型材规格标准中已经定义过的。扁钢可以直接输入型材规格。

五、材质

定义扶强材的材质。材质只能在下拉框中选择,该材质必须在材质标准中已经定义过。

六、扶强材的定位

扶强材的定位包括:

定位描述

方向切换

安装面

对称性

安装角度

扶强材的定位线确定了扶强材的位置,而且,扶强材的定位线的方向确定了扶强材厚度的朝向。

规定:扶强材厚度在扶强材定位线的方向的左侧。

扶强材的定位线有如图3-67所示的几种方式。

1. 给定端点

通过给定两个端点来确定扶强材的定位线,如图3-68所示。

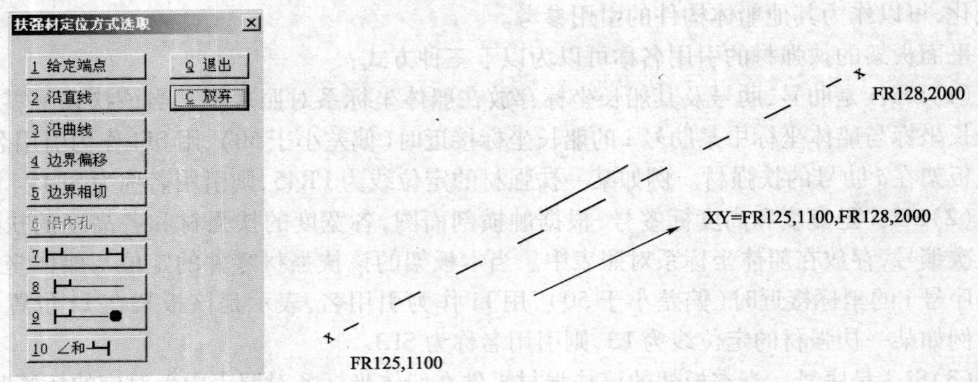

图3-67　扶强材的定义方式选择　　图3-68　给定端点

给定的两个端点分别是(FR125,1100)、(FR128,2000),扶强材由第一点指向第二点。

2. 沿直线

通过给定具体的坐标线来确定扶强材的定位线,如图3-69所示。

图3-69表示所定义的扶强材沿Y=3000布置。

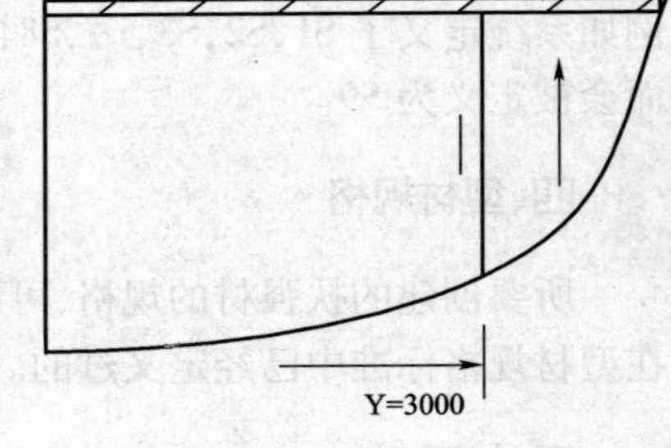

图3-69　沿直线

3. 沿曲线

沿已经定义的曲线来定义扶强材。

选择该功能后,系统会提示在图面上选择一条已经定义好的曲线(注意曲线在剖面视图上不能看见,可在三维视图上进行选择)。选择好曲线后系统会在对话框定位描述上显示曲线名称。

4. 边界偏移

扶强材的定义也可以沿某一条边界偏移一段距离后来得到迹线的样条。该迹线样条和边界一致。使用该功能,系统会提示选择一条边界,然后输入偏移量,系统会把边界号和偏移量显示在对话框中,如图3-70所示。

5. 边界相切

迹线的定义也可以沿某一条边界上一点的切线进行偏移。系统首先提示在图形上选择当前板架的某一条边界,然后提示选择(或者输入)一条直线,该直线必须与选择的边界有交点,过此交点作边界的切线,系统提示输入偏移量,该直线即为扶强材的迹线,如图3-71所示。

6. 沿内孔

该功能尚不支持。

7. ├──┤

在两根扶强材之间建立一根扶强材,如图3-72所示。

8.

沿扶强材的腹板面延伸出去建立一根扶强材，如图 3-73 所示。

9.

沿扶强材的腹板面和扶强材外面一点连线建立一根扶强材，如图 3-74 所示。

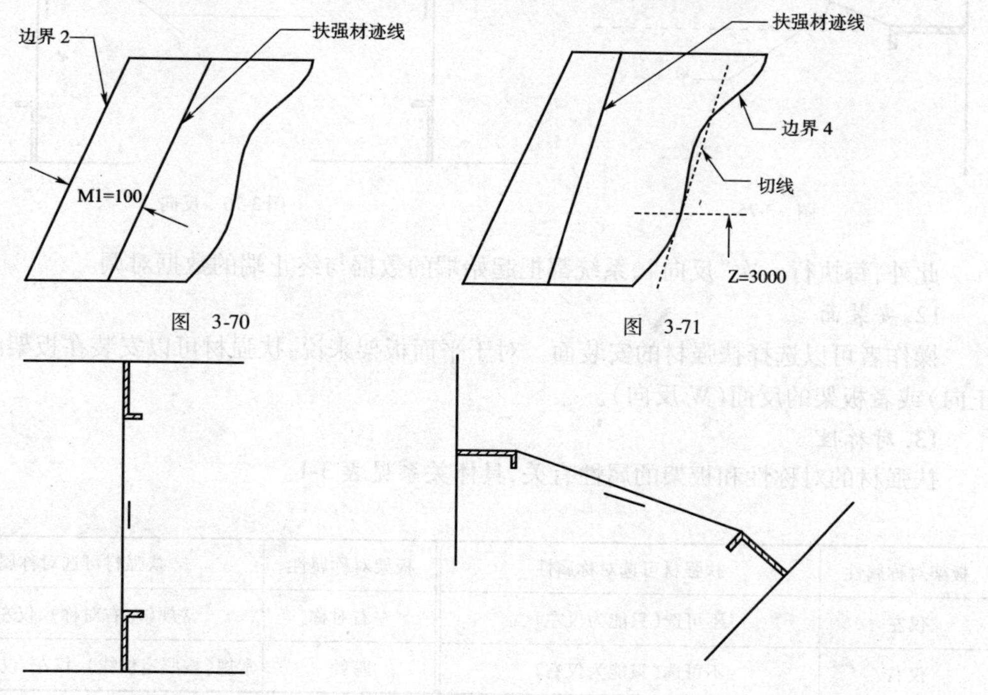

图 3-70

图 3-71

图 3-72

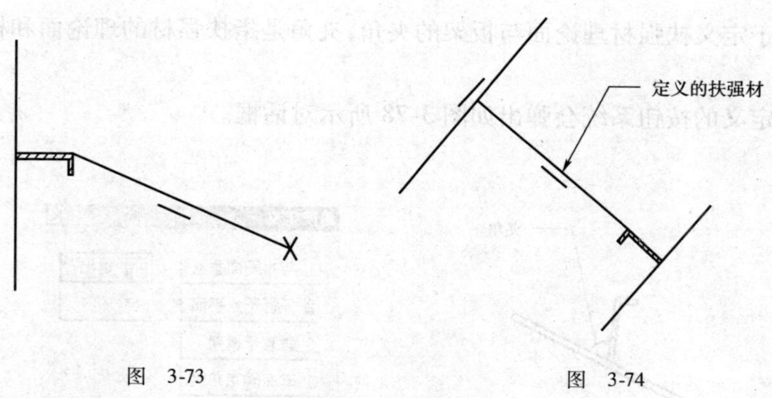

图 3-73

图 3-74

10. ∠和

沿扶强材的腹板面并和扶强材腹板面成某一角度建立一根扶强材，如图 3-75 所示。

11. 反向

该功能用来改变扶强材定位线的方向，通过改变扶强材定位线的方向来调整扶强材的厚度朝向。选择该功能后，系统会自动在定位描述的最后增加“REV”标志，若已经有“REV”标志则去除该标志。“REV”标志只能出现在定位描述的最后，如图 3-76 所示。

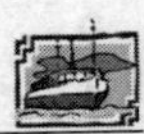

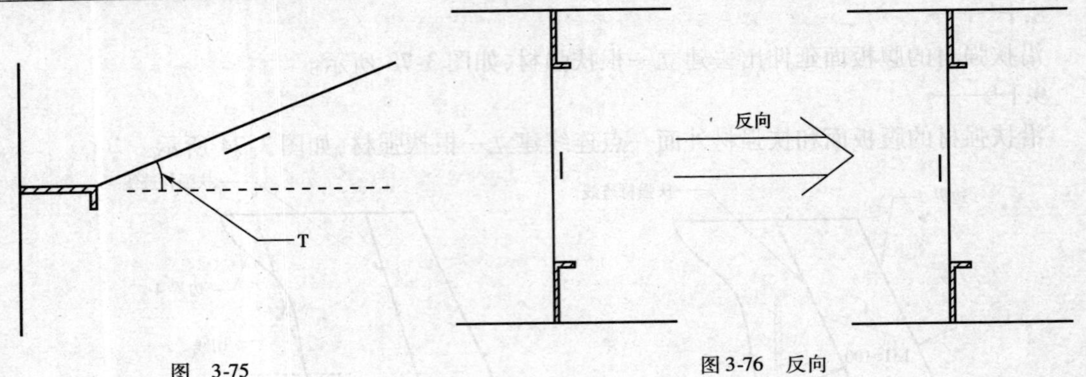

图　3-75

图 3-76　反向

此外，每执行一次“反向”，系统都把起始端的数据与终止端的数据对调。

12. 安装面

操作者可以选择扶强材的安装面。对于平面板架来说，扶强材可以安装在板架的正面（W 正向）或者板架的反面（W 反向）。

13. 对称性

扶强材的对称性和板架的属性有关，具体关系见表 3-1。

表 3-1

板架对称属性	扶强材可选对称属性	板架对称属性	扶强材可选对称属性
仅左	不可选（只能为仅左）	左右对称	常规（左右对称）、仅左、仅右
仅右	不可选（只能为仅右）	跨舯	常规（按照定位线）、仅左、仅右、左右对称

14. 角度

该角度用于定义扶强材理论面与板架的夹角，夹角是指扶强材的理论面和板架的夹角，如图 3-77 所示。

选择角度定义的按钮系统会弹出如图 3-78 所示对话框。

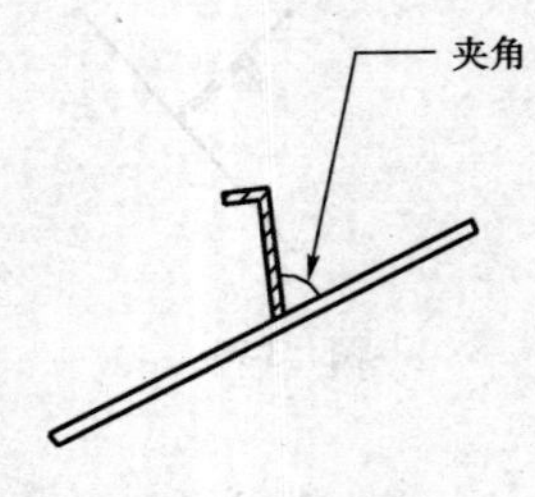

图 3-77　角度

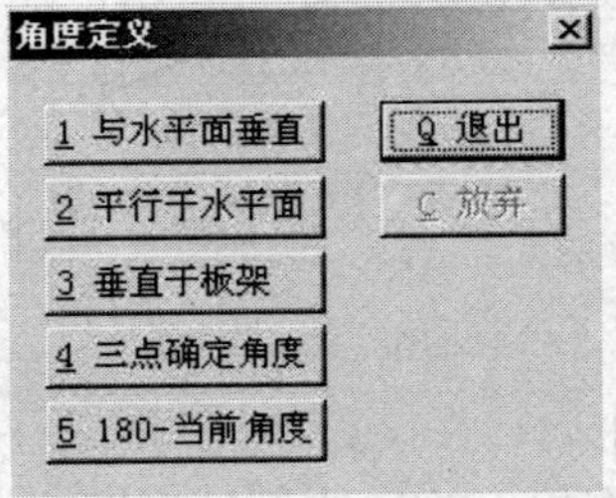

图 3-78　角度定义

系统提供上述 5 种角度的定义方式：

（1）与水平面垂直。如图 3-79 所示，扶强材和水平面平行。

（2）平行于水平面。如图 3-80 所示，扶强材和水平面平行。

(3)垂直于板架。如图 3-81 所示,扶强材和板架垂直,此时的角度为 90°。

(4)三点确定角度。通过在图形上选择三个点来决定角度,如图 3-82 所示。

(5)180 - 当前角度。用 180 度减去当前的角度,当角度相反时使用该功能。

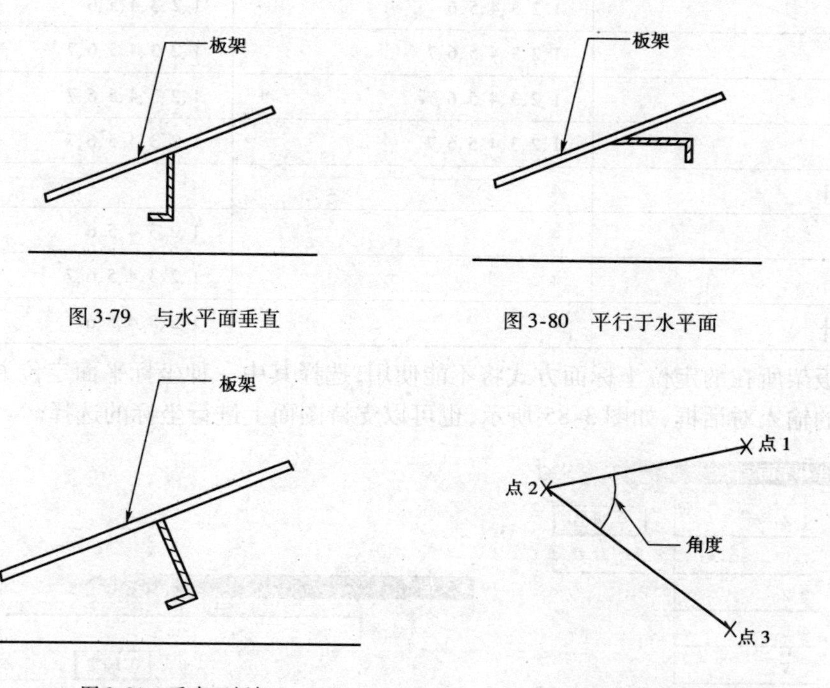

图 3-79 与水平面垂直

图 3-80 平行于水平面

图 3-81 垂直于板架

图 3-82 三点确定角度

七、起始端/终止端

定义扶强材的起始端和终止端的约束条件,用以确认端部的描述。

由于起始端和终止端的描述相类似,因此仅以起始端的描述来解释。

端部的描述包括以下内容:

1. 端截平面

端截平面用以确定扶强材的端部的起始和终止位置,选择该功能按钮后,系统会弹出如图 3-83 所示对话框。

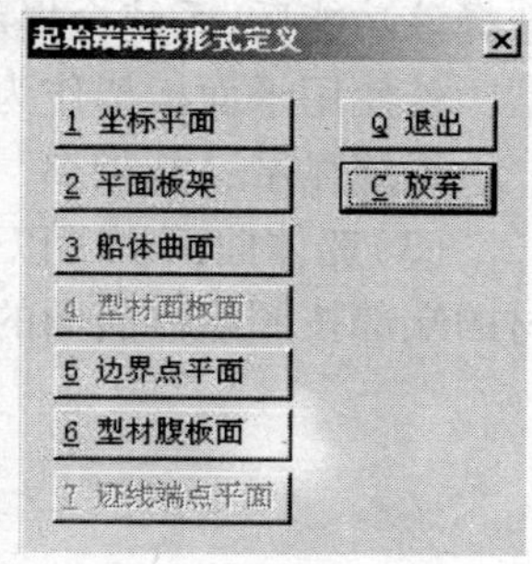

图 3-83 端部形式定义

系统提供上述 7 种方式定义端部的形式,对应扶强材的定位线描述的不同,端部允许的描述方式会有所不同,具体见表 3-2。

扶强材的定位线由起始端至终止端连接而成。可以使用 REV 将型材的定位线反向,系统会自动将起始端和终止端的定义交换,并在定位描述中增加或去除“REV”标志。

(1)坐标平面。可以使用一个坐标平面作为扶强材的端部约束。选择坐标平面的端部形式后,系统会弹出定义坐标平面的方式对话框,如图 3-84 所示。

表 3-2

扶强材的定位线描述方式	起始端可用形式	终止端可用形式
给定端点	1、2、3、4、5、6、7	1、2、3、4、5、6、7
沿直线	1、2、3、4、5、6	1、2、3、4、5、6
沿曲线	1、2、3、4、5、6、7	1、2、3、4、5、6、7
边界偏移	1、2、3、4、5、6、7	1、2、3、4、5、6、7
边界相切	1、2、3、4、5、6、7	1、2、3、4、5、6、7
	4	4
	4	1、2、3、4、5、6
	4	1、2、3、4、5、6、7
∠和	4	1、2、3、4、5、6

对于板架所在的定位坐标面方式将不能使用，选择其中一种坐标平面定位方式后，系统会弹出相应的输入对话框，如图 3-85 所示，也可以支持图面上进行坐标的选择。

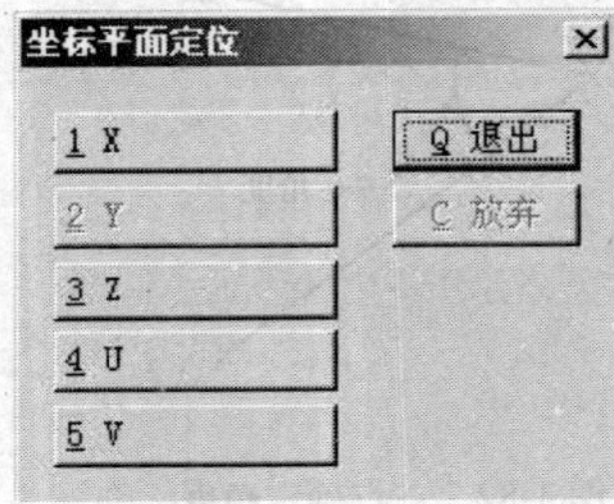

图 3-84　平面定位

定义值
1 X
O 确定
C 放弃

图 3-85　定义值

系统显示：‘X/Y/Z/U/V = 坐标值’。

(2)平面板架。可以使用已经定义过的平面板架作为扶强材的端部约束，如图 3-86 所示。选择该功能后，系统会提示在图面上选择一个平面板架，并将其名称显示在对话框中。

若使用平面板架作为端部的约束，系统会自动把扶强材的端部按照板架的趋势进行处理。系统显示：‘板架名’，例如‘CB01-13FA’。

(3)船体曲面。可以使用船体曲面作为端部的约束，如图 3-87 所示。系统会自动把扶强材的端部按照船体曲面的趋势进行处理。

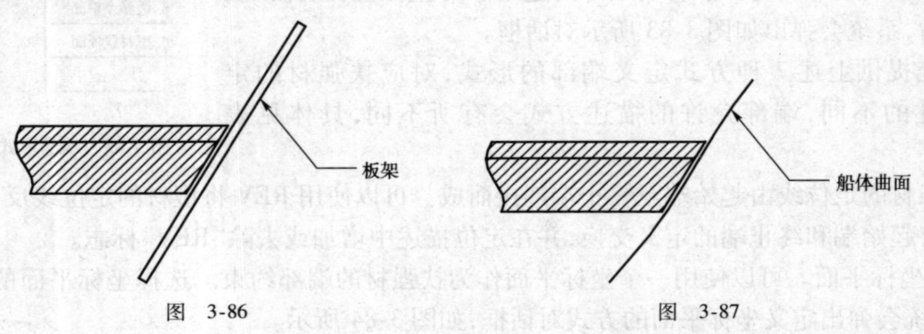

图　3-86　　　　图　3-87

系统显示：船体曲面名，例如'SHELL'。

(4)型材面板面。使用型材的面板作为定义扶强材的边界约束条件。如图3-88所示，中间定义的扶强材两端均以其他型材的面板面作为边界约束。

系统显示：ALONG

(5)边界点平面。可以使用边界点平面作为扶强材的端部约束，如图3-89所示。边界点平面指对平面板架上的扶强材，以到板架的边界作为扶强材的端部约束。其具体是哪一条边界由系统自动给定。

系统显示：LIM

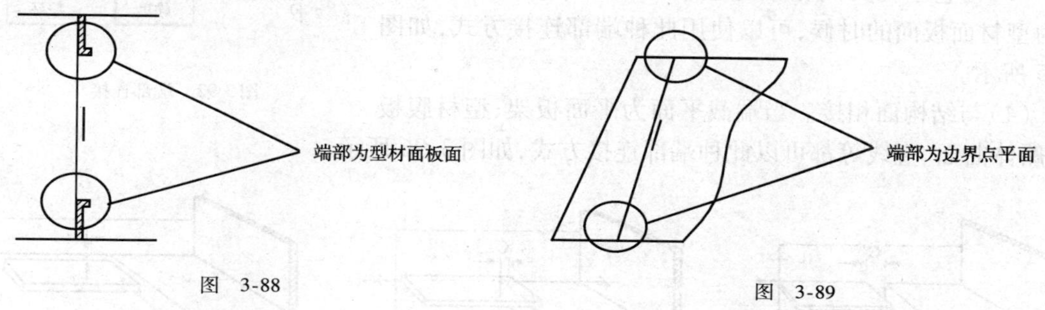

图 3-88　　图 3-89

(6)型材腹板面。可以使用已经定义过的型材腹板面作为扶强材的端部约束。在布置扶强材时，可以将扶强材撞到另一根扶强材的腹板面上，作为其端部的约束，如图3-90所示。

系统显示：型材引用名。例如，'CB01-134F'，S5。

(7)迹线端点平面。可以使用该扶强材迹线(定位线)的端点平面作为扶强材的端部约束。定义好扶强材的定位线后，对于有长度的定位线，例如两点定义的线段、曲线、其他定长度曲线偏移等，可以使用定位线的端点平面作为扶强材的端部约束，如图3-91所示。

在使用迹线端点平面时，系统将不会显示任何内容。

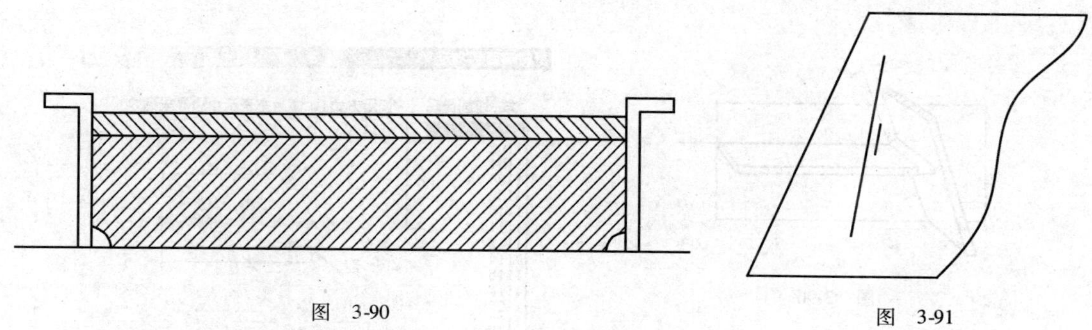

图 3-90　　图 3-91

2. 端部连接

端部连接是用来指定扶强材的端部和其他型材或者板材的连接方式，该连接方式与前面定义的端截平面有关系。不同的端截平面方式我们应指定不同的连接方式。端部连接方式定义好后，在后续的图纸处理中端部符号会有所不同。

通过"…"按钮选择端部连接方式，会弹出如图3-92所示的对话框。

用来选择定义端部连接方式。端部连接方式有以下5种：

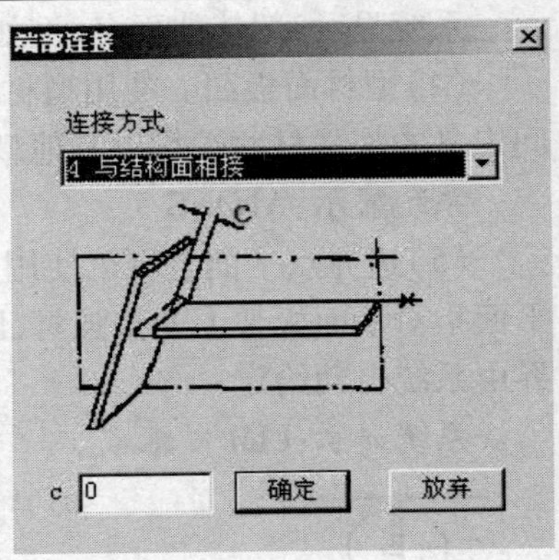

图 3-92　端部连接

(1)与它型材翼面相接与腹板面共面。当型材端截平面为型材面板面的时候，可以使用此种端部连接方式，如图3-93所示。

(2)与它型材腹板面搭接。当型材端截平面为型材面板面的时候，可以使用此种端部连接方式，如图3-94所示。

(3)与它型材翼面相接与腹板面错开。当型材端截平面为型材面板面的时候，可以使用此种端部连接方式，如图3-95所示。

(4)与结构面相接。当端截平面为平面板架、型材腹板面、船体曲面、直线等都可以此种端部连接方式，如图3-96所示。

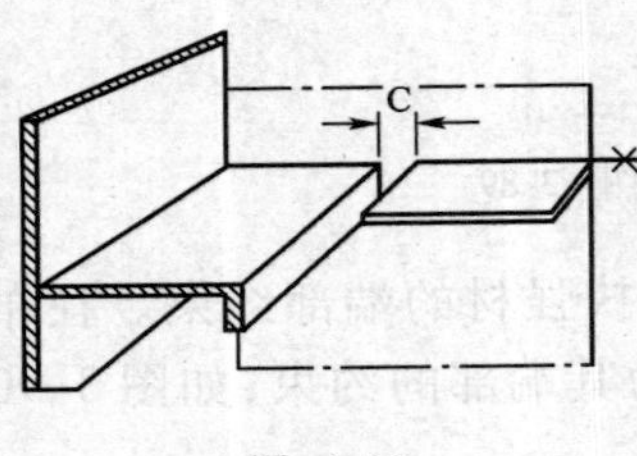

图　3-93

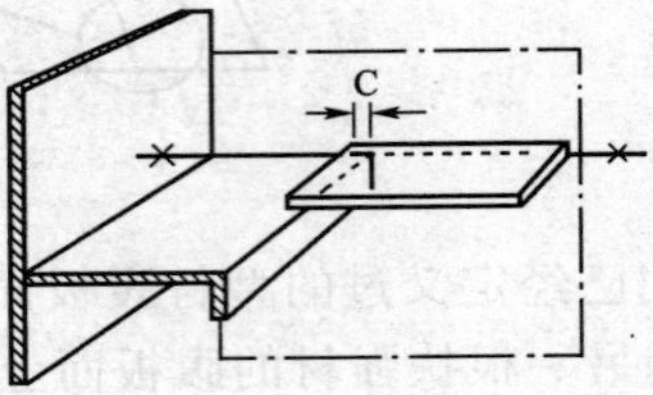

图　3-94

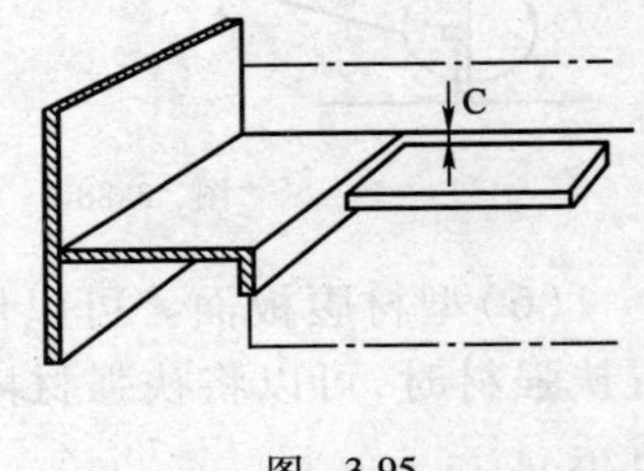

图　3-95

(5)与它型材对接。用于定义型材和型材对接的情况，如图3-97所示。

在上述(1)～(4)种端部连接方式中，有一参数c的定义，该定义表示间隙值，为整数值，系统会自动根据扶强材迹线样条的走势对扶强材进行处理。

3. 端部形式

通过“…”按钮选择端部切割形式。系统会弹出如图3-98所示的对话框。

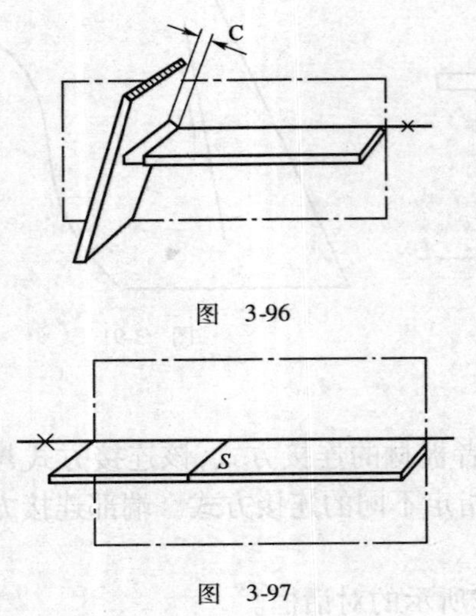

图　3-96

图　3-97

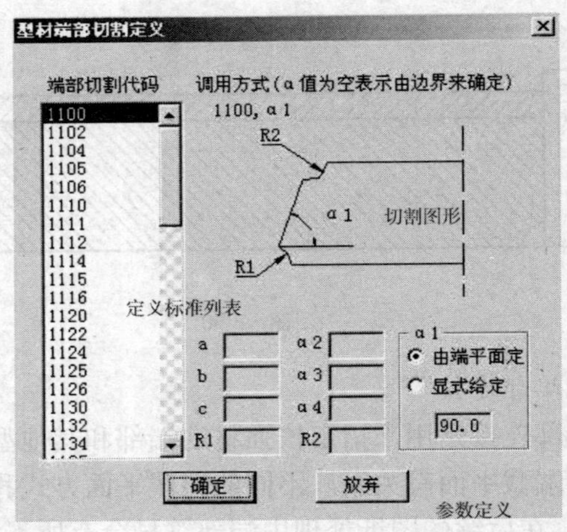

图 3-98　型材端部形式切割定义

该端部切割需要的定义必须是在标准定义中已经定义过的端部切割方式。系统会自动根据型材的类型进行筛选，把符合该型材的端部切割方式罗列出来。即列在上述对话框的左侧列表中。

型材端部切割定义对话框由三大部分组成：定义标准列表、端部切割图形显示和参数定义。

(1)定义标准列表。将已经在标准库中定义过的端部切割代码显示出来，如果我们在列表中选择了某一代码后，该代码相应的图形和参数会显示在对话框上。

(2)切割图形。端部切割代码的对应图形。

(3)参数定义。对应端部切割代码的参数，对于缺省参数值系统会显示出来，对于参数中的变量值需要我们自行输入。其中 α1 参数值，提供“由端平面定”和“显式给定”两种方式。若选择“由端平面定”即系统根据端截平面自动计算 α1 的数值，若选择“显式给定”，则我们需要自行给定端部切割的角度。

当我们确定好端部切割方式以后，系统会把端部切割的表达式显示在扶强材对话框中，我们不能直接在对话框中进行修改。

4. 余量

在扶强材的两端可以定义一定的余量，填入加放余量的值，为整数。

5. 腹板/面板坡口

定义扶强材的腹板和面板坡口的形式。坡口的定义应该在系统坡口标准中已经定义过。系统会自动根据型材的形状确定是否允许有面板坡口。该项不是必填项，当无具体坡口或者坡口形式还无法确定，我们可以暂时不选或者选取空字符串。

八、内孔定义

选择对话框上的内孔定义按钮，系统会弹出扶强材内孔定义对话框(同时隐去扶强材定义对话框)，在当前正在处理的扶强材上定义内孔，如图 3-99 所示。

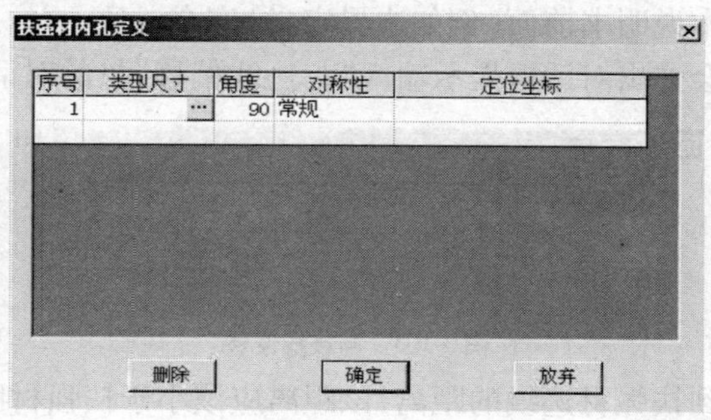

图 3-99 扶强材内孔的定义

扶强材上的内孔定义与在板架上定义内孔的方式相类似。其包含如下内容：

1. 类型尺寸

与前面板架定义中的类型尺寸一样。

2. 角度

为具体的角度值，直接输入。这里的角度指与扶强材迹线的夹角。

3. 对称性

扶强材上内孔的对称性只有两种情况："常规"和"常规(虚拟)"。

4. 定位坐标

扶强材的定位坐标的定义只有线与线交点一种方式。我们选择定位坐标后，系统会弹出如图 3-100 所示的对话框。

选择线与线的交点功能后系统会弹出对话框提示选择定位线的方式。在扶强材的内孔的定位中，确定的也是内孔的中心位置，如图 3-101 所示。

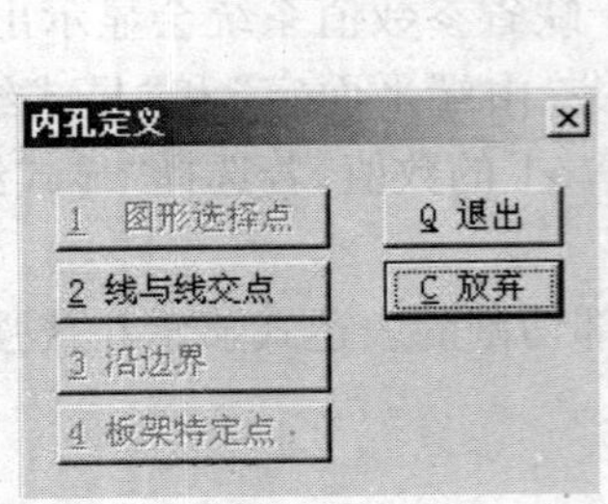

图 3-100　内孔的定义

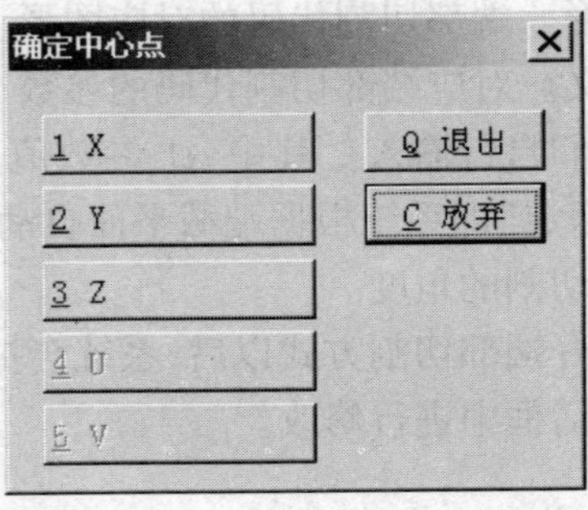

图 3-101　确定中心点

选择确定中心点的方式(上述对话框中的 X、Y、Z)后，系统会弹出定义值输入对话框，如图 3-102 所示。

图 3-102　定义值

该对话框的使用与本说明书前面(例如边界定义)完全一致。

确定定位线后系统会弹出对话框提示输入"与迹线偏移"量的对话框，如图 3-103 所示。

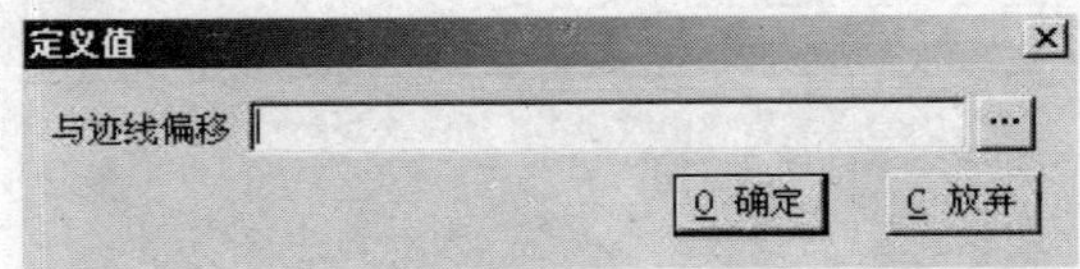

图 3-103　与迹线偏移

给出内孔的中心点到扶强材迹线的距离，该距离应该小于扶强材腹板的高度。

选择完毕后，系统会把内孔中心点的描述显示在对话框中，例如：

Z = 3800，H = 50

表示沿 Z = 3800 与扶强材相交，并距迹线偏移距离为 50 的内孔中心点。

九、边界孔定义

选择对话框上的边界孔定义按钮，系统会弹出扶强材边界孔定义对话框(同时隐去扶强

材定义对话框)，如图 3-104 所示，在当前正在处理的扶强材上定义边界孔。

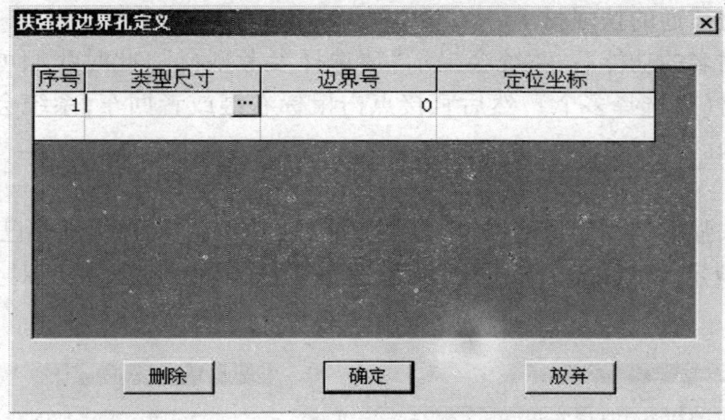

图 3-104 边界孔定义

扶强材边界孔的定义与板架边界孔定义的方式基本类似。其中：

1. 类型尺寸

与平面板架的边界孔类型尺寸完全一致。

2. 边界号

扶强材上开边界孔不需要指定边界号，系统默认为 0。

3. 定位坐标

扶强材边界孔的中心定位坐标。选择定位坐标的定义方式后，系统会弹出如图 3-105 所示的对话框。

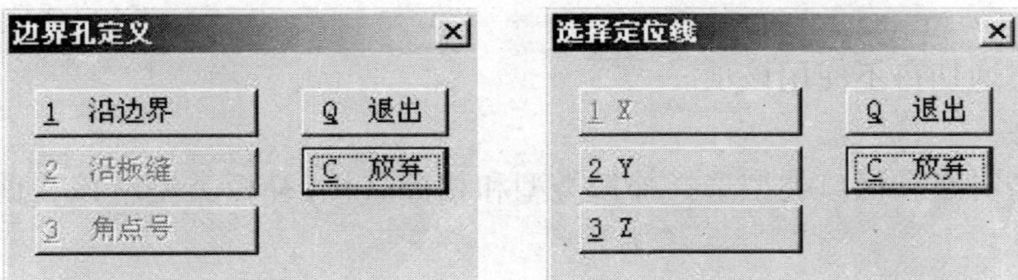

图 3-105 孔定义与定位线

仅提供“沿边界”一种方式，表示扶强材边界孔仅能沿迹线布置，选择该方式，系统弹出对话框“选择定位线”。

通过选择定位线来确定与扶强材迹线的交点从而得到边界孔的中心位置。

选择完毕后，系统会在边界孔对话框中显示结果，例如：Z = 8000。

十、贯通切口定义

选择对话框上的贯通切口定义按钮，系统会弹出扶强材贯通切口定义对话框(同时隐去扶强材定义对话框)，如图 3-106 所示，在当前正在处理的扶强材上定义贯通切口。

平面板架上的扶强材贯通切口只能是平面板架的扶强材相互贯通后形成的切口，不可能为曲面型材和平面扶强材的贯通切口。

扶强材贯通切口定义对话框包括以下内容：

1. 参照型材名

确定和扶强材贯通的扶强材。

使用参照型材名的功能后，系统会提示“请选择参考型材”，此时我们可以在图面上连续选择贯通的扶强材(可选择多个)，然后直接点击鼠标右键或者回车，系统会把所选择的扶强材名全部显示出来。

2. 切口类型

根据选定的扶强材选择切口的类型，该类型应该在前面的切口标准中已经定义过的。

选择切口类型定义，系统会根据已经选择的扶强材的类型，弹出对话框，如图 3-107 所示。

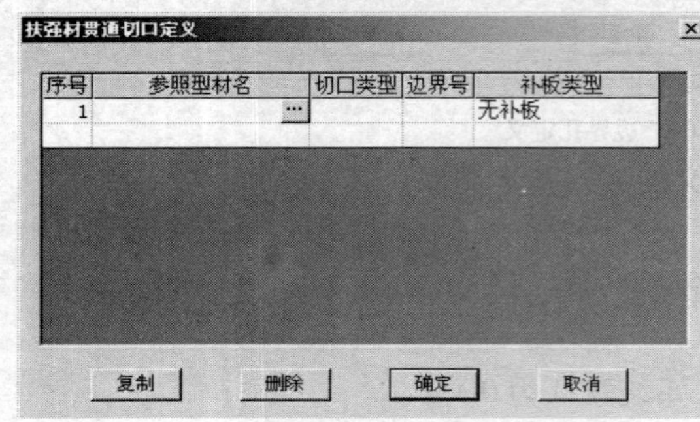

图 3-106　贯穿切口的定义

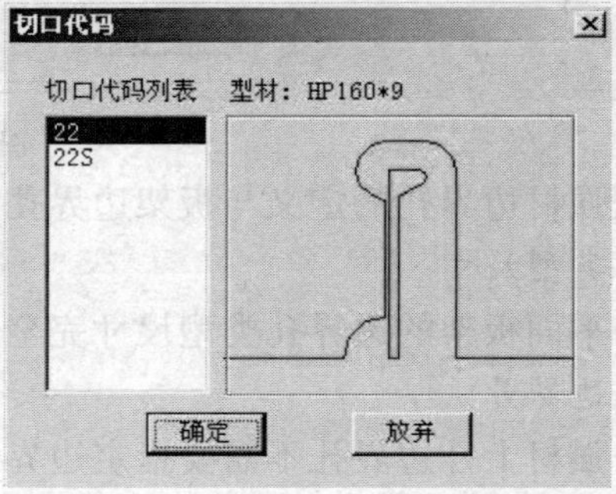

图 3-107　切口代码

此时我们可以选择对应的贯通切口类型。

3. 边界号

扶强材的贯通切口不使用该项。

4. 补板类型

根据参照型材名和切口类型选择补板类型和相关属性，补板类型应该在前面补板标准中已经定义过。

根据型材类型和切口类型，系统会弹出对话框，如图 3-108 所示。

当定义完毕后系统会自动把选择的内容显示在贯通切口定义对话框中。

5. 复制

把当前扶强材的贯通切口完全复制一份。

6. 删除

删除当前定义的扶强材；

7. 确定

保存并退出；

8. 取消

不保存退出。

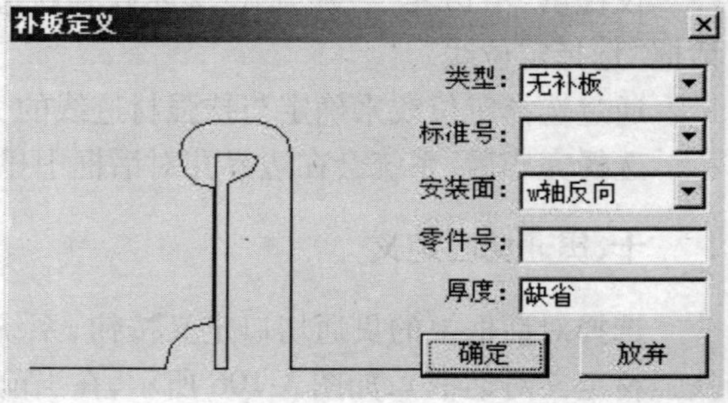

图 3-108　补板的定义

十一、其他

在扶强材的定义对话框中还包含有以下内容：

1. 清空内容

清空当前对话框内的所有内容,以便于定义新的扶强材数据。

2. 添加

添加功能会以当前对话框上显示的内容为参数(序号、引用名称除外,由系统自动处理),在系统内添加一根扶强材(新增的)。

此时我们需要特别关注扶强材的件号是否正确,我们会在参考原扶强材的基础上新添加一根扶强材,然后再修改保存,而这时候往往会忽视对件号进行修改。

3. 保存

保存当前显示的扶强材的相关数据到系统中。

4. 删除

删除当前显示的扶强材。

5. 退出

退出对话框,若此时对扶强材有过更新而没有保存系统会提示"是否需要存盘"。退出时,系统会自动对扶强材进行重算,并更新图面上显示的扶强材;同时系统还会对扶强材进行自动比较,若扶强材定义有重复的(迹线一样、端截平面一样),系统会自动提示报错。

第十一节 面板定义

在板架定义中,还有一类沿着边界或者内孔加的"法兰",有两种方式,一种是通过焊接一块板得到,称之为面板;还有一种通过机器等方式把板架进行弯折,称之为折边。如图 3-109 所示,a)图为面板,b)图为折边。

图 3-109 定义法兰的两种方式

按"面板"按钮,系统显示如图 3-110 所示的"面板定义"对话框。

该对话框与扶强材的定义对话框基本类似,包括以下内容。

一、序号

定义的面板在板架定义中的顺序位置,由系统自行给定,每次增加一根面板时系统自动加 1,该项我们无法修改(图 3-110)。

二、型材规格

所要创建的面板的规格,可以通过下拉框中选择,面板通常是扁钢,但本船体设计系统允许使用任何形式的型材来做面板,例如,角钢、球扁钢、圆钢、半圆钢等等。除扁钢的型材规格外,其他规格必须在型材规格标准中已经定义过的。扁钢可以直接输入型材规格。

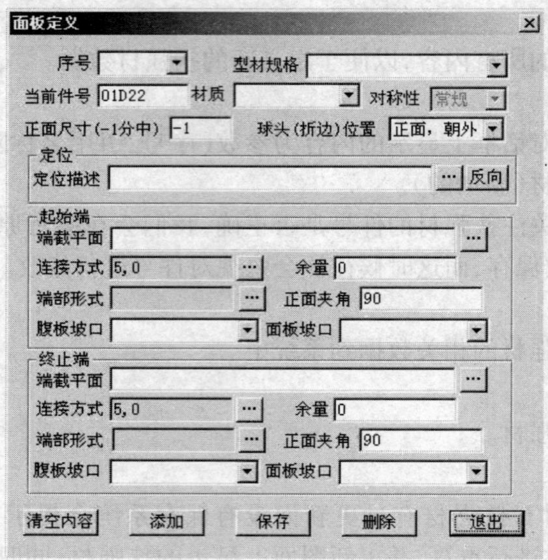

图 3-110 面板的定义

三、当前件号

定义面板的零件号，默认形式为“板架名 + 连接符 + 编码序号（>20）”，例如：

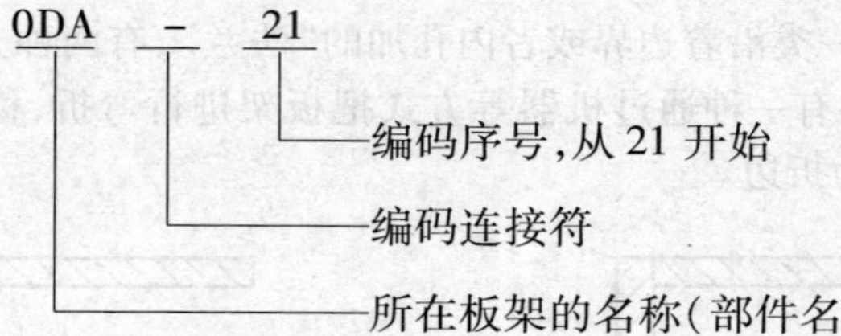

系统会自动给定一个零件件号，对于形状规格完全相同的面板，该件号可以重复，对于件号相同而形状规格的面板，在零件展开时会出错。

四、材质

定义面板的材质。材质只能在下拉框中选择，该材质必须在材质标准中已经定义过。

五、对称性

面板的对称性，与板架的对称性有关，仅当板架的对称性为左右对称时，该项才有效，此时有三个选项：“常规”（与板架的对称性一致）、“仅左”和“仅右”。在其他情况下，面板的对称性均为常规，表示与板架的对称性一致。

六、正面尺寸

在面板定义时因面板在板架上的安装位置可以有多种情况，因此要确定安装尺寸，需要引入正面尺寸的定义。

如图 3-111 所示，其中 W + 向表示板架的正向，而右边的面板为不对称板架安装，此时需

要指定正面的安装尺寸,该值应为正数。若面板是对称于板架安装的(大多数情况下都是这样),此时可以填入值-1(也是系统的默认值),表示面板安装是分中对称。

七、球头(折边)位置

面板定义时,当面板的型材为球扁钢等形状时,会因为球头的位置不同而导致面板各不相同,如图3-112所示的四种情况。

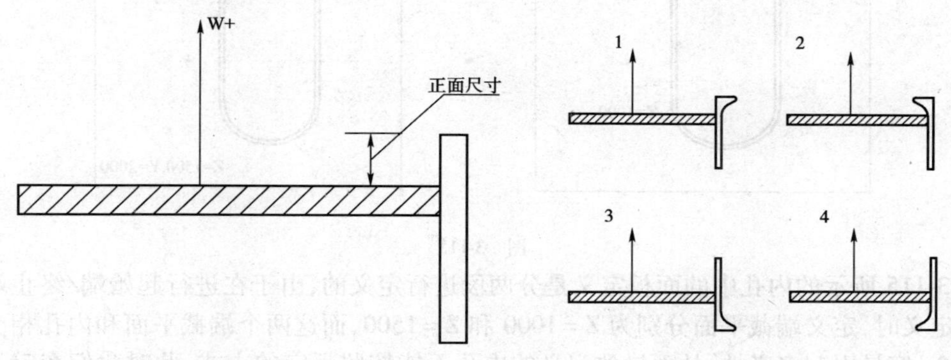

图 3-111

图3-112 四种情况

对应的四种情况分别是(1、2、3、4):"正面、朝外"、"正面、朝内"、"反面、朝外"和"反面、朝内"。我们可以根据需要从下拉框中进行选择。

八、定位描述

面板的定位描述只有两种情况:沿边界和沿内孔。

点击定位按钮后,系统会弹出对话框供我们选择是沿边界还是沿内孔,如图3-113所示。

选择好定义方式后,系统会提示在图面上选择边界或者内孔,选择完毕后,系统会把边界号或者内孔序号显示在对话框上,例如:

LIM =1 或者 HOLE =1。

定位描述中还有一个反向按钮,该反向按钮仅在沿边界定义时起作用。

九、起始端/终止端

面板的起始端/终止端定义与扶强材的基本一致,面板起始端/终止端定义中,增加了一项"正面夹角"定义,用以定义端部与板架正向的夹角,如图3-114所示。

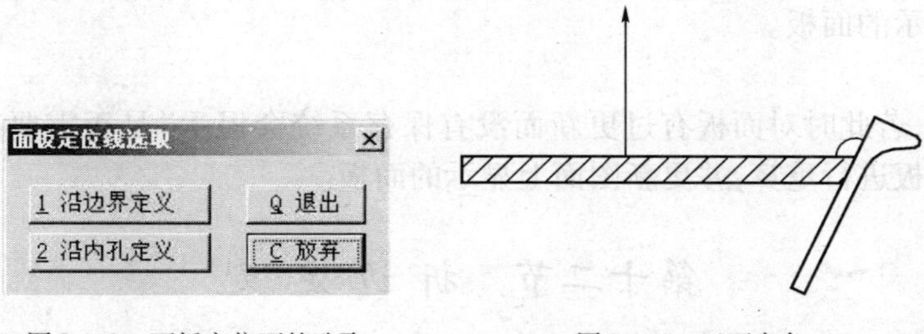

图3-113 面板定位面的选取

图3-114 正面夹角

图 3-114 中所示即为面板型材与板架正面的夹角，当两个端部均定义了角度后（缺省值为 90），则可以构造出扭曲面板的形态。

在面板的定义中，需要注意图 3-115 所示的情况。

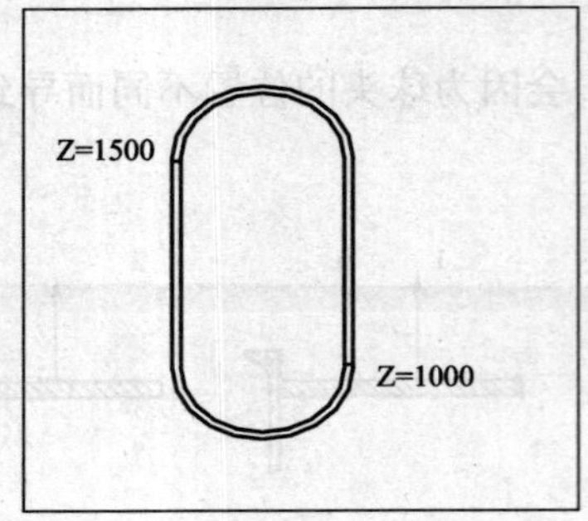

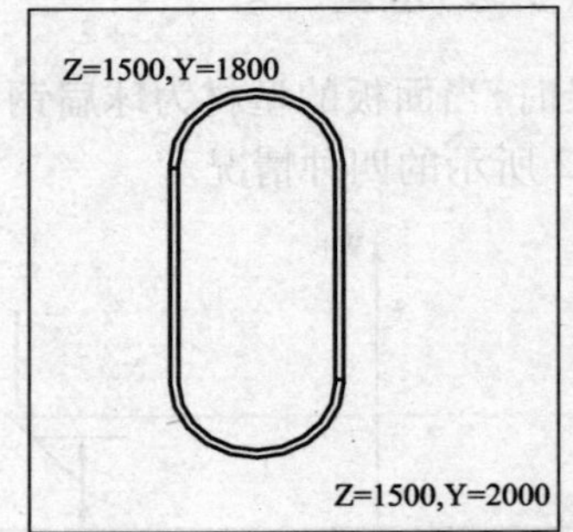

图 3-115

图 3-115 所示的内孔中的面板定义是分两段进行定义的，由于在进行起始端/终止端的端截平面定义时，定义端截平面分别为 Z = 1000 和 Z = 1500，而这两个端截平面和内孔相交的地方有两个，容易引起多义性，从而导致定义的内孔不能按照预定的方式，此时我们在定义端截平面时可以使用两段定义，例如：

Z = 1000，Y = 2000，其中前一段 Z = 1000 表示端截平面的定义，后一部分表示当 Z = 1000 和样条有多个交点（即有多义性的情况下），取距离 Y = 2000 最近的一个点，这样我们就能够明确得到需要的符合要求的面板。

十、其他

在面板的定义对话框中还包含有以下内容：

1. 清空内容

清空当前对话框内的所有内容，以便于定义新的面板数据。

2. 添加

添加功能会以当前对话框上显示的内容为参数（序号、引用名称除外，由系统自动处理），在系统内添加一根面板（新增的）。

3. 保存

保存当前显示的面板的相关数据到系统中。

4. 删除

删除当前显示的面板。

5. 退出

退出对话框，若此时对面板有过更新而没有保存系统会提示“是否需要存盘”。退出时，系统会自动对面板进行重算，并更新图面上显示的面板。

第十二节　折边定义

如本章第十一节所述，折边也是板架边界处理的一种情况，如图 3-116 所示。在使用折边

功能时,我们需要注意只能在平直边界上进行折边的定义。

按"面板"按钮,系统显示如图 3-117 所示的"面板定义"对话框。

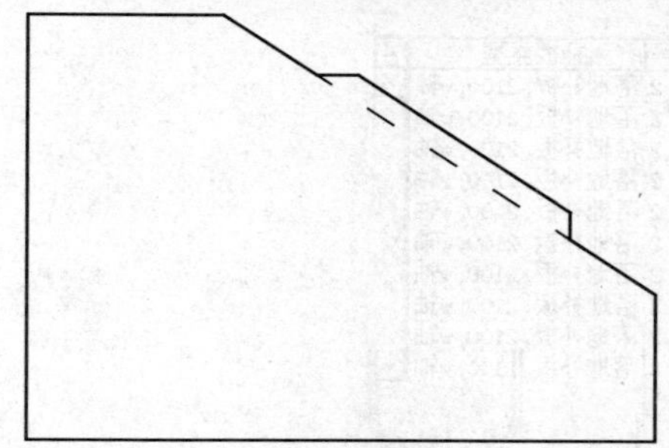

图 3-116

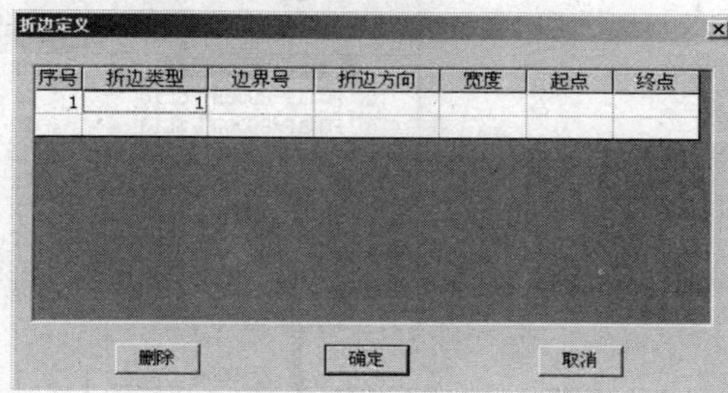

图 3-117 折边的定义

折边定义对话框包含以下内容:

1. 折边类型

目前只有一种类型,即类型 1,我们不能修改,待以后扩充。

2. 边界号

折边所在边界的边界号,可以在图面上进行选择。

3. 折边方向

折边可以沿"W +"或者"W -"两个方向,"W +"的方向在前面已经详细描述过。

4. 宽度

折边的宽度,为正数。

5. 起点

折边起点距边界端点的距离(边界的端点的起讫位置由沿着样条定义的走向的起讫点)。

6. 终点

折边终点距边界端点的距离。

7. 删除

删除当前定义的折边。

8. 确定

保存并退出。

9. 取消

不保存退出。

折边定义完成后,系统会自动进行重算并显示。系统显示时有一条折边厚度线。

第十三节 贯通孔定义

当扶强材穿过板架或者其他扶强材时,在很多情况下需要保持扶强材的连续,这时就需要在板架上或者其他扶强材上开扶强材的贯通孔。

贯通孔的形式在标准定义中已经定义,通过选择相应的代码来确定贯通孔的形式。在平面板架功能中,点击按钮后弹出切口定义对话框,如图 3-118 所示(在平面板架的贯通孔定

义中,切口即指的是贯通孔定义)。

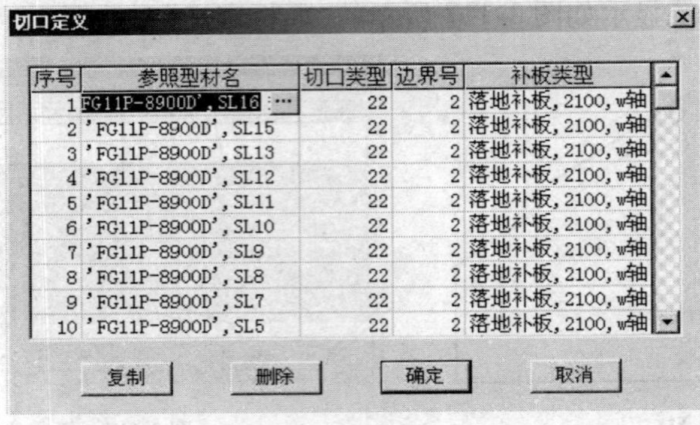

序号	参照型材名	切口类型	边界号	补板类型
1	FG11P-8900D',SL16	22	2	落地补板,2100,w轴
2	'FG11P-8900D',SL15	22	2	落地补板,2100,w轴
3	'FG11P-8900D',SL13	22	2	落地补板,2100,w轴
4	'FG11P-8900D',SL12	22	2	落地补板,2100,w轴
5	'FG11P-8900D',SL11	22	2	落地补板,2100,w轴
6	'FG11P-8900D',SL10	22	2	落地补板,2100,w轴
7	'FG11P-8900D',SL9	22	2	落地补板,2100,w轴
8	'FG11P-8900D',SL8	22	2	落地补板,2100,w轴
9	'FG11P-8900D',SL7	22	2	落地补板,2100,w轴
10	'FG11P-8900D',SL5	22	2	落地补板,2100,w轴

图 3-118　切口定义对话框

一、贯通孔定义对话框

贯通孔的定义对话框包含以下内容:

1. 参照型材名

开贯通孔所参照的扶强材。通过图面进行选择。

2. 切口类型

根据所参照的型材名确定切口的类型,该类型为在船体标准中已经定义过的。

3. 边界号

贯通孔所在的板架边界。可以不指定。系统会自动计算最近的边界。在扶强材上开贯通切口时该项不可用。

4. 补板类型

根据参照型材以及确定的切口类型来确定该贯通孔上补板的形式。

5. 复制

复制与当前贯通孔一样的一个贯通孔,用于后续进行编辑。

6. 删除

删除当前所在的贯通孔定义。

7. 确定

保存并退出,更新图面。

8. 取消

不保存退出,所有进行过的修改都不会保存。

二、参照型材的选择

1. 型材的选择方式

通过在图面选择型材,点击 ··· 按钮,系统会弹出如图 3-119 所示的对话框。

提示两种不同的扶强材选取方式:参考已有型材以及参考板和面板。

其中第一种方式即为通常的扶强材(型材)定义,只要在图面上进行选择即可;该方式支持我们连续选择,即我们可以连续选择多根扶强材,然后回车(或者鼠标右键),系统会把所有选择的扶强材显示出来。

第二种方式是指组合的型材，往往我们是通过定义平面板架，然后在一条边界上布置面板来得到的，通过选取板架，系统会自动作为对应的型材来处理，该种方式的切口只能一个一个来定义，该种组合型材如图 3-120 所示。

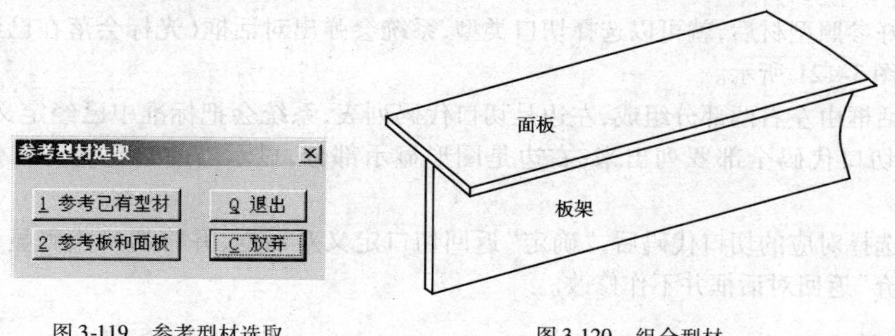

图 3-119　参考型材选取　　　　图 3-120　组合型材

当使用“参考已有型材”功能时，显示型材名，例如：

‘FG11P-8900D’,SL5

当使用“参考板和面板”功能时，显示参考的板架名，例如：

‘HS13P-2350Y’

在使用“参考板和面板”功能时，要注意如果参考的板架的边界上有多个面板时，系统会计算出错，同时应尽量保证面板与板架有交点。同时如果面板是扭曲的（起讫端夹角不同），系统会在开切口处按照面板交线作近似处理。

2. *定义切口时的左右舷问题*

由于板架定义时有左右舷之分，而板架上的扶强材也有左右舷之分，而定义切口时也会因参考的型材左右舷不同而有所不同。在这种情况下，应遵循“板架的定义数据在什么地方，引用的型材也应定义在什么地方”。例如：要开切口的板架（仅左）定义在左舷，那么参考的型材也应是在左舷定义的；如果要开切口的板架（仅右）定义在右舷，那么参考的型材还是应该在左舷定义。通常情况下，板架切口的左右舷和参考板架的扶强材的对称性之间的关系，如表 3-3 所示。

表 3-3

参考板架型材 / 要开切口板架		（参考板架）扶强材									
		仅左	仅右		左右对称		跨舯				
			定义在左	定义在右	左	右	仅左	仅右		左右对称	
								定义在左	定义在右	左	右
仅左		✓			✓		✓			✓	
仅右	定义在左		✓		✓			✓			✓
	定义在右			✓					✓		✓
左右对称	左	✓	✓		✓		✓			✓	
	右										
跨舯		✓	✓	✓	✓	✓	✓	✓	✓	✓	✓

表3-3中，划“√”的地方即允许定义的，在其他的定义方式计算后生成的模型均可能不正确。当开切口的参考型材为曲面型材时，参照表3-3中仅左、仅右（定义在左）的处理方式。

三、切口类型定义

选定好参照型材后，就可以选择切口类型，系统会弹出对话框（光标会落在已经定义的代码上），如图3-121所示。

该对话框由左右两部分组成，左边是切口代码列表，系统会把标准中已经定义过的，适合该型材的切口代码全部罗列出来；右边是图形显示部分，显示当前选定的切口代码的示意图形。

我们选择对应的切口代码后，“确定”返回切口定义对话框，并将切口代码显示在切口类型中；“放弃”返回对话框并不作修改。

四、边界号

我们在系统的定义中完全不用考虑边界号，系统会根据参照型材的迹线到板架最近的某一条边界作为边界号来处理，并显示出来。

五、补板定义

当我们开完切口后，有时需要在切口处加上补板进行处理。补板的标准在前面的标准定义中以及功能定义过，这里只需要选择相应的代码并输入一些必要参数。

选择补板类型定义功能，系统会弹出如图3-122所示的对话框。

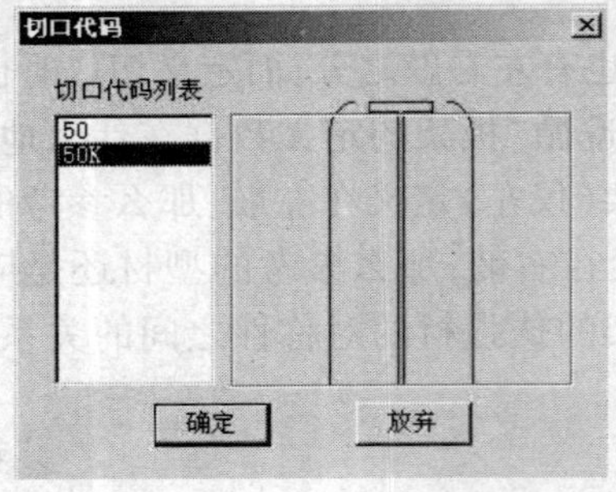

图3-121　切口类型定义

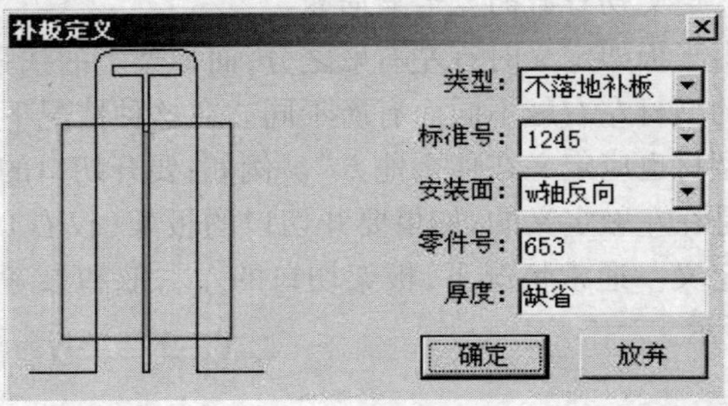

图3-122　补板的定义

该对话框的默认值为当前定义的补板值。

该对话框由两部分组成，左边是当前选定类型和标准的补板的示意图，右边是对应的参数定义。

补板的类型和标准号应该在补板标准中已经定义过。

1. 类型

系统目前支持4种类型的补板，即“无补板”、“不落地补板”、“落地补板”、“水密补板”；

2. 标准号

选择好补板类型后，系统会把该类型下已经定义过的标准号罗列在下拉框中，我们可以选择，选择好后对应的图形会显示在左边图形区域；

3. 安装面

对于板架来说补板的安装面为“W 轴正向”或者“W 轴反向”；若为扶强材上的切口加补板，其“W 轴正向”的解释如图 3-123 所示。

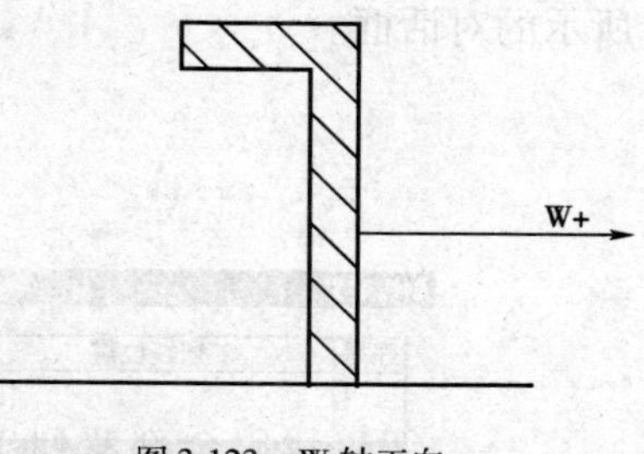

图 3-123 W 轴正向

4. 零件号

给补板编上零件号；

5. 厚度

补板的厚度默认与板架的厚度一致，当厚度不一致时，我们可以直接输入厚度值即可。

6. 其他

补板的材质等均与原板架保持一致。

补板定义完毕后，系统会把定义值显示出来。

例如：不落地补板，1245，W 轴反向，653

表示：补板类型为不落地补板，标准号为 1245，补板安装在板架 W 轴反向，补板零件号为 653，补板的厚度与板架一致；

又如：不落地补板，1245，W 轴反向，653，20

表示：其他都与前述一致，但是补板的厚度为 20。

第十四节 划 线

本节介绍平面板架中的辅助划线功能。辅助划线是板架拼板时的对合线，装配时的基准线之类的划线。辅助划线的要在零件展开之前定义。

选择划线按钮，系统会弹出划线定义对话框，如图 3-124 所示，在当前板架上定义划线。

对话框包含以下内容：

1. 划线位置

定义划线的位置，通过直线定义的方式进行定义（例如确定线的起末点位置）。

2. 文字

划线上的辅助文字，仅作参考。

3. 划线面

定义划线在哪一个面上，包括以下三种方式：“正面”（W 正向）、“反面”（W 反向）、“两面都划”（正反两方面都划）。

4. 删除

删除当前板架划线。

5. 确定

保存并退出。

6. 放弃

不保存退出。

划线位置定义：进入“划线位置”数据格，点击格子内的“…”按钮，系统会弹出如图 3-125 所示的对话框。

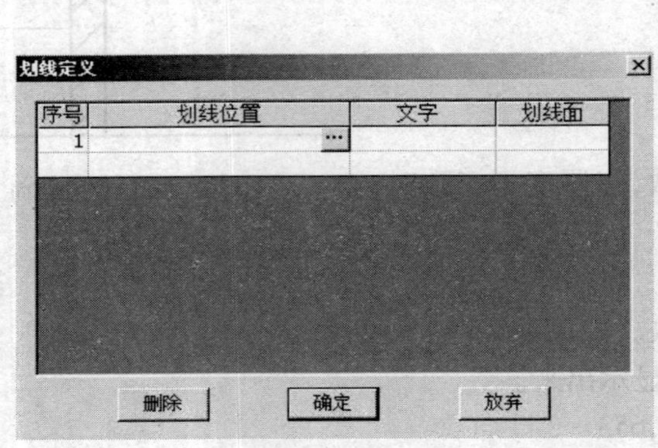

图 3-124　划线定义

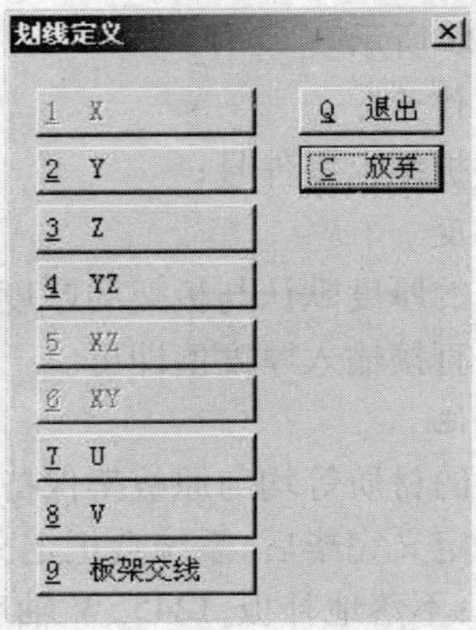

图 3-125　划线位置

该对话框除第 9 项外其余与前面直线定义一致。

对于“板架交线”功能，系统弹出提示“请选择板架”，此时选择相应的板架即可，系统会在该板架与定义板架相交的地方添加划线。

第十五节　其他辅助功能

在定义板架时，还有一些辅助功能用于辅助板架元素的定义。

修改板架元素

在板架定义时，有时候需要对其他板架的元素进行修改，此时有两种方式：

1. 通过定义属性对话框进行修改

如图 3-126 所示，通过下拉框中进行板架选择，选择好的板架在图面上会高亮显示。此时需要我们对板架的名称十分清楚。

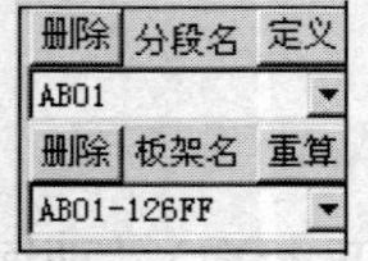

图 3-126　属性对话框

2. 通过“修改板架元素”按钮

当我们对板架名称不是很清楚，但是对模型的位置很清楚时，可以通过“修改板架元素”功能，在模型上选择板架元素进行修改。

点击平面板架定义主界面上的图标，系统会弹出如图 3-127 所示的“修改板架”对话框。

该对话框上罗列了板架上的各种元素，我们可以先决定要修改哪个元素，例如要修改“板架切口”，此时点击“板架切口”按钮，系统会隐藏该对话框，并在提示框中提示“选择板架切口”，这是我们可以在模型上选择相应的板架切口，系统会把选择的板架置为当前板架，并弹出切口编辑对话框（并将当前切口置为我们选择的切口），如图 3-128 所示。

我们在使用“修改板架元素”功能时，只能选择当前分段中的板架，若选择其他分段中的

板架,系统会提示出错。

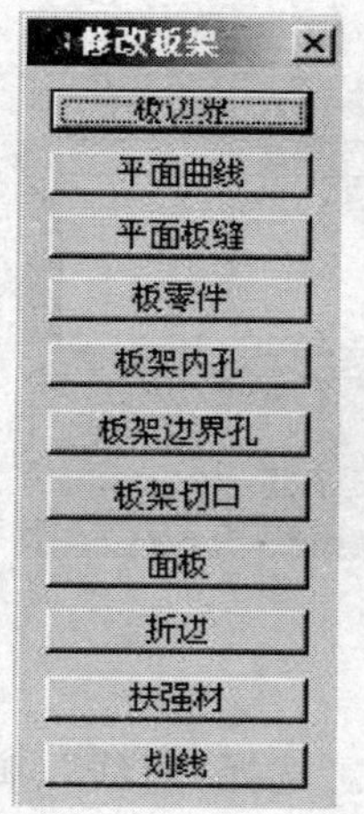

图 3-127　板架修改对话框

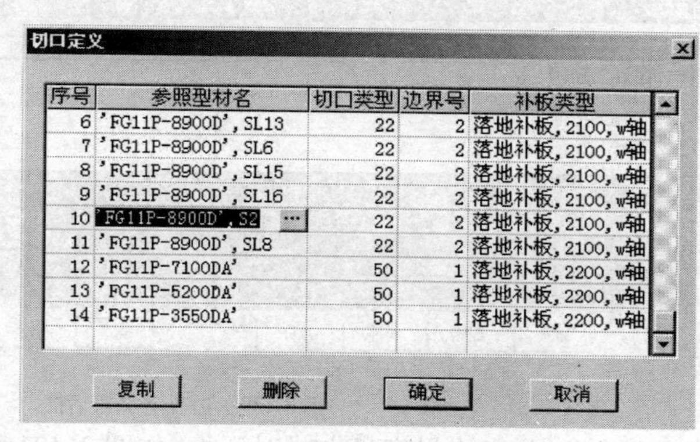

序号	参照型材名	切口类型	边界号	补板类型
6	'FG11P-8900D', SL13	22	2	落地补板, 2100, w轴
7	'FG11P-8900D', SL6	22	2	落地补板, 2100, w轴
8	'FG11P-8900D', SL15	22	2	落地补板, 2100, w轴
9	'FG11P-8900D', SL16	22	2	落地补板, 2100, w轴
10	'FG11P-8900D', S2	22	2	落地补板, 2100, w轴
11	'FG11P-8900D', SL8	22	2	落地补板, 2100, w轴
12	'FG11P-7100DA'	50	1	落地补板, 2200, w轴
13	'FG11P-5200DA'	50	1	落地补板, 2200, w轴
14	'FG11P-3550DA'	50	1	落地补板, 2200, w轴

图 3-128　板架切口

此时,我们需要先修改当前分段(在定义属性对话框的分段下拉框中选择),然后再对板架进行修改。

第十六节　平面板架的制作实例

现在我们通过几个实例来练习一下有关平面板架的制作。

一、平面板架 10L 的制作

1. 做平面板 10L

设定分段:

板架属性(要先设定分段)

平面板架→板架属性

(1)分段的设定:

分段名:603PS

(2)板架属性的定义:

板架名:603PS－10L

部件名:10L

定位面:Y＝6800

对称性:左右对称

类型:常规

如图 3-129 所示。

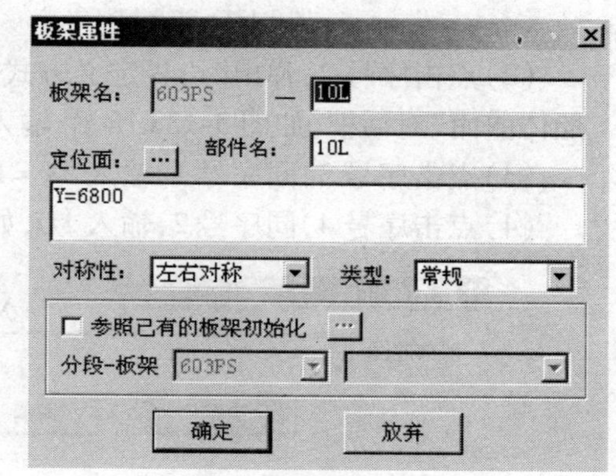

图 3-129　板架属性

2. 定义边界

平面板架→边界

弹出边界的定义对话框,如图3-130所示。

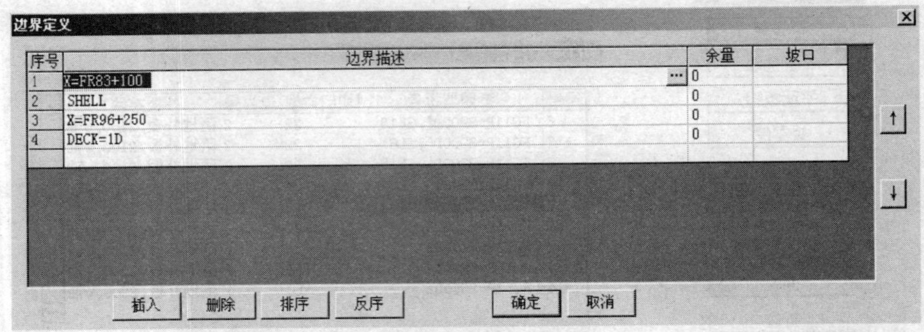

图3-130　边界定义对话框

(1)点击序号1,弹出边界定义方式对话框,如图3-131所示。选择"直线",弹出"边界定义—直线"对话框,如图3-132所示,选择"X",输入FR83+100,确定。

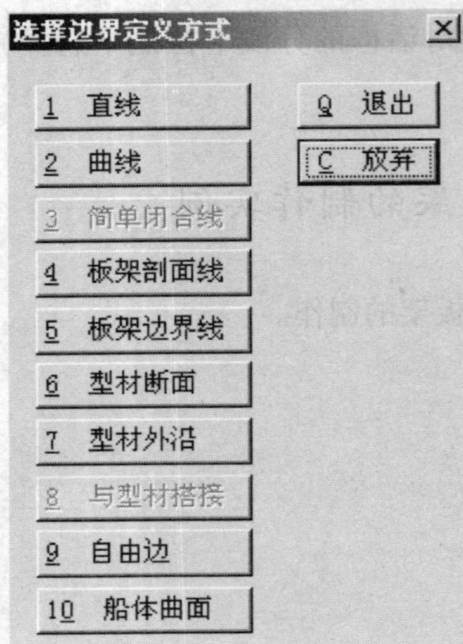

图3-131　边界定义方式

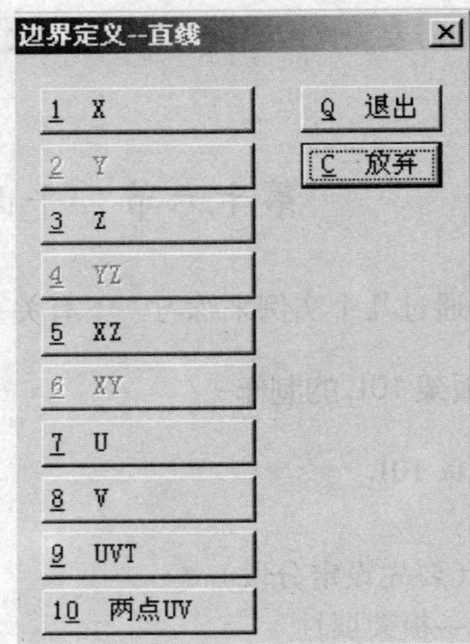

图3-132　直线

(2)点击序号2,弹出"边界定义方式"对话框,如图3-132所示。选择"船体曲面",弹出"船体曲面"对话框,如图3-133所示,输入"SHELL",确定。

(3)点击序号3,同序号1,输入"X = FR96 + 250"。

(4)点击序号4,同序号2,输入1D,如图3-134所示。

图3-133　船体曲线

图3-134　船体曲线

3. 板缝

选择“平面板架→板缝”，弹出板缝定义对话框，如图 3-135 所示。

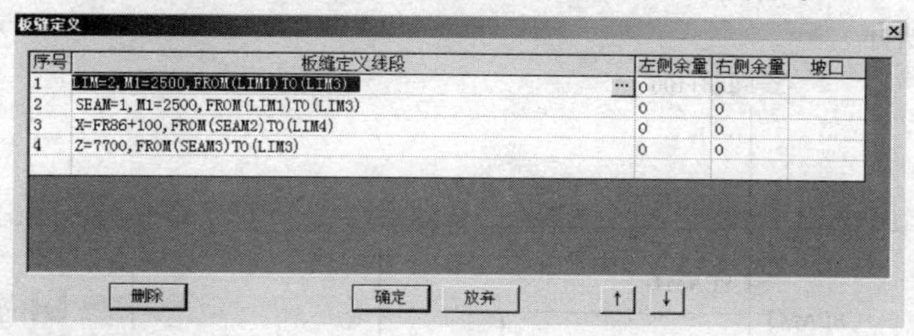

图 3-135 板缝定义

(1)点击序号 1 后面的三个小点，弹出“选择板缝定义方式”对话框，选择“沿边界偏移”，选择“边界 2”(平面板与 SHELL 的交线)，给出偏移量 M1 =2500，如图 3-136 所示。

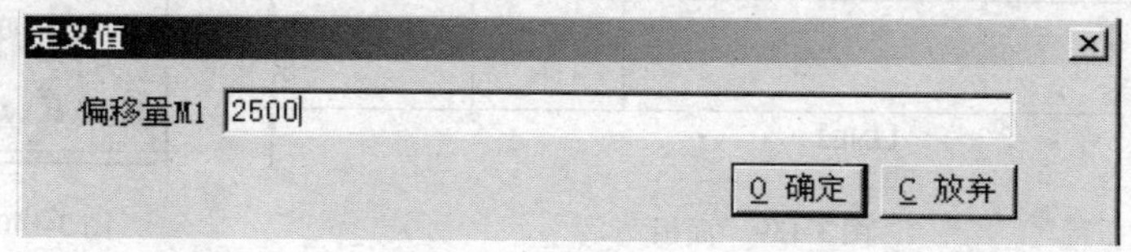

图 3-136 偏移量

再选择板缝起点位置(边界 1)及终点位置(边界 3)，确定。

(2)点击序号 2 后面的三个小点，弹出“选择板缝定义方式”对话框，选择“沿板缝偏移”，用鼠标选择刚刚生成的板缝，再给出偏移量 M1 =2500。

再选择板缝起点位置(边界 1)及终点位置(边界 3)，确定。

(3)点击序号 3 后面的三个小点，弹出“选择板缝定义方式”对话框，选择“沿直线”，定义值为：X = FR86 +100，如图 3-137 所示。

图 3-137 定义值

再选择板缝起点位置(板缝 2)及终点位置(边界 4)，确定。

(4)点击序号 3 后面的三个小点，弹出“选择板缝定义方式”对话框，选择“沿直线”，定义值为 Z =7700，如图 3-138 所示。

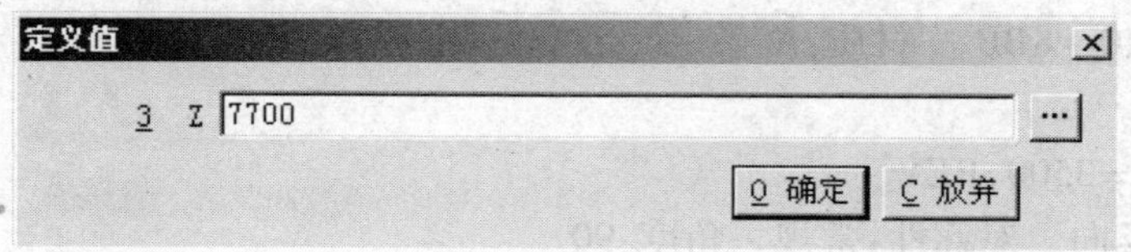

图 3-138 定义值

再选择板缝起点位置(板缝 3)及终点位置(边界 3)，确定。所生成的图形如图 3-139 所示。

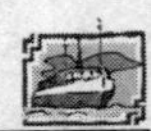

4. 板零件

选择:平面板架→板零件

如图 3-140 所示。

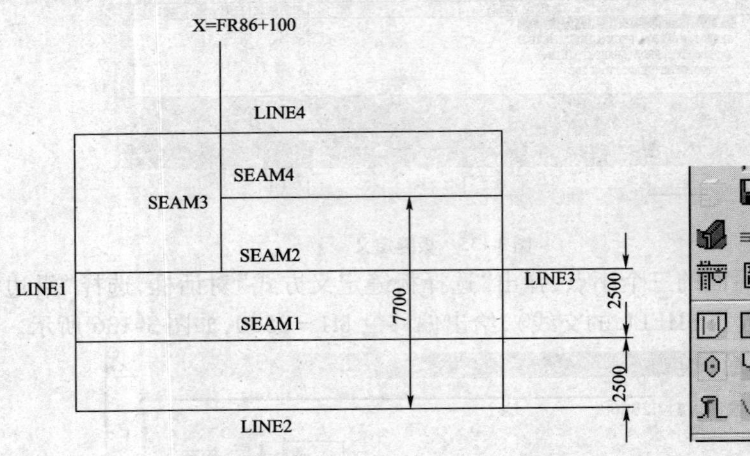

图 3-139 面板

图 3-140 板零件

弹出"板定义"对话框

板零件厚度朝向:向艏

序号	件号	厚度	材质	定位坐标
1	10L1	10	A	(用鼠标在板上点)
2	10L2	10	A	
3	10L3	10	A	
4	10L4	10	A	
5	10L5	10	A	

如图 3-141 所示。

定位点坐标用鼠标在每块板上点击即可,确定。

5. 扶强材的定义

选择:平面板架→扶强材

如图 3-142 所示。

弹出"扶强材定义"对话框(先清空)

序号:1　　　　　　件号:10L21

型材规格:140 * 8BP　　材质:A

定位

定位描述:Z = 3500,REV

安装面:W 反向　对称性:常规　角度:90

起始端(边界点平面)

端截平面:LIM

端部连接:4,0　　余量:0

端部形式:2100

终止端,同上。如图 3-143 所示。

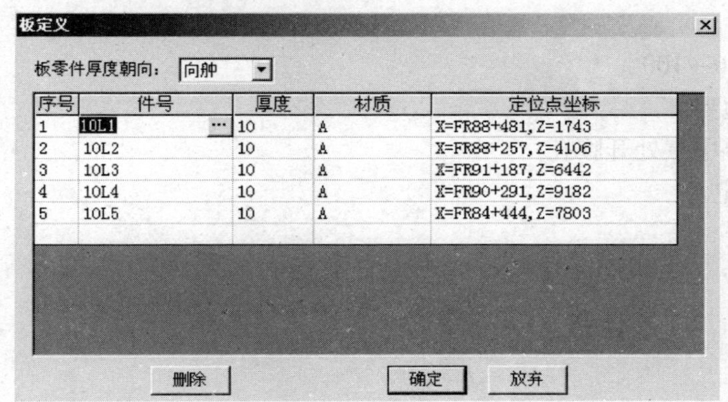

图 3-141　板定义

扶强材

图 3-142　扶强材的定义

起始端和终止端均选择“边界点平面”。

6. 内孔的定义

选择:平面板架→内孔,如图 3-144 所示,弹出“内孔定义”对话框,如图 3-145 所示。

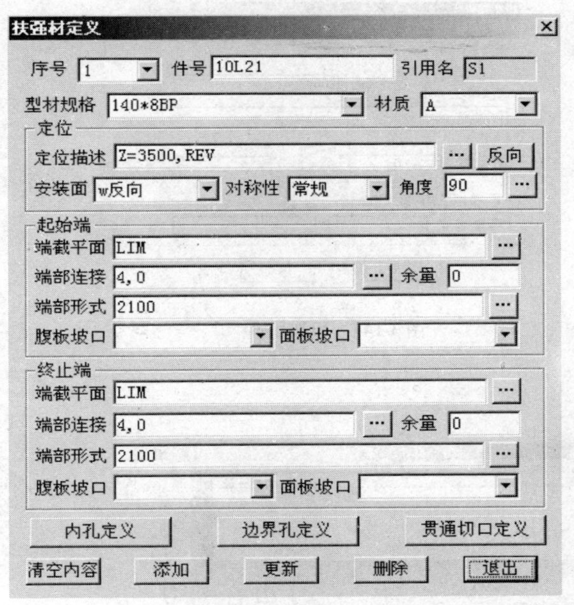

图 3-143　扶强材定义对话框

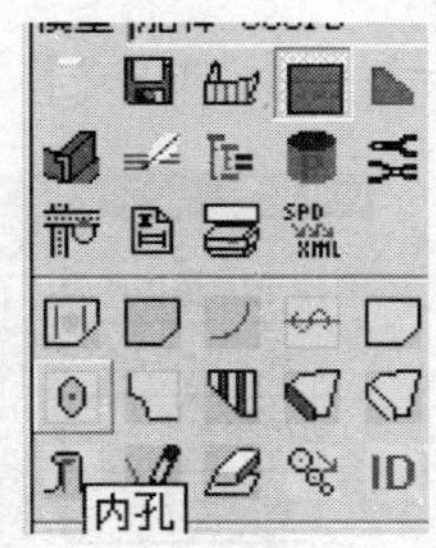

图 3-144　内孔定义

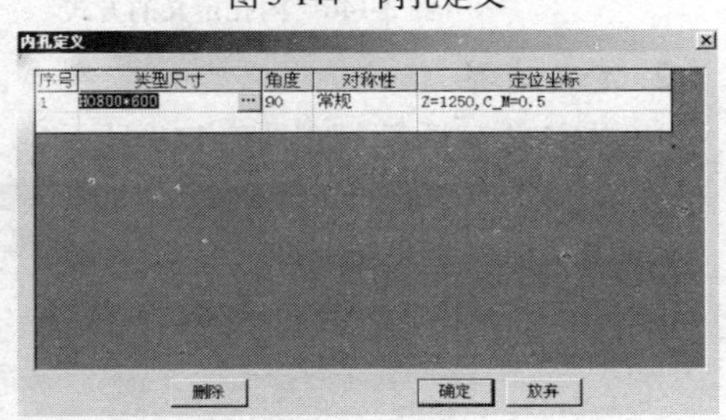

图 3-145　内孔定义对话框

类型尺寸	角度	对称性能	定位坐标
HO800 * 600	90	常规	

点击定位坐标

弹出“内孔定义”对话框,如图 3-146 所示。

各个选项的功能如下(我们选板架特定点):

图形选择点:用鼠标给出中心位置

线与线交点:用于同时定义多个内孔

如:先定义 Z

再定义 X = FR83(2)96 + 100

沿边界:需选择板架边界

板架特定点:可选边界中点处开腰孔

Z = 1250,M = 0.5,确定。

二、平台板 2000Z 的制作

1. 板架属性

板架名:603PS - 2000Z

部件名:2000Z

定位面:2000Z

对称性:左右对称　类型:常规

确定。

如图 3-147 所示。

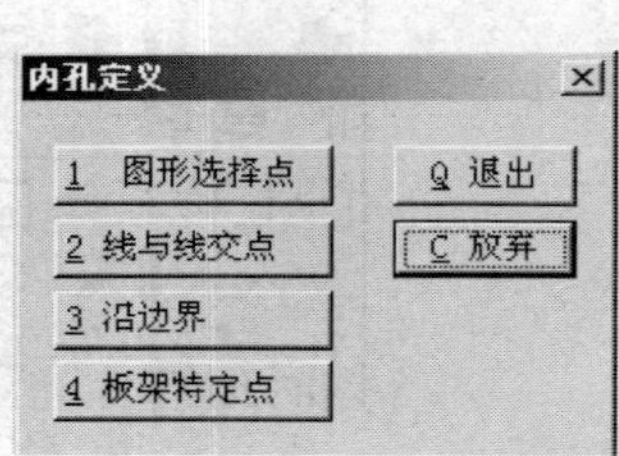

图 3-146　内孔定义的方式

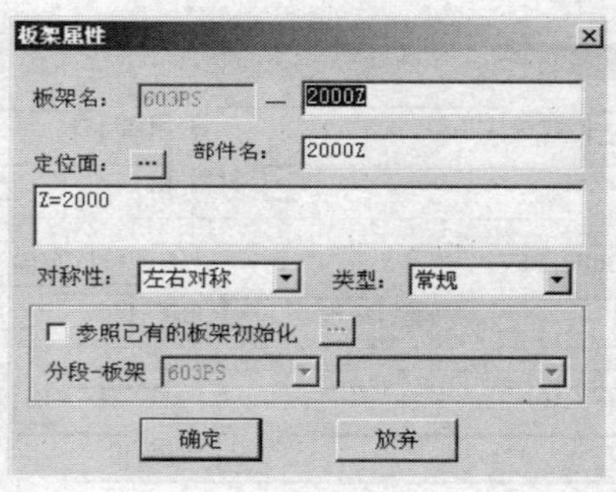

图 3-147　板架属性

2. 定义边界

边界定义对话框,如图 3-148 所示。

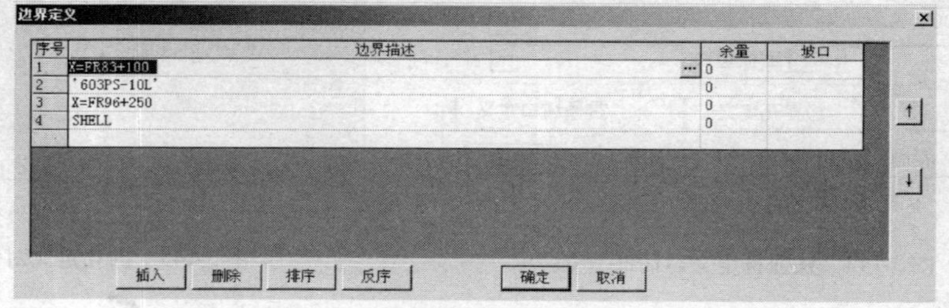

图 3-148　边界定义

点击边界描述后面的方框:

序号 1:直线—X = FR83 + 100

序号 2:板架剖面线—603PS—10L

序号 3:直线—X = FR96 + 250

序号 4:船体曲面—SHELL

3. 板缝的定义

弹出“板缝定义”对话框,如图 3-149 所示。

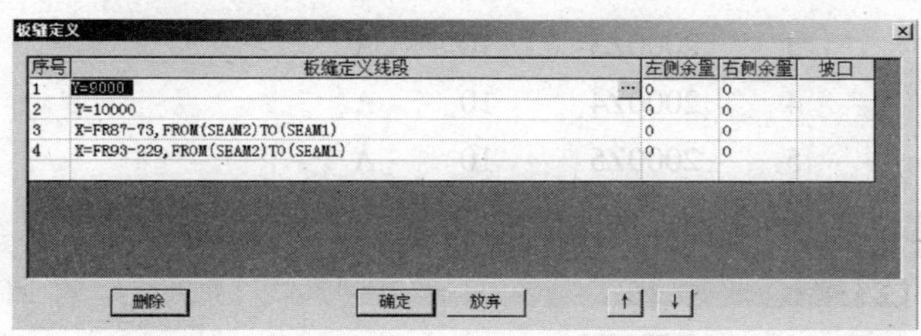

序号	板缝定义线段	左侧余量	右侧余量	坡口
1	Y=9000	0	0	
2	Y=10000	0	0	
3	X=FR87-73, FROM(SEAM2) TO(SEAM1)	0	0	
4	X=FR93-229, FROM(SEAM2) TO(SEAM1)	0	0	

图 3-149 板缝定义

点击板缝定义线段后面的方框(在图上拾取)

序号 1:沿直线—Y = 9000,再给出两端边界

序号 2:沿直线—Y = 10000

序号 3:沿直线—X = FR87 - 73,FORM(SEAM2)TO(SEAM1)(X 的位置用鼠标点,再给出两端边界)

序号 4:沿直线—X = FR93 - 229,FORM(SEAM2)TO(SEAM1)

确定。

4. 内孔定义

弹出内孔定义对话框:

序号	类型尺寸	角度	对称性	定位坐标
1	HR2000 * 1500 * 100	90	常规	X = FR92 + 371, Y = 9417
2	HR2000 * 1500 * 100	90	常规	X = FR86 + 506, Y = 9417

如图 3-150 所示。

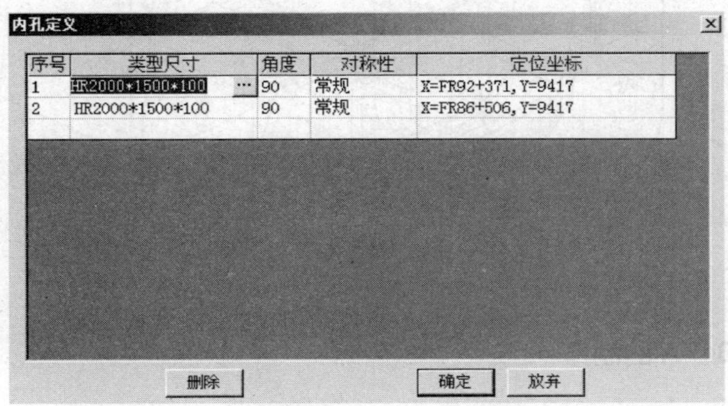

序号	类型尺寸	角度	对称性	定位坐标
1	HR2000*1500*100	90	常规	X=FR92+371, Y=9417
2	HR2000*1500*100	90	常规	X=FR86+506, Y=9417

图 3-150 内孔定义

确定。

5. 板零件

板零件厚度朝向:向上。如图 3-151 所示。

序号	件号	厚度	材质	定位点坐标
1	2000Z1	10	A	
2	2000Z2	10	A	
3	2000Z3	10	A	
4	2000Z4	10	A	
5	2000Z5	10	A	

用鼠标给出定位点坐标 1 即点击五块板。

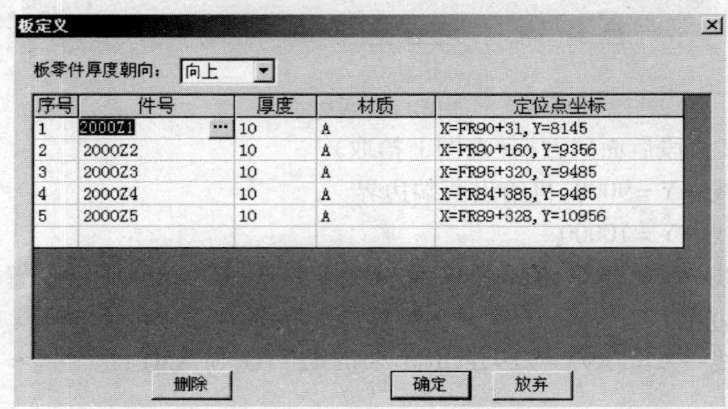

板定义

板零件厚度朝向: 向上

序号	件号	厚度	材质	定位点坐标
1	2000Z1	10	A	X=FR90+31, Y=8145
2	2000Z2	10	A	X=FR90+160, Y=9356
3	2000Z3	10	A	X=FR95+320, Y=9485
4	2000Z4	10	A	X=FR84+385, Y=9485
5	2000Z5	10	A	X=FR89+328, Y=10956

删除　确定　放弃

图 3-151　板定义

确定,即生成,如图 3-152 所示。

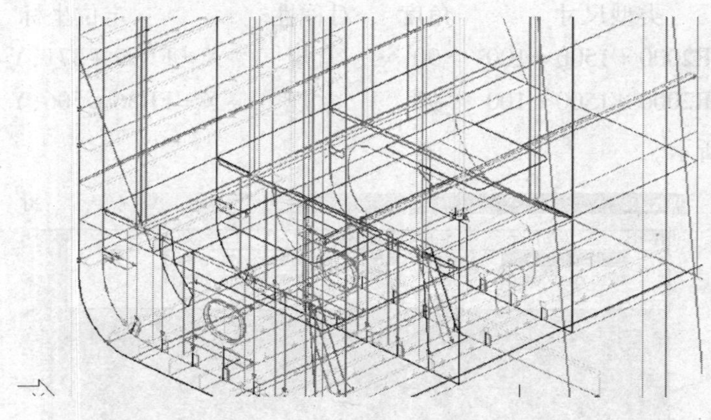

图 3-152　平台板 2000Z

三、平面板架 84FA 的制作

1. 板架属性

板架名:603PS—84FA

部件名:84FA

定位面:X = FR84

对称性:左右对称　类型:强构架

如图 3-153 所示。

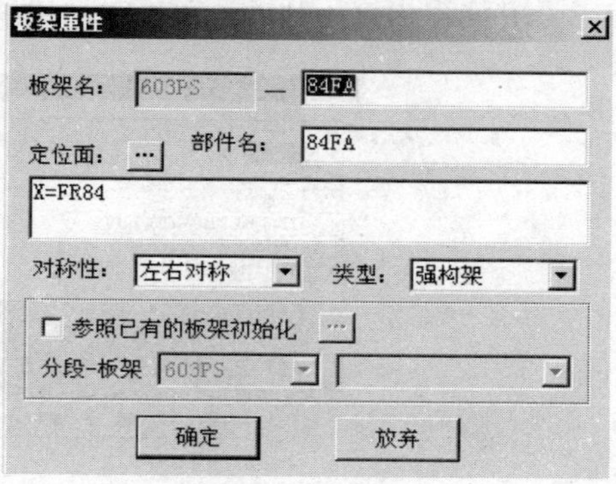

图 3-153　板架属性

2. 定义边界

平面板架→边界

弹出边界的定义对话框:

序号 1　SHELL

序号 2　1D

序号 3　Y = 6800

序号 4　Z = 2010

3. 平面曲线

弹出平面曲线定义对话框:

曲线名:A

序号	样条段
1	LIM = 1, M1 = 800
2	LIM = 2, M1 = 800, R = 850
3	LIM = 3, M1 = 800, R = 850

曲线起点:11150,2010 曲线终点:7600,2010。如图 3-154 所示。

序号 1

点击后面→选择曲线定义方式,如图 3-155 所示。

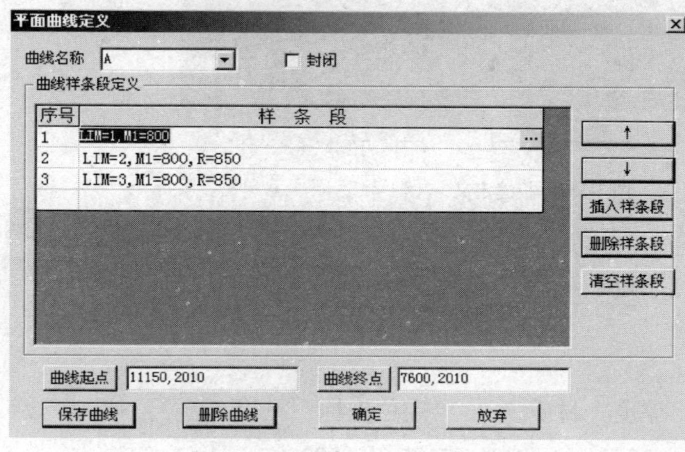

图 3-154　平面曲线定义

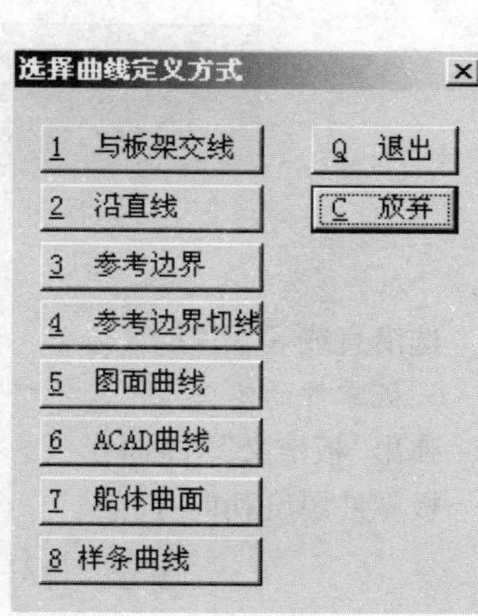

图 3-155　曲线定义方式

选"参考边界"→偏移量是 800,给出半径 850→再给出曲线起点,曲线终点;保存曲线,确定。

4. 修改边界

将第四个边界 2010Z 修改成→沿直线 YZ,如图 3-156 所示。

用鼠标沿 Z = 2010 点两下,分别是曲线 A 的靠中两个端点;

边界 5 为曲线 A;

边界6为沿直线YZ,分别是曲线A的靠舷两个端点。

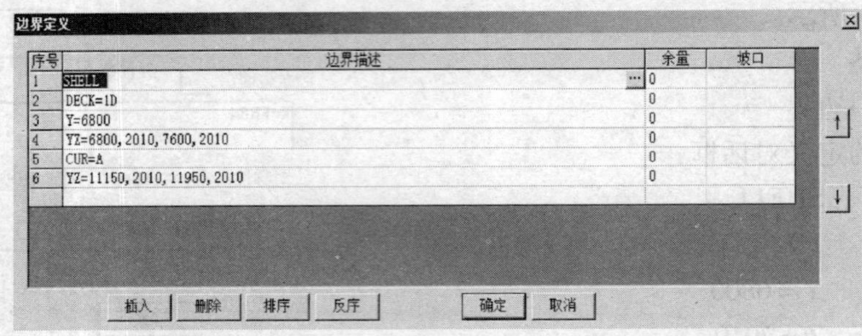

图3-156　边界修改

5. 定义板缝

板缝定义对话框:

序号	板缝定义线段	左侧余量	右侧余量	坡口
1	Z=9382,FORM(LIM5)TO(LIM3)	0	0	
2	Z=9311,FORM(LIM5)TO(LIM1)	0	0	

如图3-157所示。

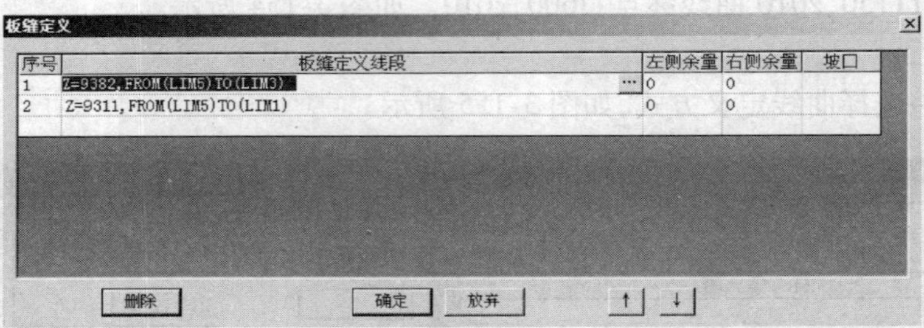

图3-157　板缝定义

选沿直线。

6. 板零件的定义

弹出"板定义"对话框:

板零件厚度朝向:向艏

序号	件号	厚度	材质	定位坐标
1	84FA1	10	A	Y=7185,Z=6838
2	84FA2	10	A	Y=7340,Z=10276
3	84FA3	10	A	Y=11431,Z=6064

如图3-158所示。

7. 作面板

3段面板:

定位选成"沿边界定义"如图3-159所示。

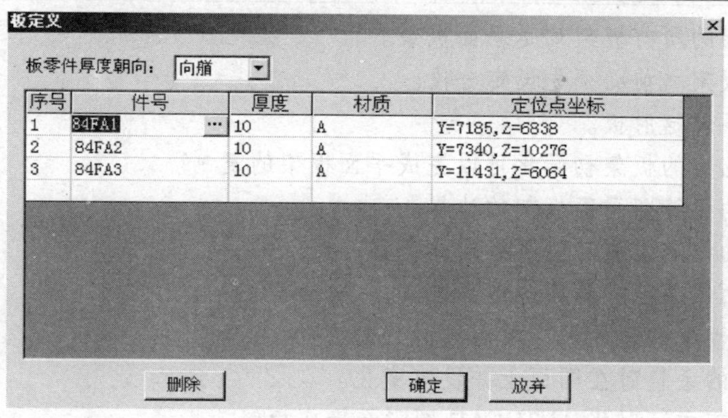

图 3-158　板定义

8. 开贯穿孔

在与舷侧纵骨相交处开贯穿孔，如图 3-160 所示。

面板定义

序号 1　型材规格 200*10FB

件号 84FA21　材质 A　对称性 常规

正面尺寸(-1分中) -1　球头(折边)位置 正面，朝外

定位

定位描述 LIM=5,REV　反向

起始端

端截平面 Z=9383,Y=8000

连接方式 5,0　余量 0

端部形式 1100　正面夹角 90

腹板坡口　面板坡口

终止端

端截平面 Z=2010,Y=8000

连接方式 5,0　余量 0

端部形式 1100　正面夹角 90

腹板坡口　面板坡口

清空内容　添加　更新　删除　退出

图 3-159　面板定义

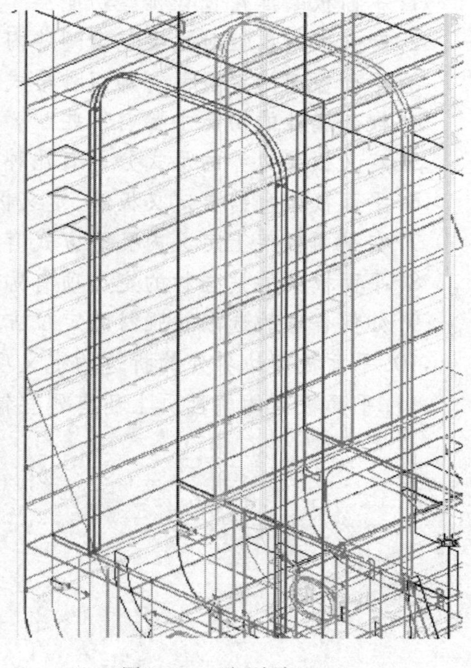

图 3-160　平面板架 84FA

SIKAOYULIANXI

一、判断题

1. 肋板是通过船体型材来定义而非平面板架。　(　　)

2. 对于平面板架内定义的所有对象只能通过修改命令来重新定义。　(　　)

3. 主船体内部的所有板架均是平面板架。 ( )
4. 创建平面板架之前必须先设定分段。 ( )
5. 平面板架不包括肘板。 ( )
6. 通过参照已有的板架初始化可以完成平面板架的复制。 ( )
7. 平面板架的板缝即平面板架的边界。 ( )
8. 分段范围的设定值应与实际分段的范围一致。 ( )
9. 所有的平面板架至少为四个边界。 ( )
10. 选取平面板架的边界时应按照顺时针的方向。 ( )
11. 修改板架的余量时在图面上并没有变化。 ( )
12. 在平面板架中可以将 AUTOCAD 图形转换成板缝。 ( )
13. 在封闭的内孔上可以做一块完整的面板。 ( )

二、简答题

1. 平面板架建模包含哪些功能?
2. 定义板架属性时主要包含哪些内容?
3. 平面板架的定位面有哪四种格式?
4. 板架属性的功能主要有哪些?
5. 定义板架边界的形式分别有几种?
6. 平面板架也需要定义板缝,定义板缝的方式有哪几种?
7. 在平面板架上定义内孔的方式有几种?
8. 平面板架的扶强材的定义项有哪些?
9. 如何合理的选取扶强材的定位方式?
10. 平面板架边界处的折边的定义项有哪些?
11. 平面板架的属性页上还有哪些辅助功能?

第四章　曲面板架

知识目标

1. 正确理解曲面板架建模内容；
2. 理解和掌握船体曲线、曲面板缝、曲面板架的概念；
3. 理解和掌握型材标签、曲面型材、曲面板的定义。

能力目标

1. 熟练掌握曲面板架的建模功能及特性；
2. 熟练掌握船体曲线、曲面板缝、曲面板架的建模方法；
3. 熟练掌握型材标签、曲面型材、曲面板的定义方式。

第一节　曲面板架概述

曲面板架主要是用来对船体结构中的各种曲面型材和曲面板进行建模的。

船体曲面板架的建模工作是在完成了船体曲面的基本定义后进行的。船体曲面可以分为船壳曲面(包括船体的外壳,内壳或其他以型线文件定义的曲面)和甲板曲面。船体曲面板架模块就是用来创建定义在上述曲面上的曲线、板缝、板以及依附于曲面上的型材(包括纵骨,肋骨,横梁等),并提供对所创建的对象进行修改、删除、复制、更名、检查与重算的功能。

在当前工作的模型是船体时,将出现船体建模有关的功能功能按钮区。在选择曲面板架后,出现曲面板架功能的界面如图 4-1 所示。

图 4-1　曲面板架功能界面

船体曲线:创建在船壳曲面或甲板曲面上的曲线以及不依附于 某一曲面的空间曲线

曲面板缝:创建在船壳曲面或甲板曲面上的板缝

曲面板架:创建曲面板架

型材标签:创建型材标签

曲面型材:创建曲面型材

曲面型材附加特性:型材创建曲面型材上的内孔、边界孔、贯穿孔。

具有子菜单:

型材内孔:在选择的曲面型材上创建内孔

型材边界孔:在选择的曲面型材上创建边界孔

型材贯穿孔：在选择的曲面型材上创建贯穿孔

曲面板：创建曲面板

修改：对选择的用曲面板架创建的各种对象进行修改

复制：对选择的用曲面板架创建的各种对象进行复制

删除：对选择的用曲面板架创建的各种对象进行删除

更名：对选择的用曲面板架创建的各种对象进行更名

刷新：对选择的用曲面板架创建的各种对象进行刷新

检查与重算：对选择的用曲面板架创建的各种对象进行检查与重算

表选择操作对象：选择操作对象有图选和列表选两种基本的方式，通过此设置进行切换，当图形未显示或难以寻找时可用表选

图4-2是列表选择的情况，在对象类型列表框中可以切换对象的类型。可切换的对象类型有：曲线、曲面板缝、曲面型材、曲面板、曲面板架。

在表格中列出了选中的类型的所有对象，每种对象类型均有一些共同的属性，在表格中分组列在不同的列中。表格是排序显示的，默认情况是按照对象的标识名进行排序的，双击列的表头，系统会按所击列的属性值进行排序，图4-2所示是按照"标签名"排序后的情况。

选择要修改的对象

对象类型 曲面型材

序号	标识名	零件编码	对称性	材料规格	材料牌号	标签名	迹线名
643	CG13-113	1D141	左右对称	60*5CBP	B	L1501A	X5660
644	AG11-109	109	左右对称	60*5CBP	B	L1502A	X5520
645	AG11-120	120	左右对称	60*5CBP	B	L1502A	X5520
646	ES12PS-1D113	U1D77	左右对称	80*5CBP	CCSB	L1502A	X5520
647	AB02-1D118	1D119	左右对称	60*5CBP	B	L15A	1D15L
648	AG11-107	107	左右对称	60*5CBP	B	L15A	1D15L
649	AG11-108	108	左右对称	60*5CBP	B	L15A	1D15L
650	CG12-116	116	左右对称	60*5CBP	B	L15A	1D15L
651	CG13-109	1D109	左右对称	60*5CBP	B	L15A	1D15L
652	CG13-110	1D138	左右对称	60*5CBP	B	L15A	1D15L
653	ES11PS-1D116	U1D116	左右对称	80*5CBP	CCSB	L15A	1D15L
654	ES11PS-1D117	U1D117	左右对称	80*5CBP	CCSB	L15A	1D15L
655	ES12PS-1D111	U1D76	左右对称	80*5CBP	CCSB	L15A	1D15L
656	ES12PS-1D112	U1D85	左右对称	80*5CBP	CCSB	L15A	1D15L
657	BD11-L15	109	左右对称	80*5CBP	CCSB	L15B	BD11-01DL15
658	BD12-L15	116	左右对称	100*6CBP	CCSB	L15B	01D15L
659	BD12-L15A	117	左右对称	80*5CBP	CCSB	L15B	01D15L
660	BD13-L15	01D108	左右对称	100*6CBP	CCSB	L15B	01D15L

选择　退出

图4-2　修改对象选择列表

在列表选择时，在刷新与删除状态下可以多选（连续的某一部分）。

不同型材间复制：控制型材子元素的复制

第二节　船体曲线

船体曲线功能是为曲面型材建模专门提供的，在创建曲面型材时需要使用船体曲线作为型材的迹线，曲面型材大多依附在某一曲面上，故曲线也大多在曲面上定义。在船体设计系统

中，船体曲线的生成来源于两个功能：船体设置→基本曲线和曲面板架→创建船体曲线。

下面是曲线的一种分类：

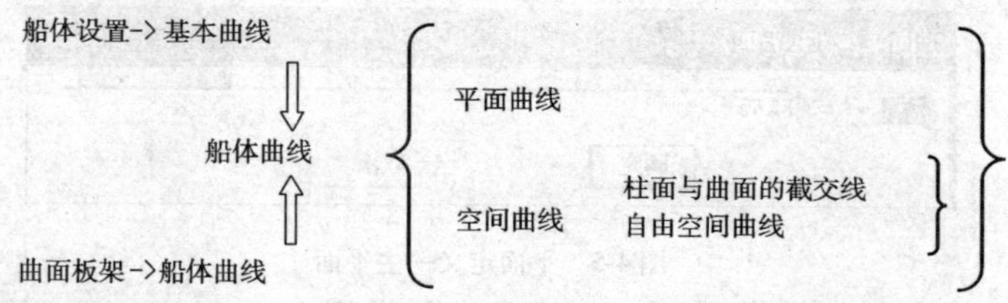

相应于曲线的分类，系统提供了三种创建曲线的方式，如图4-3所示。

(1)曲线名称输入一个唯一的标识名，在修改状态时不可编辑，当需要更改名称时可以使用专门的更名功能；

(2)按平面截交线或柱面截交线定义的曲线必须选择曲线所在的曲面；

(3)在曲线涉及的范围很大或曲线曲度较大时，范围对于保证曲线的正确性有很重要的作用；当需要对曲线的范围进行控制的时候，在曲线范围的编辑框内给定相应的数据，不需限制的不必填写；

(4)当已经按某种方式定义了曲线，在修改状态时会用红颜色的选择项进行区别（子层次定义情况相同），如图4-4所示。

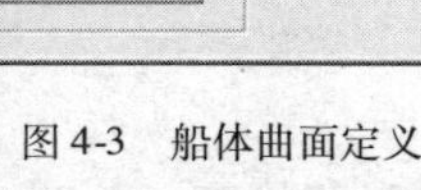

图4-3　船体曲面定义

图4-4　平面定义

船体曲线都应定义在左舷，显示在船体的左侧。只有在对甲板进行横向剖切时，曲线才可能是出现在右舷。空间曲线的定义也一样要引起注意。

系统在创建一条曲线后并不退出，而是仍显示定义界面，这样我们可以连续进行曲线的创建，直到我们选择取消终止创建。

下面对每种定义方式进行详细解释。

一、平面截交线

获取定义的平面与给定的曲面的截交线，当选择平面截交线时，将显示图4-4所示的对话框，可以选择相应的平面定义方式。

1. 主平面

主平面是与船体坐标轴平面平行的平面。定义的界面如图 4-5 所示。

图 4-5　平面定义—主平面

在下拉框中选择主平面的类型,有:X、Y、Z 三种类型。

定义主平面时可以采用以下的格式:

X = FR50 + 150

X = FR50 - 150

X = FR50(2)58 + 150(等价于 X = FR50 + 150,X = FR52 + 150,X = FR54 + 150,X = FR56 + 150,X = FR58 + 150)

此时需要在曲线名称编辑框中输入 5 个相应的标识名,如下所示:

曲线名称　FR50A, FR52A, FR54A, FR56A, FR58A

X = FR50(2)58 - 150　　　Y = 600,1200,1800,2400

Y = L1,L2,L3,L4 (其中 L1,L2,L3,L4 已经在船体定位面中定义),见图 4-6。

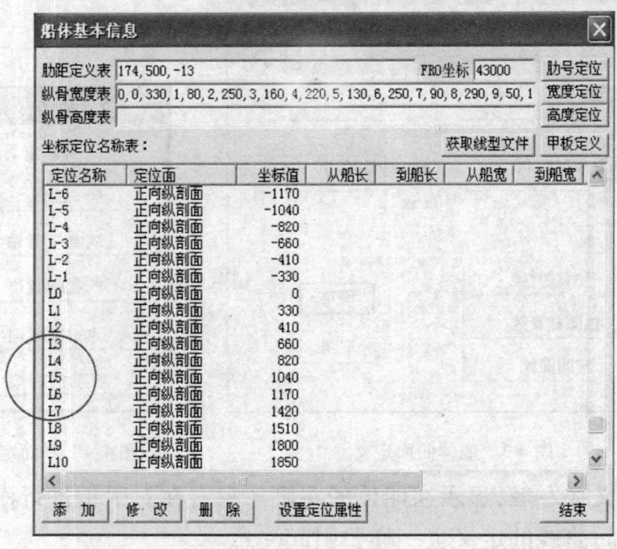

图 4-6　船体基本信息对话框

2. 三点平面

确定由三个点(非共线)确定的平面,定义三点平面的界面如图 4-7 所示。

点 1,点 2,点 3 的定义参考“点定义”,当相应的点已被定义时,会被标记“√”。

3. 两点 + 平面平行轴

确定平行于主轴(X,Y 或 Z)且过两个点的平面,定义两点 + 平面平行轴平面的界面如图 4-8 所示。

点 1,点 2 的定义参考“点定义”。

4. 两点 + 角度

定义的界面图 4-9 所示。

平面的确定方式如下：

(1)角度的含义：

①当相交的平面给定为“XY”时,角度为此平面与“XY”平面的交线与“X”轴的夹角。

②当相交的平面给定为“YZ” 时,角度为此平面与“YZ”平面的交线与“Y”轴的夹角。

③当相交的平面给定为“XZ” 时, 角度为此平面与“XZ”平面的交线与“X”轴的夹角。

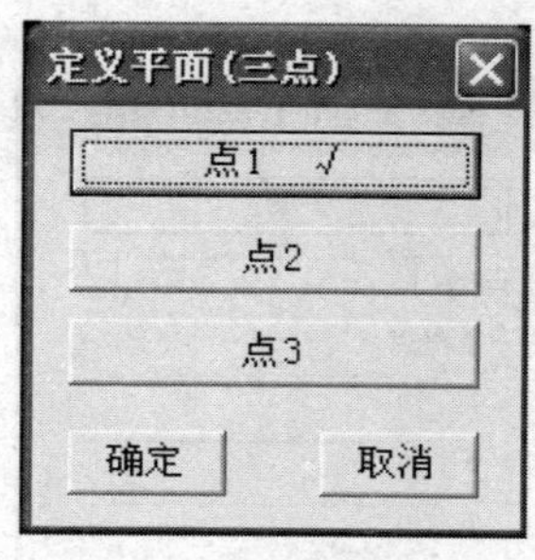

图 4-7 定义三点平面

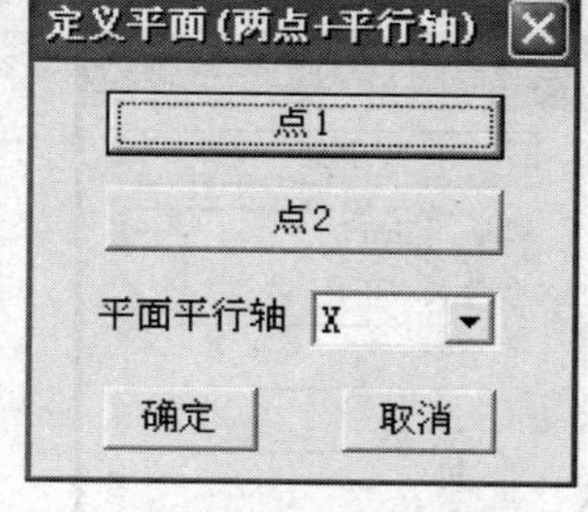

图 4-8 定义两点 + 平面平行轴平面

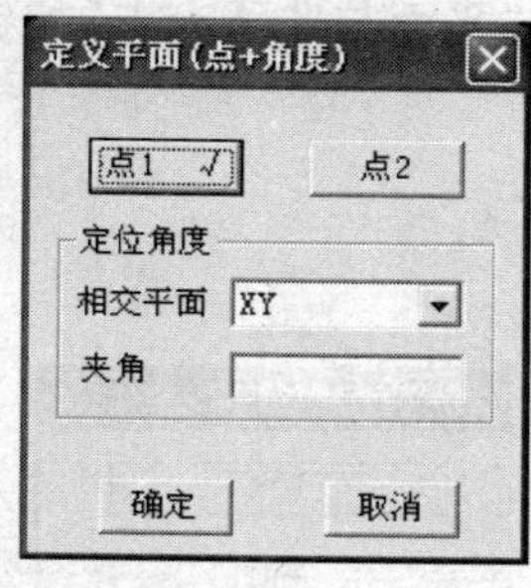

图 4-9 定义两点 + 角度

(2)当仅给定一点时表示此平面过此点且与给定的相交平面垂直,当给定两点时表示此平面过此两点。

点 1,点 2 的定义参考“点定义”。

5. 点 + 法向量

确定一点法式的平面,定义点法式平面的界面如图4-10所示。

点的定义参考“点定义”,法向量无须单位化。

6. 平面板架所在的平面

获取平面板架的定位面。

只要在模型中选择相应的板架即可。

7. 点定义

系统提供四种确定点的定义方式如图 4-11 所示。

(1)由三个坐标确定的点：

按“三个坐标值”按钮,出现的对话框如图 4-12 所示。输入点的 X,Y,Z 坐标。

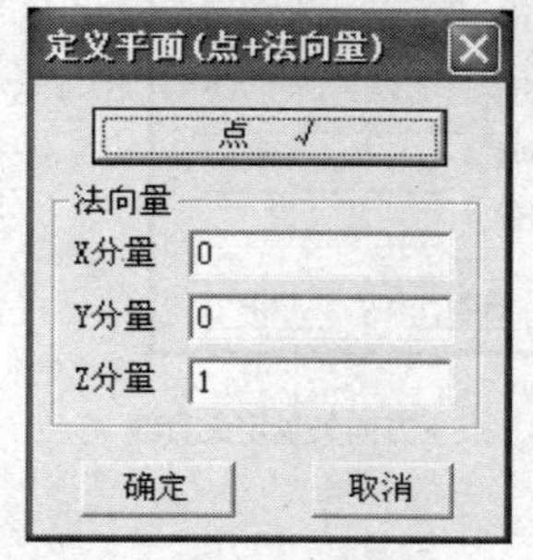

图 4-10 点 + 法向量

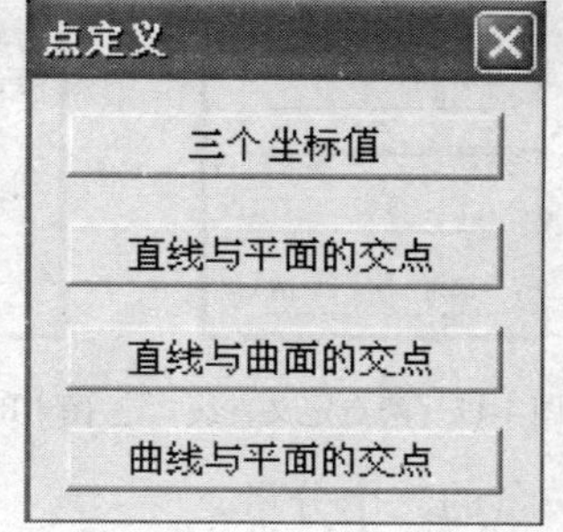

图 4-11 点定义对话框

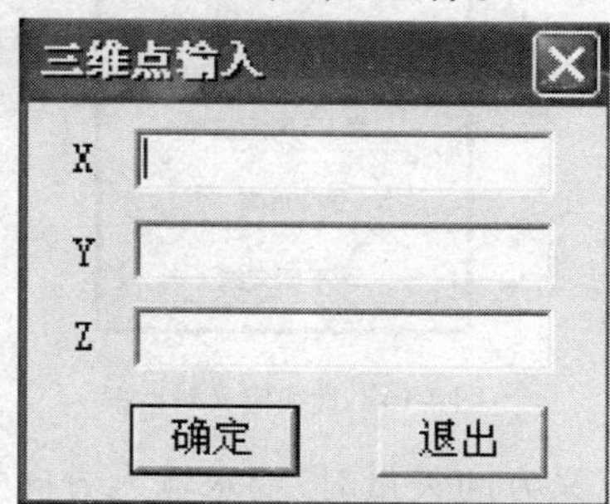

图 4-12 三维点输入对话框

(2)直线与平面相交确定的交点：

按"直线与平面交点"按钮,出现的对话框如图4-13所示。

直线定义参考"直线定义",平面定义参考"平面截交线"。

(3)由直线与曲面相交确定的交点：

按"直线与曲面交点"按钮,出现的对话框如图4-14所示。

在"曲面"下拉框中选择曲面。

当可能出现多值时可以通过给定的参考点选择所需的点(系统取与参考点最近的点)。

(4)平面与曲线相交确定的点：

按"平面与曲线交点"按钮,出现的对话框如图4-15所示。

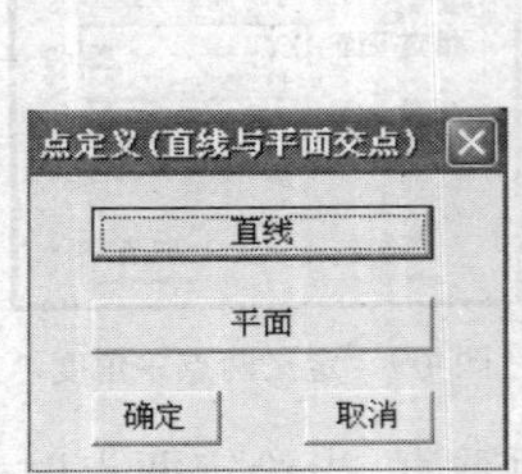

图4-13 直线与平面交点对话框

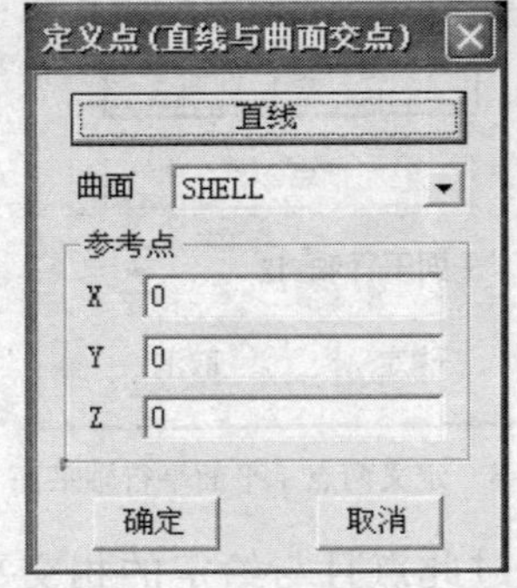

图4-14 直线与曲面交点对话框

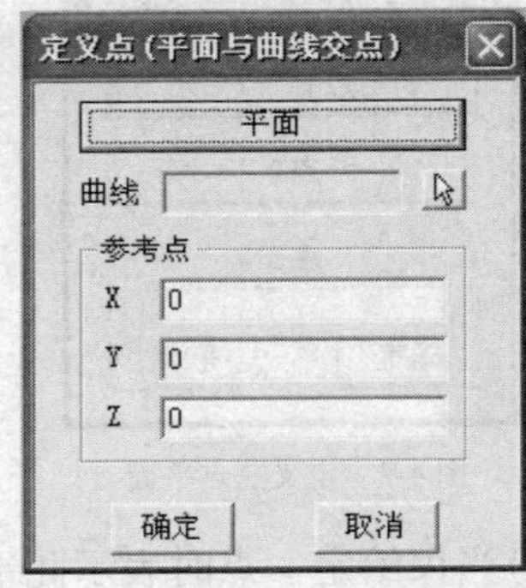

图4-15 平面与曲线交点对话框

平面定义"平面截交线"。在"曲线"下拉框中选择曲线。

当可能出现多值时可以通过给定的参考点选择所需的点(系统取与参考点最近的点)。

8. 直线定义

系统提供四种确定直线的定义方式,如图4-16所示。

(1)由两点确定的直线：

按"两点"按钮,出现的对话框如图4-17所示。

(2)由点和直线方向确定的直线：

按"点+方向矢量"按钮,出现的对话框如图4-18所示。

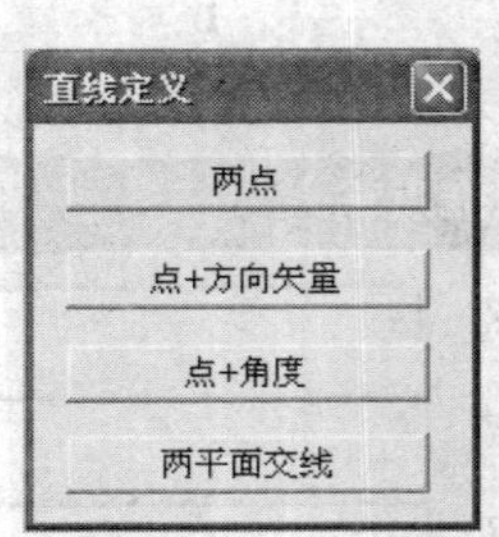

图4-16 直线定义对话框

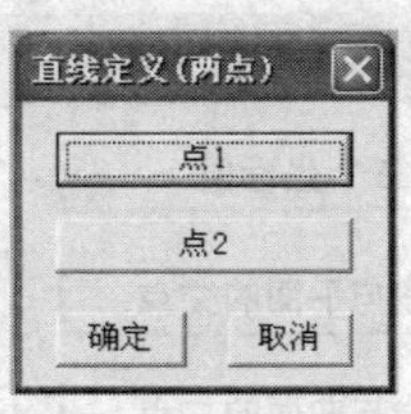

图4-17 两点定义直线

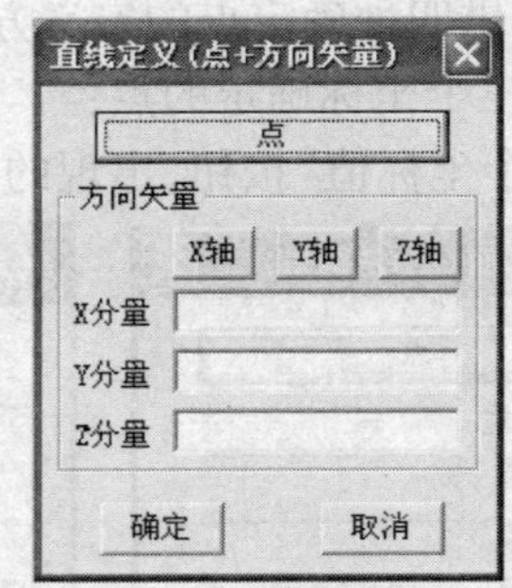

图4-18 点+方向矢量定义直线

定义方向矢量时,要求输入方向矢量的三个分量,

点击"X轴"按钮 = >方向矢量(1,0,0)

点击“Y 轴”按钮 = > 方向矢量(0,1,0)

点击“Z 轴”按钮 = > 方向矢量(0,0,1)

(3)由点和角度确定的直线：

按“点 + 角度”按钮，出现的对话框如图 4-19 所示。

所定义的直线与给定的平面平行且与所在的平面上的给定坐标轴成给定的角度。

(4)由两平面交线确定的直线：

按“两平面”按钮，出现的对话框如图 4-20 所示。

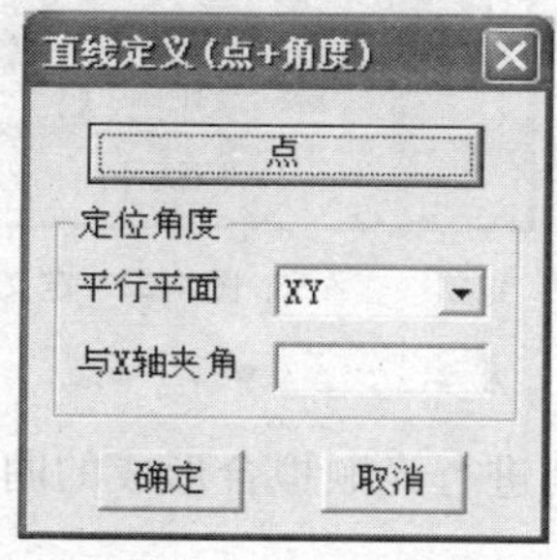

图 4-19　点 + 角定义

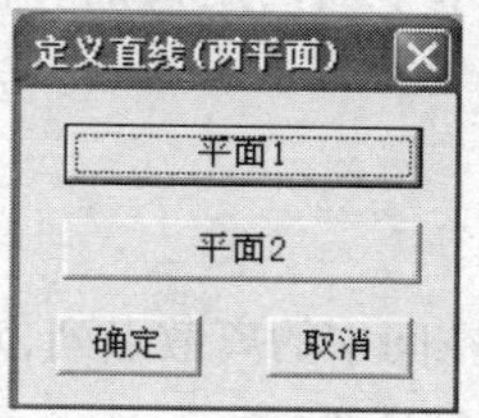

图 4-20　两平面定义直线

二、柱面截交线

一般柱面的概念：

以圆柱面为例，来理解柱面的概念。对圆柱面来说，底部的圆称为准线，用与底圆所在平面垂直的平面与柱面相交所成的交线可以称为圆柱面的一条母线，如图 4-21 所示。

取在某一局部坐标系 UVW 下定义的样条作为准线，取一直线过准线的起点且与 UV 面垂直，当此直线沿准线方向前进且保持与 UV 面垂直时所形成的曲面称为一般柱面。形成柱面的过程中的每条直线均称为此柱面的母线。柱面的截交线就是指一般柱面与给定的曲面相交所形成的截交线。

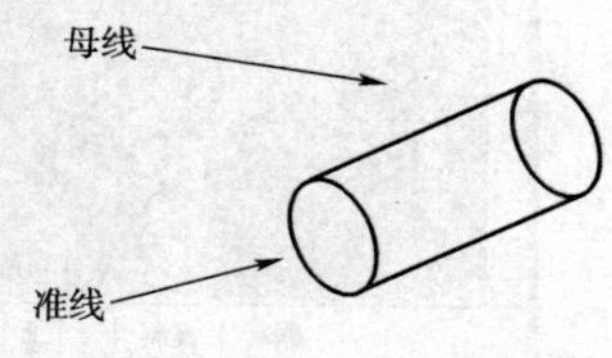

图 4-21　柱面截交线示意图

对准线而言，它是平面上的样条，确定的方式有两种：

(1)给定一些离散的点，由系统对点列进行拟合形成光滑曲线；

(2)直接给定圆弧样条，系统不再对样条进行处理。

图 4-22 是定义柱面的界面，使用了给定数据点的方式。

我们给出准线平面的原点坐标和 U 轴 V 轴的方向矢量，并给出准线数据点。当准线平面是船体坐标轴平面时，操作者可直接点击“XY 平面”，或“YZ 平面”，或“XZ 平面”按钮，由系统来决定准线平面的值。

点击“XY 平面”按钮 = > 平面[O(0,0,0) U(1,0,0) V(0,1,0)]

点击“YZ 平面”按钮 = > 平面[O(0,0,0) U(0,1,0) V(0,0,1)]

点击“XZ 平面”按钮 = > 平面[O(0,0,0) U(1,0,0) V(0,0,1)]

当柱面与曲面在定义平面的两侧相交时，可以通过控制拉伸的方向来选择相应的交线。

对表格中的数据行可以进行“删除”、“复制”，以及通过“↑”和“↓”按钮调整次序。这里的“复制”是把选中行的数据复制到表格的末尾行。操作者可再进行编辑，并通过“↑”和“↓”按钮调整次序。图4-23是给定圆弧样条的例子。

例子表示的是在水平面内定义的一段准线样条。

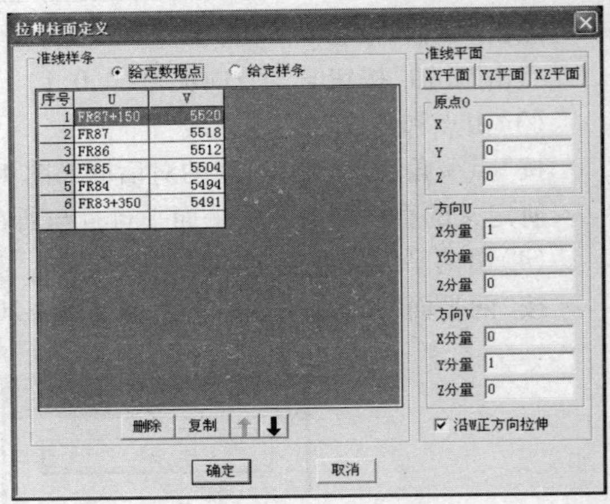

图4-22　定义柱面界面

三、空间曲线

空间曲线是给定空间中的离散点列，对点列进行光顺拟合形成的曲线。

定义的界面如图4-24所示。

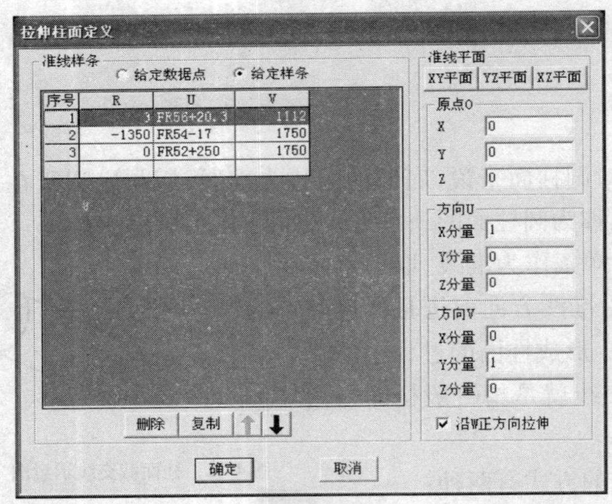

图4-23　拉伸柱面定义界面

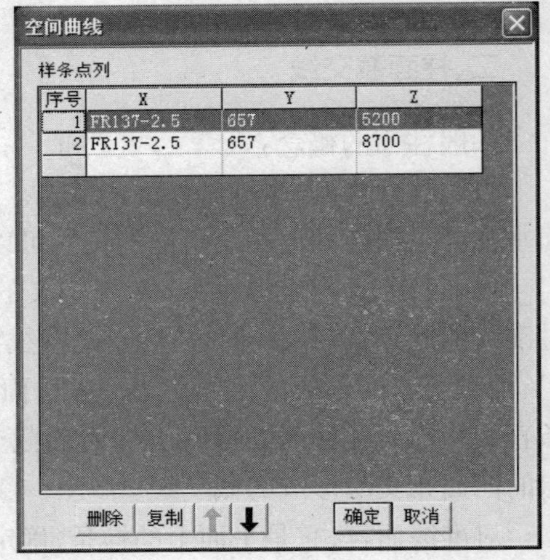

图4-24　空间曲线定义界面

空间曲线在系统中大多用来定义支柱中心线，此时用两点给出空间曲线。

第三节　曲面板缝

曲面板缝用来定义曲面板的边界。有平面截交线、柱面截交线、偏移曲线和板缝拼接四种创建方式。平面截交线和柱面截交线方式与船体曲线的创建方式相同。

图4-25是定义板缝的界面。

板缝类型有：

（1）纵缝：纵向的板缝，跨越多档肋位并且在各肋位单值。

（2）端缝：横向的板缝。

（3）柱缝：通常在船体首尾端和舷墙处定义的板缝。特点是：跨越肋位不多或者在各肋位不单值。

注意：在甲板曲面上的横缝线，其对称性一般应该定义为跨中，且不需设定范围。甲板上的纵缝线仍在左舷定义，再通过对称性控制它实际的位置。

系统在创建一条板缝线后并不退出，而是仍显示定义界面，这样我们可以连续进行板缝线的创建，直到我们选择取消终止创建。

一、板缝拼接

通常，在船体上连续的板缝希望用同一个板缝名来命名，这将有利于船体设计和建造的数据管理。但是，从艉到艏连续的板缝往往不是能用同一种方式定义的，常常是划分成多段，分别用最适合的方式定义。因此，需要把用不同方式定义的板缝拼接起来。本船体设计系统提供了板缝拼接的功能。

点击“板缝拼接”按钮，将显示图4-26所示的对话框。

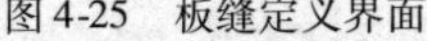

图4-25　板缝定义界面

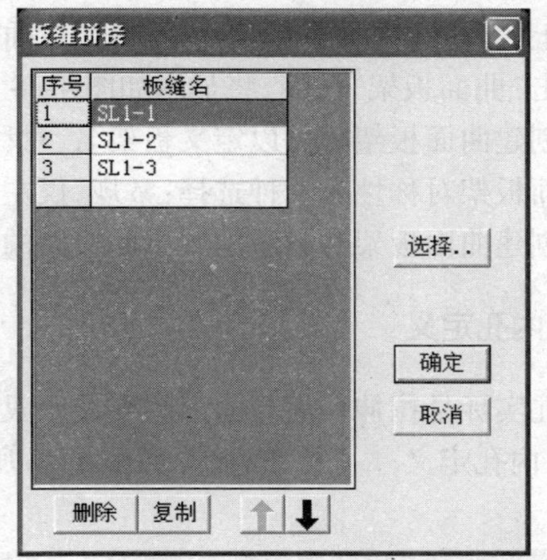

图4-26　板缝拼接对话框

点击“选择..”按钮，操作者可在模型中选择要拼接的板缝。要拼接的板缝通常是首尾相接。因此，在选择要拼接的板缝时应注意依次选择。选择的板缝显示在列表中。

可以直接编辑表格中要拼接的板缝名。

对表格中的数据行可以进行“删除”、“复制”和通过“↑”和“↓”按钮调整要拼接的板缝的顺序。这里的“复制”是把选中行的板缝名复制到表格的末尾行。操作者可再进行编辑，并通过“↑”和“↓”按钮调整次序。

二、参考船壳曲线

板缝可以参考已生成的船壳曲线(例如,结构线)进行定义,通过曲线偏移,获取所需的板缝线。

点击“参考船壳曲线”按钮,将显示如图 4-27 所示的对话框。

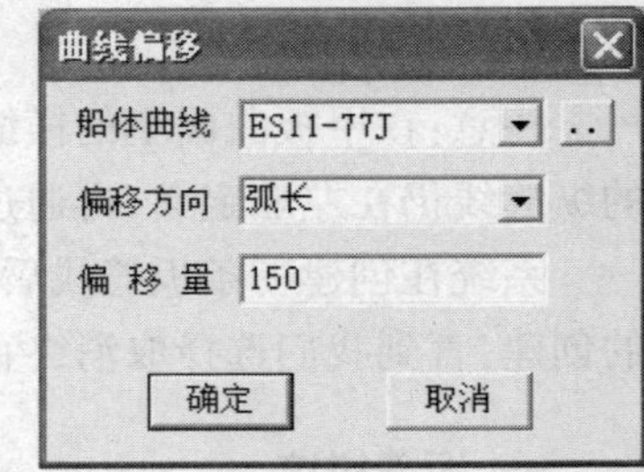

图 4-27　参考船壳曲线对话框

在对话框中,船体曲线可以通过列表框选择,也可以按“…”按钮,从图形中获取。

偏移方向有:Y 向、Z 向和弧长三种控制方式。

偏移量可正、负或零。曲线偏移在偏移量不等于 0 时,仅对在主船体曲面上的曲线有效,并且曲线不可以与横剖面平行,即只对纵向或近似纵向的曲线有效。根据曲线的偏移量,在船壳曲线与各肋骨的相交点上,沿肋骨方向进行相应节点的偏移,得到板缝的节点后,重新拟合生成所需的板缝。

第四节　曲 面 板 架

曲面板架实际上仅作为一个逻辑上的容器对象而存在,并无实体对象。

可以在曲面板架中添加曲面型材和曲面板,并且可以定义内孔。本船体设计系统不定义曲面板上的内孔。曲面板上的内孔要通过曲面板架上的内孔来定义。

点击“曲面板架”按钮,将显示如图 4-28 的对话框。

在创建曲面板架时可以定义板架名、对称性、内孔。

曲面板架对称性有 4 种选择:常规,仅左,仅右,跨中。

在创建曲面板架时不添加属于此板架的曲面型材或曲面板。

一、内孔定义

内孔实际是拉伸柱面与曲面的交线所限定的区域。

按“内孔定义...”按钮,显示如图 4-29 所示对话框。

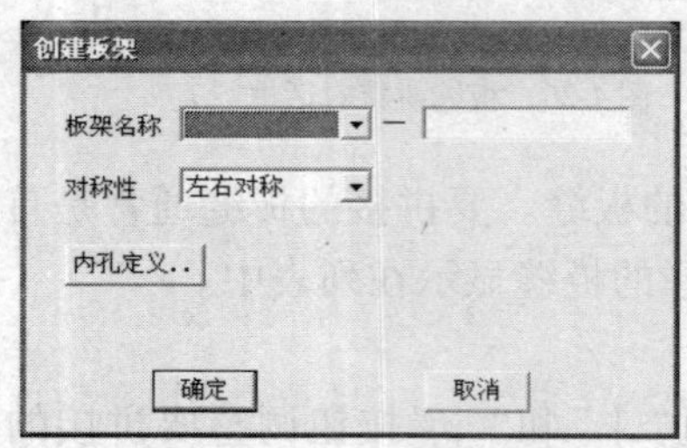

图 4-28　创建板架对话框

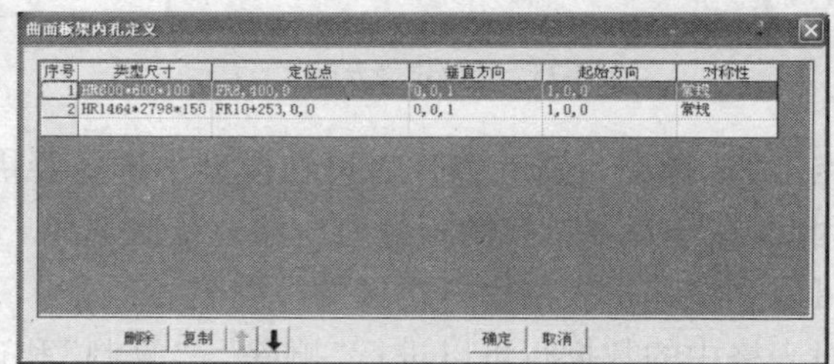

图 4-29　曲面板架内孔定义对话框

1. 类型尺寸

选择相应的内孔并给出尺寸。

2. 对称性

选择内孔的对称性。对称性有 6 种选择:常规,仅左,仅右,常规虚拟,仅左虚拟,仅右虚拟。当对称性为常规时,内孔的对称性同曲面板架的对称性。当对称性为虚拟时,仅显示内孔样条,在模型实体上不开孔。注意:曲面板架上的内孔,在零件展开时,都不在曲面板零件上开孔。

内孔是在某一局部坐标系(OUVW)的平面(OUV)内定义的,此平面由下列参数确定:

定位点:指孔的定位点,即给出坐标系原点 O

垂直方向:指孔的拉伸方向,即给出局部坐标系的 W 方向

起始方向:是指孔的起始方向,即给出局部坐标系的 U 方向

内孔是在曲面板架选择了曲面板后显示的,显示的位置在过(定义孔的 W 轴与曲面板所在曲面)交点且与孔的 W 轴垂直的平面内。

要显示曲面板实体上的孔,需要对曲面板进行重算。

二、修改曲面板架

曲面板架修改功能是:在曲面板架中添加或删除曲面型材或曲面板;添加或删除内孔。

在创建曲面板架时不添加属于此板架的曲面型材或曲面板。要添加曲面型材或曲面板到曲面板架中,必须使用系统的修改功能,此时需将选择方式设置为:☑ 表选择操作对象。

点击"曲面板架"的"修改"按钮,选择对象类型为曲面板架,在列出的曲面板架表中选择要处理的曲面板架。系统即显示界面如图 4-30 所示。

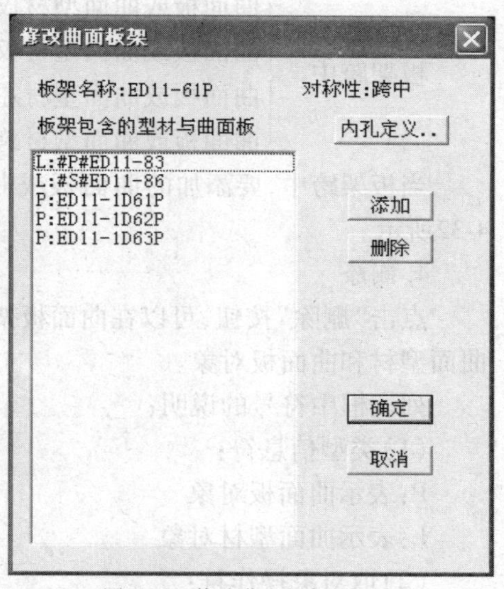

图 4-30 修改曲面板架界面

1. 板架名称

给出曲面板架的标识名。

2. 对称性

显示板架的对称性。它对要添加到板架中的对象(曲面型材或曲面板)作为一个约束,进行对称性检查。

3. 添加

可以在图形中选择曲面型材和曲面板添加到当前曲面板架中。已添加的曲面型材(板)对象显示在"板架包含的型材与曲面板"列表框中。

点击"添加"按钮,系统提示我们选择要加入到当前板架中的曲面型材或曲面板,若选择的对象已经存在于当前板架中,系统将进行提示(图 4-31)。

图 4-31 系统信息提示窗

下面是添加时可能会遇到的情况：

板架仅左
- 曲面板或曲面型材仅左→　直接添加
- 曲面板或曲面型材仅右→　系统报错，对称性不符合要求
- 曲面板或曲面型材左右对称→　系统自动取左舷部分添加
- 曲面板或曲面型材跨中→　系统报错，对称性不符合要求

板架仅右
- 曲面板或曲面型材仅左→　直接添加
- 曲面板或曲面型材仅右→　系统报错，对称性不符合要求
- 曲面板或曲面型材左右对称→　系统自动取右舷部分添加
- 曲面板或曲面型材跨中→　系统报错，对称性不符合要求

板架左右对称
- 曲面板或曲面型材仅左→　系统报错，对称性不符合要求
- 曲面板或曲面型材仅右→　系统报错，对称性不符合要求
- 曲面板或曲面型材左右对称→　直接添加
- 曲面板或曲面型材跨中→　系统报错，对称性不符合要求

板架跨中
- 曲面板或曲面型材仅左→　直接添加
- 曲面板或曲面型材仅右→　直接添加
- 曲面板或曲面型材左右对称→　根据我们选择进行添加
- 曲面板或曲面型材跨中→　直接添加

当板架跨中，要添加的曲面板或曲面型材是左右对称时，我们可以选择添加方式，如图4-32所示。

4. 删除

点击“删除”按钮，可以在曲面板架中删除在“板架包含的型材与曲面板”列表框中选中的曲面型材和曲面板对象。

列表框中符号的说明：

(1)类型信息符：

P：表示曲面板对象

L：表示曲面型材对象

(2)取对象操作符：

#P#表示取左右对称曲面板或曲面型材的左舷部分

#S#表示取左右对称曲面板或曲面型材的右舷部分

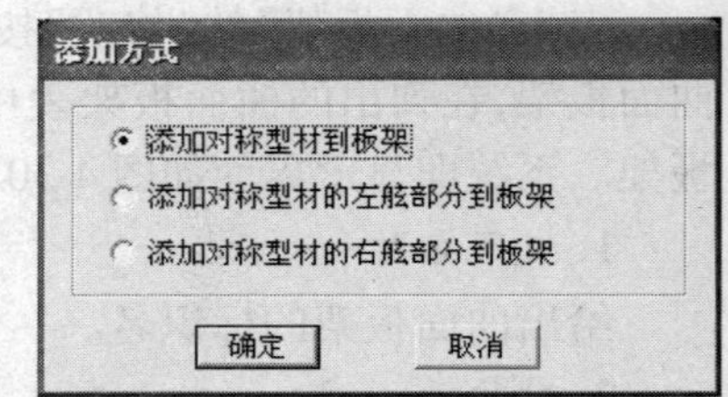

图4-32　添加方式选择对话框

5. 内孔定义

点击“内孔定义”按钮，可以在曲面板架中进行内孔定义。

第五节　型材标签

标签表示型材的一个逻辑位置，对型材进行参考引用时记录的就是型材的位置标签，而非型材本身的名字。一般来说同一标签上布置的型材往往很多，用标签名可以提高设计的逻辑层次，避免因型材名字更改而引起的“丢失”现象。

型材标签的界面如图 4-33 所示。

当首次进入型材标签对话框时,系统会将船体基本信息中的定位标签(如图 4-34 所示的对话框所示)做相应的复制,初始化型材标签。

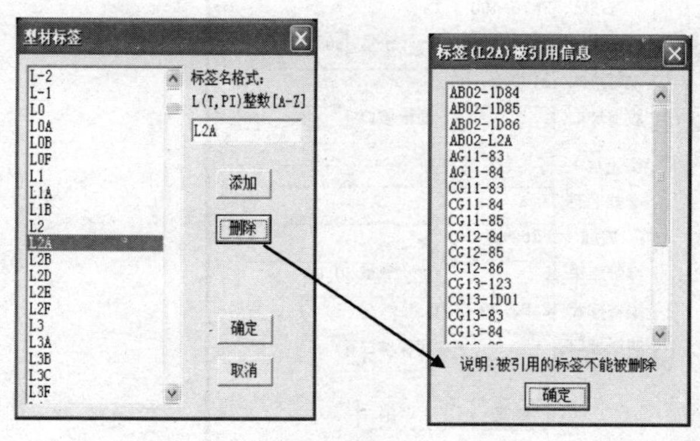

图 4-33　标签信息界面

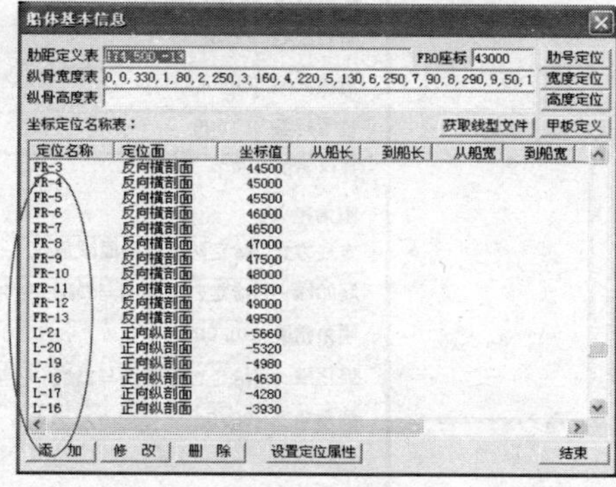

图 4-34　船体基本信息显示界面

型材标签可以参考下面的方法命名:

(1)对于纵向型材(近似纵向)用 L 开头的标签,如 L0,L1,L2,L-1,L-2

对于横向型材(近似横向)用 T 开头的标签,如 T0,T1,T2

对于支柱型材用 PI 开头的标签, 如 PI1,PI2,PI3

(2)对于纵向型材,左舷使用 L1,L2,…,右舷使用 L-1,L-2,…。

(3)在同一个曲面上的型材标签应确定一个共同的整数值范围,而对于不同的曲面应选择不同的整数值范围。如:

船体外壳曲面上,纵骨 L0,L1,L2,…,L-1,L-2,…。

在主甲板,纵骨 L100,L101,L102,…,L-101,L-102,…。

在二甲板,纵骨 L200,L201,L202,…,L-201,L-202,…。

第六节　曲面型材

定义在曲面上的船体纵骨、肋骨、斜肋骨、横梁等型材统称为曲面型材。

另外,支柱在本系统中也作为曲面型材进行处理。

选择 进行曲面型材的创建。点击 后,系统提示选择迹线,在选择相应的迹线后出现图 4-35 所示的定义曲面型材的界面。

一、一般属性

1. 型材名称

由分段名和小标识名组成,是识别对象的唯一标志。

2. 零件编码

给出建造时的零件编码。

曲面型材定义

型材名称 CB03 — SL9A
零件编码 1S95
对称性 左右对称
型材规格 90*5.5CBP
材料牌号 CCSB
迹线曲线 SHELLJ1009 … C
位置标签 L1009
厚度方向 向中

倾角定义
定义方式 给定两端腹板面倾角
起始端 给定YZ平面内与Y轴的夹角
倾角角度 90.00
终止端 给定YZ平面内与Y轴的夹角
倾角角度 90.00

起始端
端截平面 X=a
右舷 FR76+400
端部连接 5 … 余量 30.00
端部形式 2100,90,90 …
腹板坡口 面板坡口

终止端
端截平面 X=a
右舷 FR69+6
端部连接 5 … 余量 0.00
端部形式 2192,90.0,90.0 …
腹板坡口 面板坡口

确定 取消

图 4-35 曲面型材定义界面

3. 对称性

有左右对称、仅左、仅右和船中四种。对于跨中的曲面型材,对称性应选择船中。对于仅在右舷的曲面型材,应注意选择的迹线定义还是在左舷的,型材位置在右舷是由对称性的“仅右”控制的。

跨中的迹线仅可能在甲板曲面上出现,此时注意要曲面型材的对称性是否是船中或仅右。

4. 型材规格

通过选择标准库中已定义的型材规格标准来给出型材的规格尺寸。

5. 材料牌号

通过选择标准库中已定义的材料牌号标准来给出型材的材料牌号。

6. 迹线曲线

显示选中的迹线的名字。可以在编辑框中编辑曲线名:

… 可以重选迹线

C 可以直接修改迹线

7. 位置标签

每一根曲面型材都要有相应的位置标签,供其他对象引用。如平面板架中的型材贯穿孔的位置就是由位置标签决定的。在主船体上从船尾到船首的相同宽度的纵骨就应选用同一个位置标签,以后在引用时,即使是型材的标识名更改了,只要它的位置标签不变,就不会影响贯穿孔的实际位置。也就是说位置抽象同时,适用范围广了。

8. 厚度方向

选择型材的厚度方向。对球扁钢,是指弯头的方向,其他类型型材也可类似。

二、倾角定义

倾角是分别在型材两端测量的,取在型材两端的腹板所在的平面(或近似平面)与给定的

平面(局部坐标系 OUVW 的 OUV)相交,在所得的交线中取一有方向的线段,其中首点取迹线与给定的平面的交点,末点可任取离开迹线的沿腹板一侧的某一点。此时有方向的线段将在给定的平面内,可以度量它与平面内给定坐标轴(OUV 的 U 轴或 V 轴)的夹角。夹角逆时针为正,顺时针为负。此角度即所谓的倾角角度。

倾角的定义方式有:

1. 给定两端腹板面倾角

此时,起始端选项可选:

给定 YZ 平面内与 Y 轴的夹角——给定角度

给定 XZ 平面内与 X 轴的夹角——给定角度

给定 XY 平面内与 X 轴的夹角——给定角度

与依附的曲面垂直——系统自动计算

终止端选项可选:

给定 YZ 平面内与 Y 轴的夹角——给定角度

给定 XZ 平面内与 X 轴的夹角——给定角度

给定 XY 平面内与 X 轴的夹角——给定角度

与依附的曲面垂直——系统自动计算同起始端相同——系统自动获取

2. 型材在迹线平面内

仅对系统用平面截交线定义的曲线作为迹线时有效,系统自动计算相应的角度。

3. 型材与依附的曲面垂直

对依附在某一曲面上的型材有效,系统自动计算相应的角度。根据需要,起始端与终止端可以在不同平面内度量。

下面是一些定义的例子:

1. 肋骨

说明:肋骨一般取 XY 平面作为倾角角度的度量平面。图 4-36 所示的迹线是在横剖面内的。

2. 舷侧纵骨

说明: 舷侧纵骨一般取 YZ 平面作为倾角角度的度量平面。图 4-37 所示的迹线是在水平面内的。

3. 船底纵骨

说明:船底纵骨一般取 YZ 平面作为倾角角度的度量平面。图 4-38 所示的是扭曲纵骨。

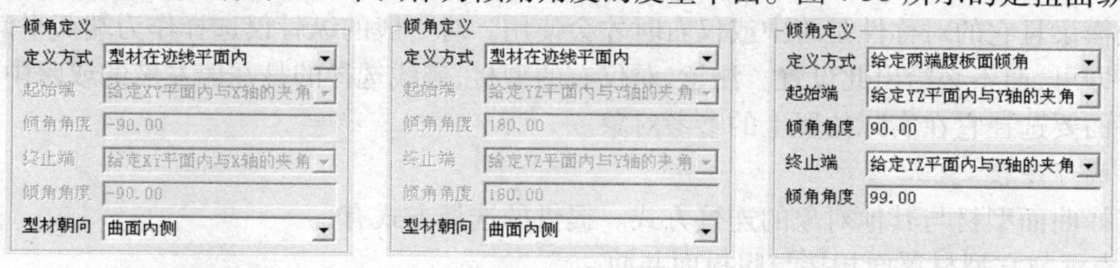

图 4-36　定义肋骨　　图 4-37　舷侧纵骨定义　　图 4-38　船底纵骨定义

4. 支柱

说明:支柱一般是垂直的,此时可取 XY 平面作为倾角角度的度量平面。图 4-39 所示的

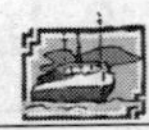

是圆支柱。

5. 与曲面垂直的纵骨

说明:如果型材始终与依附的曲面垂直,倾角的定义方式要选择"型材与依附的曲面垂直"。在创建后进入修改状态时,系统会显示两端的倾角角度,如图 4-40 所示。特殊情况下,例如,如出现型材朝向不对,可以选择给定型材两端的倾角,倾角的角度则可参考系统给出的值进行调整。

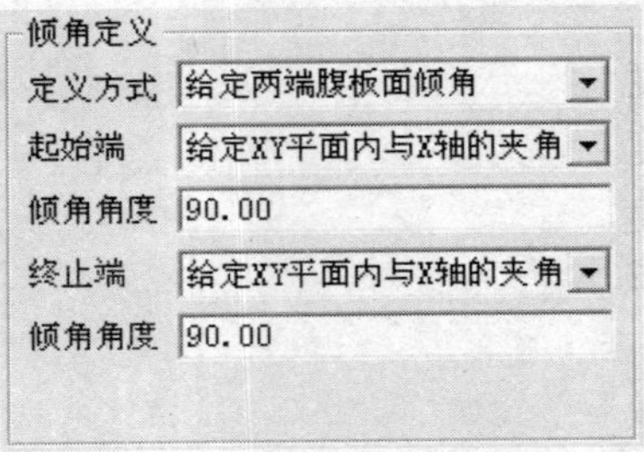

倾角定义

定义方式 给定两端腹板面倾角

起始端 给定XY平面内与X轴的夹角

倾角角度 90.00

终止端 给定XY平面内与X轴的夹角

倾角角度 90.00

图 4-39 支柱定义

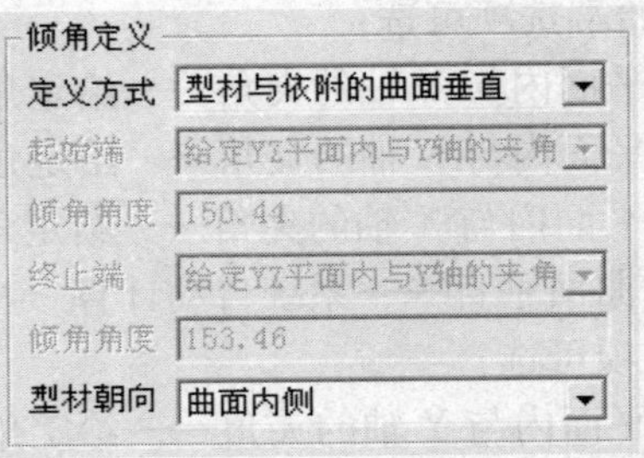

图 4-40 与曲面垂直纵骨定义

三、起始端与终止端

1. 端截平面:

端截平面定义型材端部的参考平面。有以下几种平面定义方式:

"X = a"——定义与横剖面平行的平面,输入定位值;

"Y = a"——定义与纵剖面平行的平面,输入定位值;

"Z = a"——定义与水平面平行的平面,输入定位值;

"平面板架"——取平面板架近型材端面,选择相应的平面板架;

"船体曲面"——取曲面与型材迹线交点处的切平面,选择相应的曲面;

"型材腹板面"——取其他曲面型材与本曲面型材迹线交点处的近本型材的型材腹板面,选择相应的曲面型材;

"过迹线端点的平面"——直接以过型材迹线且与迹线垂直的平面作为端截平面。

2. 控制按钮

在端截平面为"平面板架"、"船体曲面"或"型材腹板面"时才会起作用。右舷的含义是指参考的对象本身是左右对称的,而引用的是它的右舷的那部分。一般地讲,只有在曲面型材是甲板横梁且它的对称性是跨中或仅右时才会使用。对一般的纵骨仅选择作为端截平面的参考对象即可,而不必给出此设置。注意,对仅右的型材,迹线选择的是在船左舷的或跨中的,但端截平面要选择它在实际位置上的参考对象。

3. 端部连接

选择曲面型材与其他对象的连接方式。提供的选择方式有:

1 表示与它型材翼面相接与腹板面共面

2 表示与它型材腹板面搭接

3 表示与它型材翼面相接与腹板面错开

4 表示与结构面相接

5 表示与它型材对接

对曲面型材而言，仅 4，5 是有效的。

4. 余量

输入端部的余量值。

5. 端部形式

通过图 4-41 所示的对话框选择相应的端部切割代号，给出必要的参数。其中，$\alpha 1$ 可以由端截平面计算或给定具体的角度。

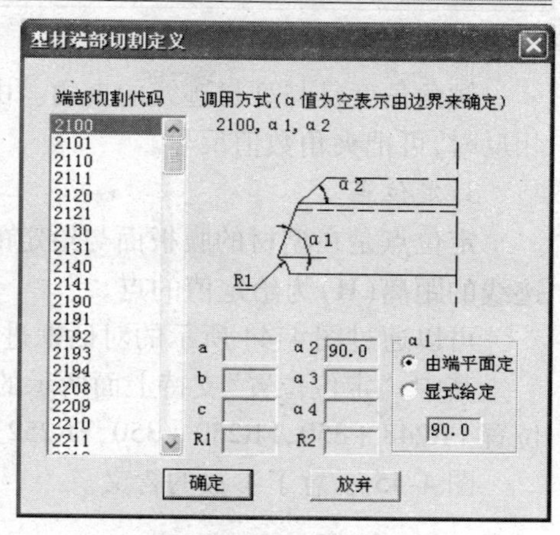

图 4-41　型材端部形式定义界面

6. 腹板坡口

通过选择标准库中已定义的坡口标准来给出型材腹板上的坡口形式。

7. 面板坡口

通过选择标准库中已定义的坡口标准来给出型材顶面的坡口形式。

第七节　曲面型材的附加特性

当曲面型材创建以后，当需要在型材上开内孔、过焊孔、流水孔、贯穿切口或是在型材上画线时，需要使用曲面型材的附加特性功能 [icon]。

一、型材内孔

可以在曲面型材上开内孔。点击 [icon]，系统提示选择要开内孔的曲面型材，在获取了相应的曲面型材后，显示型材内孔定义的对话框如图 4-42 所示。

对话框标题显示要操作的曲面型材对象标识名。

可以定义多个内孔。

内孔由以下三个参数控制：

1. 类型尺寸

可以输入孔类型的参数串或选择相应的内孔形式，如图 4-43 所示。

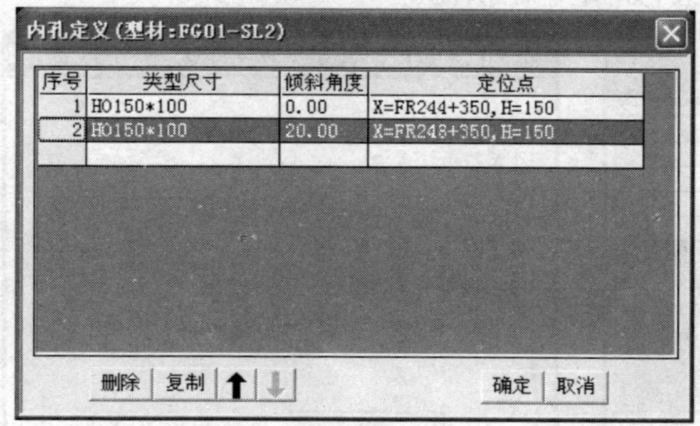

图 4-42　型材内孔定义对话框

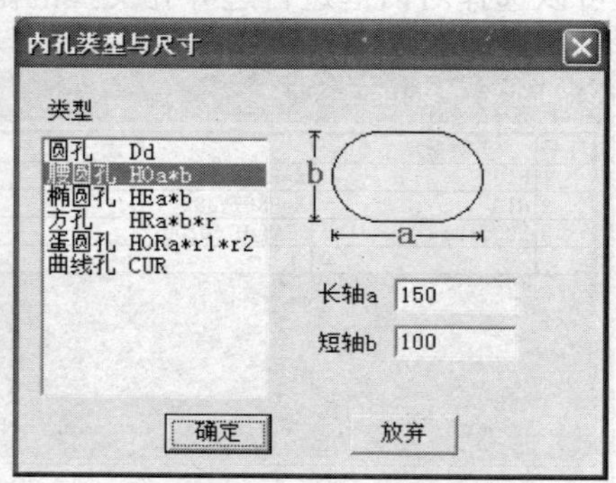

图 4-43　内孔类型与尺寸对话框

2. 倾斜角度

倾角角度是与型材迹线的夹角。由于迹线方向的关系，当开孔显示的角度与预想的正好相反时，可把夹角数值反号。

3. 定位点

定位点是在型材的腹板面与给定的平面（X 平面，Y 平面或 Z 平面）的交线上且与型材的迹线的距离（H）为给定值的点。

可以通过图 4-44 所示的对话框进行开孔位置的定义。

其中，“定位位置”支持上面所示的类似“FR248（2）252 + 350”的描述，它表示了三个孔的位置 FR248 + 350，FR250 + 350，FR252 + 350，其中（2）表示了增量步长。

图 4-45 示意了参数的含义。

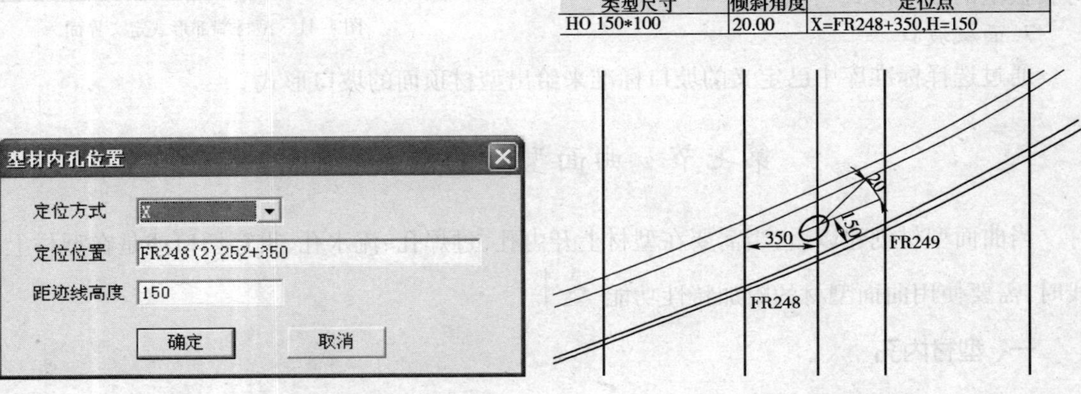

图 4-44　型材内孔位置对话框

图 4-45　参数含义示意图

二、型材边界孔

在型材上的流水孔、过焊孔、透气孔等可以用边界孔来定义。

点击 提示选择要开边界孔的曲面型材，在获取了相应的曲面型材后显示型材边界孔定义的对话框如图 4-46 所示。

可以选择对话框进行边界孔类型的定义，如图 4-47 所示。

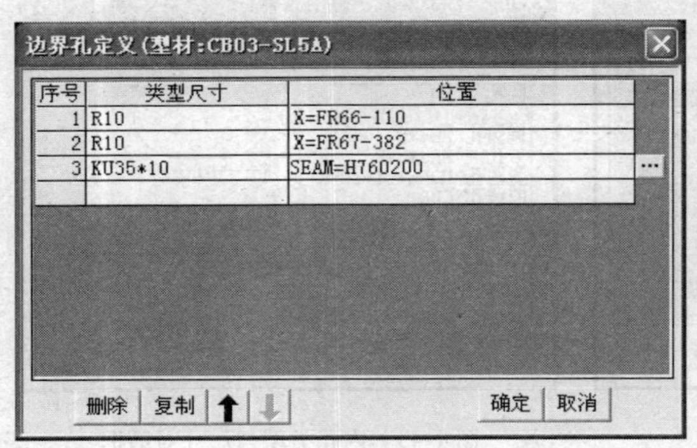

图 4-46　型材边界孔定义对话框

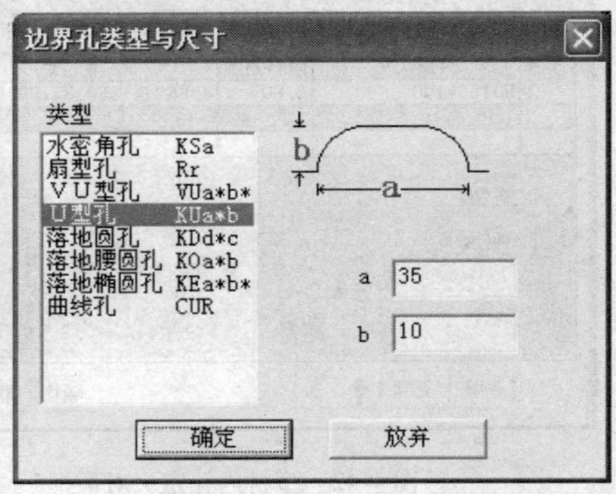

图 4-47　边界孔类型与尺寸定义对话

边界孔的位置是由给定平面或板缝线与型材迹线的交点所确定的。有以下方式：

X =定位值　　　　给定 X 平面

Y =定位值　　　　给定 Y 平面

Z =定位值　　　　给定 Z 平面

SEAM = 板缝名　　给定板缝线

在使用板缝线定位时可以直接从图形中选择相应的板缝线(可以多选)。

三、型材贯穿切口

当同一曲面上的两根曲面型材相交时需要对型材进行贯穿切口的定义,贯穿切口定义在尺寸较大的曲面型材上。

型材贯穿孔定义的对话框如图 4-48 所示。

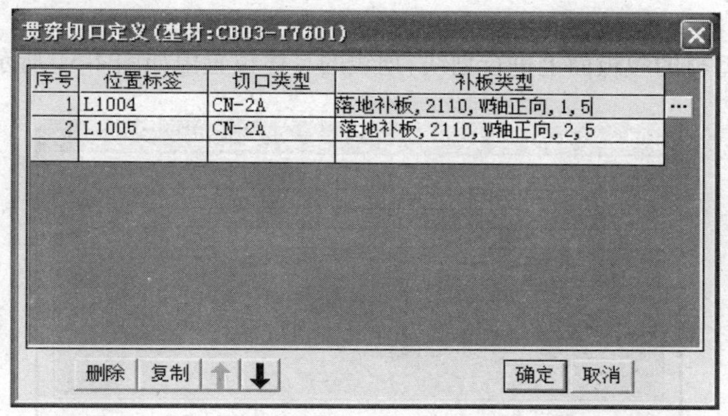

图 4-48　型材贯穿孔定义对话框

1. 位置标签

指贯穿当前曲面型材的另一曲面型材的位置标签。当位置标签栏处于激活状态时在编辑框的右侧显示[…]。可以直接编辑位置标签,也可以通过[…]直接从图形中选择相应的曲面型材以获取它的位置标签。

2. 切口类型

指贯穿位置的切口类型。当切口类型栏处于激活状态时在编辑框的右侧显示[…]。可以直接编辑切口类型,也可以通过[…]从如图 4-49 所示的对话框中获取所需的切口类型。

3. 补板类型

根据贯穿型材的类型和切口类型,系统提供相应的补板类型供我们选择。点击[…]将出现如图 4-50 所示补板类型对话框。

在补板的“类型”和“标准号”下拉框中选择船体工程可使用的补板标准号,系统即在对话框的左侧给出相应的图示。曲面型材上的补板均安装在腹板的 W 轴正向(即型材零件的径线面)。设计者还应给出补板的零件号和厚度。当补板厚度设置为 0 时,表示补板厚度与开设贯穿切口的型材腹板厚度相同。

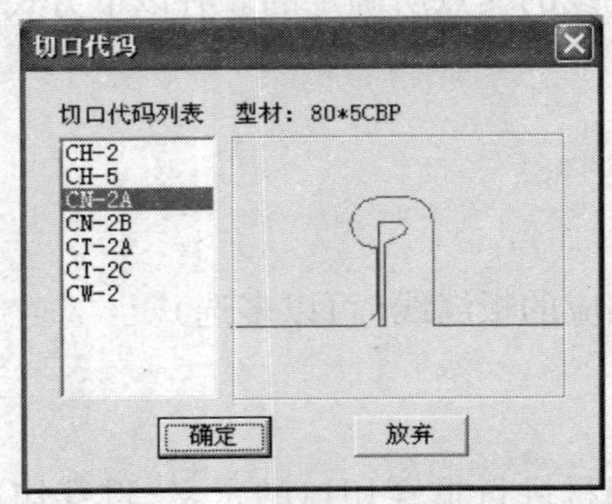

图 4-49　切口类型编辑对话框

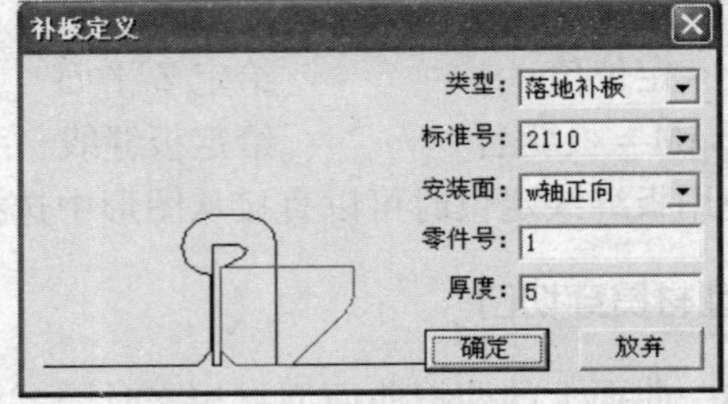

图 4-50　补板类型对话框

四、型材画线

可以在曲面型材的腹板面上进行划线，划线的具体位置由如图 4-51 所示的对话框给出的参数决定。

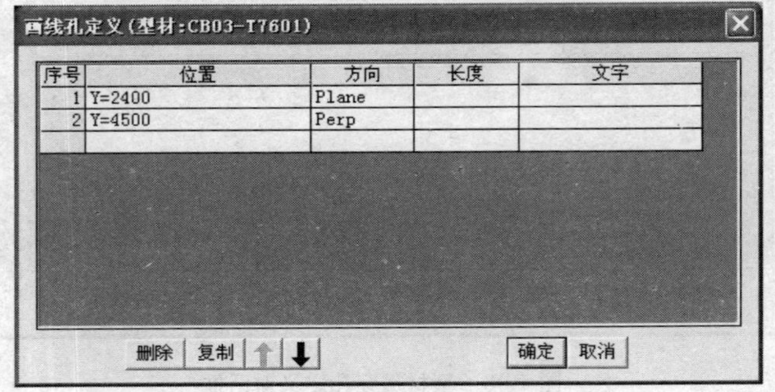

图 4-51　画线孔定义对话框

1. 位置

决定划线的起始位置，可以使用格式：

X = 定位值

Y = 定位值

Z = 定位值

表示给出相应的平面。划线起始位置则由平面与曲面型材迹线的交点决定。也可以通过点击…，通过如图 4-52 所示的对话框给出平面位置。

2. 方向

Plane 选项，划线沿型材腹板面与给定平面的交线的方向。

Perp 选项，划线在型材腹板面内且与型材迹线垂直的方向。

3. 长度

长度为空时取在腹板面内的最大长度，否则截取给定的长度。

4. 文字

给出划线的注释文字。

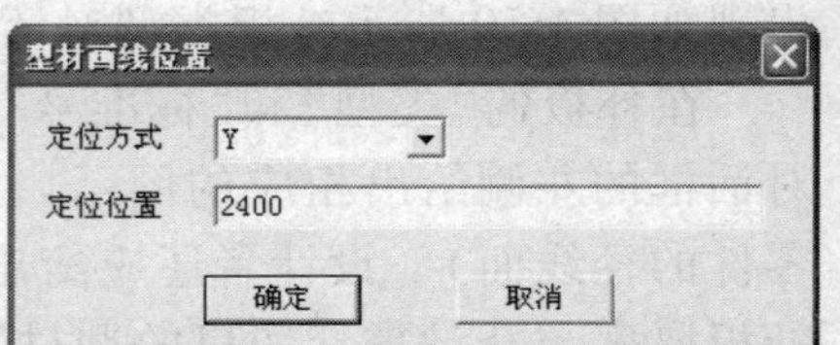

图 4-52　型材画线位置定义对话框

第八节 曲 面 板

曲面板是由曲面上的板缝所围成的一块封闭区域。

一、曲面板边界

点击“曲面板”按钮,系统提示选择曲面板边界。此时,选择曲面板边界。

当板是左右对称或仅左时,选择左舷的板缝作为边界。

当板是跨中时,按实际的位置选择相应的板缝线,左舷和右舷的。

当板是仅右时,选择右舷的板缝线。

在选择曲面板边界时要求边界的顺序成顺时针方向。所谓的顺时针方向是指:对于船体曲面上的板所指的是人在船体内部向船外看时所形成的方向,沿边界的方向行进时,边界所围成的区域在人手的右侧;对于甲板板是指边界线在俯视图中所形成的方向。

对于仅右的板,板缝线均在右舷,此时所要求的顺时针边界线方向应理解为它在左舷相应位置时所选的顺序,按它实际的位置应恰好为逆时针方向。

要求选择的第一根板缝线应该是最靠近尾端的板缝(一般为端缝线),此外要求顺序选择的板缝线要两两相交,除 K 行板外,要求第一根板缝与最后一根板缝也要相交,对 K 行板则要求第一根板缝和最后一根板缝均与船中相交。

板缝端部有时要做一延伸以利于封闭计算判定,如图 4-53 所示。

二、曲面板定义

在选定了曲面板边界后,系统显示定义曲面板的对话框如图 4-54 所示。

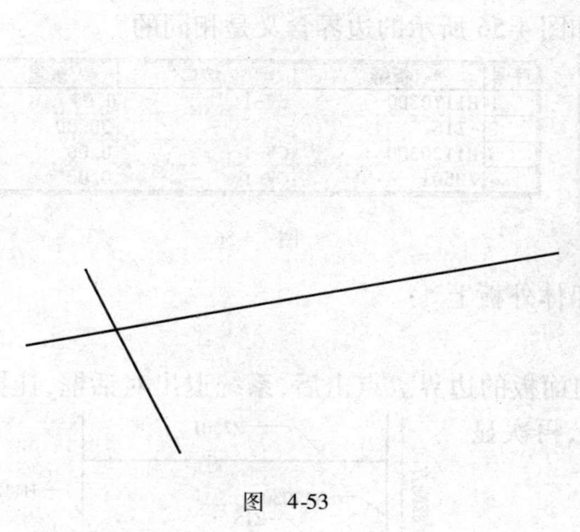

图 4-53

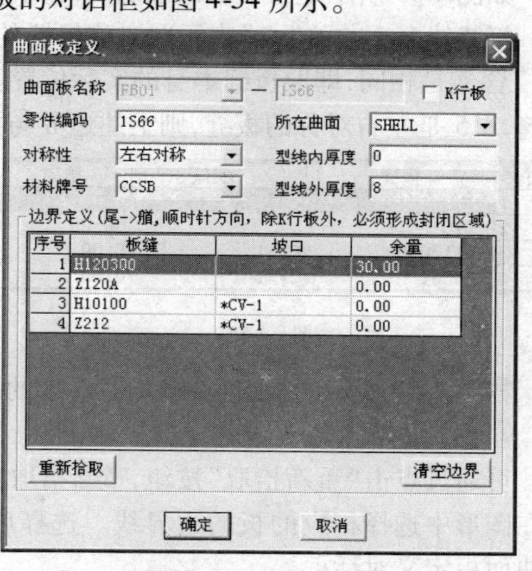

图 4-54 曲面板定义对话框

1. 曲面板名称

给出曲面板在船体建模时用于识别的名字。

2. 零件编码

给出曲面板在船体建造时的名字。

3. 所在曲面

在下拉框中选定曲面板所依附的曲面。

4. 对称性

曲面板的对称性有4种:左右对称、仅左、仅右、跨中。

5. 板厚

曲面板的板厚由型线内厚度和型线外厚度两部分合成。型线内厚度和型线外厚度中的内外含义如下:

对于船壳上的曲面,船体内部称为内,船体外部称为外。

对于甲板上的曲面,向下的方向称为内,向上的方向称为外。

这样规定的板厚外方向与前面边界的顺时针方向恰好符合右手螺旋规则。

区分为两个厚度定义曲面板的板厚,既可顾及实际的厚度朝向,又可适应不同板厚的曲面板零件拼板时,有时要求外部齐平,有时要求内部齐平的各种情况。

6. K行板

指在船体中间,左右对称的曲面板。在选择了曲面板选项,板的对称性要相应的选择左右对称选项。此时板的边界仅选择在左舷的部分,方向仍按顺时针方向。

7. 材料牌号

在下拉框中选择材料牌号。

8. 板边界列表

显示曲面板的边界信息。操作者可在该列表框中设置曲面板各边界的坡口和余量。

如图4-55所示是仅右板的板缝线的例子。

板缝线名字前的"-"表示取对称板缝的右舷部分,当板缝非左右对称时,加"-"与不加"-"含义是相同,即取板缝本身的实际位置。如果所示H1170300,H1130300,Z3501是仅右的板缝,Z15是左右对称的板缝,则上述边界与如图4-56所示的边界含义是相同的。

序号	板缝	坡口	余量
1	-H1170300	CV-1	0.00
2	-Z15		30.00
3	-H1130300	CV-1	0.00
4	-Z3501	CV-1	0.00

图 4-55

序号	板缝	坡口	余量
1	H1170300	CV-1	0.00
2	-Z15		30.00
3	H1130300	CV-1	0.00
4	Z3501	CV-1	0.00

图 4-56

如图4-57所示的板缝,板缝均在右舷的船体外板上。

9. 重新拾取

可通过点击"重新拾取"按钮,重新拾取曲面板的边界。点击后,系统退出对话框,让操作者在图形中选择相应的板的边界线。选择后,再次显示曲面板定义对话框。

10. 清空边界

点击"清空边界"按钮,可清空列表中的内容。操作者应重新拾取曲面板的边界。

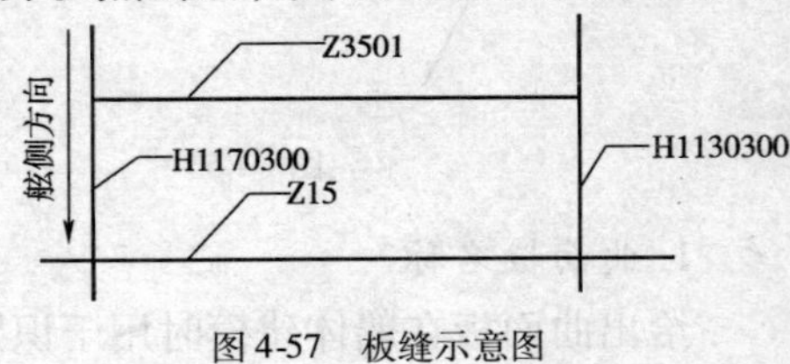

图4-57 板缝示意图

第九节 其 他

一、修改对象

当对象创建以后，可能需要对对象的属性进行修改。本功能提供一致的工作方式，根据选择的对象不同类型，提供相应的修改界面对对象进行修改。

二、复制对象

通过复制操作提供创建对象的快捷方式。复制对象的界面与创建对象的界面一致，但已显示有要复制的参考对象的定义数据，可以大大减少定义数据的输入量。当参考对象与要创建的对象的相似度较高时，通过"复制对象"的方式来创建将有较高的效率。

复制操作是以连续的方式工作的，即复制某对象后可以继续另一对象的复制直到我们取消创建的工作。

复制时，系统首先提示选择被复制的对象，在选择了源对象后，可以根据对象的具体类型进行相应的复制操作。复制时需修改对象的属性，这与创建对象时是一致的。在复制曲面型材对象时，系统提示选择迹线，可以同时选择多条迹线，一次创建多根曲面型材，当然型材属性的修改仍是一个一个的。

在复制型材子元素（内孔，边界孔，贯穿切口，型材划线）时，通过对"不同型材间复制"的控制，可以在同一个型材内复制子元素或将子元素复制到不同的型材对象上。

三、删除对象

通过删除功能可以将无用的对象从数据库中删除。

四、对象更名

对象的名称是识别对象的唯一标志。为进行有效管理，特别提供了对象更名的功能。在选择了要更名的对象后，显示如图 4-58 所示的对话框。

对象信息列出了对象的主要属性以供参考。在"新对象名"中输入新名字，按"确定"按钮，即实现了对象更名。

五、刷新对象

当对象已经定义，但在当前的图形中未显示或未更新，可以通过刷新功能使对象在图形中显示或更新。可以在图形中进行多选，也可以通过列表从表格中选择某一区段的对象进行刷新。

六、检查与重算

可以通过本功能对定义的各种曲面对象进行检查与重算，如图 4-59 所示。

保存信息:通过此按钮可以将列表框中输出的信息保存到文件 cperr. txt,以便于使用。

状态和进度条反映程序计算过程中的状态。

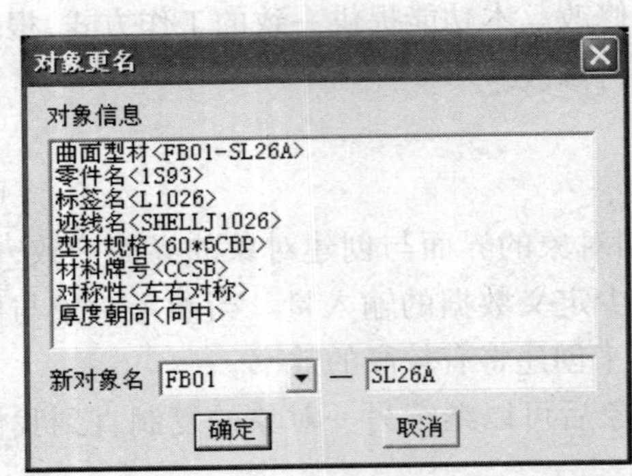

图 4-58　对象更名对话框

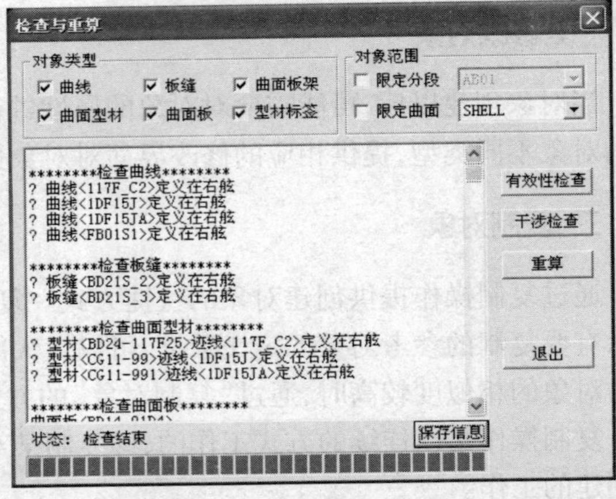

图 4-59　检验与重算对话框

1. 功能按钮

(1)有效性检查:检查定义的对象是否符合要求,将结果显示在列表框中。

(2)干涉检查:检查定义的对象是否有重合的,将结果显示在列表框中。

(3)重算:按对象的定义进行重新的计算,并显示计算错误在列表框中。

2. 对象类型

设置检查或重算的对象类型。

☑ 表示需要检查的对象类型。

3. 对象范围

(1)限定分段:在此项选定时,仅检查所选择的分段。由于曲线、板缝、标签与分段无关,故此选项对它们不起作用。

(2)限定曲面:在此项选定时,仅检查在选定曲面上的对象。

第十节　曲面板架的制作实例

现在我们通过几个实例来练习一下有关曲面板架的制作。

一、板缝的定义

1. 外板板缝的定义

(1)端缝的定义:ST1,ST2

位置:FR83 + 100,FR96 + 250

板逢名称:ST1

板缝类型:端缝

对称性:跨中
所在平面:SHELL
平面截交线 - > 主平面 - > X = FR83 + 100
同样定义 ST2:
板逢名称:ST2
板缝类型:端缝
对称性:跨中
所在平面:SHELL
平面截交线 - > 主平面 - > X = FR96 + 250
确定,如图 4-60 所示。
(2)纵缝定义:SL1,SL2,…,SL8,SL9
位置:Y = 7000,8870,10850
　　Z = 1450,2680,4460,6240,8020,9220
板缝名称: 纵缝
对称性: 左右对称
所在曲面: SHELL
板缝范围: Xmin:FR80 Xmax:FR100
板缝曲线:平面截交线 - > 主平面 - > Y = 7000,如图 4-61 所示。

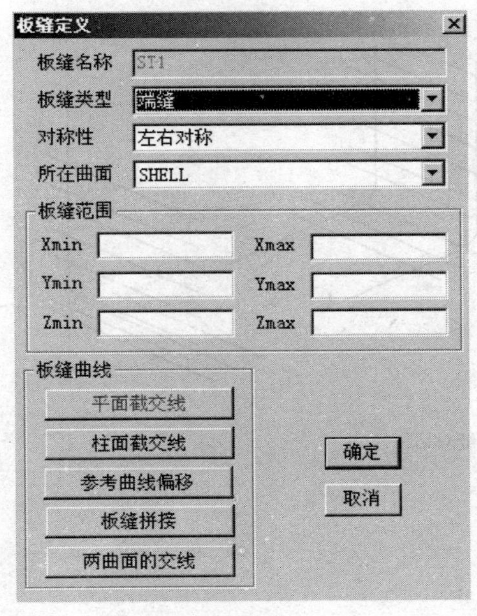

图 4-60 板缝定义对话框 ST1

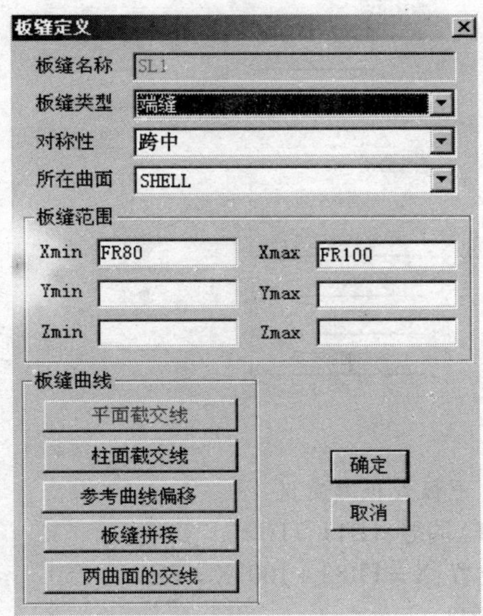

图 4-61 板缝定义对话框 SL1

(3)利用 SHELL 与 1D 求交生成曲线“SD”,
然后偏移 150 生成最高一根纵缝 SL10。
①船体曲线定义:

曲线名称:SD

所在曲面:SHELL

曲线类型:"两曲面的交线"——"选择曲面"1D,确定。

②SL10 的定义:

板缝名称:SL10

板缝类型:纵缝

对称性:左右对称

所在曲面:SHELL

板缝范围: Xmin:FR80　Xmax:FR100

板缝曲线:"参考曲线偏移"如图 4-62 所示。

基准曲线:SD

偏移方式:沿 Z 方向

偏移量:150

确定,如图 4-62 所示。

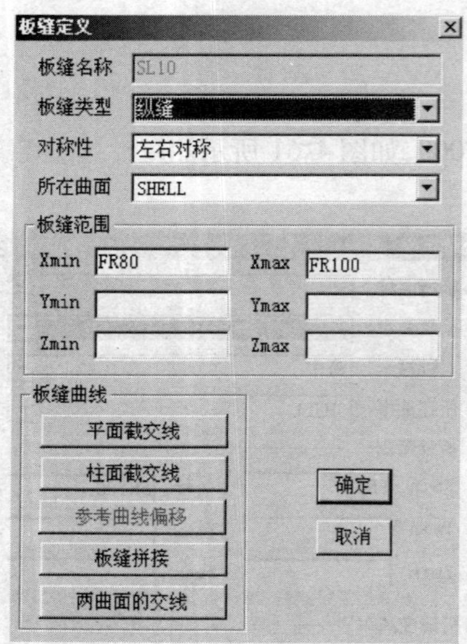

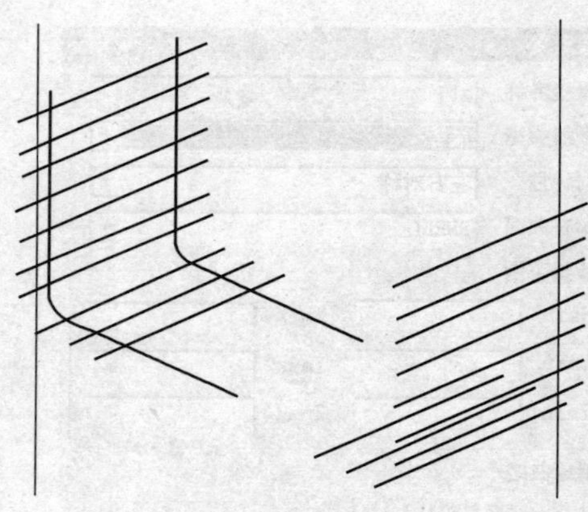

图 4-62　外板缝对话框

2. 甲板处板缝定义

(1)端缝:1DT1,1DT2

位置:X = FR83 + 100,X = FR96 + 250

1DT1:

板缝名称:1DT1

板缝类型:端缝

对称性:跨中

所在曲面:1D

“平面截交线”→“主平面”→X = FR83 + 100

1DT2 同样：

板缝名称：1DT2

板缝类型：端缝

对称性：跨中

所在曲面：1D

“平面截交线”→“主平面”→X = FR96 + 250

如图 4-63 所示。

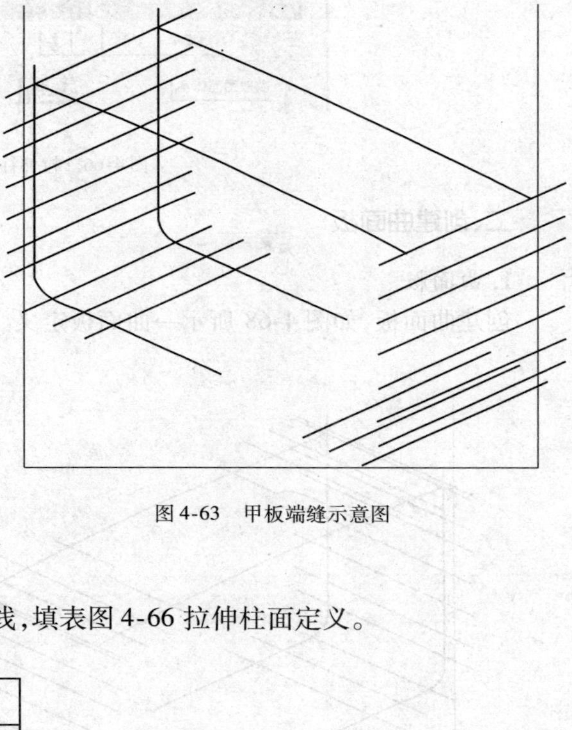

图 4-63 甲板端缝示意图

(2)纵缝：1DL1、1DL2、1DL3，如图 4-64 所示。

位置：两曲面的交线，Y = 10170，Y = 8390

①板缝名称：1DL1：

板缝类型：纵缝

对称性：左右对称

所在曲面：1D

板缝范围：Xmin：FR80　Xmax：FR100

两曲面的交线→SHELL→确定

(1DL2，1DL3 纵缝，用“平面截交线”→“主平面”→“Y = 10170，Y = 8390”)

②1DL4：

板缝名称：1DL4

板缝类型：纵缝

对称性：左右对称

所在曲面：1D

板缝范围：Xmin：FR80

　　　　　Xmax：FR100

点击“柱面截交线”，按照图 4-65 所示曲线，填表图 4-66 拉伸柱面定义。

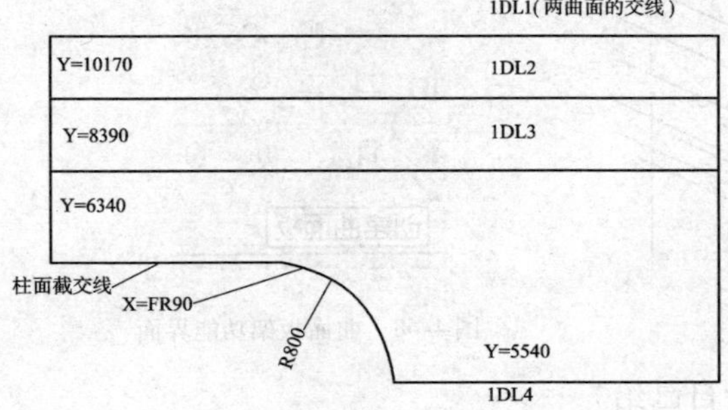

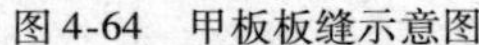

图 4-64　甲板板缝示意图

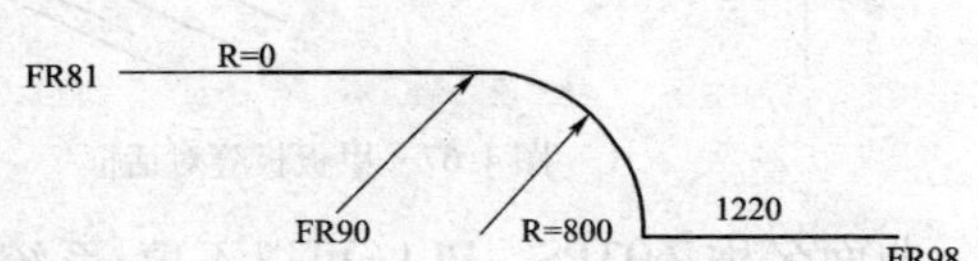

图 4-65　甲板曲线板缝示意图

若不能生成，把半径改成“ - 800”试试，也可以去点击“获取图面样条”，画好曲线后再读取。生成甲板板缝，如图 4-67 所示。

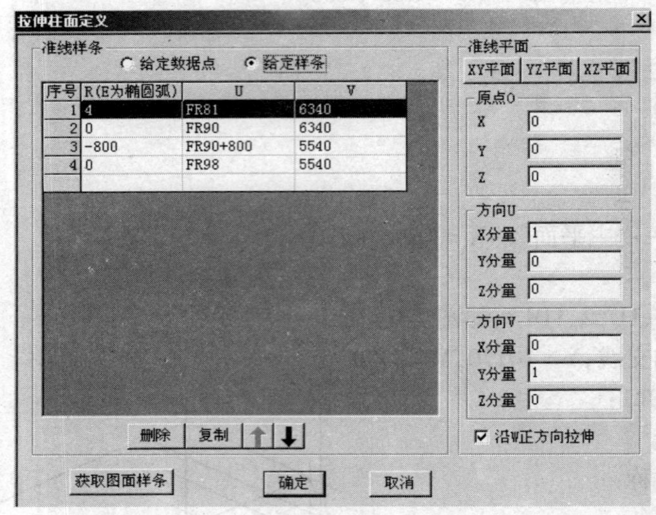

图 4-66　拉伸柱面定义对话框

二、创建曲面板

1. 曲面板

创建曲面板，如图 4-68 所示→曲面板定义

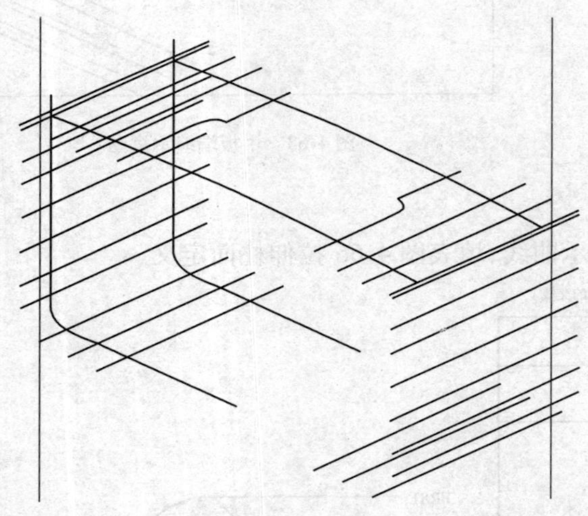

图 4-67　甲板板缝对话框

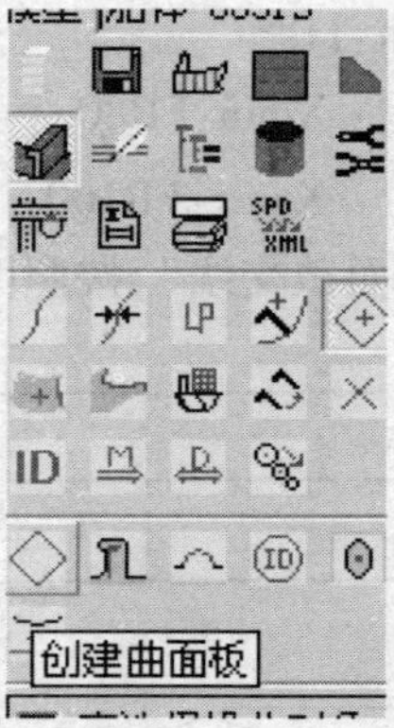

图 4-68　曲面板架功能界面

曲面名称：603PS – PL1（可以不填，系统会自己给）

零件编码：1S1（标签）　　　　所在曲面：SHELL

对称性：左右对称　　　　　　型线内厚度：0

材料牌号：A　　　　　　　　型线外厚度：15

点击“获取板缝”（注意要按顺时针方向点过去，如图 4-69 所示）

得到。

依次定义:1S1 - 1S9(零件编码)得到曲面名称为 PL1 - PL9 的曲面板。

2. 曲面板 PL10 的定义

曲面名称:603PS - PL10

零件编码:1D1(标签)　　所在曲面:1D

对称性:左右对称　　型线内厚度:0

材料牌号:A　　型线外厚度:10

点击“获取板缝”(按顺时针方向点)得到,如图 4-70 所示。

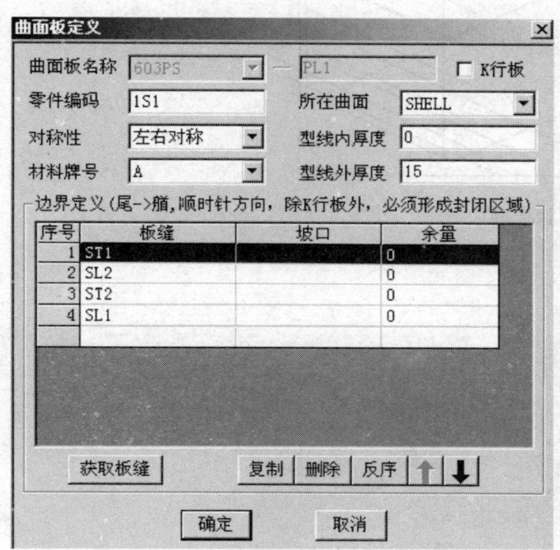

图 4-69　曲面板架定义对话框—PL1

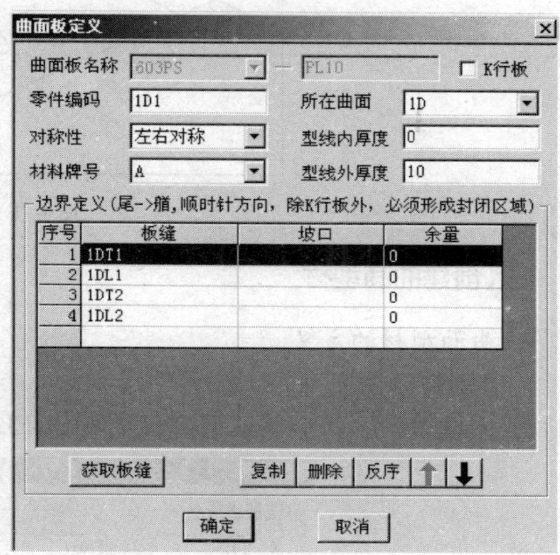

图 4-70　曲面板架定义对话框—PL10

同法定义曲面板 1D2,1D3,得到曲面名称为 PL10、PL11、PL12 的曲面板。

3. 定义甲板上的 K 行板(即定义 PL13,PL14)

(1)PL13 的定义:

曲面名称:603PS - PL13　　勾取 K 行板

零件编码:1S10(标签)　　所在曲面:SHELL

对称性:跨中　　型线内厚度:0

材料牌号:A　　型线外厚度:20

点击“获取板缝” - ST1,SL1,ST2。

(2)PL14 的定义:

曲面名称:603PS - PL14　　勾取 K 行板

零件编码:1S11(标签)　　所在曲面:1D

对称性:跨中　　型线内厚度:0

材料跨号:A　　型线外厚度:10

点击“获取板缝” - 1DT1,1DL4,1DT2。

如图 4-71 所示。

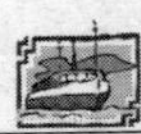

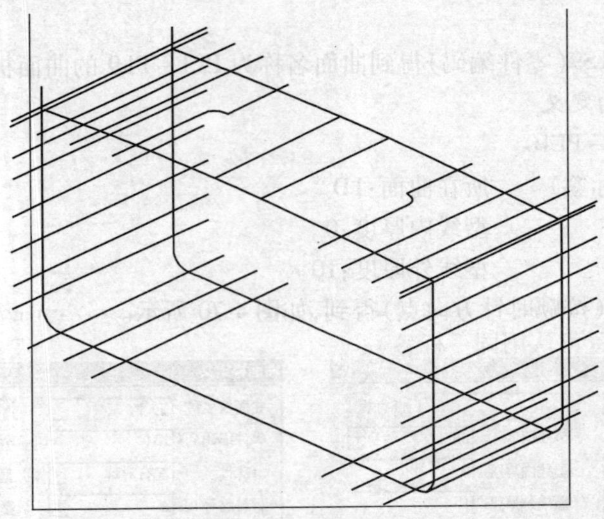

图 4-71　甲板板缝

三、创建曲面型材

1. 曲面型材的定义

(1)刷新船体模型:

船体设置→刷新船体模型→仅加入 SHELLY＊,如图 4-72 所示。

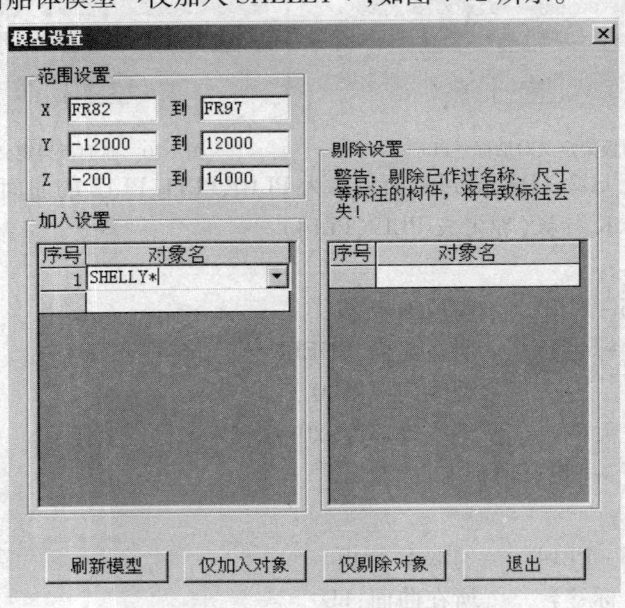

图 4-72　模型设置—刷新船体模型

(2)曲面型材的定义:

选择曲面板架→曲面型材→创建型材。

弹出曲面型材定义对话框:

型材名称:603PS—STF1(不填,系统自动填)

零件编码:11L61(11L 是零件位置,61 是零件号)

对称性:左右对称

型材规格:260 * 12BP

材料牌号:A

迹线曲线:SHELLYL11

曲线偏移:0

位置标签:L11

在不同的位置,不能用同一标签(是系统内部对型材的定义),相同的位置可以用同一标签(如两分段相同位置可认用同一标签)。

倾角定义:

　　定义方式:型材与依附的曲面垂直

　　型材朝向:曲面内侧

起始端:　　X = FR83 + 100

　　　　　　端部连接:5　余量:30

　　　　　　端部形式:2110

终止端:　　X = FR96 + 250

　　　　　　端部连接:5　余量:30

　　　　　　端部形式:2110

得到如图 4-73 所示,点击"确定"。

2. 型材内孔的定义

选择:曲面板架→曲面型材→型材内孔

选择刚生成的曲面型材 11L61 弹出对话框:

序号	类型尺寸	倾斜角度	定位面	距迹线高
1	D50(直径)	0	(如图 4-74 所示填写)	

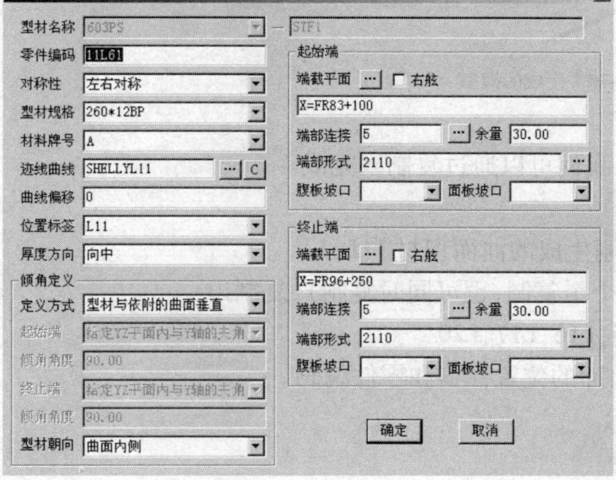

图 4-73　曲面型材定义对话框

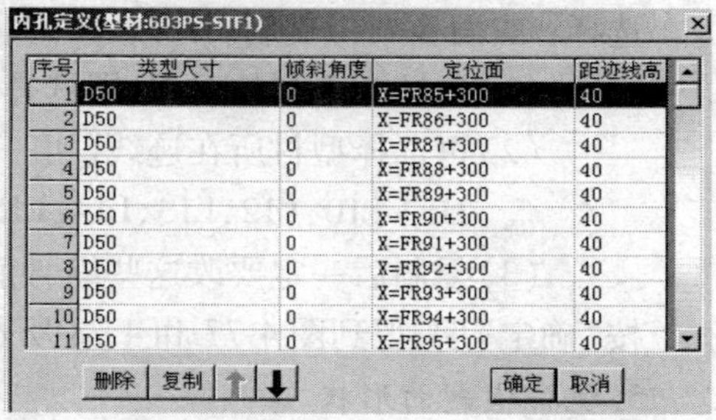

序号	类型尺寸	倾斜角度	定位面	距迹线高
1	D50	0	X=FR85+300	40
2	D50	0	X=FR86+300	40
3	D50	0	X=FR87+300	40
4	D50	0	X=FR88+300	40
5	D50	0	X=FR89+300	40
6	D50	0	X=FR90+300	40
7	D50	0	X=FR91+300	40
8	D50	0	X=FR92+300	40
9	D50	0	X=FR93+300	40
10	D50	0	X=FR94+300	40
11	D50	0	X=FR95+300	40

图 4-74　型材内孔定义对话框

对于这样的输入太繁，我们可以直截在第一行输入：

FR85(1)95 + 300，这表示从 FR85 到 FR95 每隔一个肋位，向后 300mm 有开孔，按“确定”即可。

3. 型材边界孔定义

曲面板架→曲面型材→型材边界孔

选择刚生成的曲面型材 11L61，弹出边界孔定义对话框：如图 4-75 填入。

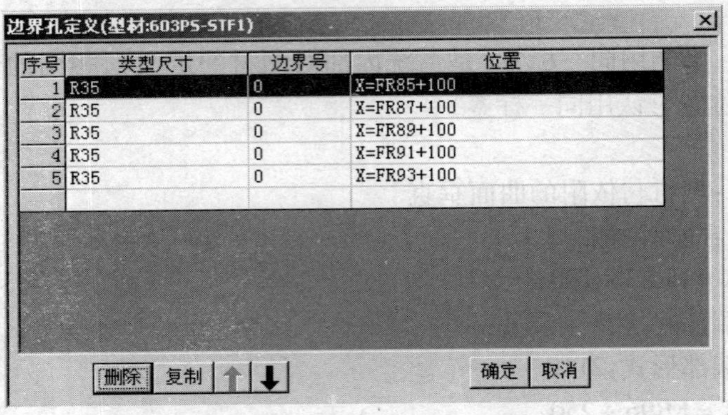

边界孔定义(型材:603PS-STF1)

序号	类型尺寸	边界号	位置
1	R35	0	X=FR85+100
2	R35	0	X=FR87+100
3	R35	0	X=FR89+100
4	R35	0	X=FR91+100
5	R35	0	X=FR93+100

删除 复制 确定 取消

图 4-75　边界孔定义对话框

确定后生成图 4-76。

注意：若要在端部开孔必须用端部形式做，例如将端部形式由 2100→2110。

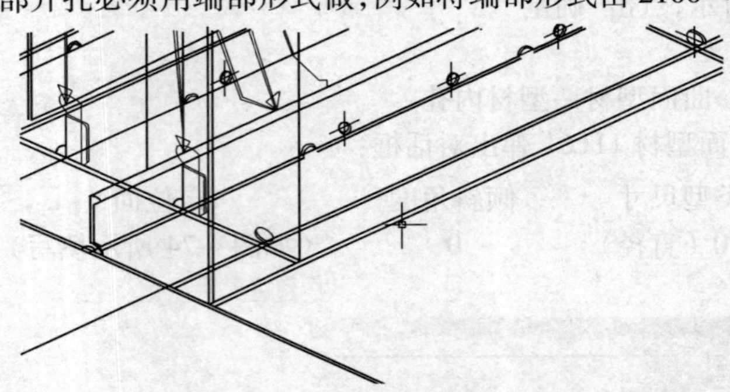

图 4-76　生成的模型

4. 复制纵骨

如果把纵骨一根根的做出来，太麻烦，我们可以通过复制来完成。

选择：曲面板架→复制。

提示：(1) 选择要复制的对象，即选择刚生成的曲面型材 11L61；

(2) 再选择型材所在迹线(可一个个复制，也可同时复制)，复制出：

L0 ~ L10，L12，L13，L14，L15，L16，L17，L20

(3) 复制后一定要改这些纵骨前面的位置标签和零件编码。

按“确定”后，得到图 4-77 和 4-78 所示。

5. 观察横剖面形状

(1) 点击下方“视角图标”，如图 4-79 所示。

(2)到俯视图上鼠标变成一个“+”形。

(3)在俯视图上剖切一个肋位,如图 4-80 所示。

(4)在给出一个视角。

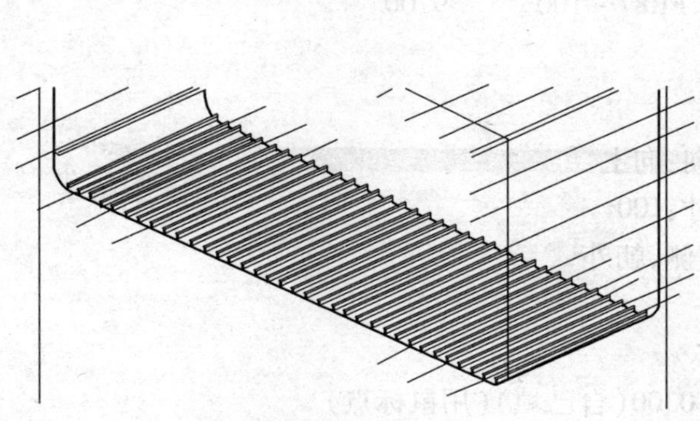

图 4-77　模型视图

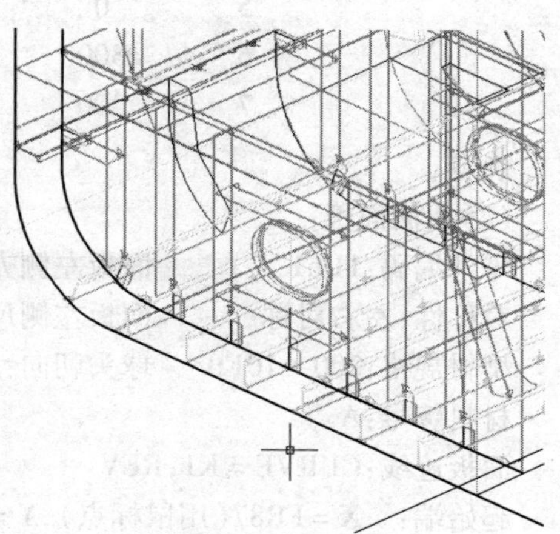

图 4-78　模型视图

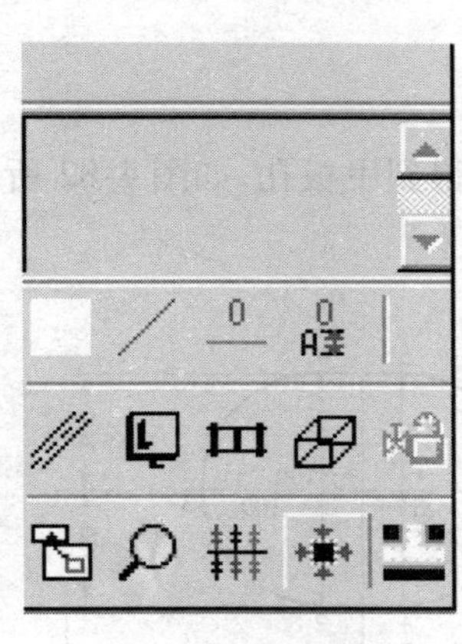

图 4-79　视角图标

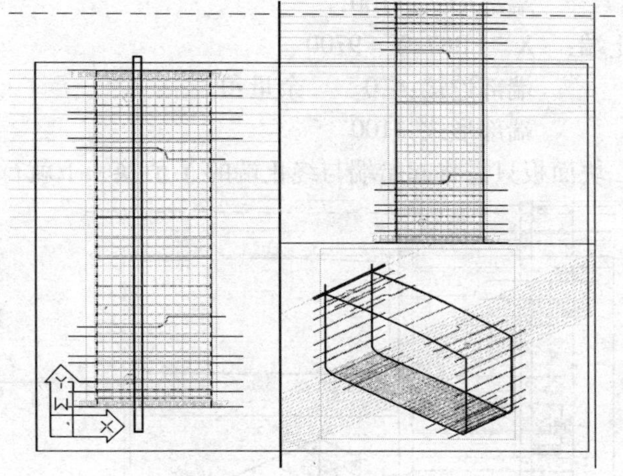

图 4-80　剖视图剖切肋骨位选取

在工作图(左上方)就可以看见剖切的横剖面图,如图 4-81 所示。

6. 甲板上开孔

(1)作船体曲线:

曲线名称:K1

所在曲面:1D

柱面截交线,给定样条,XY 平面

弹出对话框:

序号码	R	U	V
1	不填	FR87 - 100	9700
2	0	FR87 + 100	9700

3	300	FR87 +400	10000
4	300	FR87 +100	10300
5	0	FR87 -100	10300
6	300	FR87 -400	10000
7	300	FR87 -100	9700

确定。

(2)曲面面板:

零件编码:1D61　　面板左侧方向:向上

对称性:左右对称　　面板左侧尺寸:100

型材规格:200 * 10FB　　球头朝向:左侧,朝外

材料牌号:A

面板迹线:CURVE = K1,REV

起始端:　X = FR87(用鼠标点),Y = 10300(自己填)(用鼠标点)

　端部连接:4,0　　余量:0

　端部形式:1100

终止端:　X = FR87,Y = 9700

　端部连接:4,0　　余量:0

　端部形式:1100

第二块面板只需将起始端与终止端的 Y 值换一下就行了,得到甲板孔,如图 4-82 所示。

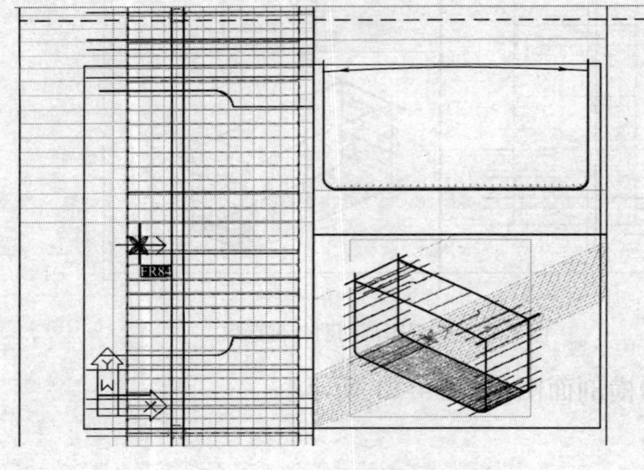

图 4-81　剖视图观察

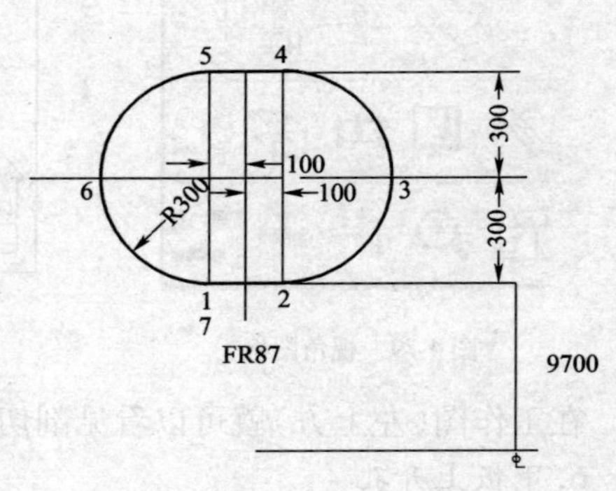

图 4-82　曲线 K1 示意图

(3)曲面板:

①先给两孔标识:

曲面板→曲面内孔标识→603PS - 1

②在二曲面下的二曲面板内孔定义:

类型尺寸	定位点	垂直方向	起始方向(长轴方向 X)
HO800 * 600	(FR87,10000,0)	(0,0,1)	(1,0,0)

③开孔的曲面列表:

点“添加”鼠标选三块甲板:1D1,1D2,1D3

序号	标识名	零件名	对称	所在曲面
1	603PS－PL11	1D1	左右对称	1D
2	603PS－PL12	1D2	左右对称	1D
3	603PS－PL13	1D3	左右对称	1D

得到甲板孔,如图4-83所示。

7. 定义肋板

(1)刷新船体模型。加入SHELLX＊,剔除SHELLY＊,如图4-84所示。

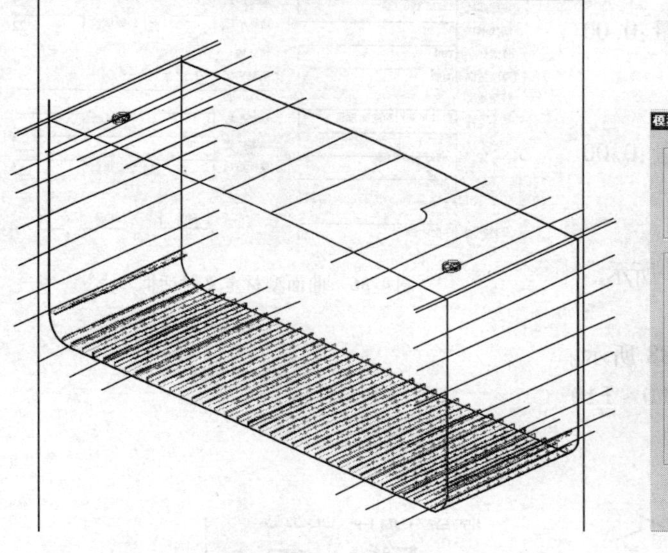

图4-83　开甲板孔

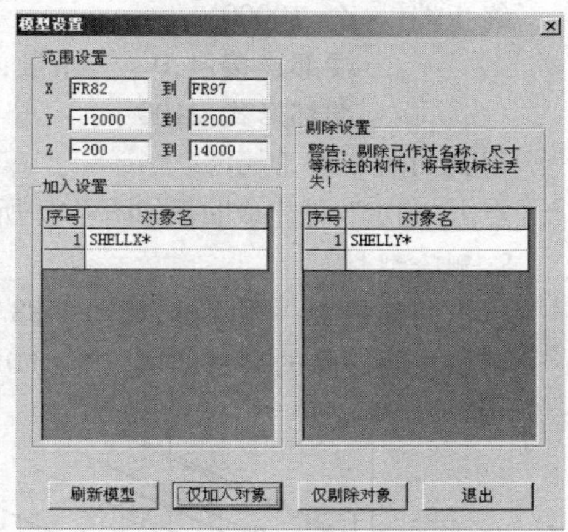

图4-84　模型设置

(2)选择迹线(SHELLX90)。如图4-85所示。

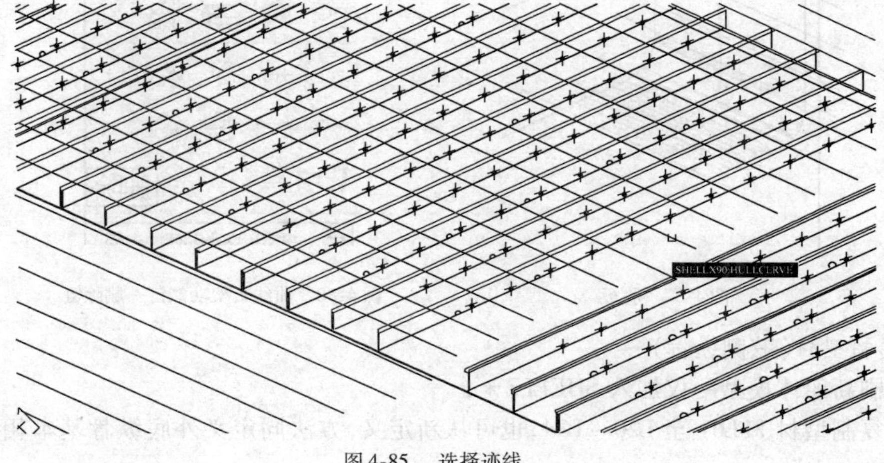

图4-85　选择迹线

(3)填写曲面型材定义框：

型材名称：603PS—STF1(不填，系统自动填)

零件编码：90T61　　对称性：左右对称

型材规格：400 * 14BP　　材料牌号：A

迹线曲线：SHELLX90　　曲线偏移：0

位置标签：T90　　厚度方向：向艏(球头向艏)

倾角定义：

定义方式：型材与依附的曲面垂直

型材朝向：曲面内侧

起始端：　Y = 5000

端部连接：4,0　　余量：0.00

端部形式：2100

终止端：　Z = 10000

端部连接：4,0　　余量：0.00

端部形式：2100

得到如图 4-86 所示。

点击“确定”，即生成肋板如图 4-87 所示。

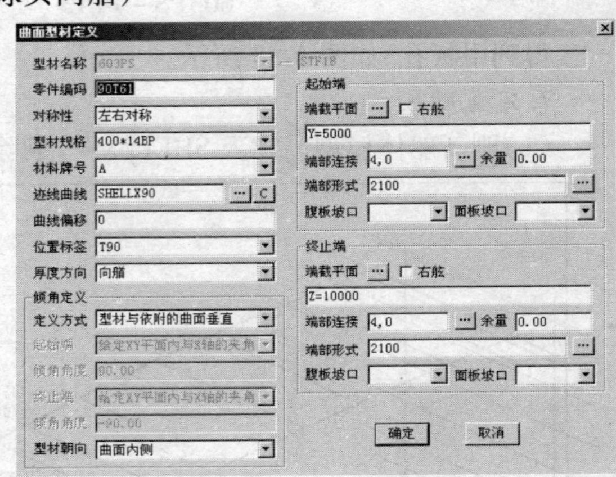

图 4-86　曲面型材定义对话框

8. 删除型材

点击曲面板架→删除键，如图 4-88 所示。

再点击要删除的型材即可，删除 L0 ~ L10。

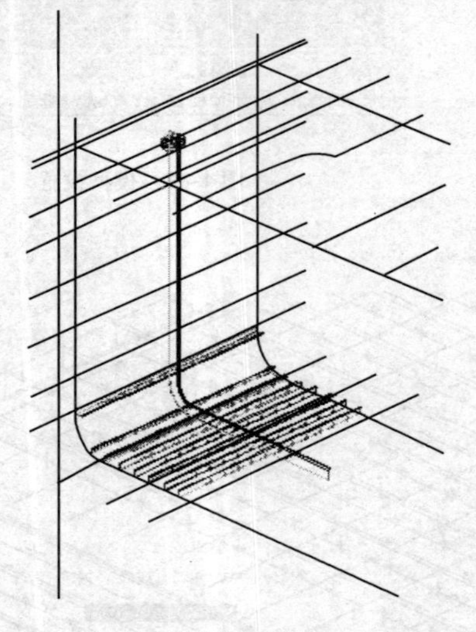
图 4-87　肋板

图 4-88　曲线板架功能键—删除键

9. 复制型材(舷侧纵骨)

(1)刷新船体模型→仅加入 SHELLZ *；

(2)复制型材 11L61 至 L20 ~ L34，也可从新定义，方法同定义外底纵骨基本相同，除厚度方向改为“向中”；

(3)修改标签。

具体操作如图 4-89 所示。

图 4-89 曲面型材定义对话框中修改标签

确定后得到如图 4-90 所示。

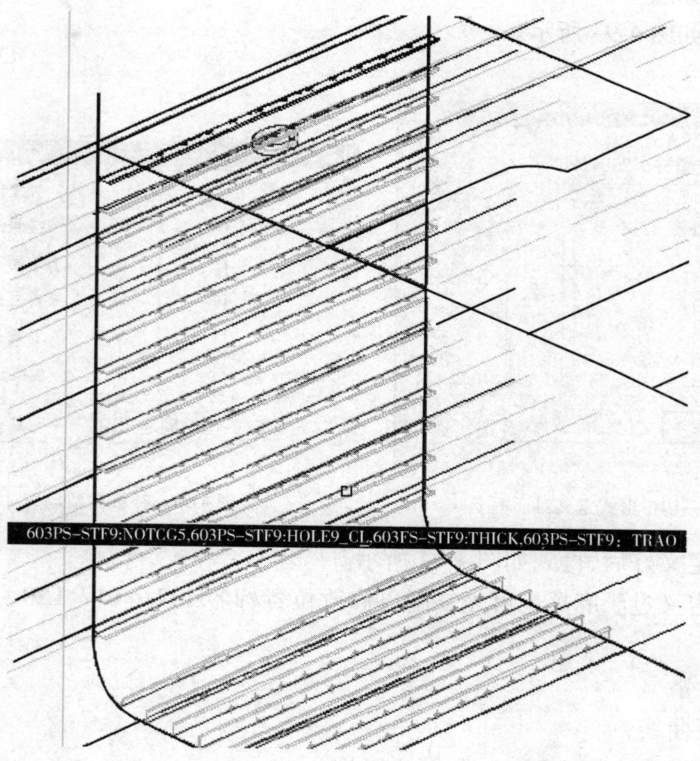

图 4-90 舷侧纵骨复制生成

10. 型材与型材之间开贯穿孔

(1)选择曲面板架→曲面型材→型材贯穿切口;

(2)选择开贯穿孔的型材,即选择肋板 90T61;

(3)定义贯穿切口,如图 4-91 所示。

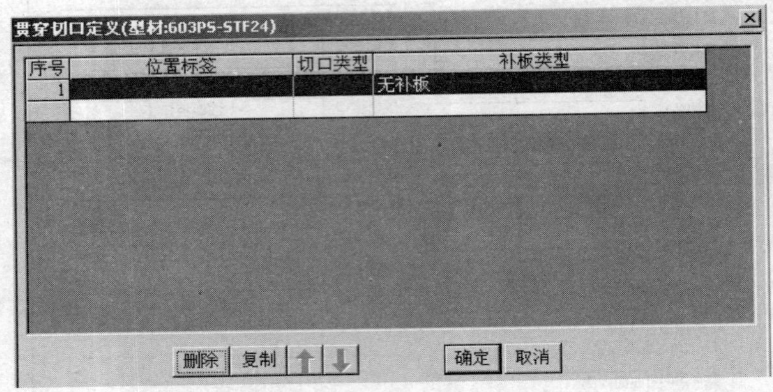

图 4-91　曲面型材贯穿切口定义对话框

①位置标签选择各个纵骨;

②切口形式,如图 4-92 所示;

③补板类型,如图 4-93 所示。

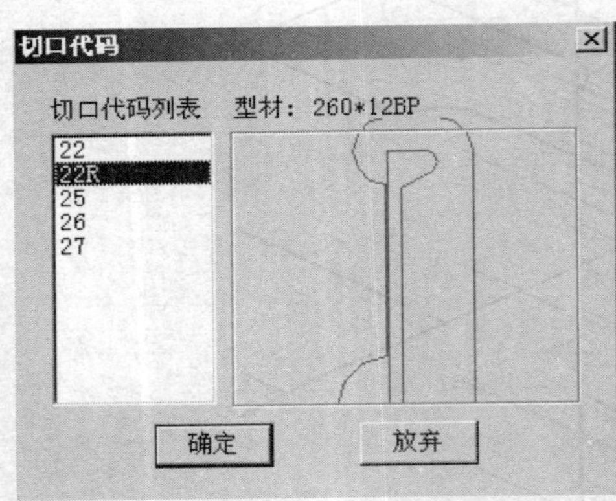

图 4-92　切口形式定义对话框

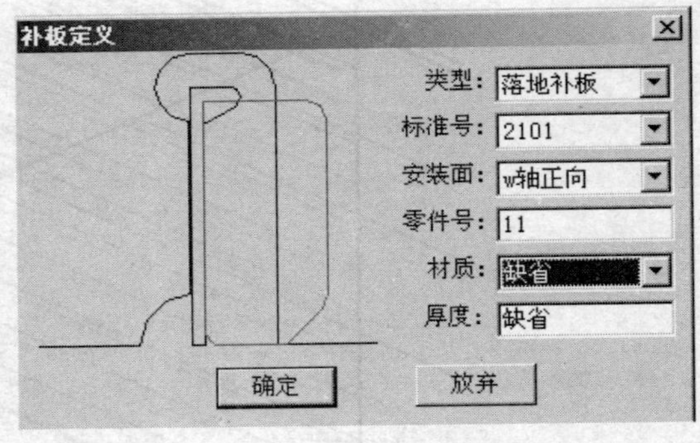

图 4-93　补板类型定义对话框

将所有的都定义好后,得到如图 4-94 所示。

如果一个个定义过于麻烦也可先复制再修改位置标签 L11 ~ L17, L20 ~ L33,确定后得到如图 4-95 所示。

11. 做甲板纵骨

(1)生成甲板曲线:

刷新船体模型→仅加入 1DY＊,如图 4-96 所示。

(2)选择曲面板架→曲面型材→创建型材。

(3)曲面型材的定义:

先选择迹线 Y17,弹出对话框:

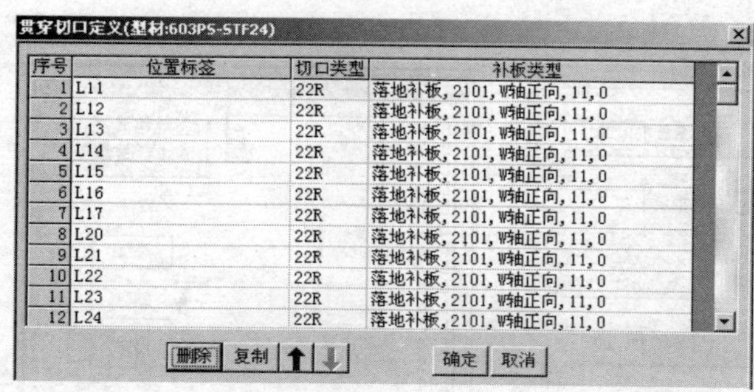

贯穿切口定义(型材:603PS-STF24)

序号	位置标签	切口类型	补板类型
1	L11	22R	落地补板,2101,W轴正向,11,0
2	L12	22R	落地补板,2101,W轴正向,11,0
3	L13	22R	落地补板,2101,W轴正向,11,0
4	L14	22R	落地补板,2101,W轴正向,11,0
5	L15	22R	落地补板,2101,W轴正向,11,0
6	L16	22R	落地补板,2101,W轴正向,11,0
7	L17	22R	落地补板,2101,W轴正向,11,0
8	L20	22R	落地补板,2101,W轴正向,11,0
9	L21	22R	落地补板,2101,W轴正向,11,0
10	L22	22R	落地补板,2101,W轴正向,11,0
11	L23	22R	落地补板,2101,W轴正向,11,0
12	L24	22R	落地补板,2101,W轴正向,11,0

图 4-94 贯穿切口定义

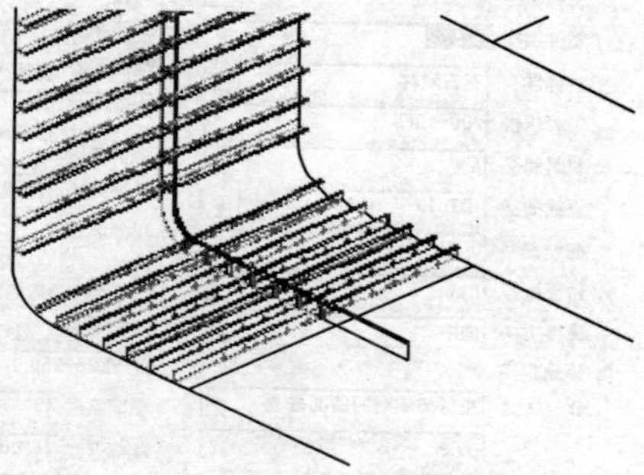

图 4-95 做好贯穿切口和补板的肋板

型材名称:603PS—STF25

零件编码:17L62

对称性:左右对称

型材规格:200 * 10FB

材料牌号:A

迹线曲线:1DYL17

曲线偏移:0

位置标签:L17(注意:这里要添加标签,L17 已被船底纵骨用过了,所以要添加还需修改扁钢标签 L17)

厚度方向:向中

倾角定义:

定义方式:型材在迹线平面内

型材朝向:曲面内侧

起始端: X = FR83 + 100

端部连接:4,0 余量:0.0

端部形式:1100

终止端: X = FR96 + 250

端部连接:4,0 余量:0.0

端部形式:1100

填写如图 4-97 所示。

(4)添加标签:

选择曲面板架→型材标签

弹出对话框:

点击"添加"→输入 L17A→确定,如图 4-98 所示。

在曲面型材的定义"修改标签"→确定,如

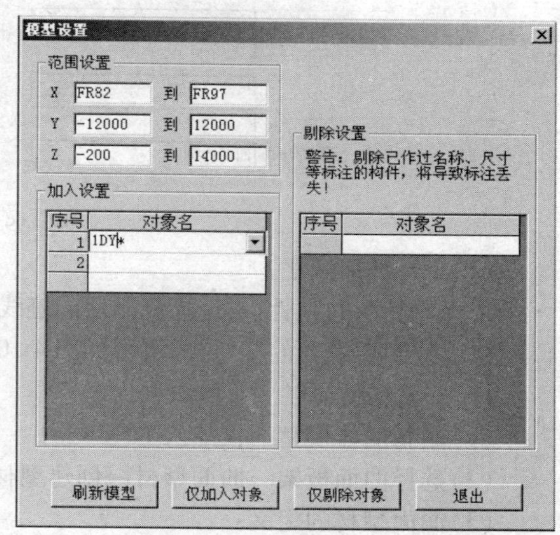

图 4-96 模型设置

图4-99所示。

图4-97 曲面型材定义对话框—17L62

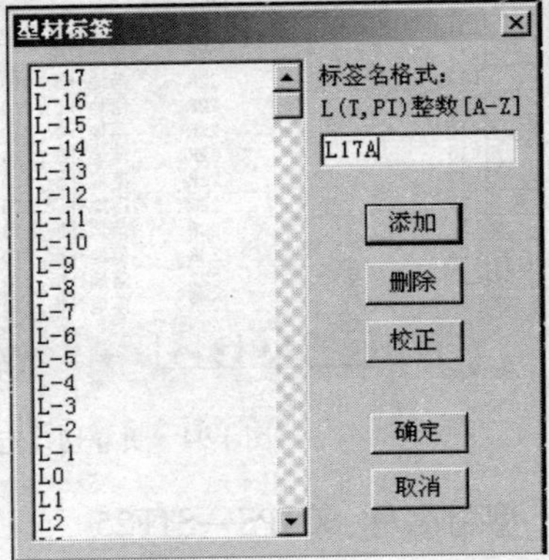

图4-98 型材标签

图4-99 修改标签

12. 复制甲板纵骨

选择要复制的纵骨，再选择复制后的迹线L16～L0，添加标签L16A～L0A。修改复制后纵骨的标签，即可得如图4-100所示的甲板纵骨。

13. 做甲板横梁

(1)刷新船体模型→仅加入1DX＊。

(2)选择曲面板架→曲面型材→创建型材。

(3)曲面型材的定义：

先选择迹线1DX90，如图4-101所示。

弹出对话框：

型材名称:603PS -

零件编码:90T62

对称性:左右对称

型材规格:300 * 11BP

材料牌号:A

迹线曲线:1DX90

曲线偏移:0

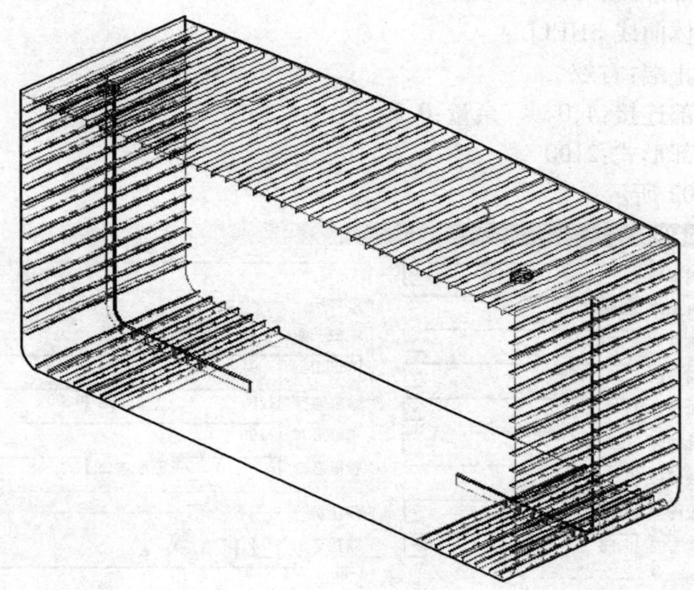

图 4-100　生成甲板纵骨

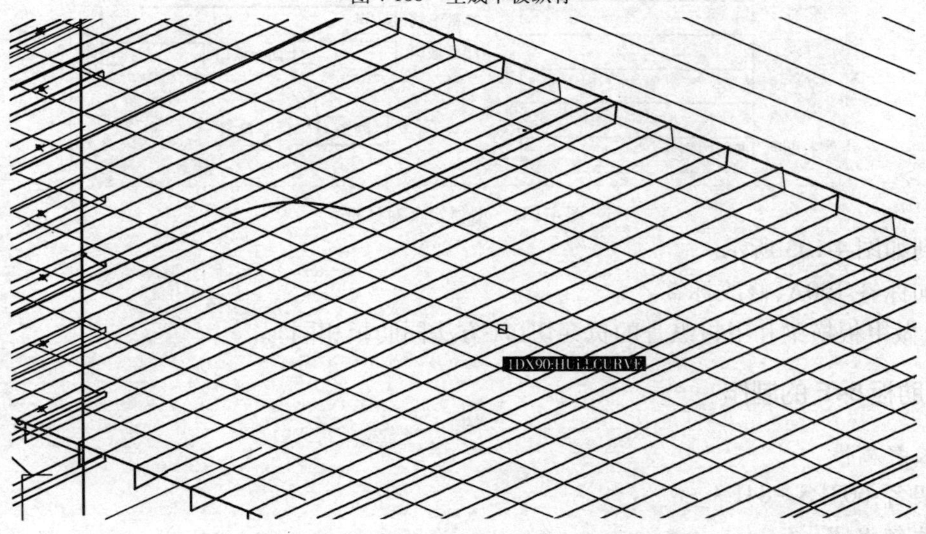

图 4-101　鼠标选取迹线 1DX90

位置标签:T90(注意:这儿要添加标签)

厚度方向:向　艏

倾角定义:

　定义方式:型材与依附的曲面垂直

　型材朝向:曲面内侧

起始端:　船体曲线 SHELL

　　端部连接:4,0　　余量:0.0

　　端部形式:2100

终止端:　船体曲线 SHELL

　　终止端:右舷

　　端部连接:4,0　　余量:0.0

　　端部形式:2100

填写如图 4-102 所示;

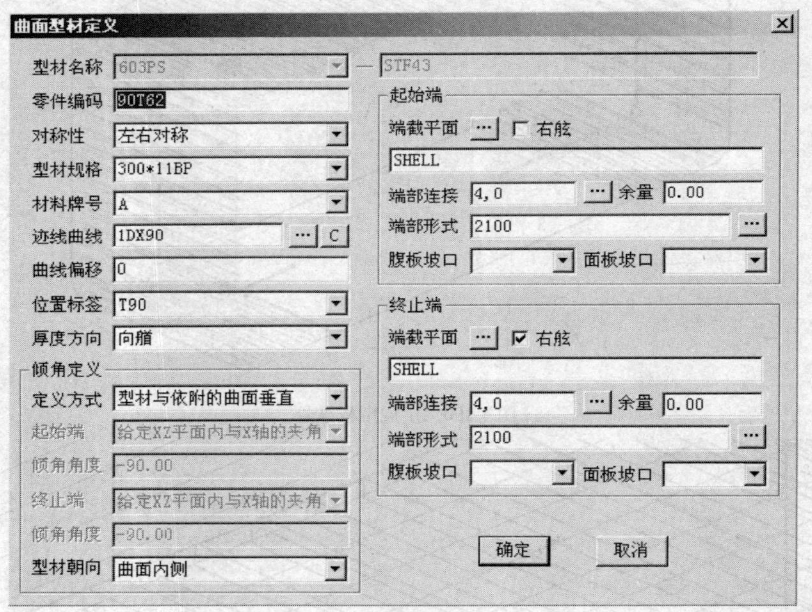

图 4-102　型材定义对话框

得到如图 4-103 所示。

添加标签 T90A,修改标签。

(4)做甲板横梁和甲板纵骨的贯穿切口(方法同肋板相同)。

四、肋板 84F 的制作

1. 板架属性

板架名:603PS - 84F

部件名:84F

定位面:X = FR84

对称性:左右对称

类型:强构架

确定,如图 4-104 所示。

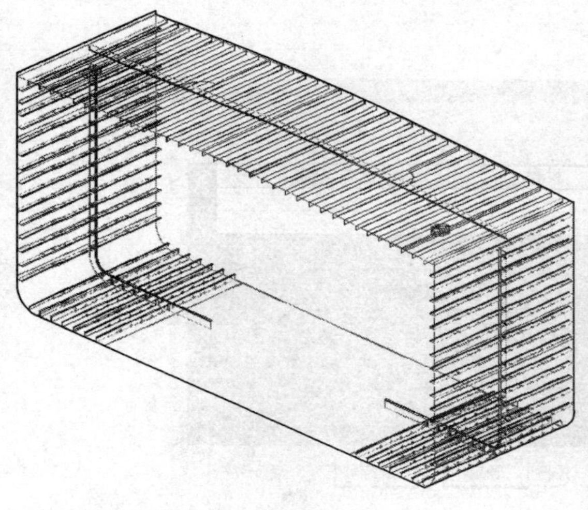
图 4-103 甲板横梁

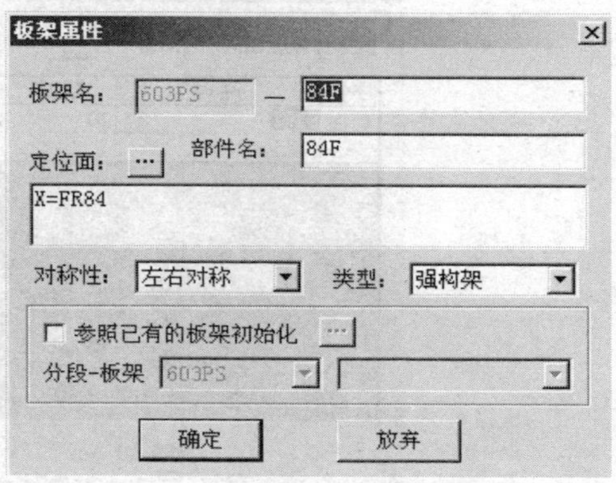

图 4-104 板架属性对话框

2. 边界

边界定义对话框,如图 4-105 所示。

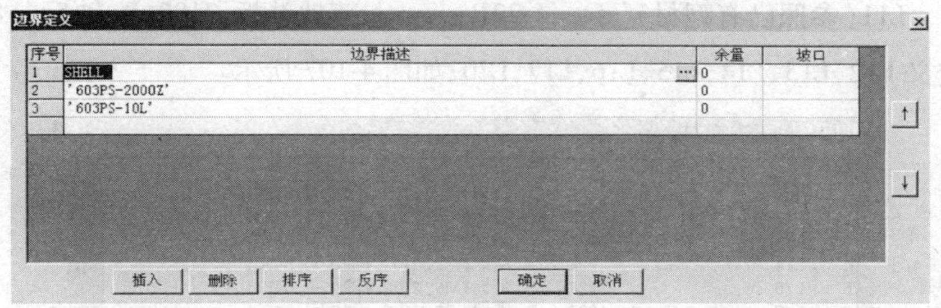

图 4-105 边界定义对话框

点击边界描述后面的方框

序号 1→船体曲面→SHELL

序号 2→板架剖面线→603PS－2000Z,S1D＝0,M1＝0

序号 3→板架剖面线→603PS－10L,S1DE＝0,M1＝0

确定

3. 板零件

板零件厚度朝向:向艏

序号	件号	厚度	材质	定位点坐标
1	84F1	10	A	

用鼠标给出定位坐标－即点击五块板,如图 4-106 所示。

4. 贯穿孔

(1)选择平面板架→平面型材→型材贯穿切口；

(2)选择开贯穿孔的型材，即选择肋板 84F；

(3)定义贯穿切口。

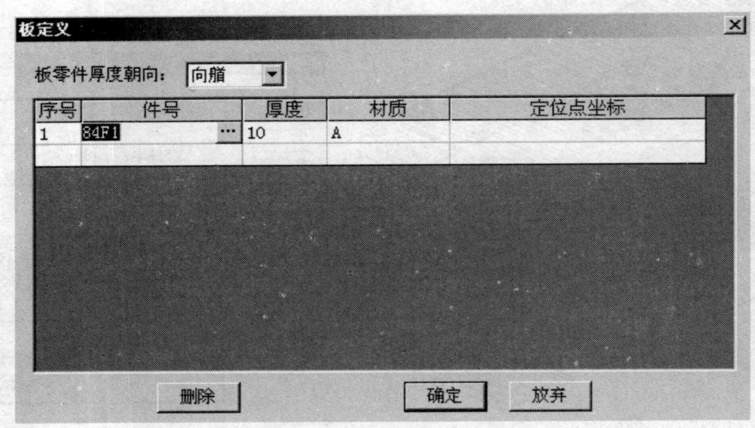

图 4-106　板定义—84F1

序号	参照型材名	切口类型	补板类型
1	L11(参照已有型材)	22R	落地补板，2102，W 轴反向 84F61

同样定义 L12，L13，L14，L15，L16，L17，L20；如图 4-107 所示。

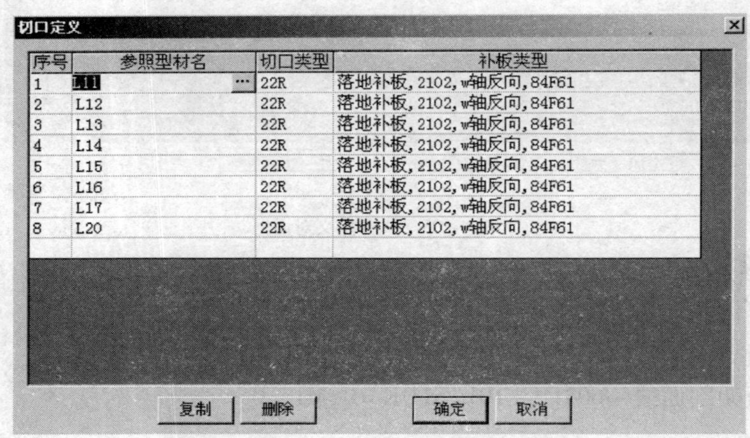

图 4-107　切口定义对话框

参照型材名→参照已有型材→用鼠标选取，可定义一个，再复制 7 个，然后修改“参照型材名”。

5. 开内孔

弹出内孔定义对话框：

序号	类型尺寸	角度	对称性	定位坐标
1	HO800 * 600	0	常规	Y = 9371, Z = 1016
2	HE100 * 60	ALONG	常规	LIM = 1, M1 = 45, Y = 7000
3	HE100 * 60	ALONG	常规	LIM = 1, M1 = 45, Y = 8500
4	HE100 * 60	ALONG	常规	LIM = 1, M1 = 45, Y = 9000
5	HE100 * 60	ALONG	常规	LIM = 1, M1 = 45, Y = 11000
6	HE100 * 60	ALONG	常规	LIM = 1, M1 = 45, Y = 11500

如图 4-108 所示。

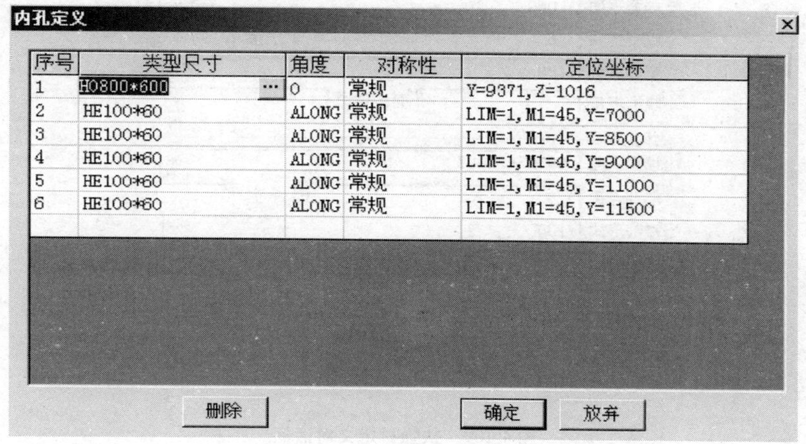

序号	类型尺寸	角度	对称性	定位坐标
1	HO800*600	0	常规	Y=9371, Z=1016
2	HE100*60	ALONG	常规	LIM=1, M1=45, Y=7000
3	HE100*60	ALONG	常规	LIM=1, M1=45, Y=8500
4	HE100*60	ALONG	常规	LIM=1, M1=45, Y=9000
5	HE100*60	ALONG	常规	LIM=1, M1=45, Y=11000
6	HE100*60	ALONG	常规	LIM=1, M1=45, Y=11500

图 4-108 内孔定义对话框

类型尺寸中,HO800 * 600 是指腰圆孔,HE100 * 60 是指椭圆孔;

定位坐标:

序号 1→图形定位点→在用鼠标点

序号 2→沿边界→偏移量 M1 = 45→再给 Y = 7000(500)12000

6. 扶强材

选择:平面板架→扶强材

(1)弹出"扶强材定义"对话框(先清空):

序号:1　　　　　件号:84F21

型材规格:200 * 10FB　材质:A

定位:

定位描述:BY = L11(选 8 - ,型材端部外沿)

安装面:W 反向　　对称性:常规　　角度:90

起始端:

　　端截平面:ALONG(型材面板面)

　　端部连接:3,6　　余量:0　　端部形式:1100

终止端:

端截平面:603PS－2000Z(平面板架)

端部连接:3,6　　余量:0　　端部形式:1100

如图 4-109 所示。

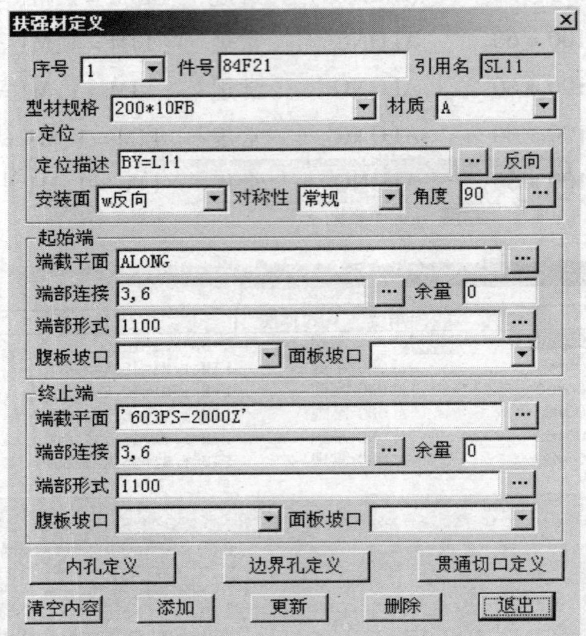

图 4-109　扶强材定义对话框

注意:定位描述中,选 8,型材端部外沿;

起始端→型材面板面;

终止端→平面板架;

再修改定位面为 L12,L13,L15,L16,L17;

再点击“添加”“更新”“退出”得到序号为 2,3,4,5,6 的扶强材。

L17 处的扶强材的“定位描述”为 10,

如图 4-110 所示,且输入角度:90。

(2)剩下三根扶强材的定义:

①序号为 7 的定义:

序号:7　　　　　　件号:84F23

型材规格:200＊10FB　材质:A

定位:

定位描述:Z＝1470(沿直线)

安装面:W 反向　　对称性:常规　　角度:90

起始端:

端截平面:SL13(型材腹板面)

端部连接:3,6　　余量:0

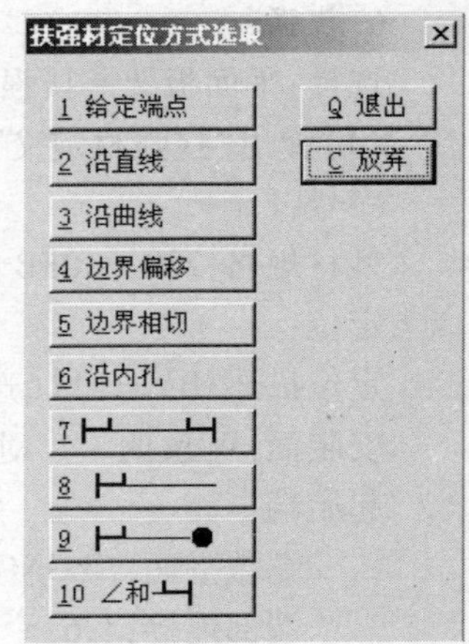

图 4-110　扶强材定位描述

端部形式:1100

终止端:

端截平面:SL12

端部连接:3,6　　余量:0

端部形式:1100

如图 4-111 所示。

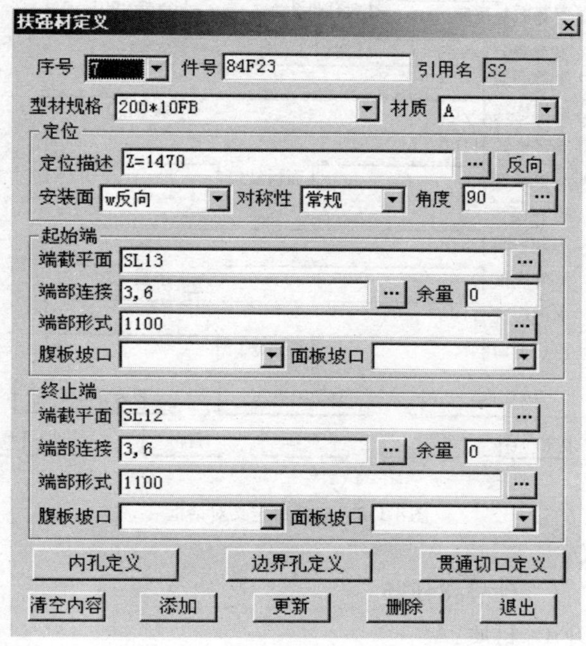

图 4-111　扶强材定义对话框

②序号为 8 的定义:

序号:8　　件号:84F24

型材规格:200 * 10FB　材质:A

定位:

定位描述:Z = 530(沿直线)

安装面:W 反向　　对称性:常规　　角度:90

起始端:

端截平面:SL13(型材腹板面)

端部连接:3,6　　余量:0

端部形式:1100

终止端:

端截平面:SL12

端部连接:3,6　　余量:0

端部形式:1100

如图 4-112 所示。

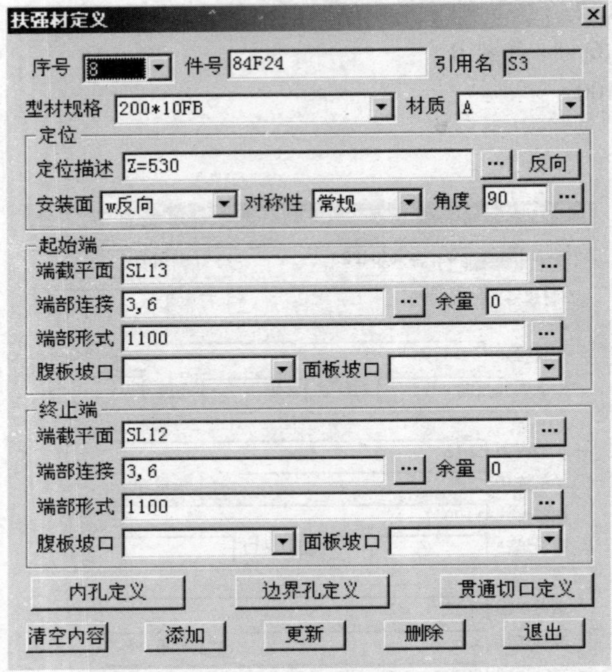

图 4-112　扶强材定义对话框

③序号为 9 的定义:

序号:9　　　　　　　件号:84F25

型材规格:200 * 10FB　材质:A

定位:

定位描述:BY = L20

安装面:W 反向　　对称性:常规　　角度:90

起始端:

　　端截平面:ALONG

　　端部连接:3,6　　余量:0

　　端部形式:1100

终止端:

　　端截平面:SL16

　　端部连接:3,6　　余量:0

　　端部形式:1100

如图 4-113 所示。

得到后即生成如图 4-114 和图 4-115 所示。

7. 型材面板

(1)面板定义对话框:

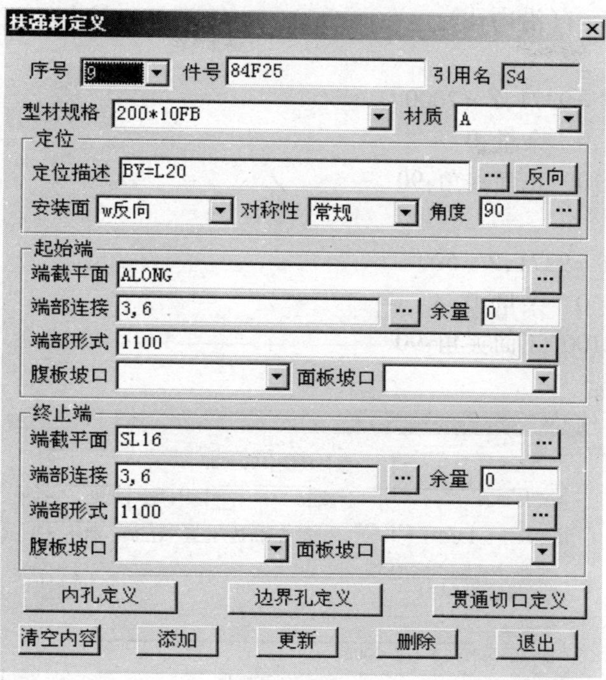

图 4-113 扶强材定义对话框

序号:1 型材规格:100 * 6BP

件号:84F26 材质:A 对称性:常规

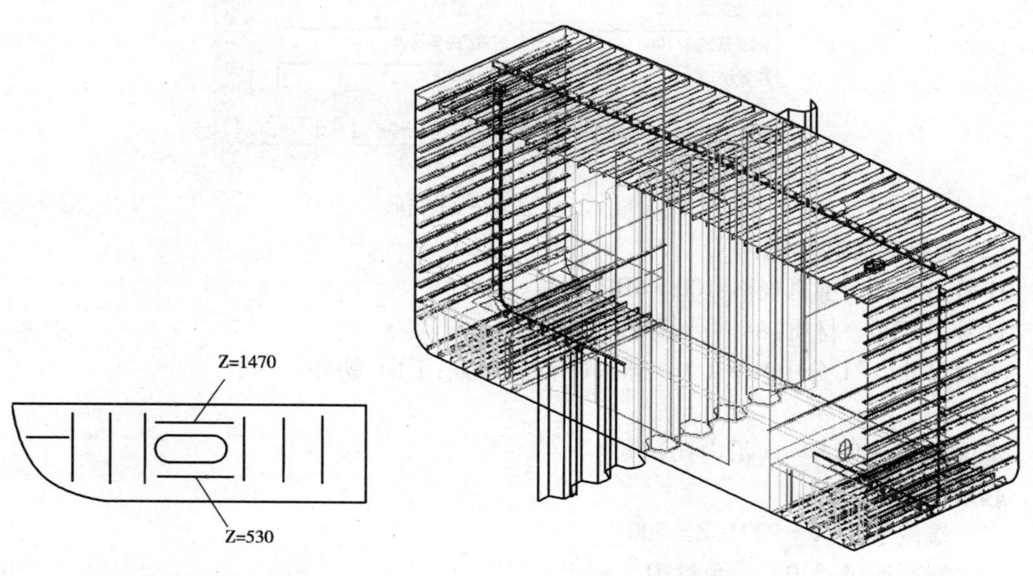

图 4-114 扶强材示意图

图 4-115 扶强材生成后视图

下面尺寸(-1 分中):-1 球头(折边)位置:正面,朝外

定位:

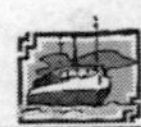

定位描述:HOLE =1(沿内孔)

起始端:

端截平面:Y =9371,Z =2000

端部连接:5,0　余量:0

端部形式:2100　正面夹角:90

终止端:

端截平面:Y =9371,Z =500

端部连接:5,0　余量:0

端部形式:2100　正面夹角:90

如图 4-116 所示。

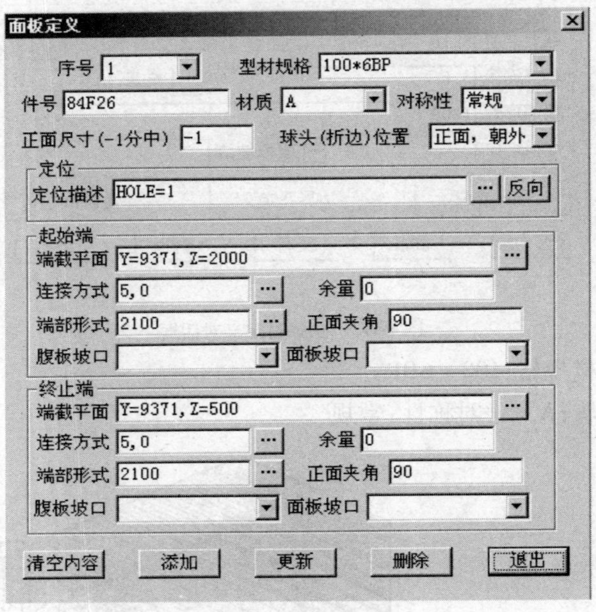

图 4-116　面板定义对话框

(2)面板定义对话框:

序号:2　　　型材规格:100 * 6BP

件号:84F26　材质:A　　对称性:常规

下面尺寸(-1 分中):-1　　球头(折边)位置:下面,朝外

定位:

定位描述:HOLE =1(沿内孔)

起始端:

端截平面:Y =9371,Z =500

端部连接:5,0　　余量:0

端部形式:2100　　正面夹角:90

终止端:

端截平面:Y =9371,Z =2000

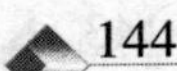

端部连接:5,0　　余量:0

端部形式:2100　　正面夹角:90

8. 折边定义

折边定义对话框:

序号	折边类型	边界号	折边方向角度	宽度	起点	终点
1	1	2	W 反 90 度	100	50	80

如图 4-117 所示。

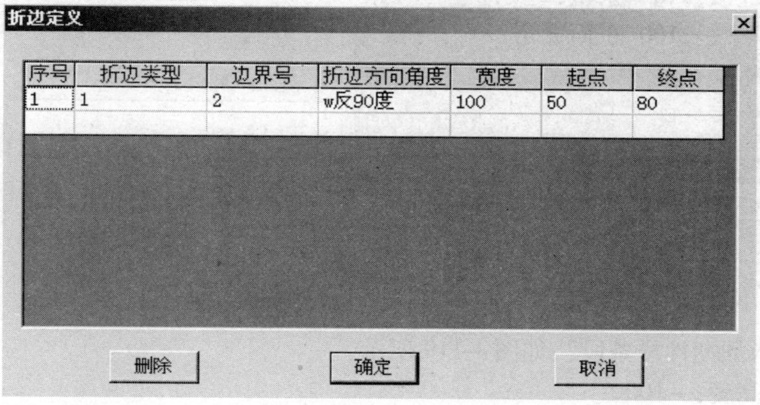

序号	折边类型	边界号	折边方向角度	宽度	起点	终点
1	1	2	w反90度	100	50	80

图 4-117　折边定义对话框

五、槽形舱壁的制作

1. 柱面定义

选择曲面板架→直纹面的定义→柱面

曲面名称:KQ2　　曲面定义方式:给定样条

准线平面:　Z

Z = 0

点击"插入周期性样条段"→输入:

1	5	FR80	0
2	0	FR81	0
3	0	FR81 + 300	-600
4	0	FR82 + 300	-600
5	0	FR83	0

正向插入段:6

反向插入段:2

确定。

具体情况如图 4-118 所示。

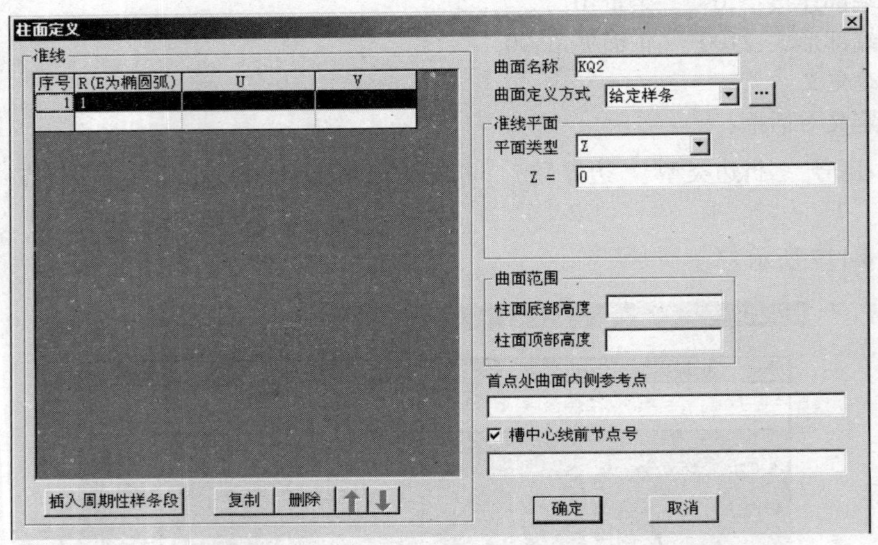

图 4-118　柱面定义对话框

点击“插入周期性样条段”，如图 4-119 所示。

柱面底部高度：-100

柱面顶部高度：12000

首点处曲面内侧参考点：FR80，1000，0

√槽中心线前节点号→如图 4-120 所示。

2. 槽形舱壁的板缝

(1)定义板缝 KQ2L1，KQ2L2，KQ2L3，KQ2L4：

①KQ2L1：

板逢名称：　KQ2L1

板缝类型：　纵缝

对称性 ：　左右对称

所在曲面：　KQ2

平面截交线 - > 主平面 - > X = FR83 + 100

如图 4-121 所示。

主平面，如图 2-122 所示。

确定。

②KQ2L2：

板逢名称：KQ2L2

板缝类型：纵缝

对称性：左右对称

所在曲面：KQ2

两曲面的交线 - > 1D

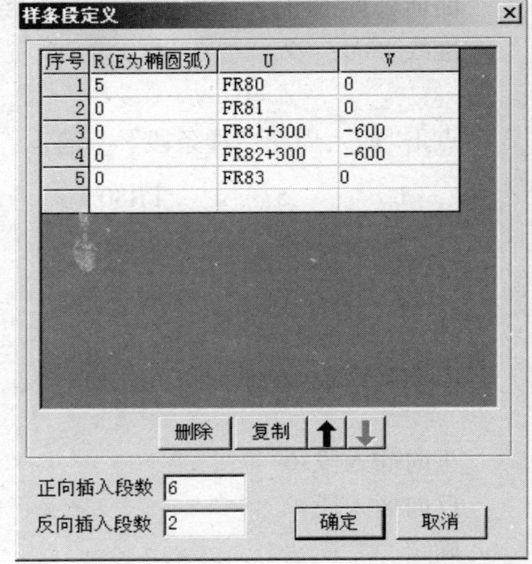

图 4-119　样条段第一对话框

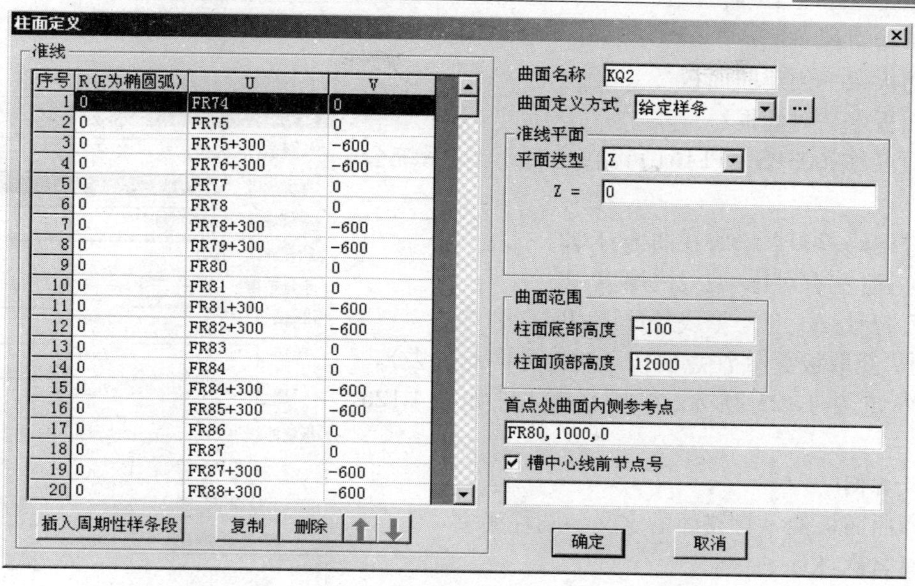

图 4-120 柱面定义对话框

如图 4-123 所示。

确定。

③KQ2L3：

板逢名称：KQ2L3

板缝类型：纵缝

对称性：左右对称

所在曲面：KQ2

平面截交线 － ＞ 主平面→X = FR96 + 250

如图 4-124 所示。

确定。

④KQ2L4：

板逢名称：KQ2L4

板缝类型：纵缝

对称性：左右对称

所在曲面：KQ2

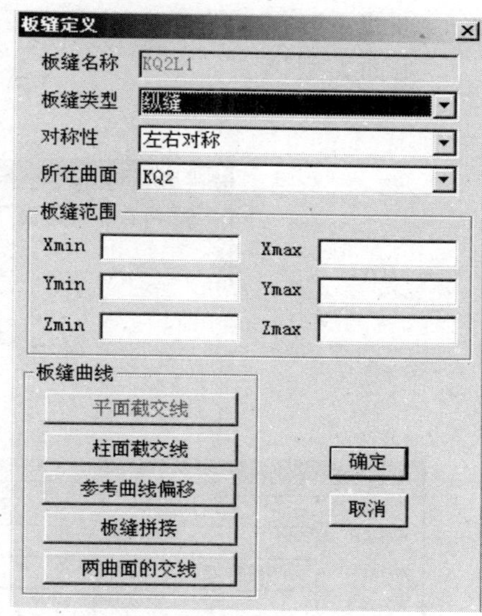

图 4-121 板缝 KQ2L1 定义对话框

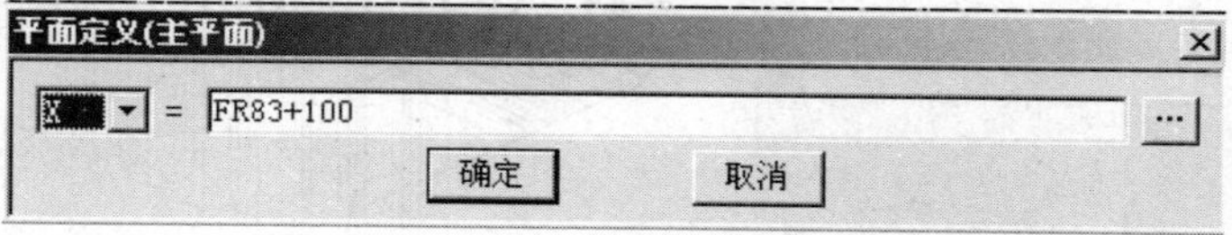

图 4-122 平面定义对话框

两曲面的交线 － ＞ SHELL

点击“确定”，即完成板缝的定义。

3. 做槽型板

曲面板架→创建曲面板

曲面板定义对话框：

曲面名称：603PS－PL16（可给，也可不给，系统会自己给）

零件编码：200　　所在曲面：KQ2

对称性：左右对称　型线内厚度：0

材料牌号：A　　型线外厚度：10

点击“获取板缝”（注意要按顺时针方向点过去）

操作如图4-125所示，得槽形舱壁，如图4-126所示。

4. 做首侧

选择曲面板架→直纹面的定义→圆柱面

曲面名称：KQ

曲面定义方式：圆柱面

准线平面：

平面类型：Y

Y＝0

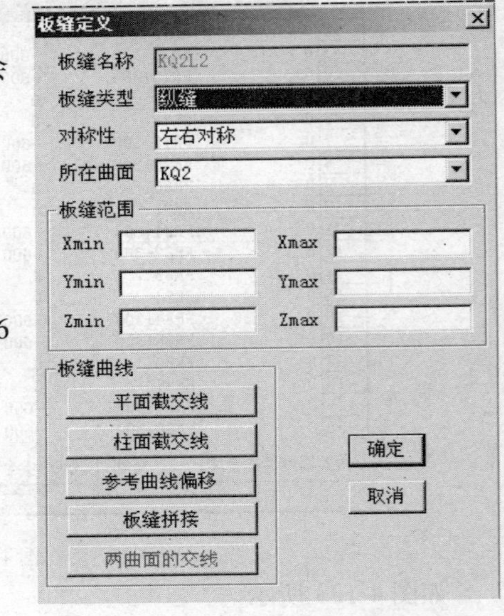

图4-123　板缝KQ2L2定义对话框

图4-124　平面定义

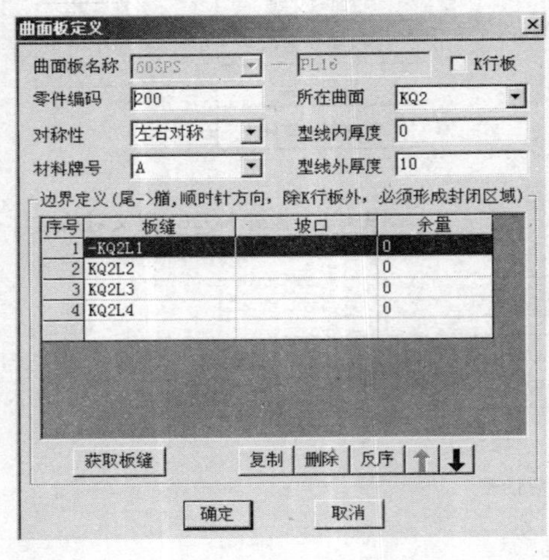

图4-125　曲面板定义

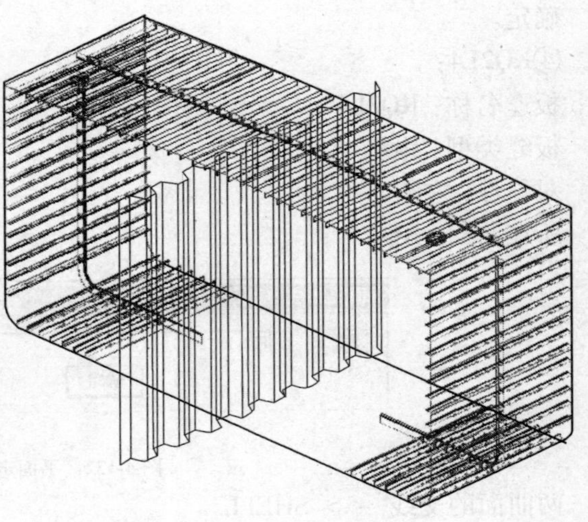

图4-126　槽型舱壁

曲面范围：

柱面底部高度：-13000

柱面顶部高度:13000

首点处曲面内侧参考点:FR87,3000,0

槽中心线前节点号

准线：

　　圆心(U,V)　　FR87,3000

　　半径　　1000

如图4-127所示。

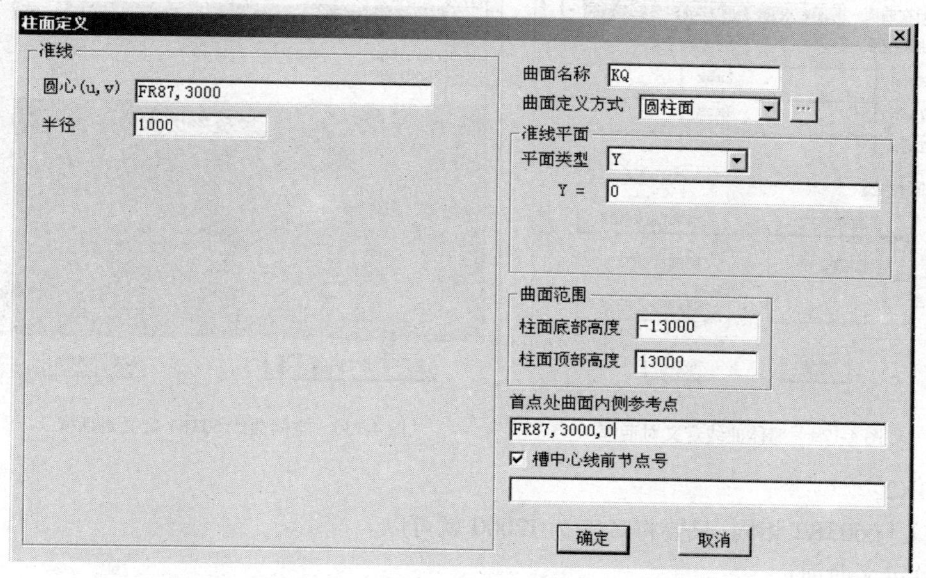

图4-127　柱面定义对话框

5. 属性按钮

曲面板架→属性：

“余量与坡口”定义曲面板边界处的余量以及坡口

“端部形式”定义型材的端部形式

“内孔与边界孔”复制型材的内孔及边界孔

如图4-128所示。

6. 刷新按钮

用于刷新所选的型材。

7. 定义曲面板KQ3

(1)定义两条船体曲线603K1,603K2：

曲面板架→船体曲线

603K1：

所在曲面→空间曲线

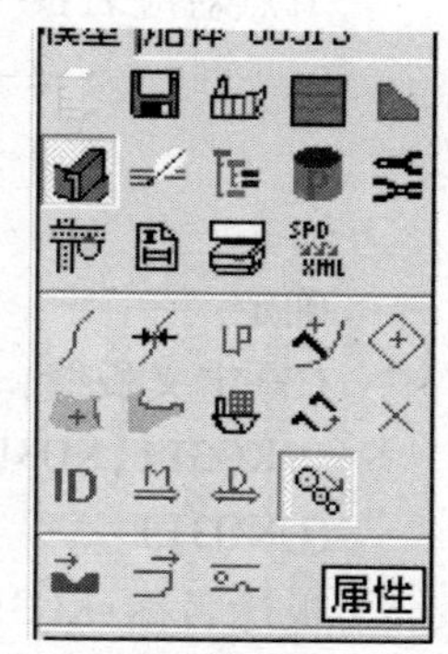

图4-128　属性按钮

序号	X	Y	Z	节点类型
1	FR85	6000	0	光滑
2	FR85 +400	5000	0	光滑
3	FR85 +500	4000	0	光滑
4	FR85 +500	0	0	光滑

如图 4-129 和图 4-130 所示。

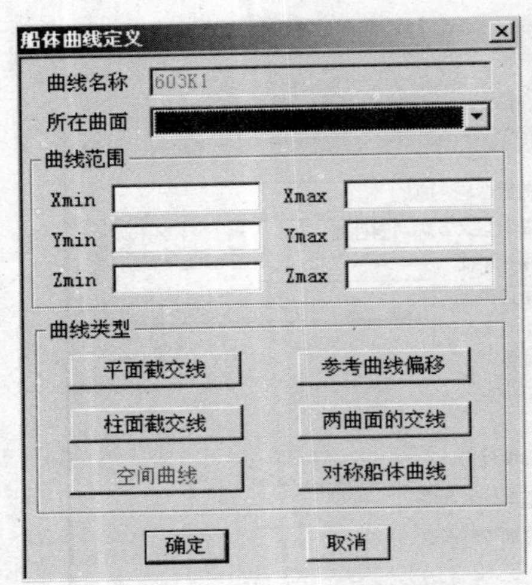

图 4-129　船体曲线定义对话框

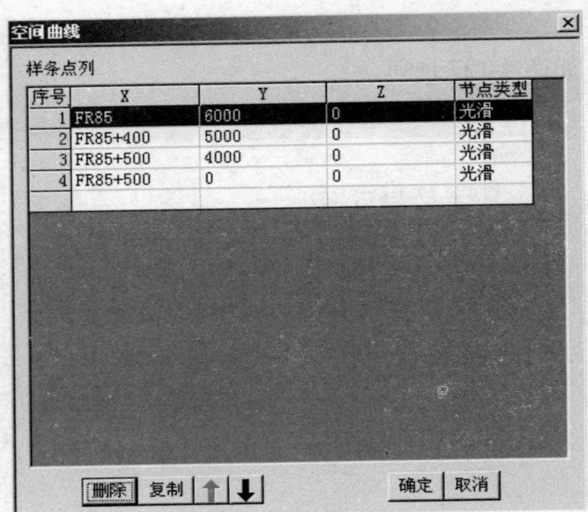

图 4-130　空间曲线 603K1 定义对话框

603K2：

定义与 603K2 相同，只要将 Z 变为 12000 就可以。

(2)定义曲面：

曲面板架→直纹面→两边界曲面，弹出曲面定义对话框，如图 4-131 所示。

曲面名称：KQ3　　　边界曲线 1：603K1

边界曲线 2：603K2　　曲面形式：等分弧长

内侧参考点：FR50，1000，1000

节点对应表：1→1

2→2

3→3

4→4

确定。

(3)定义板缝：

KQ3L1，KQ3L2，KQ3L3，KQ3L4

①KQ3L1：

板逢名称：KQ3L1

板缝类型：纵缝

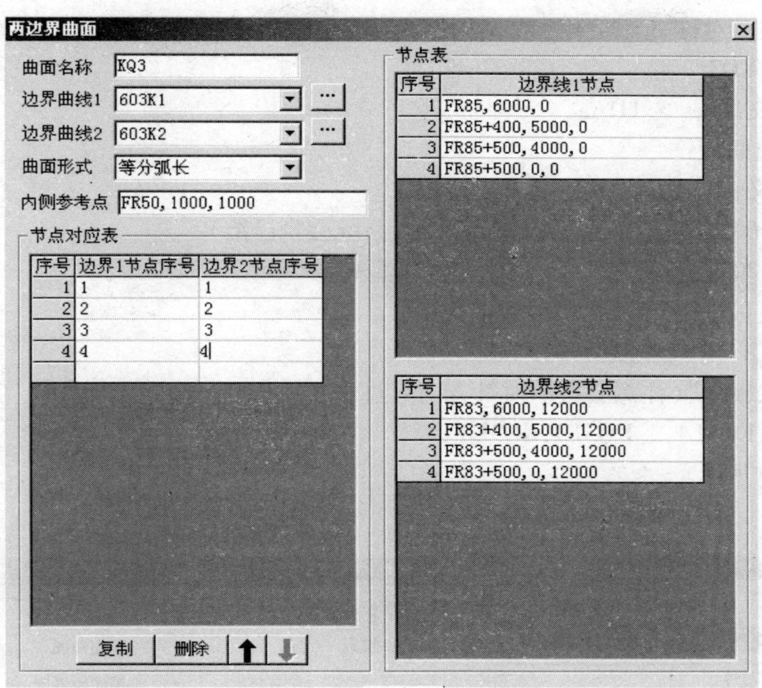

图 4-131 两边界曲面 KQ3 定义对话框

对称性:左右对称

所在曲面:KQ3

平面截交线 – > 主平面 – > Y = 3000

如图 4-132 所示。

②KQ3L2:

板逢名称:KQ3L2

板缝类型:纵缝

对称性:左右对称

所在曲面:KQ3

两平面的交线 – > SHELL

③KQ3L3:

板逢名称:KQ3L3

板缝类型:纵缝

对称性:左右对称

所在曲面:KQ3

平面截交线 – > 主平面 – > Y = 0

④KQ3L4:

板逢名称:KQ3L4

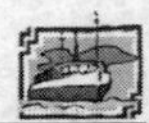

板缝类型:纵缝

对称性:左右对称

所在曲面:KQ3

两平面的交线 － ＞ 1D

(4)创建曲面板:

曲面板定义:

曲面名称:603PS－PL17(可给,也可不给,系统会自已给)

零件编码:201　　所在曲面:KQ3

对称性:左右对称　型线内厚度:0

材料牌号:A　　　型线外厚度:10

点击“获取板缝”(注意要按顺时针方向点过去)

点 KQ3L1,KQ3L4,－KQ3L3,KQ3L2

如图 4-133 所示。

确定。

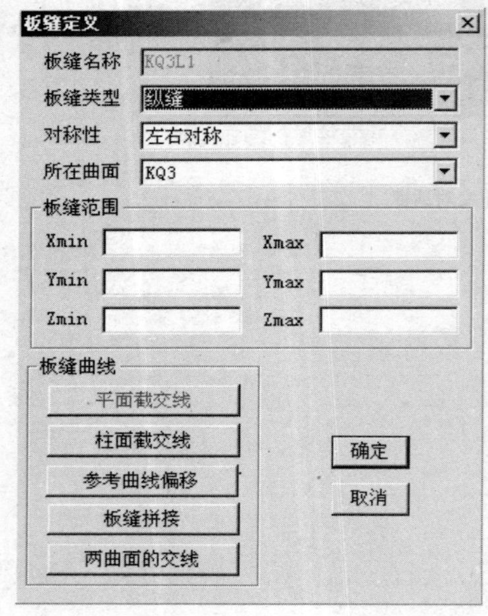

图 4-132　板缝 KQ3L1 定义对话框

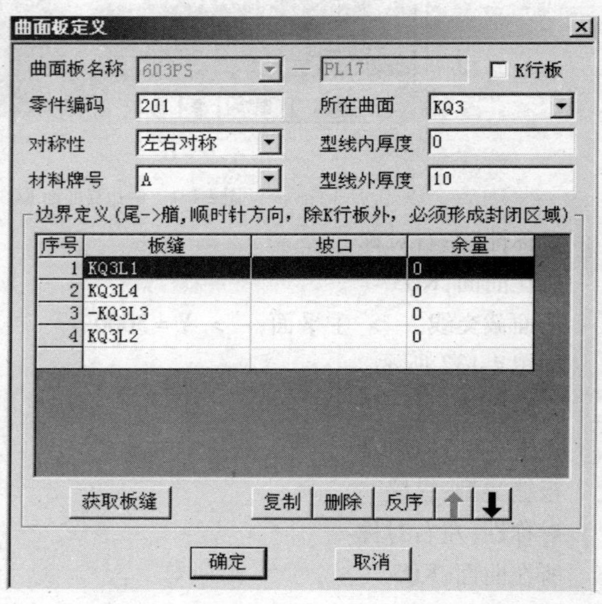

图 4-133　曲面板定义对话框

六、支柱的制作

1. 定义空间曲线

选择空间曲线,弹出对话框:

序号	X	Y	Z	节点类型
1	FR90	8000	2000	光滑
2	FR90	8000	15000	光滑

确定。

如图4-134和图4-135所示。

船体曲线定义

曲线名称 B

所在曲面

曲线范围

Xmin Xmax

Ymin Ymax

Zmin Zmax

曲线类型

平面截交线 参考曲线偏移

柱面截交线 两曲面的交线

空间曲线 对称船体曲线

确定 取消

图4-134 船体曲线定义对话框

空间曲线

样条点列

序号	X	Y	Z	节点类型
1	FR90	8000	2000	光滑
2	FR90	8000	15000	光滑

删除 复制 确定 取消

图4-135 空间曲线定义对话框

2. 定义曲面型材

弹出曲面型材定义对话框:

型材名称:603PS－STF10(不填,系统自动填)

零件编码:300　对称性:左右对称

型材规格:150＊10D　材料牌号:A

迹线曲线:B　曲线偏移:0

位置标签:PI1(PI指的是支柱,在"型材标签中添加")

倾角定义:

定义方式:给定两端腹板面倾角

型材朝向:给定XY平面内与X轴的夹角

起始端:　603PS－2010Z

　　端部连接:4,0　余量:0.00

　　端部形式:1100

终止端:　ALONG＝T90A

　　端部连接:4,0　余量:0.00

　　端部形式:1100

得到如图4-136所示。

注意:需要加一个标签PI1;

起始端－＞平面板架－＞2000Z(后面再定义2010Z,后再修改端截平面);

终止端－＞型材或板架面板面－＞T90A(选横梁,在横梁上修改其迹线,把T90－＞T90A)。

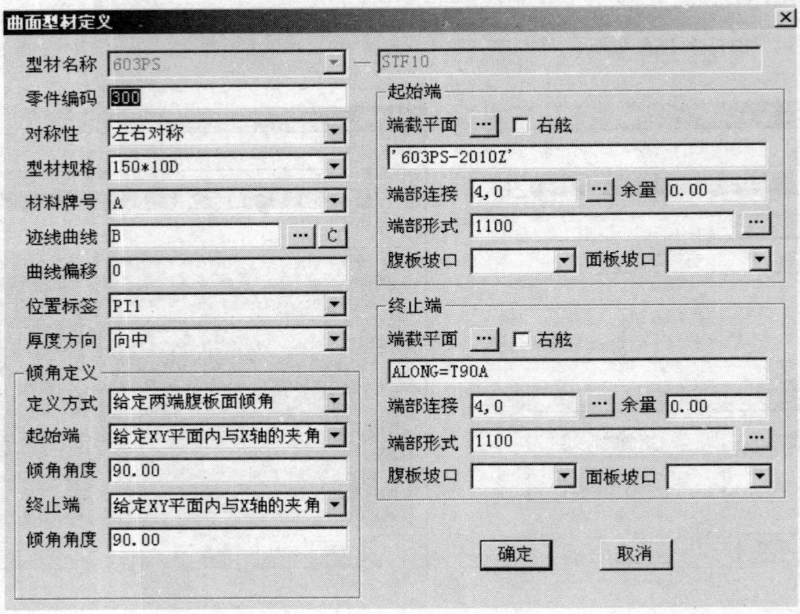

曲面型材定义
型材名称 603PS — STF10
零件编码 300
对称性 左右对称
型材规格 150*10D
材料牌号 A
边线曲线 B … C
曲线偏移 0
位置标签 PI1
厚度方向 向中
倾角定义
定义方式 给定两端腹板面倾角
起始端 给定XY平面内与X轴的夹角
倾角角度 90.00
终止端 给定XY平面内与X轴的夹角
倾角角度 90.00
起始端
端截平面 … 右舷
'603PS-2010Z'
端部连接 4,0 … 余量 0.00
端部形式 1100 …
腹板坡口 面板坡口
终止端
端截平面 … 右舷
ALONG=T90A
端部连接 4,0 … 余量 0.00
端部形式 1100 …
腹板坡口 面板坡口
确定 取消

图 4-136 曲面型材定义对话框

3. 做支柱的垫板

(1)定义新的板架 2010Z(平面板架):

板架属性对话框:

板架名:603PS－2010Z

部件名:2010Z

定位面:Z＝2010Z

对称性:左右对称 类型:强构件

如图 4-137 所示。

(2)点击序号 1 后面的,弹出边界定义方式对话框,如图 4-138 所示。

(3)边界定义－＞简单闭合线,如图 4-139 所示。

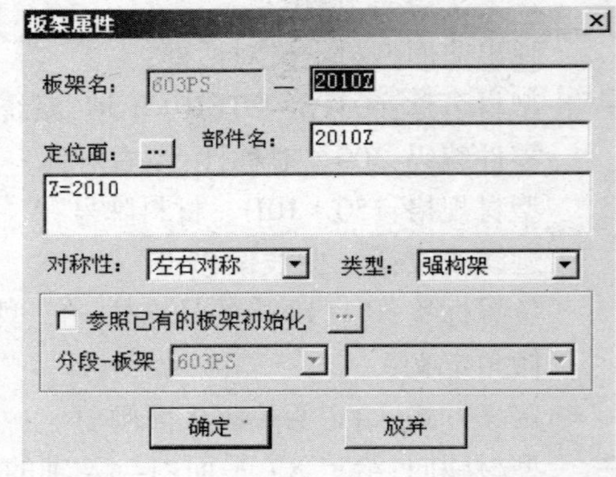

图 4-137 板架 2010Z 属性定义对话框

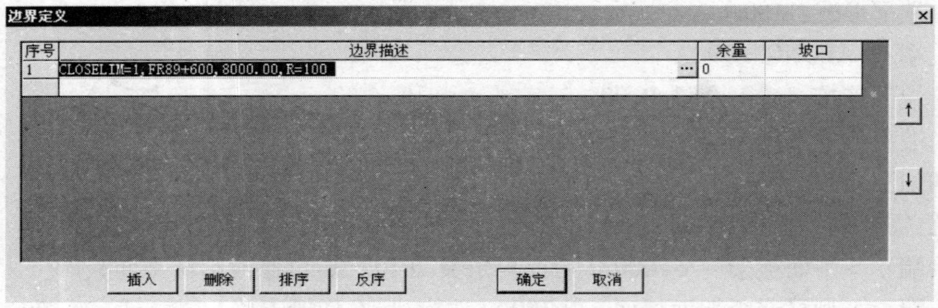

图 4-138 边界定义对话框

(4)选圆心 - >型材圆心,半径 R=100。

(5)定义板零件,如图 4-140 所示。

(6)修改柱面端截平面。

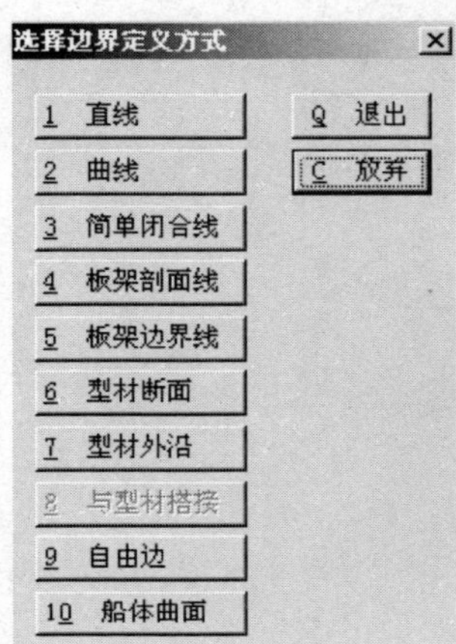

图 4-139 边界定义方式对话框

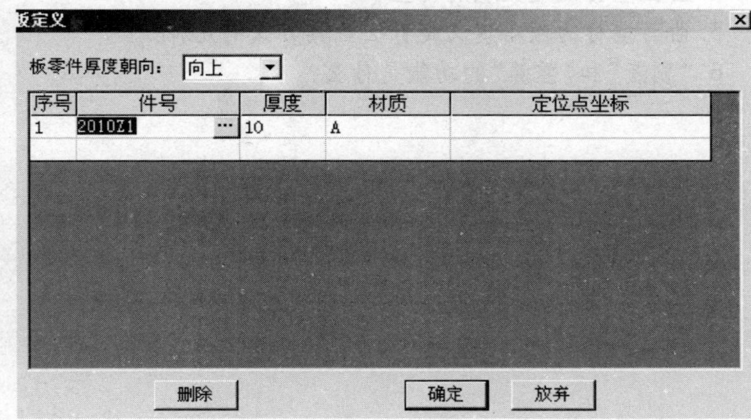

图 4-140 板零件定义对话框

SIKAOYULIANXI

一、判断题

1. 创建 K 行板时需要定义对称性。 (　　)
2. 创建曲面板时要逆时针方向选择板缝。 (　　)
3. 对于民船的外板板厚均指型线内厚度。 (　　)
4. 在定义曲面型材前一定要把型材所依附的迹线通过刷新船体模型功能显示出来。 (　　)
5. 型材的位置标签应和迹线曲线对应。 (　　)
6. 若型材依附的是型表面,曲线偏移量为 0,否则偏移量为板厚。 (　　)
7. 定义内孔时倾斜角度是指内孔短轴的角度。 (　　)

8 进行纵骨复制时一定要注意修改位置标签。 (　　)

9. 一个标签只能对应一个型材,所以对于已经用过的标签需要添加新的标签。 (　　)
10. 利用直纹面功能可以方便地定义出各种曲面板。 (　　)
11. 边界孔可以开在型材边界的端部。 (　　)
12. 不同分段上同一根连续板缝可以用相同的板缝名。 (　　)
13. 支柱也属于曲面型材。 (　　)

二、简答题

1. 简述曲面板架的功能属性主要有哪些?
2. 对定义船体曲线和曲面板缝系统分别有哪几种方式?
3. 拉伸柱面时准线样条什么时候采用给定数据定义,什么时候采用给定样条定义?
4. 曲面型材的定义项有哪些?
5. 曲面型材的倾角定义是什么?其方式有几种?
6. “刷新”和“重算”的功能是什么?

第五章 肘 板

知识目标

1. 理解肘板的类型,肘板的端部、连接板、折边、面板、切角的定义;
2. 理解和掌握肘板定位平面;
3. 理解和掌握肘板的创建、复制、修改及删除方式。

能力目标

1. 熟练掌握肘板的定位平面及肘板的创建;
2. 熟练掌握肘板的复制、修改及删除方法;
3. 运用案例熟练操作。

第一节 肘板概述

肘板模块是用来对船体上肘板进行建模的专用功能。可以进行肘板的创建、复制、修改、删除、检查与重算。

在当前工作的模型是船体时,将出现船体建模有关的功能功能按钮区。在选择 [肘板]后,出现肘板功能的界面如图 5-1 所示。

图 5-1 肘板功能的界面

创建肘板

复制肘板

修改肘板

删除肘板

检查或重算肘板

当前分段:表示当前创建肘板时,肘板所归属的分段,列表选择时,列出的是当前分段的所有肘板,当选择了不属于当前分段的肘板时,被选择的肘板所在的分段将成为当前分段。

选择方式:可以在图形中选择肘板对象,也可以通过列表的方式选择肘板对象,通过设置 ☑ 列表选择肘板 可以在两种方式间进行切换。

第二节 肘板定义

一、肘板类型

创建肘板时使用的三种模型,如图 5-2 所示。

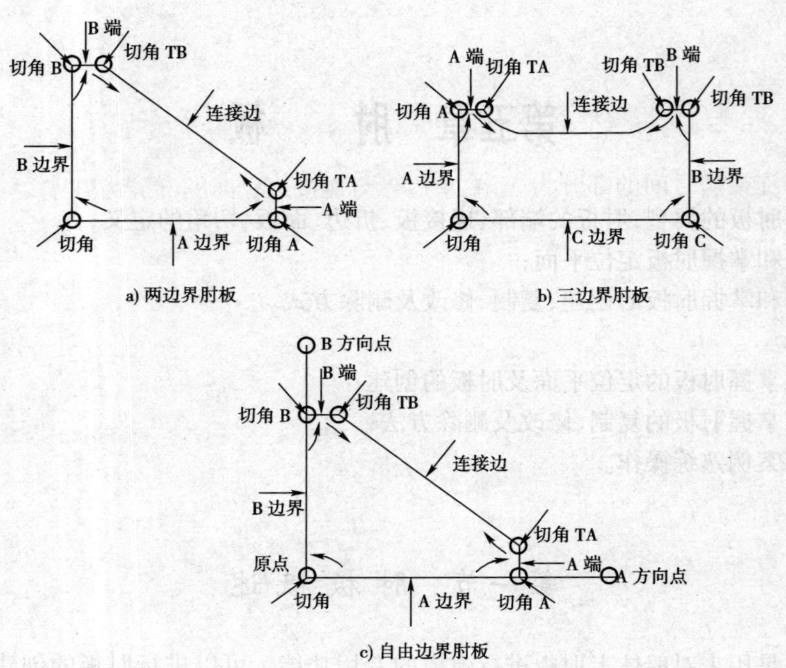

图 5-2 肘板的三种模型

相应的肘板主要分三大类:两边界肘板、三边界肘板和自由边界肘板。

选择肘板类型时的对话框,如图 5-3 所示。

由肘板模型可见,肘板是由称为边界、端部、连接边的几部分界定的一个封闭区域、边界、端部与其他船体对象间可以有各种连接关系,连接边也可以有不同的形式。

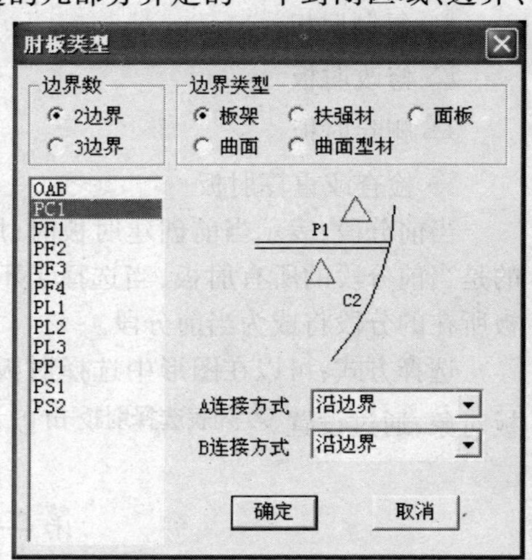

图 5-3 选择肘板类型的对话框

二、边界

在模型中,标识为 A 边界、B 边界或 C 边界的肘板部分称为边界。

与边界有连接关系的船体对象称为主约束体。

A 边界、B 边界或 C 边界的命名与选择的肘板类型有关,肘板类型本身规定了选择主约束体的顺序,相应也隐含规定了与主约束体有关的边界名称。参见上面的肘板类型选择对话框,PC1 表示了当前选择的肘板类型,在对话框的图示区中,P1 的'P'表示约束体是板架,'1'是序标,表示了在选择主约束体时的顺序。对于两边界肘板和三边界肘板,类型图示中均可见到序标(范围 1-3)。当小标为 1 时还表示了与此约束体相关的边界是 A 边界。在 A 边界确定以后,如是两边界肘板,则与另一约束体相关的就是 B 边界,如是三边界,与 A 边界相邻的边界为 C 边界,另一边界则为 B 边界。如是自由边界肘板,A 边界与 B 边界与我们给定的坐标系数据有关,沿原点→A 点的为 A 边界,另一则为 B 边界。

三、端部

A 边界与连接边之间的部分为 A 端,B 边界与连接边之间的部分为 B 端,与端部有关的船体对象称为辅助约束体。

四、约束体

肘板一般是作为船体结构的连接件或加强件出现的,与肘板相关的船体对象通称为约束体。约束体可分为两类,与主边界有连接关系的约束体称为主约束体,与端部有连接关系的约束体称为辅助约束体,肘板要参考的其他船体对象也称为辅助约束体。下面是系统对约束体的符号表示:

P:平面板架

S:平面板架上的型材(加强筋、扶强材等)

F:平面板架上的面板

C:系统定义的各种曲面(包括船壳曲面、甲板曲面)

L:曲面上的型材(纵骨、肋骨、横梁等)

T: T 型材(面板与板架板零件的组合体)(仅作为辅助约束体)

肘板的类型主要是按照主约束体的不同进行分类的,不同的主约束体组合将形成不同的肘板类型。如图 5-4 所示,PS1、PS2 类型(图 a)是板架与另一板架上的型材作为肘板的两个主约束体形成的肘板类型,FF1、FF2 类型(图 b)是板架上的面板与另一板架上的面板作为肘板的两个主约束体形成的肘板类型。即使相同的主约束体组合,也会因约束体连接方式的不同(图 a)或空间位置的不同(图 b)形成对肘板的不同约束,系统也将这种不同区分为不同的肘板类型。

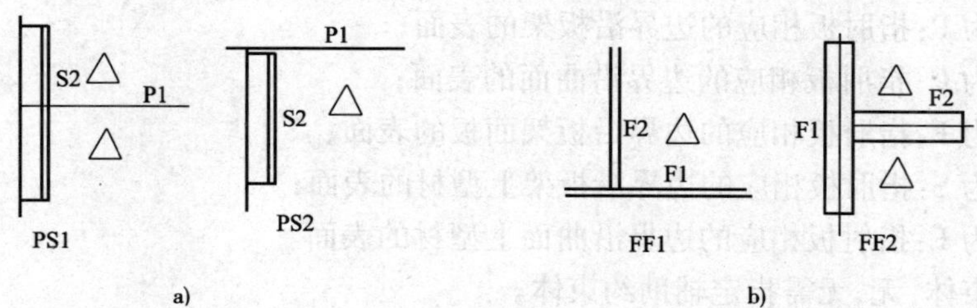

图 5-4 肘板的主约束体

可以作为肘板主约束体的对象类型为:P,S,F,C,L;

可以作为肘板辅助约束体的对象类型为:P,S,L,T;

辅助约束体与主约束体有一定的关系,具体如表 5-1 所示,表格中标识为"√"的表示可能出现的情况;

当系统提示选择 A 端或 B 端参考体时,选择可用的辅助约束体;

当希望选择的对象是T型材,在选择时要选择T型材的面板。

表5-1

辅助约束体 \ 主约束体	P	S	C	L
P	√	√	√	√
S	√			
L			√	
T	√	√	√	√

五、连接方式

肘板类型不但与参考的主约束体和辅助约束体类型有关,而且和肘板与约束体间的连接方式有密切关系,这里的约束体包含了主约束体和辅助约束体。具体的肘板类型需要分别指定A连接方式和B连接方式,分别是指肘板(A边界或A端)和(B边界或B端)与约束体的连接方式。表5-2列出了可用的连接方式与主约束体类型的关系。

表5-2

连接类型 \ 主约束体	P	S	F	C	L
沿边界	√	√	√	√	√
参考距离	√			√	
参考边界	√	√		√	√
平行搭接		√	√		√
一般搭接		√			√

注:表格中的"√"表示了有效的组合关系。

下面列出各种连接方式,分为肘板和主约束体的关系与肘板和辅助约束体的关系。

1. 沿边界

对主约束体:非OAB类型肘板需指定主约束体。

主约束体为P:指肘板相应的边界沿板架的表面;

主约束体为C:指肘板相应的边界沿曲面的表面;

主约束体为F:指肘板相应的边界沿板架面板的表面;

主约束体为S:指肘板相应的边界沿板架上型材的表面;

主约束体为L:指肘板相应的边界沿曲面上型材的表面。

对辅助约束体:无,无需指定辅助约束体。

2. 参考距离

对主约束体:需指定主约束体。

主约束体为P:指肘板相应的边界沿板架的表面;

主约束体为C:指肘板相应的边界沿曲面的表面。

对辅助约束体:需要我们指定辅助约束体,边界长则参考指定的辅助约束体;

当主约束体为P时,辅助约束体可以选择P或S;

当主约束体为 C 时,辅助约束体可以选择 P 或 L。

3. 参考边界

对主约束体:需指定主约束体。

主约束体为 P:指肘板相应的边界沿板架的表面;

主约束体为 C:指肘板相应的边界沿曲面的表面;

主约束体为 S:指肘板相应的边界沿板架上型材的表面;

主约束体为 L:指肘板相应的边界沿曲面上型材的表面。

对辅助约束体:需要我们指定辅助约束体,端部的形式则参考指定的辅助约束体。

当主约束体为 P 时,辅助约束体可以选择 P 或 S 或 T;

当主约束体为 C 时,辅助约束体可以选择 P 或 L 或 T;

当主约束体为 S 时,辅助约束体可以选择 P 或 T;

当主约束体为 L 时,辅助约束体可以选择 P 或 T。

4. 参考距离平行搭接

对主约束体:需指定主约束体。

主约束体为 S:指肘板相应的边界与型材的顶面平行;

主约束体为 L:指肘板相应的边界与型材的顶面平行;

主约束体为 F:指肘板相应的边界与面板的边界平行。

对辅助约束体:无,无需指定辅助约束体。

5. 一般搭接

对主约束体:需指定主约束体。

主约束体为 S:指肘板相应的边界与型材的顶面平行;

主约束体为 L:指肘板相应的边界与型材的顶面平行;

对辅助约束体:无,无需指定辅助约束体。

六、类型说明

表 5-3 列举了系统提供的所有肘板类型,图形中符号△表示肘板可能出现的空间位置,仅单独的△表示肘板空间位置是确定的,如果有两个△,则我们需指定肘板所在的空间位置。确定了肘板类型后,在选择作为边界的约束体时要注意选择的顺序。

P2
P2
PP1

图 5-5 PP1 类型

例如图 5-5 中 PP1 类型,就要对照具体的肘板选择适当的板架作为 P1(首先选择的板架)。

表 5-3

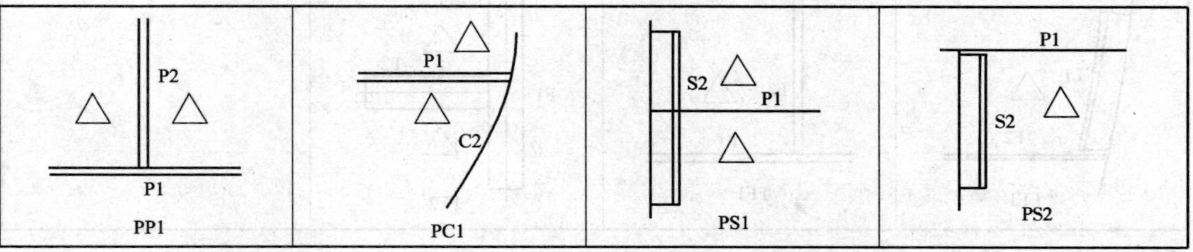

续上表

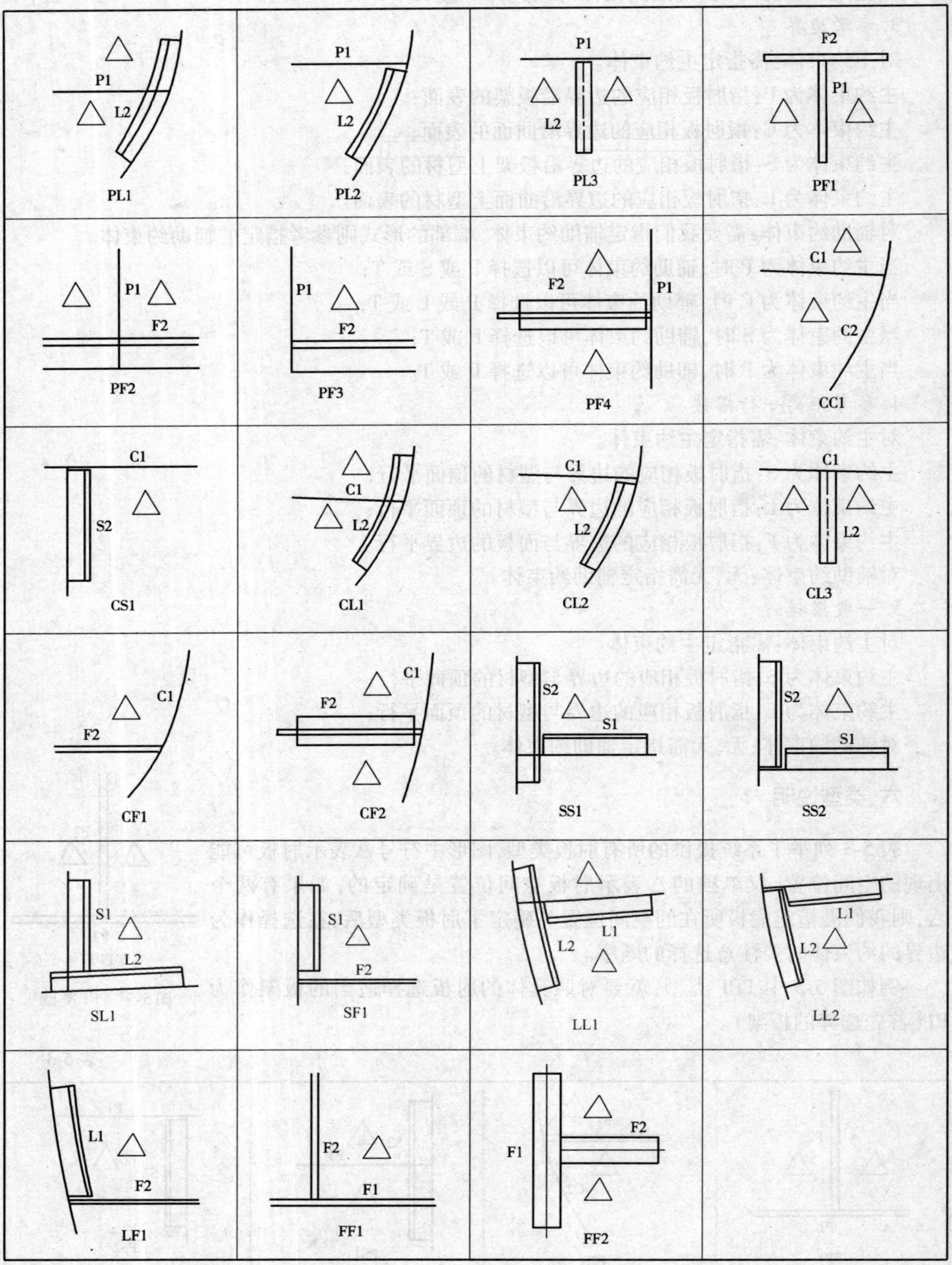

P1 L2 PL1	P1 L2 PL2	P1 L2 PL3	F2 P1 PF1
P1 F2 PF2	P1 F2 PF3	F2 P1 PF4	C1 C2 CC1
C1 S2 CS1	C1 L2 CL1	C1 L2 CL2	C1 L2 CL3
C1 F2 CF1	C1 F2 CF2	S2 S1 SS1	S2 S1 SS2
S1 L2 SL1	S1 F2 SF1	L1 L2 LL1	L1 L2 LL2
L1 F2 LF1	F2 F1 FF1	F2 F1 FF2	

续上表

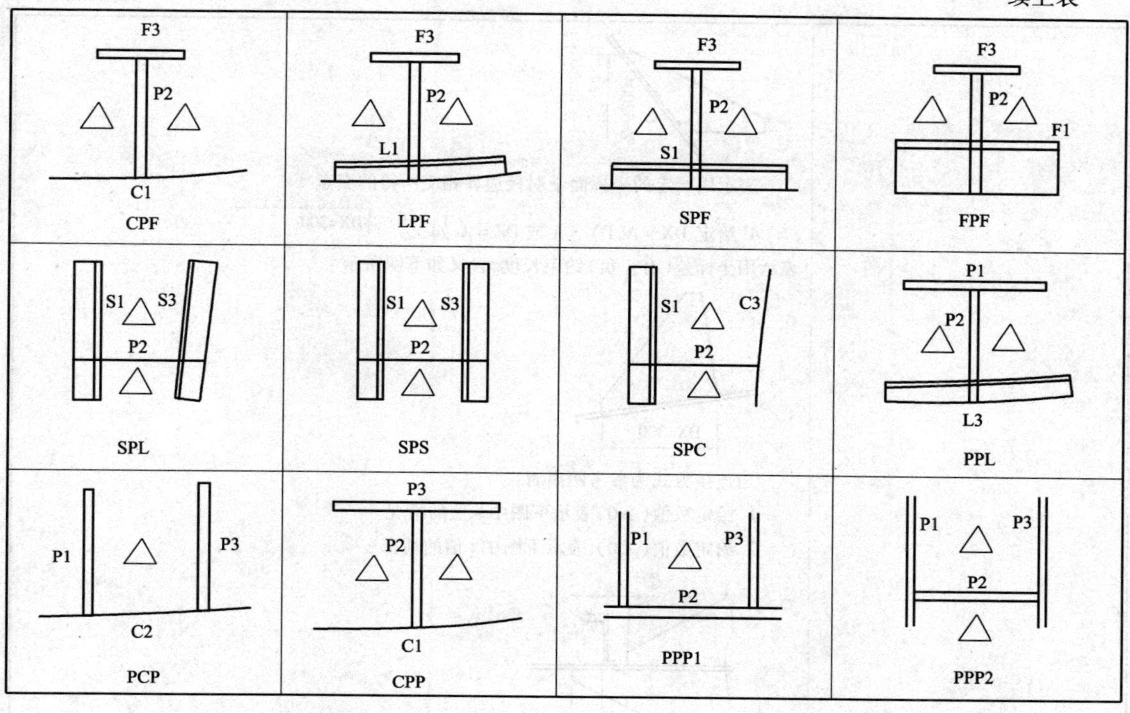

第三节　肘板的端部

肘板的端部是肘板边界与肘板连接边之间的过渡区域。肘板边界的长度(位置)是由端部形式中参数给定的。每种肘板类型中可用的端部形式是由连接方式决定的。

表 5-4 是按连接方式说明每种端部形式。

表 5-4

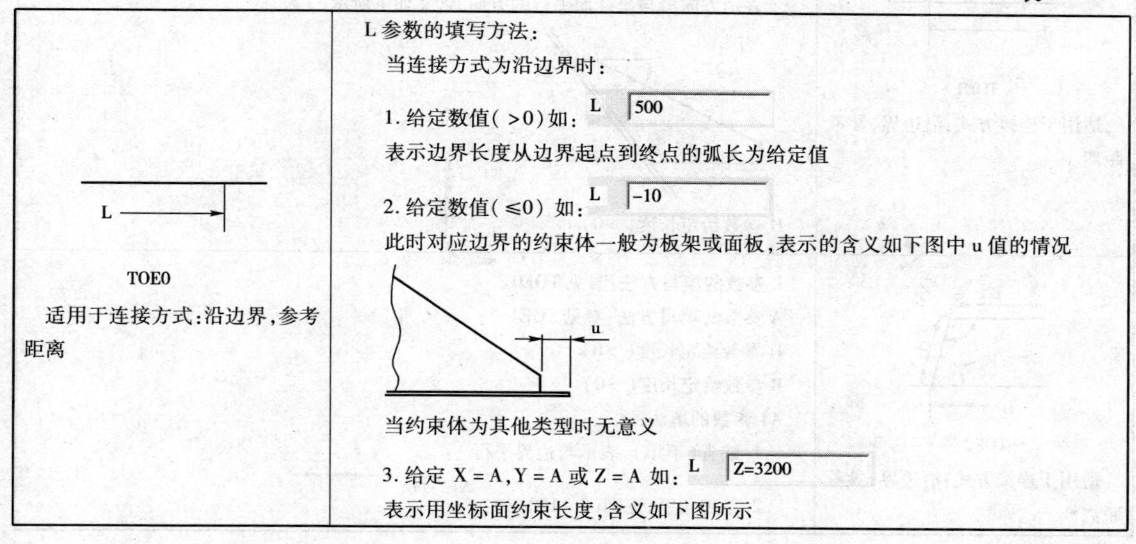

L TOE0 适用于连接方式:沿边界,参考距离	L 参数的填写方法: 当连接方式为沿边界时: 1. 给定数值(>0)如: L 500 表示边界长度从边界起点到终点的弧长为给定值 2. 给定数值(≤0)如: L -10 此时对应边界的约束体一般为板架或面板,表示的含义如下图中 u 值的情况 u 当约束体为其他类型时无意义 3. 给定 X = A,Y = A 或 Z = A 如: L Z=3200 表示用坐标面约束长度,含义如下图所示

续上表

	Z=3200 表示用给定的坐标面于肘板边界相交所得的交点 4. 给定 DX = A, DY = A 或 DZ = A 如：L DX=300 表示用坐标差(有正负)约束长度，含义如下图所示 DX=300 当连接方式为参考距离时： 1. 给定数值(≥0)表示下图中 s 值的情况 2. 给定数值(<0) 表示下图中 t 值的情况 s t
A H L TOE1 适用于连接方式：沿边界，参考距离	L 参数的填写方法：参见 TOE0 A 参数的填写方法： 1. 给定角度，范围(0～180)如：A 90 2. 给定 X, Y 或 Z，如：A Z 表示方向沿与坐标面平行的方向，含义如下所示 Z H 参数给定长度(>0)
B (A1) H A L TOE2 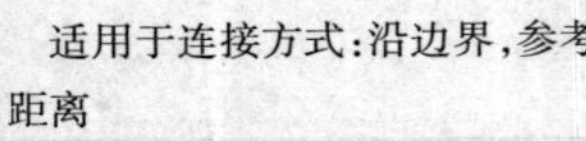 适用于连接方式：沿边界，参考距离	L 参数的填写方法：参见 TOE0 A 参数的填写方法：参见 TOE1 H 参数给定长度(>0) B 参数给定长度(>0) A1 参数的填法： 1. 缺省(不填)，表示与边界平行 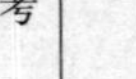 2. 给定角度，范围(0～180)如：A 90

续上表

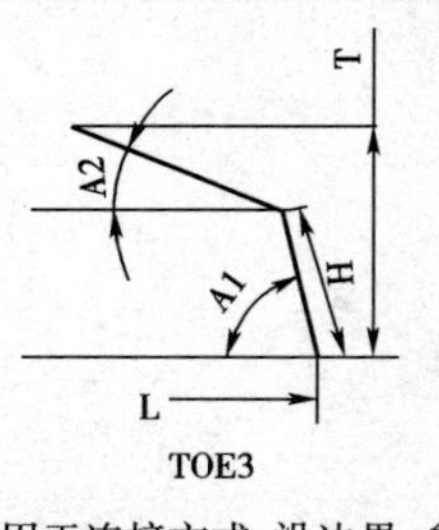 TOE3 适用于连接方式:沿边界,参考距离	L 参数的填写方法:参见 TOE0 A1 参数的填写方法:参见 TOE1 中的 A 参数 H 参数给定长度(>0) A2 参数给定角度,范围(0~180) T 参数给定距离(>0)
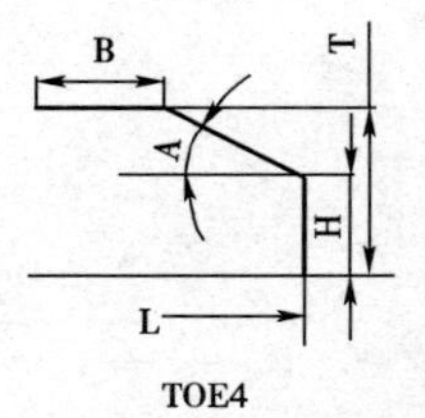 TOE4 适用于连接方式:沿边界,参考距离	L 参数的填写方法:参见 TOE0 H 参数给定高度(>0) A 参数给定角度,范围(0~180) T 参数给定高度(>0) B 参数给定长度(>0)
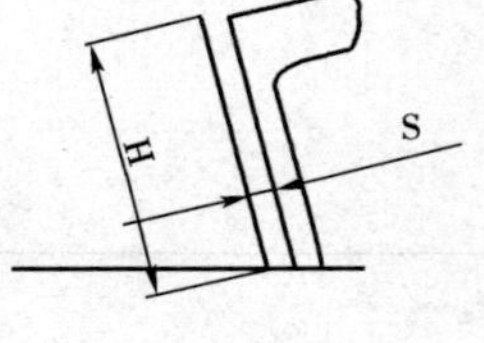 TOE11 适用于连接方式:参考边界	图示中参考体为型材,也可以是板架,另型材厚度方向也可以与图示中的相反(TOE12,TOE13 相同) S 参数表示肘板端部与参考体的距离(≥0) H 参数表示肘板端部的高度: 1. H>0 时,表示实际的高度 2. H≤0 时,表示高度从反向测量,如 H -5 含义如下图所示: 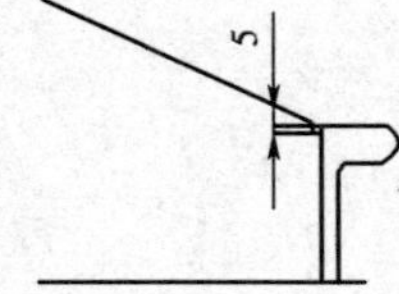
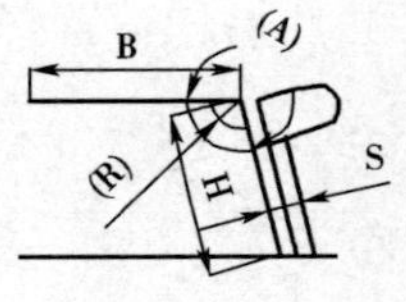 TOE12 适用于连接方式:参考边界	S 参数参见 TOE11 H 参数参见 TOE11 B 参数表示长度(>0) A 角度参数填法: 1. 缺省(不填),表示与边界平行 2. 给定角度,范围(0~180) R 切角参数填法: 1. R>0 时,表示切角是个圆切角 2. R<0 时,表示切角是个三角形切角

续上表

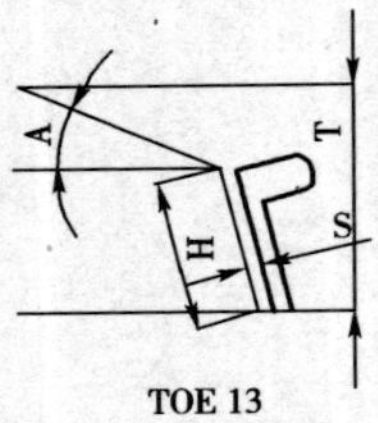 TOE 13 适用于连接方式:参考边界	S 参数参见 TOE11 H 参数参见 TOE11 A 角度参数,范围(0~180) T 参数为距离参数(>0)
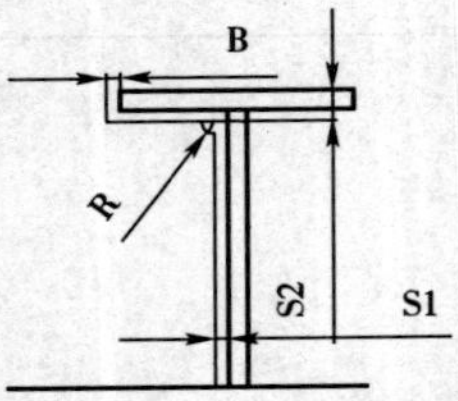 TOE 15 适用于连接方式:参考边界	这是参考体为 T 型材时专用的端部形式 S1(≥0)参数含义参见图示 S2(≥0)参数含义参见图示 B 参数含义参见图示,B 可以是负值, 1. B≥0 表示向外测量 2. B <0 表示向内测量 R 切角参数填法: 1. R >0 时,表示切角是个圆切角 2. R <0 时,表示切角是个三角形切角
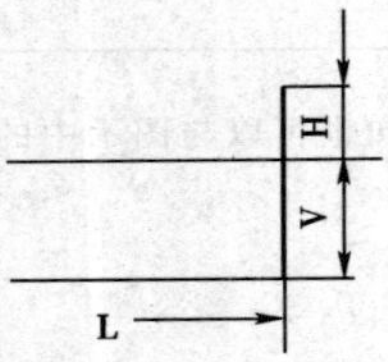 TOE21 适用于连接方式:平行搭接	当主约束体为型材或面板时可以使用(TOE22-TOE24 同) L 参数填写方法参考 TOE0 中沿边界的方式 V 参数给出搭接量(>0) H 参数给出高度值(>0)
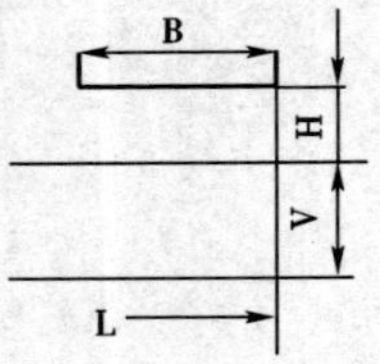 TOE22 适用于连接方式:平行搭接	L,V,H 参数同 TOE21 参数 B 表示长度(>0)
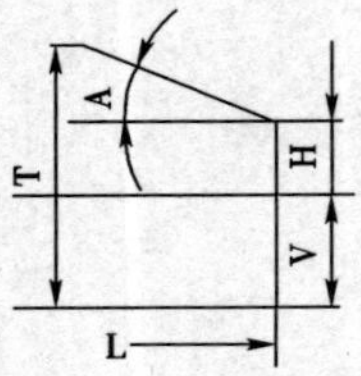 TOE23 适用于连接方式:平行搭接	L,V,H 参数同 TOE21 参数 A 为角度,范围(0~90) 参数 T 表示距离(>0)

续上表

图例	说明
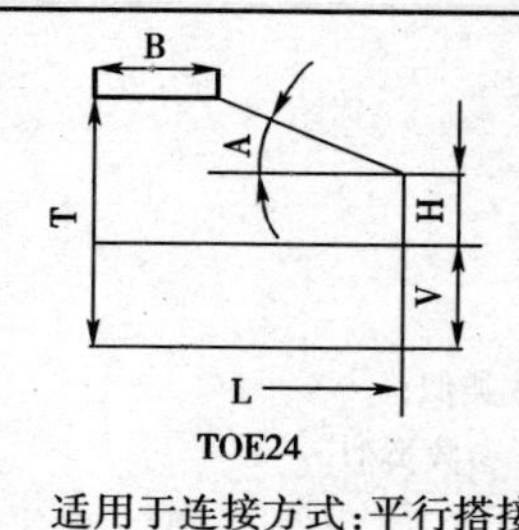 TOE24 适用于连接方式:平行搭接	L,V,H 参数同 TOE21 参数 A 为角度,范围(0~90) 参数 T 表示距离(>0) 参数 B 表示长度(>0)
TOE31 适用于连接方式:一般搭接	此类型主约束体必须是型材(TOE33,TOE35,TOE37 同) L 参数 的填法: 1. 给定数值,当给定数值>0 时,表示边界长度从边界起点到终点的弧长为给定值,当给定数值≤0 时,表示测量的起点在型材的端点处,沿长度减小的方向。含义参看 2 2. 给定"S"+数值的格式,如 L S200 其中的 S 表示测量的起点在型材的端点处,含义如下图所示 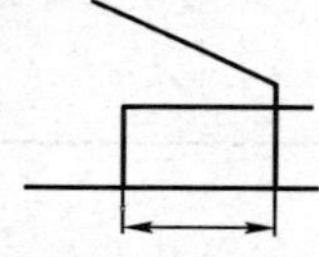 数值可正负,当数值≥0 时表示沿长度增加的方向,当数值≤0 时表示沿长度减少的方向。 3. 给定 X=A,Y=A 或 Z=A 的方式,表示的含义与 TOE0 相同。 4. 给定 DX=A,DY=A 或 DZ=A 的方式,表示的含义与 TOE0 相同; A 参数的填法:(请注意与一般角度的差异) 1. 缺省,不填写,表示与型材垂直的方向; 2. 给出 X,Y 或 Z,表示方向沿与坐标面平行的方向,参见 TOE1。 H 参数表示高度(>0)。
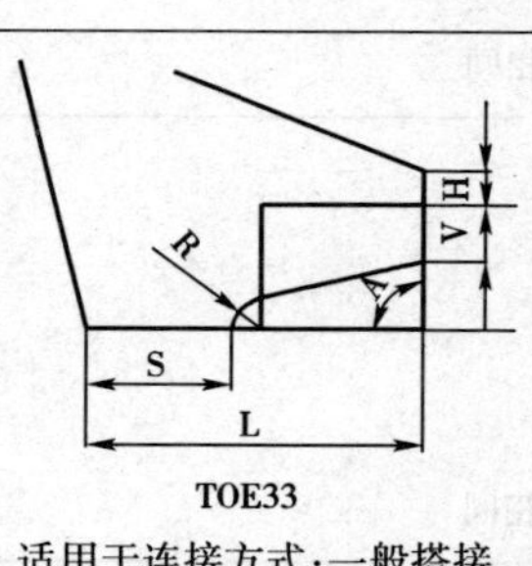 TOE33 适用于连接方式:一般搭接	L,A,H,参数与 TOE31 相同 V 参数(>0) R 参数(>0) S 参数的填法与 L 参数的填法完全相同,含义也相同
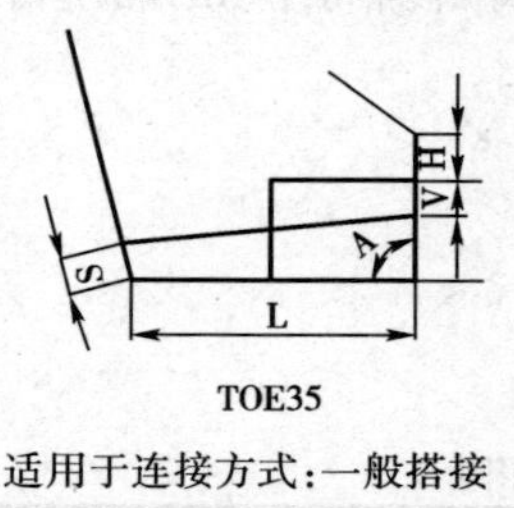 TOE35 适用于连接方式:一般搭接	L,A,H,参数与 TOE31 相同 V 参数(>0) S 参数的填法: 1. 给出数值(>0)表示沿边界的弧长; 2. 给定 X=A,Y=A 或 Z=A 的方式,含义与 L 参数类似; 3. 给定 DX=A,DY=A 或 DZ=A 的方式,含义与 L 参数类似。 注意:与本类型匹配的另一端的起点在 S 的终止位置。

续上表

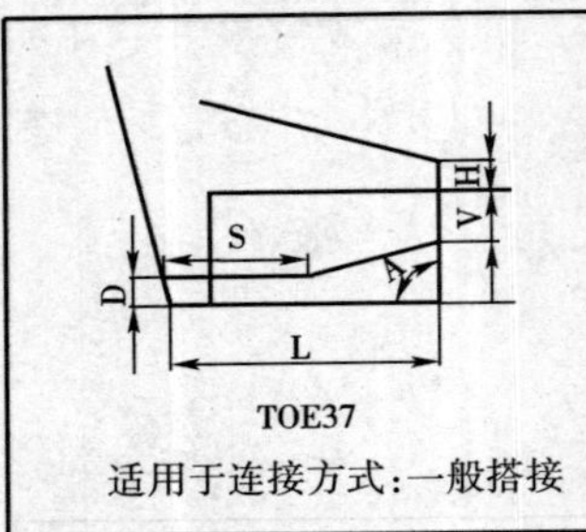 TOE37 适用于连接方式:一般搭接	L,A,H,参数与 TOE31 相同 V 参数(>0) D 参数表示偏移的距离(>0) S 参数的填法: 1. 给出数值(>0)表示沿边界的弧长; 2. 给定 X=A,Y=A 或 Z=A 的方式,含义与 L 参数类似; 3. 给定 DX=A,DY=A 或 DZ=A 的方式,含义与 L 参数类似。 注意:与本类型匹配的另一端的起点在 S 的起始位置。

第四节　肘板的连接边

连接边是连接肘板 A 端和 B 端的过渡区域,连接边是有方向的,系统中提供的连接类型约定:从左到右表示了对应的连接边是从 A 端到 B 端的。对于两端对称的类型就无所谓方向了。

表 5-5 列出系统中所有的连接边类型。

表 5-5

FA1 可加折边或面板	用直线段连接 AB 端
R A FA2 可加折边或面板	用直线段与圆弧段连接 AB 端,直线段与圆弧段相切 A 端的是直线段,B 端的是圆弧段 A 参数给出角度(0~180) R 参数给出圆弧半径(>0) 注:加折边时,折边的首末点与直线段首末点相同 加面板时,面板的首末点与整个连接边的首末点相同
R A FA3 可加折边或面板	用直线段与圆弧段连接 AB 端,直线段与圆弧段相切 近 A 端的是圆弧段,近 B 端的是直线段 A 参数给出角度(0~180) R 参数给出圆弧半径(>0) 注:加折边时,折边的首末点与直线段首末点相同 加面板时,面板的首末点与整个连接边的首末点相同
R1　R2 A1　A2 FA4 可加折边或面板	用两个圆弧段与一个直线段连接 AB 端,直线段与两圆弧段相切,在 AB 端的是两个圆弧段 A1,A2 参数给出角度(0~180) R1,R2 参数给出圆弧半径(>0) A1,R1 是 A 端的参数 A2,R2 是 B 端的参数 注:加折边时,折边的首末点与直线段首末点相同 加面板时,面板的首末点与整个连接边的首末点相同

续上表

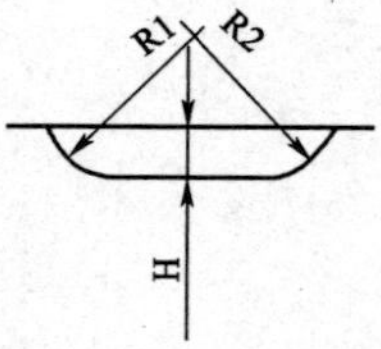 R1 R2 H FA5 可加折边或面板	用两个圆弧段与一个直线段连接 AB 端,直线段与两圆弧段相切,在 AB 端的是两个圆弧段 R1 参数给出 A 端的圆弧半径(>0) R2 参数给出 B 端的圆弧半径(>0) H 参数给出与连接 AB 端的直线间的距离(>0) 注:加折边时,折边的首末点与直线段首末点相同 加面板时,面板的首末点与整个连接边的首末点相同
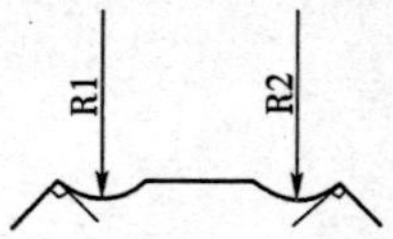 R1 R2 FA6 可加折边或面板	用两个圆弧段与一个直线段连接 AB 端,直线段在过两端点的直线上,在 AB 端的是两个圆弧段 R1 参数给出 A 端的圆弧半径(>0) R2 参数给出 B 端的圆弧半径(>0) 注:折边与面板的首末点与直线段首末点相同
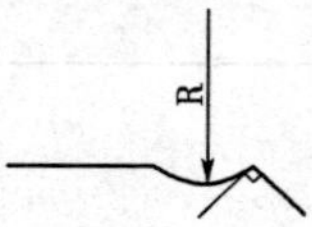 R FA7 可加折边或面板	用一个直线段与一个圆弧段连接 AB 端,直线段在过两端点的直线上,在 A 端的是直线段,在 B 端的是圆弧段 R 参数给出 B 端的圆弧半径(>0) 注:折边与面板的首末点与直线段首末点相同
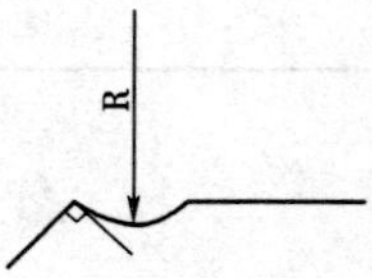 R FA8 可加折边或面板	用一个圆弧段与一个直线段连接 AB 端,直线段在过两端点的直线上,在 A 端的是圆弧段,在 B 端的是直线段 R 参数给出 A 端的圆弧半径(>0) 注:折边与面板的首末点与直线段首末点相同
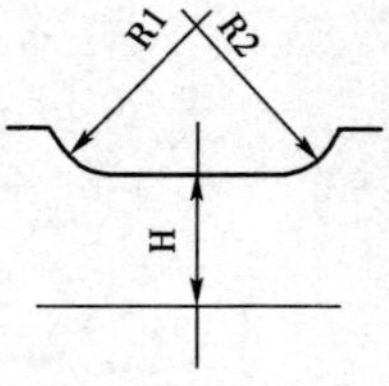 R1 R2 H FA9 可加折边或面板	用两个圆弧段与一个直线段连接 AB 端,在 AB 端的是两个圆弧段 R1 参数给出 A 端的圆弧半径(>0) R2 参数给出 B 端的圆弧半径(>0) H 参数给出直线段与 C 边的距离 注:加折边时,折边的首末点与直线段首末点相同 加面板时,面板的首末点与整个连接边的首末点相同
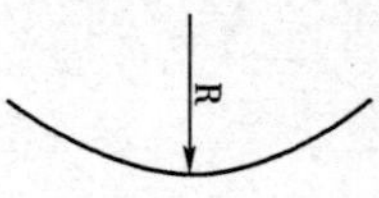 R FB1 可加面板	用圆弧段连接 AB 端 R 参数给出圆弧半径(>0) 注:加面板时,面板的首末点圆弧段的首末点相同

续上表

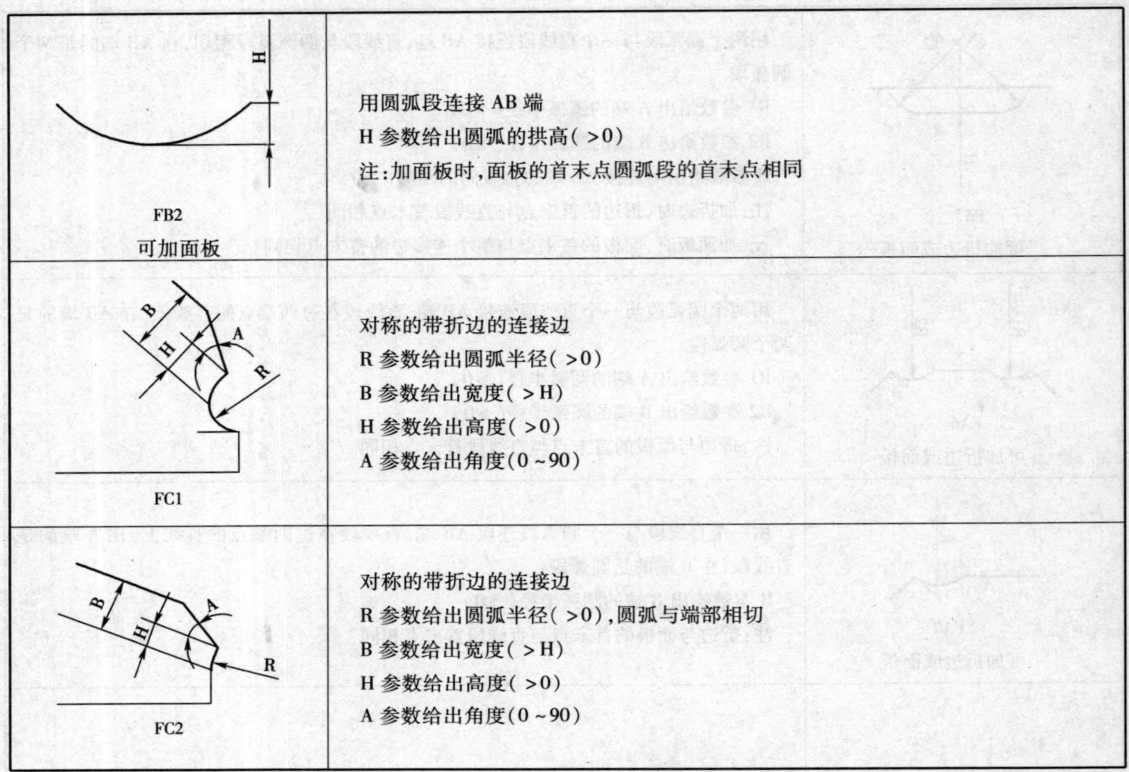

图形	说明
FB2 可加面板	用圆弧段连接 AB 端 H 参数给出圆弧的拱高(>0) 注:加面板时,面板的首末点圆弧段的首末点相同
FC1	对称的带折边的连接边 R 参数给出圆弧半径(>0) B 参数给出宽度(>H) H 参数给出高度(>0) A 参数给出角度(0~90)
FC2	对称的带折边的连接边 R 参数给出圆弧半径(>0),圆弧与端部相切 B 参数给出宽度(>H) H 参数给出高度(>0) A 参数给出角度(0~90)

第五节　肘板的折边

在肘板连接边的直线段上可以加折边,折边的具体形式如表 5-6 所示。

表 5-6

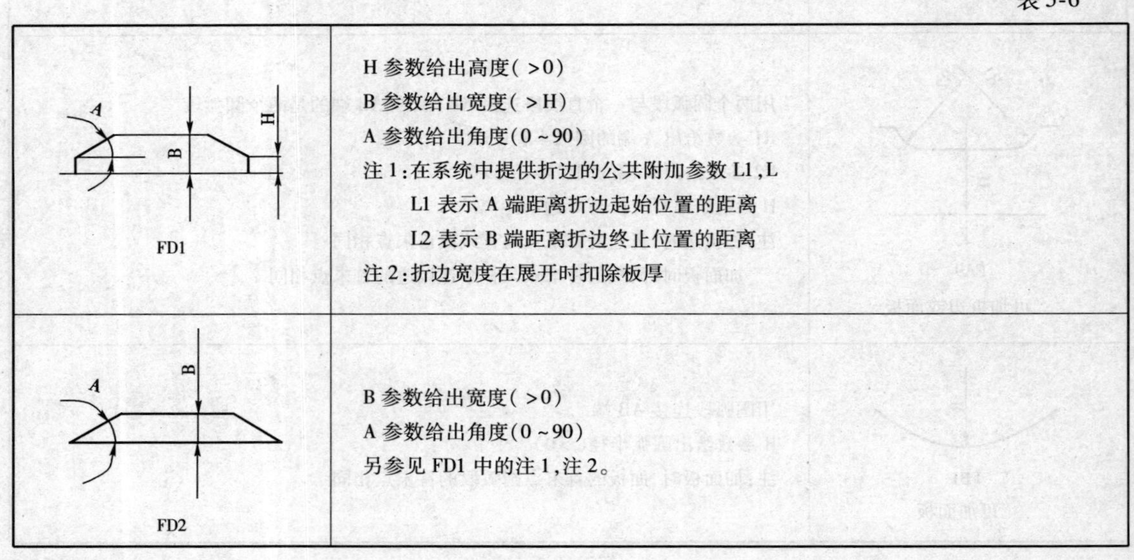

图形	说明
FD1	H 参数给出高度(>0) B 参数给出宽度(>H) A 参数给出角度(0~90) 注 1:在系统中提供折边的公共附加参数 L1,L L1 表示 A 端距离折边起始位置的距离 L2 表示 B 端距离折边终止位置的距离 注 2:折边宽度在展开时扣除板厚
FD2	B 参数给出宽度(>0) A 参数给出角度(0~90) 另参见 FD1 中的注 1,注 2。

续上表

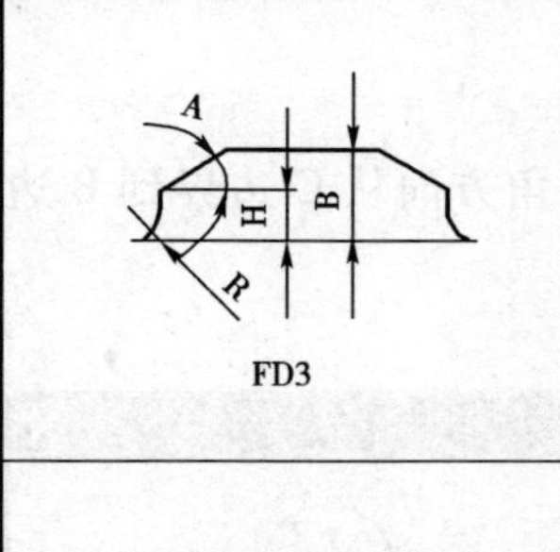	H 参数给出高度(>0) B 参数给出宽度(>0) A 参数给出角度(0~90) R 参数给出圆弧半径(>0),圆弧与连接边相切 另参见 FD1 中的注 1,注 2。
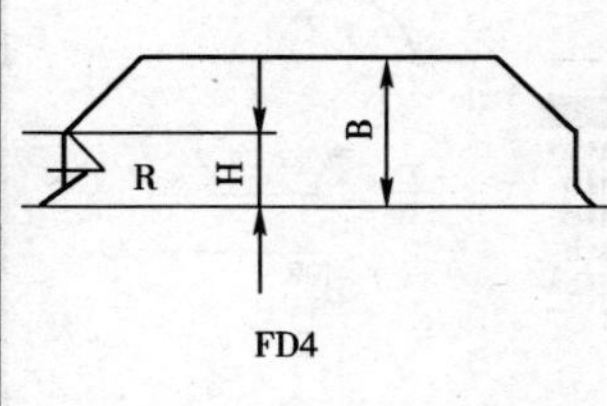	H 参数给出高度(>0) B 参数给出宽度(>0) A 参数给出角度(0~90) R 参数给出圆弧半径(>0),圆弧与连接边相切 另参见 FD1 中的注 1,注 2。

第六节 肘板的面板

在肘板的连接边上可以加面板,面板形式如表 5-7 所示。

表 5-7

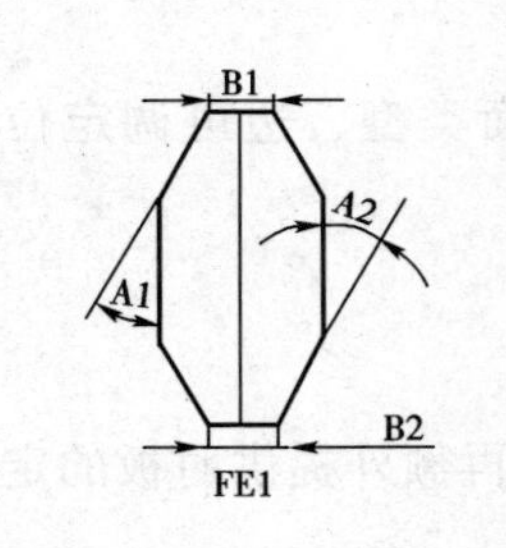	面板的规格由我们指定 A1 参数给出 A 端的角度(0~90) B1 参数给出 A 端的端头宽度(>0) 当 A1,B1 为空时(不给出)表示端头宽度取面板的宽度 A2 参数给出 B 端的角度(0~90) B2 参数给出 B 端的端头宽度(>0) 当 A2,B2 为空时(不给出)表示端头宽度取面板的宽度

第七节 肘板的切角

在肘板的各连接部分之间可以加入切角,注意切角类型是有方向的,切角方向在模型图中用箭头的方向指示,基本都是以边界分别向连接边过渡的方向为正。

切角命名和切角方向规定如下:

1. 切角

对两边界肘板或自由型肘板,指 A 边界和 B 边界之间的切角;切角方向从 A 边界到 B 边界的方向为正。

对三边界肘板,指 A 边界和 C 边界之间的切角;切角方向从 C 边界到 A 边界的方向为正。

2. 切角 A

指 A 边界和 A 端之间的切角;切角方向从 A 边界到 A 端为正。

3. 切角 B

指 B 边界和 B 端之间的切角；切角方向从 B 边界到 B 端为正。

4. 切角 C

只有三边界肘板才有此切角，指 B 边界和 C 边界之间的切角；切角方向从 C 边界到 B 边界的方向为正。

5. 切角 TA

指 A 端和连接边之间的切角；

切角方向从 A 端到连接边的方向为正。

6. 切角 TB

指 B 端和连接边之间的切角；切角方向从 B 端到连接边的方向为正。

切角的类型可以输入或通过对话框（图 5-6）进行选择。

可用于切角的边界孔类型只有：水密角孔 Ks，扇形孔 R，VU 型孔 VU。

对 VU 型孔，由于不对称需要注意切角的方向。

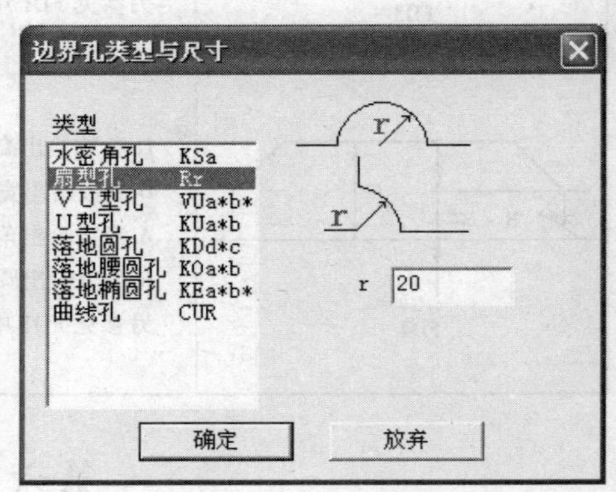

图 5-6　切角的类型

第八节　肘板的定位平面

肘板也可以从定位面来区分为三大类：无定位面类型、有定位面类型、、边可调定位面类型。

一、无定位面类型

当肘板的约束体和连接方式完全确定了肘板的空间位置时，无须再额外提供肘板的定位面信息，系统会自动计算出肘板的具体位置。

例如肘板类型 SS1，由两型材和连接方式完全可以确定肘板的安装位置，如图 5-7 所示。

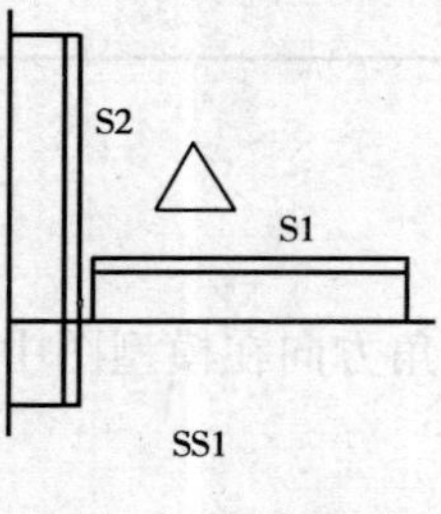

S2
S1
SS1

图　5-7

二、有定位面类型

当肘板的约束体和连接方式不能完全确定肘板的空间位置，肘板平面位置可沿某一轴做平行移动或沿某一轴转动时，需提供定位面的信息。

可沿某一轴做平行移动的例子，如：PP1 型肘板，见图 5-8。

可沿某一轴转动的例子，如：CL3 型肘板，见图 5-8。

下面列出坐标面给定的具体方式：

1. 给定主平面

图 5-9 给出了与主投影面平行的平面。

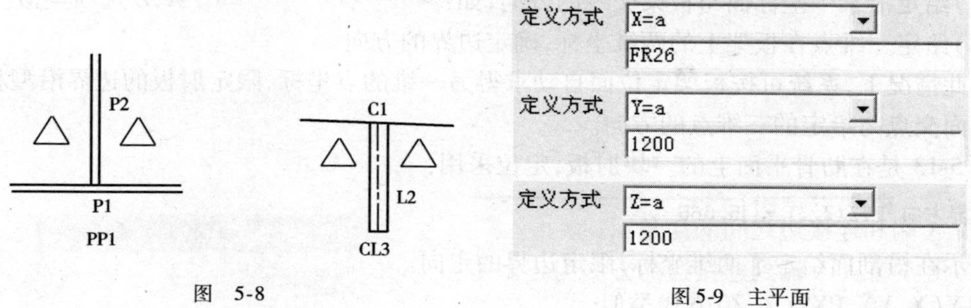

图 5-8　　图 5-9 主平面

2. 参考板架定位面

选择作为定位面参考的板架,使肘板的定位面与板架的定位面相同,如图 5-10 所示。

3. 三点平面

通过给定平面上的三点确定肘板的定位面,三点(原点,A 方向点,B 方向点)可以任意给定,但要求三点不同也不共线。点定义要求输入三个坐标值。具体示例如图 5-11 所示。

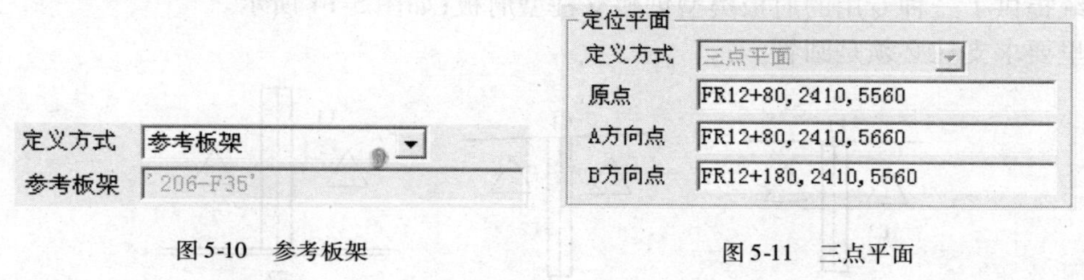

图 5-10 参考板架　　图 5-11 三点平面

三、边可调定位面类型

有一类肘板类型,通常是不需指定定位面的,但有时也可根据需要调整默认的定位面。系统中肘板类型 PL1,PL2 就是此种类型,如图 5-12 所示。

面 5-13 的图形显示了这种情况,其中图 a)形式是一般默认的情况,可以按需要调整定位面成图 b)形式。

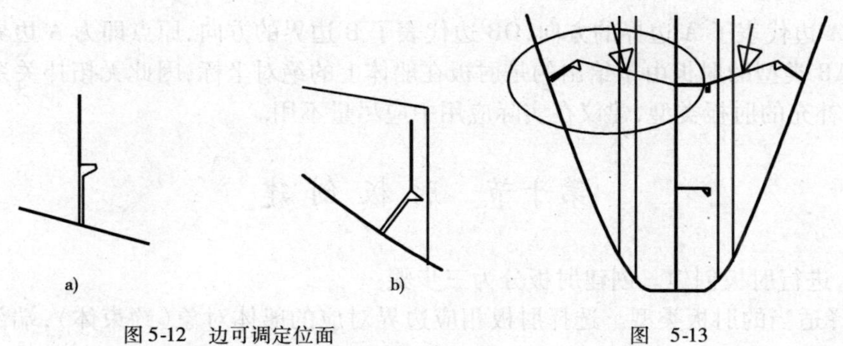

图 5-12 边可调定位面　　图 5-13

在 PL1,PL2 类型应用定位面调整功能时,肘板的一边界一定是沿板架的,而另一边界一定是沿型材顶面的。调整的是沿板架的边界的方向,有下面两类形式:

(1)给定沿某一坐标面与板架交线的方向,如:边界方向 Y。X,Z 选项类似。

(2)给定三维点在板架上的两维坐标,确定边界的方向。

在此情况下,系统可按板架定位面自动求得另一维的点坐标,限定肘板的边界沿型材与板架定位面交点与给定的三维点的方向。

图 5-13 是在肋骨平面上的一块肘板,定位采用:

边界方向 PYZ(Y,Z) 5,665

表示在横剖面给定了两维坐标,限定边界的走向。

PXY(X,Y),PXZ(X,Z)方式类似。

第九节 专用肘板类型

一、支柱型肘板

系统提供了三种专用的肘板类型创建支柱型肘板,如图 5-14 所示。

这里要求支柱必须是圆管。

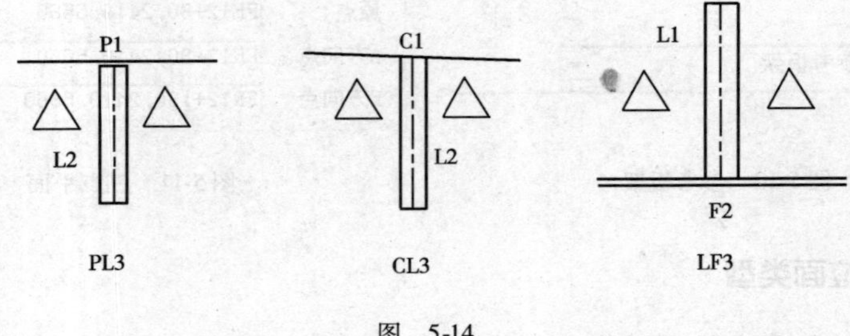

图 5-14

二、自由型肘板

对于用 OAB 类型创建的肘板,称为自由型肘板,OAB 型肘板的定位平面只能用三点方式给出。

其中 OA 边代表了 A 边界的方向,OB 边代表了 B 边界的方向,原点即为 A 边界和 B 边界的交点。OAB 类型的肘板由于给出的是肘板在船体上的绝对坐标,因此无拓扑关系。OAB 类型作为一种补充的肘板类型,建议在实际应用中应尽量不用。

第十节 肘板创建

点击 ◺ 进行肘板创建。创建肘板分为三步骤:

(1)选择适当的肘板类型。选择肘板相应边界对应的船体对象(约束体),端部参考边界的,还需选择参考的船体对象(辅助约束体)。

(2)给出肘板的具体参数。图 5-15 则显示了肘板实际的模型,图 5-16 的界面显示了定义肘板时参数的填法。

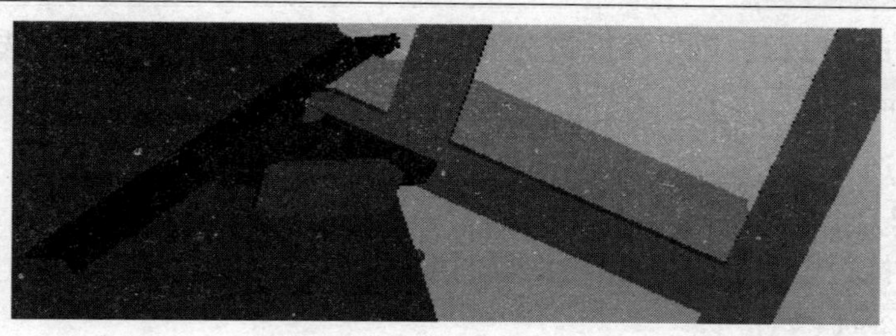

图 5-15 肘板的实际模型

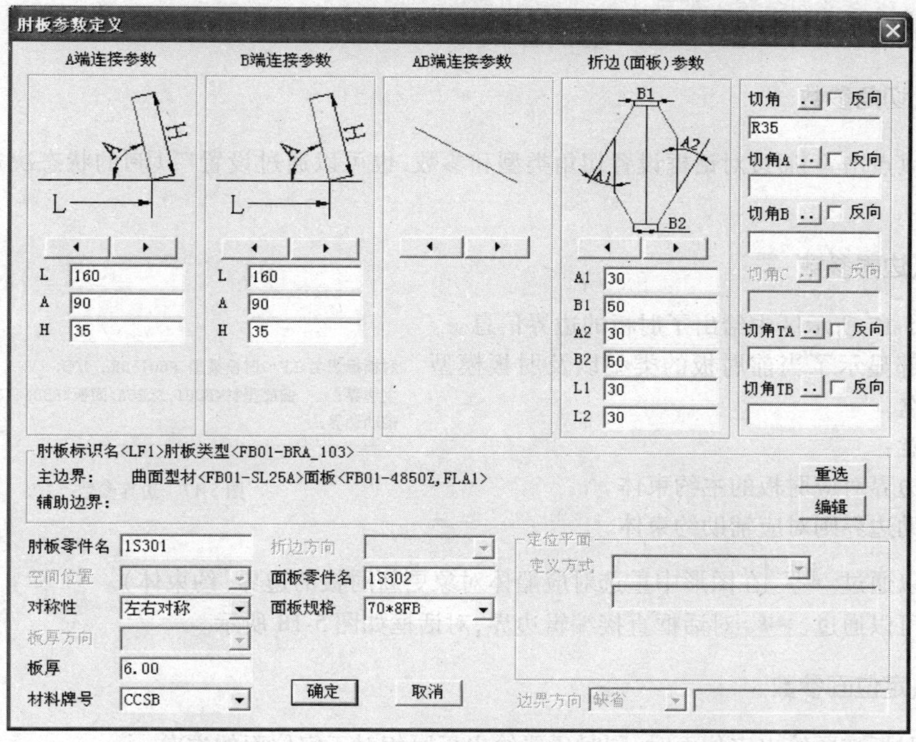

图 5-16 肘板参数定义

(3)在创建肘板成功后,新建的肘板成为当前肘板,以黄色显示。

一、肘板端部参数

包括 A 端连接参数和 B 端连接参数。

通过 ◀ ▶ 可进行连接方式的选择,图示区显示了相应的形式。

二、肘板连接边参数

通过 ◀ ▶ 可进行连接边形式的选择,图示区显示了相应的形式。

三、折边(面板)参数

通过 ◀ ▶ 进行折边或面板形式的选择,图示区则显示了相应的形式。

对于有折边的肘板还应设置折边方向，当有折边时，折边方向的选择框将变为有效的：板厚方向 分中

折边方向的选项有：

(1)向上；(2)向下；(3)向艏；(4)向艉；(5)向舷；(6)向中。

当肘板的连接边装面板时，要给出面板的规格和面板的零件名：

面板零件名 12F44

面板规格 70*8FB

面板的规格可以选择，也可以直接输入。

四、切角参数

可以点击 .. 通过对话框设置切角类型和参数，也可以通过设置 反向的状态决定切角的方向。

五、边界参数

图 5-17 所示区中给出了肘板的边界信息。

头部显示了当前肘板的类型以及肘板模型的标识名。

注意：

主边界对应肘板的主约束体

辅助边界则对应辅助约束体

肘板标识名<LF1>肘板类型<FB01-BRA_103>
主边界： 曲面型材<FB01-SL25A>面板<FB01-4850Z,FLA1>
辅助边界：

图 5-17 边界参数

可以通过 重选 在图形中重选对应船体对象更新肘板的边界(约束体)。

也可以通过 编辑 对话框直接编辑边界，对话框如图 5-18 所示。

六、定位面参数

当肘板需要给出定位面时，同时还要给出板厚相对于定位面的方向。

板厚方向 分中

肘板板厚相对定位面可能的方向有：

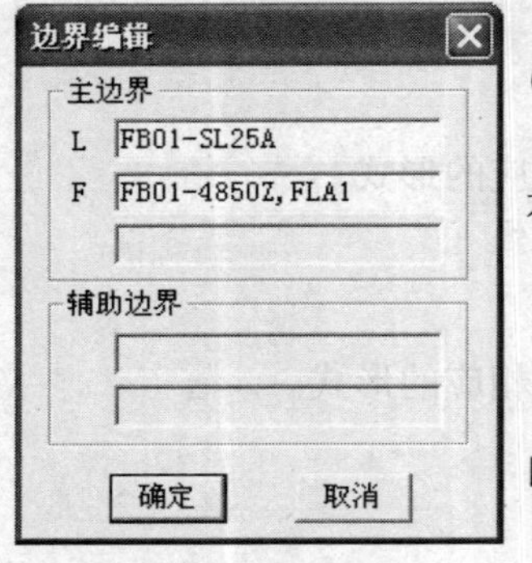

图 5-18 边界编辑

(1)向上；(2)向下；(3)向艏；(4)向艉；(5)向舷；(6)向中；(7)分中；(8)同参考板架。

其中选项 8，只有在肘板的定位平面选择“参考板架”时才有效。

七、空间位置辅助参数

肘板类型可能需要指定肘板的空间位置，通过选择框选择肘板的实际位置。

可能的空间位置有：

(1)上侧；(2)下侧；(3)艏侧；(4)艉侧；(5)舷侧；(6)中侧。

八、属性参数

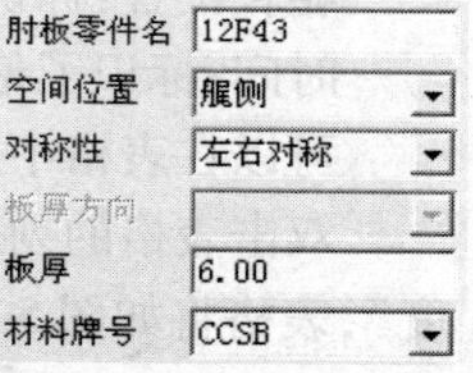

图 5-19 属性参数

肘板还有一般的属性信息,如图 5-19 所示。

肘板零件名:给出名称。

对称性:选项有:(1)左右对称;(2)仅左;(3)仅右;(4)船中。

板厚:给出板厚。

材料牌号:从选择框选取。

第十一节 其 他

一、肘板复制

点击 进行肘板的复制。步骤为:

(1)按系统提示,选择被复制的肘板(被复制的肘板类型必须与要创建的肘板类型一致);

(2)选择肘板在新位置的约束体(主约束体,辅助约束体);

(3)在肘板参数对话框中修改参数,按确定,如成功就完成了一块肘板的复制。此时系统回到步骤 2,可以继续复制下一块肘板。

注:如果在步骤 2 不选择约束体或在步骤 3 按取消,可终止复制。

二、肘板修改

点击 进行肘板的修改。修改时不可更改肘板类型和连接方式,但可以调整参数值的设定,也可更改肘板边界。选择要修改的肘板时,可以在图中选择,也可以用列表的方式选择,可通过 ☑ 列表选择肘板 的设定进行切换。

图 5-20 显示了列表选择时的情况。

当前分段(FB01),选择要修改的肘板

序号	标识名	零件名	类型	对称性	船长位置	材质	厚度	折边	面板	时间
1	BRA_1	1D98	PL1<0, 3>	对称	FR-1-494	CCSB	5			
2	BRA_2	12FE38	SPL<3, 3>	仅右	FR13-457	CCSB	6			
3	BRA_3	5300Z41	PF3<0, 3>	船中	FR11	CCSB	5		√	
4	BRA_4	2D37	FPF<3, 0>	对称	FR11-496	CCSB	4			
5	BRA_5	10F64	FF1<3, 3>	对称	FR11-495	CCSB	4	√		
6	BRA_6	10F72	LPF<3, 0>	对称	FR11-484	CCSB	5			
7	BRA_7	10F73	LPF<3, 0>	对称	FR11-484	CCSB	5			
8	BRA_8	10F70	LPF<3, 0>	对称	FR11-484	CCSB	5			
9	BRA_9	10F71	LPF<3, 0>	对称	FR11-484	CCSB	5			
10	BRA_10	10F65	LPF<3, 0>	对称	FR11-484	CCSB	5			
11	BRA_11	2D37	FPF<3, 0>	对称	FR12-496	CCSB	4			
12	BRA_12	11F64	FF1<3, 3>	对称	FR12-495	CCSB	4	√		
13	BRA_13	11F69	LPF<3, 0>	对称	FR12-484	CCSB	5			
14	BRA_14	11F70	LPF<3, 0>	对称	FR12-484	CCSB	5			
15	BRA_15	11F71	LPF<3, 0>	对称	FR12-484	CCSB	5			
16	BRA_16	11F72	LPF<3, 0>	对称	FR12-484	CCSB	5			
17	BRA_17	11F65	LPF<3, 0>	对称	FR12-484	CCSB	5			

选择 退出

图 5-20

表格说明：

船长位置：标识了肘板的大致位置。如果本栏为空，表示本肘板未能正确生成。

时间：标识了最近操作过的肘板对象。

可以在表格中用鼠标滚轮进行列表视图的滚动。

双击表格的列表头，表格将在已排序的基础上按本列的值进行升序排列。例如，双击“厚度”，表格将如图5-21所示显示。

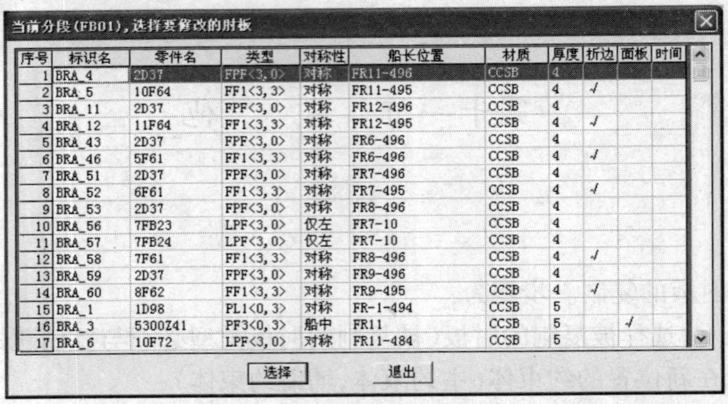

当前分段(FB01)，选择要修改的肘板

序号	标识名	零件名	类型	对称性	船长位置	材质	厚度	折边	面板	时间
1	BRA_4	2D37	FPF<3,0>	对称	FR11-496	CCSB	4			
2	BRA_5	10F64	FF1<3,3>	对称	FR11-495	CCSB	4	√		
3	BRA_11	2D37	FPF<3,0>	对称	FR12-496	CCSB	4			
4	BRA_12	11F64	FF1<3,3>	对称	FR12-495	CCSB	4	√		
5	BRA_43	2D37	FPF<3,0>	对称	FR6-496	CCSB	4			
6	BRA_46	5F61	FF1<3,3>	对称	FR6-496	CCSB	4	√		
7	BRA_51	2D37	FPF<3,0>	对称	FR7-496	CCSB	4			
8	BRA_52	6F61	FF1<3,3>	对称	FR7-495	CCSB	4	√		
9	BRA_53	2D37	FPF<3,0>	对称	FR8-496	CCSB	4			
10	BRA_56	7FB23	LPF<3,0>	仅左	FR7-10	CCSB	4			
11	BRA_57	7FB24	LPF<3,0>	仅左	FR7-10	CCSB	4			
12	BRA_58	7F61	FF1<3,3>	对称	FR8-496	CCSB	4	√		
13	BRA_59	2D37	FPF<3,0>	对称	FR9-496	CCSB	4			
14	BRA_60	8F62	FF1<3,3>	对称	FR9-495	CCSB	4	√		
15	BRA_1	1D98	PL1<0,3>	对称	FR-1-494	CCSB	5			
16	BRA_3	5300Z41	PF3<0,3>	船中	FR11	CCSB	5		√	
17	BRA_6	10F72	LPF<3,0>	对称	FR11-484	CCSB	5			

选择　退出

图 5-21

三、肘板删除

点击 进行肘板的删除，选择时可以图选也可表选。

四、检查与重算

点击 进行肘板的检查与重算，系统提供的对话框如图5-22所示。

可以对选定范围内的肘板进行有效性检查、干涉检查和重算。

当限定分段时仅对选择的分段进行运算，当取消分段限定时将对全船所有分段的肘板进行运算。

保存信息 通过此按钮可以将列表框中输出的信息保存到文件 bkterr.txt，以便于使用。

状态和进度条反映程序计算过程中的状态。

1. 有效性检查

有效性检查是对肘板的对称性进行检查，查看是否有对称性不符合要求的肘板。检查结果输出到列表框中。

2. 干涉检查

干涉检查是仅对肘板进行的，和其他类型

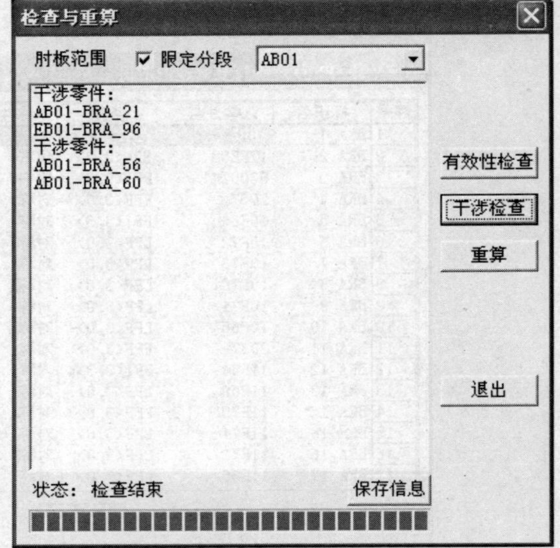

图5-22　肘板的检查与重算

的船体对象无关。

一般干涉是按分段进行的,对于全船检查时间较长。

当检查分段时,实际是对本分段的所有肘板进行检查,查看是否与其他的肘板(可能在其他分段)存在重叠现象,并将检查结果输出到列表框中。

3. 重算

按选择的范围对肘板进行重算,并将重算时的出错信息输出到列表框中。

思考与练习 SIKAOYULIANXI

一、判断题

1. 创建肘板前必须先确定肘板所在的分段,并将其设定为当前分段。 ( )
2. 肘板类型主要是根据边界数目和边界类型来确定。 ( )
3. 类型为 PC1 的肘板表示一边为曲面边界一边为平面板架边界。 ( )
4. 肘板的端部形式是由连接方式决定的。 ( )
5. 连接边是连接肘板两端的过渡区域,没有方向性。 ( )
6. 不给出肘板的定位信息就不能确定肘板的空间位置。 ( )
7. 对已经定义过的肘板只能通过修改的方式更新。 ( )

二、简答题

1. 肘板模块主要的功能有哪些?
2. 系统创建的肘板类型有哪几种?
3. 系统给出了哪些连接边类型?
4. 肘板折边的类型有哪些?
5. 确定肘板的空间位置有哪些方式?
6. 创建肘板有哪三个步骤?
7. 肘板复制时的具体操作是什么?

第六章　船 体 图 纸

知识目标

1. 正确掌握船体图纸的生成方式；
2. 理解和掌握图纸的标注、标识线、符号等方法；
3. 理解和掌握图纸输出方式。

能力目标

1. 熟练掌握生成船体图纸；
2. 熟练操作图纸输出。

船体图纸是船体设计系统的最重要的输出。我们能在船体三维实体模型中剖切，生成满足船体制图标准的图面。在自动生成的图面基础上，提供各种图形处理功能，例如标注添加等，得到船体图纸，可以生成分段结构图、分段工作图、外板展开图。

生成的船体图纸与船体结构产品数据库密切相关。生成的船体图纸不是单纯的图形，而是与船体结构产品数据库互联互动的。船体结构产品数据库中船体结构修改了，相关的船体图纸一刷新就会自动修改。而选择船体图纸中的船体结构的图形，实际上也选中了船体结构产品数据库中的船体结构，于是可通过图纸修改船体结构产品数据库中的船体结构，也可根据船体结构产品数据库中的船体结构的属性数据在图面上标注零件名、材质、坡口，而无须键盘输入字符串。这就保证了船体图纸与船体结构产品数据库的一致性。

第一节　生成船体图纸

“生成船体图纸”就是在图册中添加一张船体图纸。

图册可以包含有若干张图纸。图册就是船体模型和船体图纸的集合。刚开始时，图册中只有用于建模的带有俯视图、轴测视图和任意剖视图三个视图的一张图纸。等到建模基本完成，就应该按船体图纸的出图要求，建立有页次的各页面的图纸。

图形平台下方的“布局”栏排列出各图纸的名称。点击其中一个图纸名称，即选中该图纸，即显示出该图纸的图面，如图 6-1 所示。

通常，按分段建立图册，构成分段结构图册。如果在分段结构图册的图面上再反映生产设计的内容，则可得到分段施工图册。

图纸上显示船体结构截面图形的区域称为“视区”。视区详细表达船体结构的情况。一张图纸上可以布置有多个视区。

而视区是由视口和视图合成的。

只要掌握“图纸”、“视图”、“视区”的操作，就能顺利地生成船体图纸。

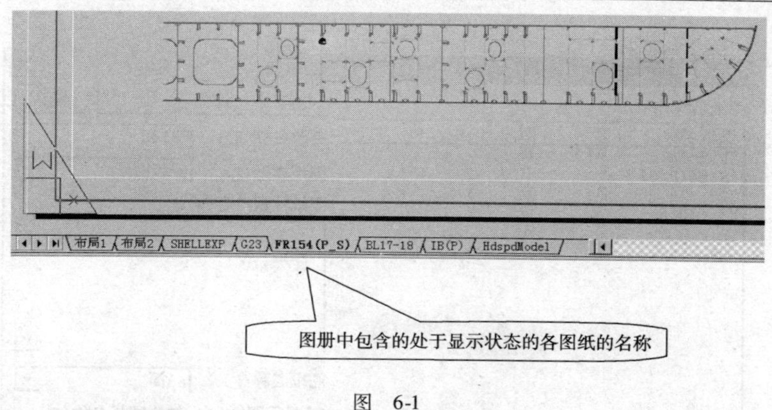

图　6-1

一、图纸管理

用“图纸管理”功能在图册中进行图纸的创建、修改、删除以及控制图纸的显示状态。

点击“图纸管理”按钮，即出现如图6-2所示的“图纸管理”对话框。

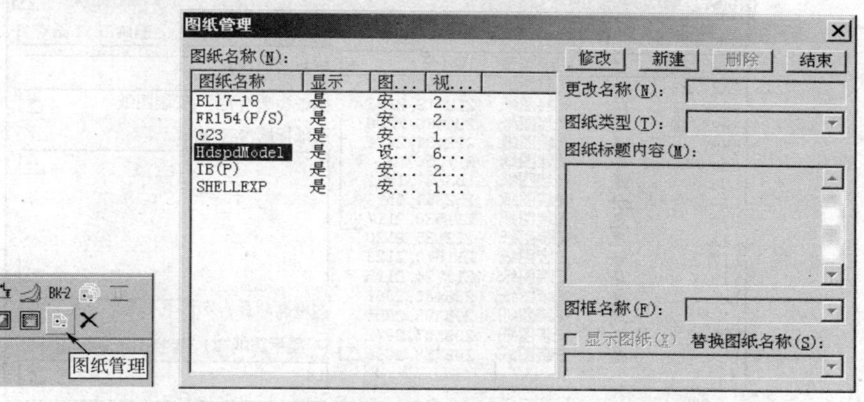

图6-2　图纸管理对话框

在“图纸名称”列表中列出了图册中已有的图纸。

1. 创建新的图纸

点击“新建”按钮，“图纸管理”对话框变为如图6-3所示。

在“名称”栏中键入要新建的图纸的名称。

在“图纸类型”框中设置为“安装图纸”类型。

在“图纸标题”框中键入图纸标题。图纸标题可以为空。

在“图框名称”框中选择图框的名称，例如：“A3简”。

然后设置图纸的显示状态。通常是选中“显示图纸”框，在“替换图纸名称”中选择“<创建图纸>”。

在作了以上配置后，点击“保存”按钮，在获得确认后即创建了一张新的图纸。

2. 修改或删除图纸

点击“图纸管理”按钮，在出现的“图纸管理”对话框中选择一张已有的图纸，点击“修改”按钮，“图纸管理”对话框变为如图6-4所示。

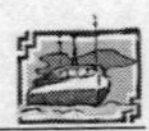

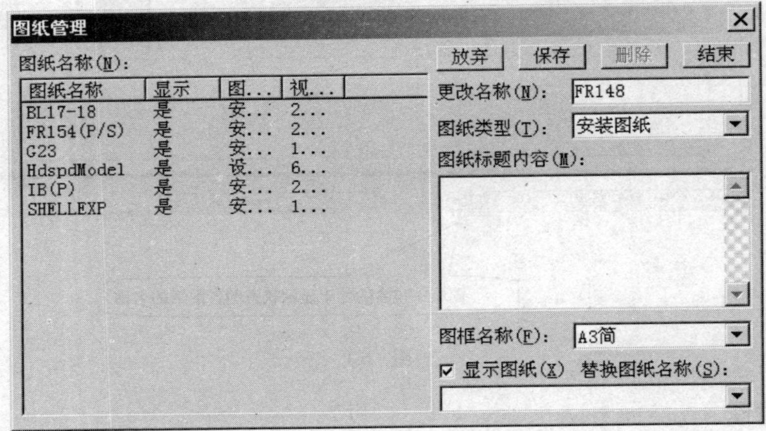

图 6-3

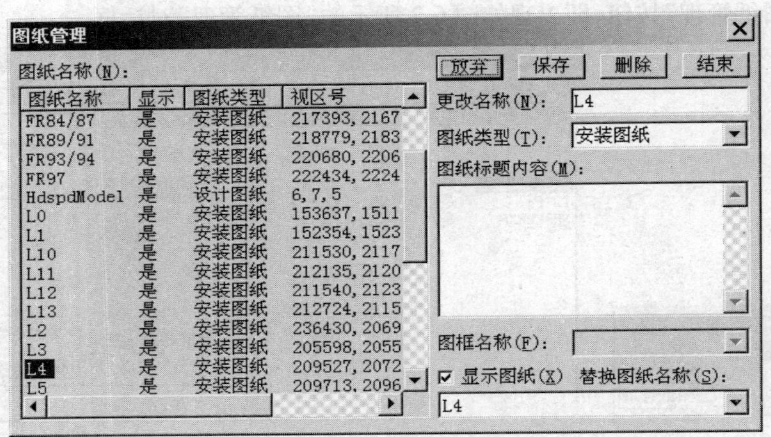

图 6-4 图纸的修改和删除

可以在"更改名称"栏中键入新的图纸名称来替换原来的图纸名称。

一般不修改"图纸类型"。

这里不修改图框,修改图纸显示状态的设置。

在作了以上修改后,点击"保存"按钮,在获得确认后即修改了这张图纸。如果点击"放弃"按钮,则放弃修改。

要修改一批图纸的显示属性,可以先从"图纸名称"表中选择一批要修改的图纸,然后按"修改"按钮,则只有"显示图纸"属性是可以修改的,更改此属性后按"保存"按钮,则更改当前显示的图纸状况。

要删除一张或一批图纸,可以先从"图纸名称"表中选择要修改的图纸,然后按"修改"按钮,最后按"删除"按钮,即可在获得确认后从图册中删除选定的图纸。

3. 图纸显示状态的设置

可以设置图册中的图纸在图形平台上显示或不显示。当图册中有很多图纸,在图形平台上都显示出来时，会影响系统的处理效率。因此，常常把一些当前不准备处理的图纸设置成不显示状态，让其休眠，以提高系统的处理效率。设置成不显示状态的图纸将不出现在图形平台的“布局”栏中。

在“图纸管理”对话框中，可以通过选择“显示图纸”框和以及准备替换显示的图纸名称，来设置图纸的显示状态。

当选中“显示图纸”框时，该图纸被设置为显示状态，当不选中“显示图纸”框时，该图纸被设置为不显示状态。

如果一张新创建的图纸或先前处于不显示状态的图纸被设置为显示状态时，应该在“替换图纸名称”下拉框中选择准备替换显示的图纸名称。在“替换图纸名称”下拉框中列出有当前图形平台上显示的各图纸的名称，还另包括“<创建图纸>”选择项。如果选择了“替换图纸名称”下拉框中的一张图纸，则当前图纸被显示的同时，“替换图纸名称”下拉框中选中的图纸将被设置为不显示，保持图形平台上显示的图纸数量不变。如果在“替换图纸名称”下拉框中选择“<创建图纸>”选项，则图形平台上显示的图纸数量被增加，增加了当前图纸。

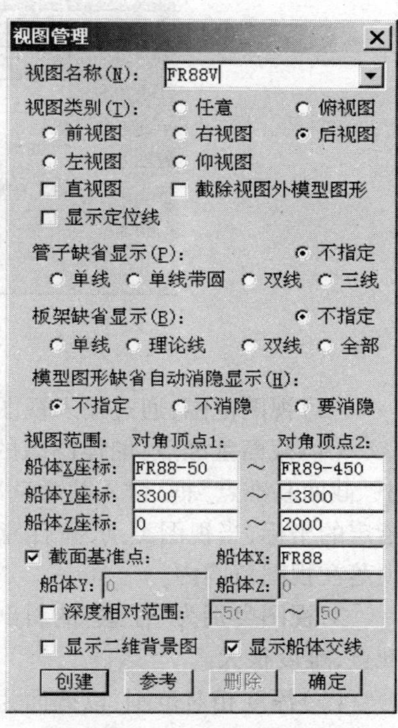

图 6-5　视图管理对话框

二、视图管理

视图管理用于在图册中创建、修改、删除视图。

在工程和模型管理工具条中按视图管理按钮，则显示如图 6-5 所示的“视图管理”对话框。

1. 创建视图

在“视图管理”对话框中，作如下设置：

(1)视图名称：在“视图名称”中输入要创建的视图名。

(2)视图类别：选择视图类别。有 7 种视图类别。但对于船体设计，通常只用其中 4 种视图类别：

俯视图：从上向下看，用来表达水平面结构。

右视图：从右舷向左舷看，用来表达纵向结构。

后视图：从艉向艏看，用来表达横向结构。

任意：斜剖视图，用来表达斜向板架和纵骨。

如果选择的是任意视图，则系统提示如图 6-6 所示的设置视图坐标系对话框。

其中，水平的 U、V、W 轴方向是指视图坐标系的三个轴在船体坐标系下的方向矢量，垂直方向的 X、Y、Z 轴方向是指船体坐标系的三个轴在视图坐标系下的方向矢量。三个角度是指船体坐标系的三个轴在视图坐标系 UV 平面上的投影射线的平面角度，这三个角度之间的三个夹角必须全部是钝角或者一个是钝角两个是锐角。选择已知条件（通常是选择已知“UV 轴”），然后输入相应的数值。按确定按钮，则系统计算其他的数值，并更新显示内容。系统显

示确认对话框“确实这样设置吗?”,回答“是”则接受设置返回视图管理,回答“否”则继续设置视图坐标系操作。确认后,视图管理对话框中的“视图类别”将根据确认的视图坐标系自动设置,比如,该是俯视图的就设置为俯视图,该是后视图的就设置为后视图,只有斜剖视图仍设置为类型为“任意”的视图。

设置视图坐标系

已知条件: ⊙UV轴 ○UW轴 ○VW轴 ○XY轴 ○XZ轴 ○YZ轴 ○角度

	X轴方向	Y轴方向	Z轴方向
U轴方向:	1	0	0
V轴方向:	0	0	1
W轴方向:	0	-1	0
	X轴角度:	Y轴角度:	Z轴角度:
A角度:	0	0	90

确定 取消

图 6-6 设置视图坐标系

(3)视图范围:通过输入视图的 2 个对角顶点的船体坐标来给出船体范围。

(4)截面基准点:船体图纸的视图是截面图,需要在截面上给出 1 点作为截面基准点。选中“截面基准点”框,键入截面基准点的坐标。需要输入的坐标随视图类别而定,通常是 1 个指定的坐标,当视图类别为“任意”时,需要键入截面基准点的 3 个坐标。截面基准点位置必须落在视图范围内。

对视图类别为“任意”的斜剖视图,操作者要正确给出轴的方向矢量、视图范围和截面基准点,难度很大。

(5)深度相对范围:以截面为基准,视图前后的深度通常已经由上面的视图范围决定了。但操作者也可在这里选中“深度相对范围”框,并键入视图截面后的深度值(用负值)和视图截面前的深度值。当视图是斜剖图时,常常要调整深度相对范围,使斜剖视图中包含必需的结构但不包含对该视图多余的结构。

(6)显示船体交线:当选中“显示船体交线”框时,系统自动计算视图截面与船体曲面的交线并显示。当视图与船体曲面有关时,通常应该选中“显示船体交线”框。但如果视图表达的主体结构不是平面结构(例如,迹线为空间曲线的扭曲的纵骨),则视图截面与船体曲面的交线不等同于主体结构在船体曲面的迹线,此时通常不要船体交线,而把主体结构的迹线加粗显示。

对船体图纸的视图,不选中“直视图”、“截除视图外模型图形”、“显示定位线”、“显示二维背景图”等复选框,也不指定“管子缺省显示”、“板架缺省显示”、“模型图形缺省自动消隐显示”。

在作了以上设置后,单击“创建”按钮,即创建了该视图。

2. 修改或删除视图

如果在“视图管理”对话框的“视图名称”中选择一个已有的视图,则对话框中的“创建”按钮变为“修改”按钮,“删除”按钮变为可用。要修改一个已有的视图,可先从“视图名称”中选择要修改的视图,然后修改所有视图定义数据,最后按“修改”按钮即可。

要删除视图，则先从“视图名称”中选择要删除的视图，然后按“删除”按钮即可。

最后按“确定”按钮结束视图管理操作。

3. 选择船体构件来创建视图

当需要对斜板架或既不水平又不直立的纵骨创建视图时，采用前述的方法创建视图类别为“任意”的斜剖视图，操作者通常难以给出轴的方向矢量、视图范围和截面基准点。本系统针对这种情况，专门设置了更为简便的通过选择船体构件来创建视图的功能。

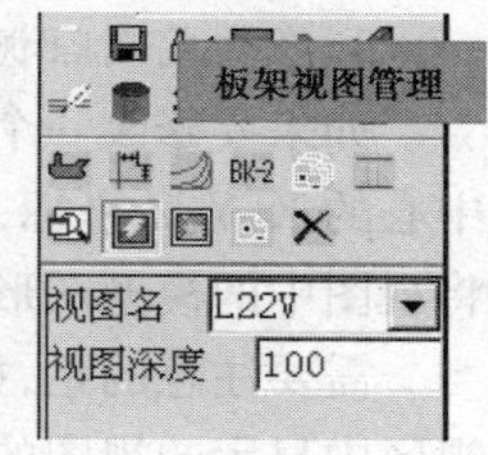

图6-7 板架视图管理

在工程和模型管理工具条中按“板架视图管理”按钮，系统的主控对话框显示如图6-7所示。在“视图名”框中键入要创建的视图的名字，给出适当的“视图深度”。系统在主控对话框下方的提示信息区提示：选择要设置视图的船体构件。

操作者在图形平台显示的图形中选择要设置视图的船体构件，例如，在一个横剖面图上选择一根与外板面垂直的纵骨的截面图形。选择后，主控对话框上“板架视图管理”的下属控件立即消失，系统根据所选择的船体构件的定位布置数据，计算视图坐标轴的方向矢量、视图范围和截面基准点，生成了该视图，如图6-7所示。

通过本功能生成的视图，如果在加入到图纸中的某个视区显示出其图形时，发现需要调整，此时可通过前述的“视图管理”，对视图进行适当的修改，主要是修改“视图范围”和“深度相对范围”。

三、视区管理

视区管理用于在图纸上创建视区、修改视区属性、删除视区等，如图6-8所示。

1. 在图纸上建立视口

要创建视区，首先要在图纸上创建视口。

在“布局”栏选中一张图纸。然后选择图形平台的菜单：“视图”→“视口”→“一个视口”，在图纸上建立一个视口。一张图纸可以布置多个视口。

视口的边框不影响图纸。在图纸打印输出时，要使打印出的图纸上不出现视口的边框，可以使用彩色打印（即在plot→打印设备→打印样式表，指定“无”或“acad. ctb”），如果使用单色打印（即在plot→打印设备→打印样式表，指定“monochrome. ctb”），则必须通过“编辑”功能将第255号色的打印色从“黑色”设置成“使用对象颜色”。

2. 把视图布置在视口，建立视区

在“布局”栏选择一张图纸，然后在工程和模型管理工具条中按“视区管理”按钮，则在主控界面的对话框区域中显示对话框。系统提示：请在视口中点击。

此时，在图纸中选择一个视口或视区。如果该视区是已经定义的视区，则该视区的属性数据（图纸名、视图名、视区比例、视区宽度等等）都显示在对话框中。如果该视区还没有定义，则视区号为空，视图号为上次操作的内容。

图6-8 视区管理

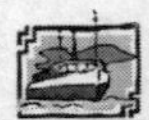

为了要创建一个视区,在选择该视口后,从对话框的"视图名"框中选择一个视图名,视图中心的X、Y、Z坐标自动被显示。视图中心将被定位在视口的中央。如果想有所偏移,可以修改显示的视图中心的X、Y、Z坐标。设定视图比例。按"创建视区"按钮,则将该视口定义为一个视区,同时将视图中的模型图形显示在该视区中。

3. 修改或删除视区

如果要修改一个视区,则选择该视区后,在对话框中修改视区属性数据,通常是修改视图中心的X、Y、Z坐标,"修改视区"按钮即被激活。按"修改视区"按钮,则该视区被修改,同时将视图中的模型图形重新显示在该视区中。

需要注意的是,如果一个视图的属性数据(视图范围、视图深度等)有所修改,需要刷新在视区中显示的视图的图形,也必须运用修改视区的方法,通常是微量修改视图中心的某一个坐标,然后按"修改视区"按钮。

如果要删除一个视区,则选择该视区后,按"删除视区"按钮,则该视区被删除。

如果图纸属性(尺寸大小横竖等)有所改变,则可以按"更新图纸"按钮更新这些图纸属性。

四、船体构件在图纸中的表达

本船体设计系统剖切生成的船体视图,是按照船体制图标准生成的。船体构件在图纸中的表达方式满足船体制图标准的要求。

1. 线型

船体构件在图纸中视场合而定,采用规定粗细和类型的线条表达,见表6-1。

表6-1

线　型	表达的船体构件
粗实线	(1)与船壳曲面的交线; (2)与剖切面成大角度但不贯穿,位于剖切面之前的水密板架、一般板架和肘板
粗虚线	与剖切面成大角度但不贯穿,位于剖切面之后的一般板架和肘板
轨道线	与剖切面成大角度但不贯穿,位于剖切面之后的水密板架
粗点划线	与剖切面成大角度但不贯穿,位于剖切面之前的强构架
粗双点划线	与剖切面成大角度但不贯穿,位于剖切面之后的强构架
细点划线	(1)位于在剖切面投影的板架的可视面的扶强材; (2)中心线
细虚线	(1)位于在剖切面投影的板架的背面的扶强材; (2)扶强材腹板在剖切面投影,折边(球头)朝向背面时折边的厚度线
细实线	(1)与剖切面成大角度并贯穿剖切面时各种构架与剖切面的截交线; (2)在剖切面投影的构件的边界线、板缝线、内孔、边界孔、一般曲线; (3)扶强材腹板在剖切面投影,折边(球头)朝向可视面时折边的厚度线
短粗线	指示扶强材的厚度朝向

2. 端部符号

本船体设计系统在生成的船体图纸中，当扶强材不是在剖切面投影表达时，在扶强材迹线的两端自动添加端部符号，用来表示扶强材端部的连接方式和端部切割方式。端部符号的具体含义见表6-2。

表6-2

端部符号	含义
S	与其他扶强材对接。连接码为5
	表示端部切割码为13＊＊,14＊＊的扁钢端部,通常是自由端
	表示端部切割码为23＊＊,26＊＊,27＊＊,28＊＊等的角(球扁)钢端部,折边削斜且是自由端
	表示端部切割码为23＊＊,26＊＊,27＊＊,28＊＊等的角(球扁)钢端部,折边不削斜且是自由端
	表示端部切割码为33＊＊,34＊＊,35＊＊,36＊＊的T型钢端部,面板削斜或不削斜且是自由端
	表示端部切割码为35＊＊,36＊＊等的T型钢端部,面板不削斜且是自由端
	表示除以上之外的其他端部连接方式和端部切割方式。通常端部要与构件焊接

第二节　图纸处理

图纸处理是船体设计系统的一个重要的工作环节，是船体系统出图必不可少的功能。系统通过“图纸管理”、“视图管理”和“视区管理”等功能，剖切船体模型，形成了船体图纸，但是图面上还需要添加各种标注和尺寸，才能真正成为可用于船体生产的图纸。这个工作称为“图纸处理”。

图纸处理包括标注名称、标注尺寸、标注孔径、标注文本、标注符号、船体标识线，以及图纸处理对象的拖动、移动、复制、更新、删除、图形转换、图框管理等功能。此外，图纸处理中还包括图块和DXF输入/输出功能。关于DXF输入/输出功能，如图6-9所示。

在图纸处理时，必须随时注意当前所设置的颜色和文字尺寸。绝对不能把当前颜色设置得与图面的底色相同。可通过主控界面对话框下部的按钮，设置当前颜色和文字尺寸。

在进行图纸处理时，需要在选中的视区中操作。但有时，往往进不到所需要的视区。这是因为，在一张图纸上开设有图框视区和各船体剖面视区，船体剖面视区是“嵌入”在图框视区中的，当操作者把焦点转移到船体剖面视区外的区域，就可能激活了图框视区，这时再想进入船体剖面视区就进不去了，在船体剖面视区内用鼠标点击，由于点击位置同时也是在图框视区内，不能达到切换视区的目的。这时要想进入船体剖面视区，唯一的办法就

是“隐藏”图框。

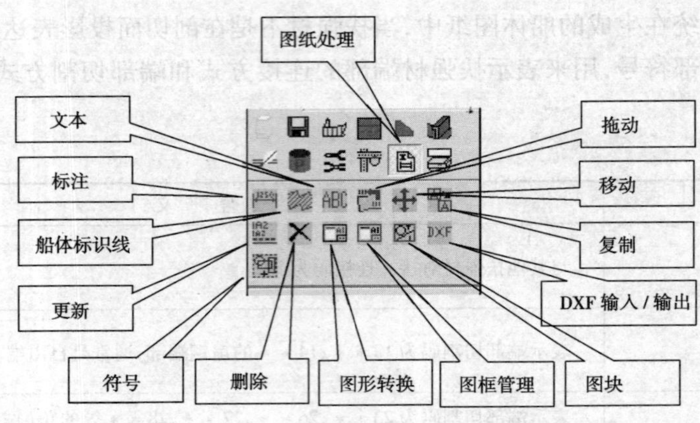

图 6-9 图纸处理的功能

一、标注

点击“图纸处理”下的“标注”按钮，出现下属功能按钮，如图 6-10 所示。包括标注名称、标注尺寸、标注孔径、标注角度、更新名称。

标注的实例如图 6-11 所示。

1. 标注零件名称

标注名称包括标注零件名称、材料、牌号和坡口等名称。点击“标注名称”按钮，在主控对话框出现如图 6-12 所示的界面。

在主控对话框中设置本次标注时的属性。

件号“全”：选中表示标注完整的零件名(但不包括分段码)。

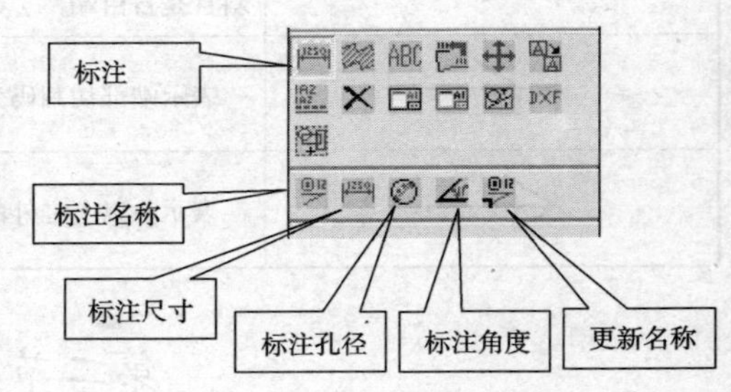

图 6-10 标注的功能按钮

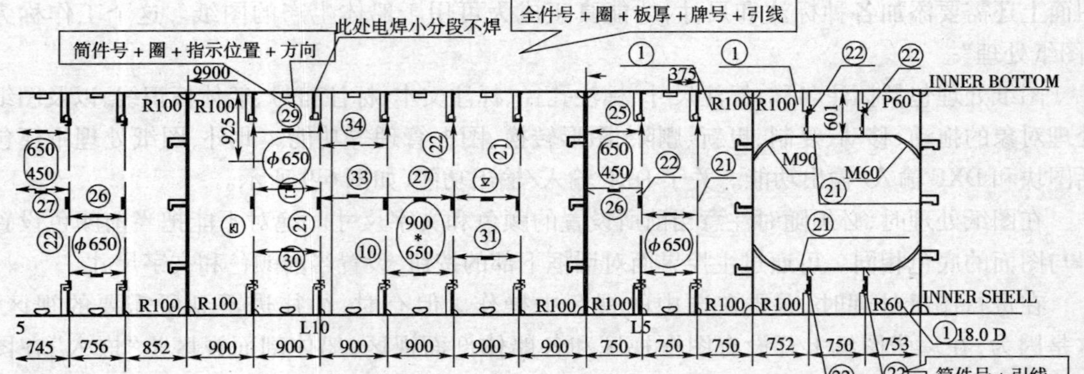

图 6-11 标注实例

件号“简”:选中表示标注的零件名仅标出零件名末尾的数字件号码,而不标出装配码和位置码,其装配码和位置码与相关的板材零件相同。只有平面板架的附属零件(扶强材或面板)才能标注简化形式的零件名。板材零件一律以“全”方式标注,即使是选中“简”方式也如此。允许以“简”方式标注零件名,目的是使图面简洁。

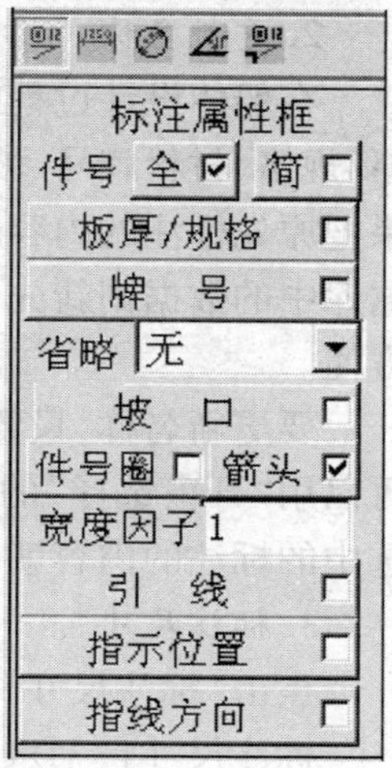

标注属性框
件号 全 简
板厚/规格
牌 号
省略 无
坡 口
件号圈 箭头
宽度因子 1
引 线
指示位置
指线方向

图 6-12 标注属性框

板厚/规格:选中表示要标注板零件的板厚或型材的规格。

牌号:选中表示要标注零件的牌号。

省略[牌号]:在下拉框中选择可省略标注的材料牌号。通常对一条船所使用的材料总有一种材料牌号是主要的材料牌号,可约定如果零件标注时不特别标出材料牌号就是采用这种缺省的材料牌号,这样做,可使图面更简洁。如果选择“无”,表示无缺省的材料牌号。

坡口:选中表示标注选择点处板边界上定义的坡口代码。

件号圈:选中表示在标注零件时要绘出件号圈,圈住零件名。

箭头:选中表示引出线有箭头。

宽度因子:给出标注文字字符间的宽度因子,1 为常规,小于 1 时紧缩字符间的宽度,大于 1 时拉开字符间的宽度。

引线:选中表示要有引出线,通过引线指向标注的零件。对型材零件直接从零件迹线引出,对标注坡口也是直接从板缝线引出,但对板材零件必须在零件内空白处再指示一点然后引出,如图 6-13 所示。

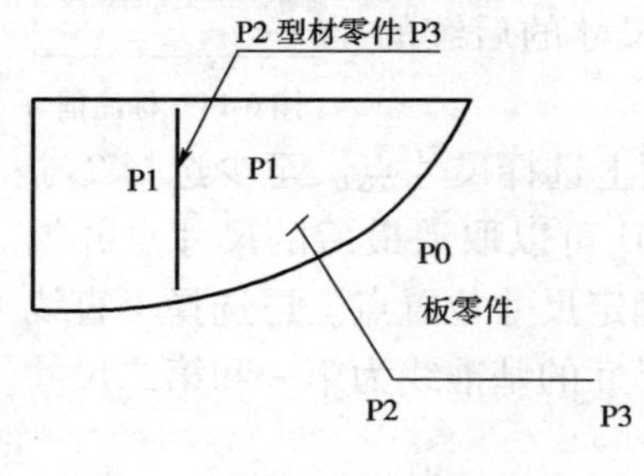

图 6-13 引出线

P0 是选择板零件的选择点,P1 是引出点,P2 是标注位置点,P2 到 P3 的方向是标注文字的方向,当方向角度不大时,系统处理成水平方向。

指示位置:选中表示无引线,直接在选择零件图形时的选择点处标注。

指线方向:当选中“指示位置”时起作用,表示标注的方向就是零件迹线段的方向,不然按水平方向标注。

标注属性可以复合选择,在标注时一起标上。标注的位置是指标注文字的左下角,如果引线、指示位置、指线方向没有选择,那指示图形的点就是标注的位置,而且文字为水平方向。

在设置了标注属性后,系统提示:“选择模型”,在图面上选择要标注的模型。对型材零件可选择零件迹线或投影线,对板材零件可选择板零件的边界(板缝)线,或切口线,或内孔线。

在图面上选择要标注的零件时,由于图面上重叠着许许多多的实体,往往选中的不是所需要标注的零件。例如,通过选择板缝线来选择板零件,该板缝线既是零件 A 的边界,又是零件 B 的边界,那么到底选中的是哪个零件呢?当选择有多义性时,可以先按住 Ctrl 键,然后用鼠标选择模型,这时选中的模型以虚线显示,如果虚线显示的模型不是所需要标注的零件,可以在同一位置继续按鼠标左键,虚线显示的模型就切换了,直到虚线显示的模型就是所需要标注的零件为止,此时按鼠标右键结束对该位置模型的选择。

在选择了一个模型后,如果有引线,则按引线操作。这样就在图面上标注了一个名称。

2. 更新名称

在船体设计过程中，经常会发生修改。可能船体图纸已生成，并且已标注了零件名称、板厚/规格、材料牌号、坡口等信息。由于设计修改，原先标注的内容不对了，需要相应修改。如果把原先标注的内容删除再重新标注，太费时费力了。本“更新名称”功能可自动根据船体数据库中的数据刷新先前标注名称的内容，而不改变标注名称的位置。这样就使得修改非常方便。

要更新名称，只要点击“更新名称”按钮。然后按照系统提示，在图面上选择先前的标注。可以用“开窗选择”的方法进行选择，系统会自动过滤，只选中标注。按鼠标右键结束选择后，选中的标注的内容就被刷新了。

3. 标注尺寸

点击“标注尺寸”按钮，在主控对话框出现如图6-14所示的界面。

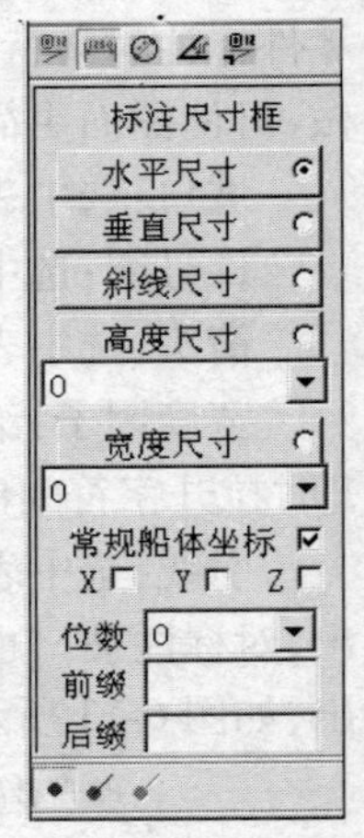

图6-14 标注框

标注尺寸包括水平尺寸、垂直尺寸、斜线尺寸、高度尺寸、宽度尺寸及船体坐标标注等功能；可以设置尺寸小数的位数，可以在尺寸前添加字符（前缀）及在尺寸后添加字符（后缀）。

在尺寸标注框中设置本次标注时的属性。

（1）标注水平尺寸。选中“水平尺寸”单选框。然后在图面上选择尺寸点。至少选择2个尺寸点。可连续选择多个尺寸点。在选择尺寸点过程中输入U可以取消最后的尺寸点并继续选择尺寸点。按回车或鼠标右键来结束选择尺寸点。然后确定尺寸位置点。即在尺寸位置点处标注出水平尺寸。

（2）标注垂直尺寸。选中“垂直尺寸”单选框。标注垂直尺寸的后续的操作与水平尺寸标注类似。

（3）标注斜线尺寸。选中“斜线尺寸”单选框。然后在图面上选择尺寸点。至少选择2个尺寸点。可连续选择多个尺寸点。在选择尺寸点过程中输入U可以取消最后的尺寸点并继续选择尺寸点。按回车或鼠标右键来结束选择尺寸点。然后确定尺寸位置点。再选择一直线段为斜线尺寸的基准线，如果直接按回车或鼠标右键，则斜线尺寸的基准线为第一和第二尺寸点的连接线。系统即在尺寸位置点处标注出斜线尺寸。

（4）标注高度尺寸。标注高度尺寸时可以标注距基线的距离，也可标注距甲板面或水平定位面的距离。相对具有抛昂势的甲板，也能标注。

选中“高度尺寸”单选框。然后在高度基准面选择框中选择高度基准面。在高度基准面选择框中列出有通过“坐标定位面设置”设置的各个水平定位面或甲板面的名称，以及选项“0”。如果选择0，表示以船底基线为高度基准面。如果选择水平定位面或甲板面的名称，则以选定的面为高度基准面。然后指示尺寸点。一次只指示一个尺寸点。再确定尺寸位置点。系统即在尺寸位置点处标注出尺寸点的高度尺寸。

（5）标注宽度尺寸。标注宽度尺寸时可以标注距船舯的距离，也可标注距纵向定位面的距离。

选中“宽度尺寸”单选框。然后在宽度基准面选择框中选择宽度基准面。在宽度基准面选择框中列出有通过“坐标定位面设置”设置的各个纵向定位面的名称，以及选项“0”。如果选择0，表示以船舯为基准面。如果选择纵向定位面的名称，则以选定的面为基准面。然后指

示尺寸点。一次只指示一个尺寸点。再确定尺寸位置点。系统即在尺寸位置点处标注出尺寸点的宽度尺寸。

(6)标注船体坐标。标注一个点在船体坐标系中的坐标。

点的船体坐标有2种表示方式:绝对坐标方式和常规坐标方式。所谓绝对坐标方式就是以数值给出坐标。所谓常规坐标方式就是相对于最接近的肋骨面、纵向定位面和水平定位面给出坐标。用是否选中“常规船体坐标”框来切换常规坐标方式和绝对坐标方式。

在X、Y、Z复选框中选中需要标注的坐标分量。对于船体图纸通常只选择其中的2个分量。如果选择全部3个分量,往往视图定位面的那个坐标分量是不对的。

然后选择要标注的坐标点,再确定标注坐标位置点。系统即在位置点处标注出坐标点的船体坐标。

4. 标注孔径

标注孔径包括标注直径尺寸、半径尺寸、腰圆孔尺寸。点击“标注孔径”按钮,在主控对话框出现如图6-15所示的界面。

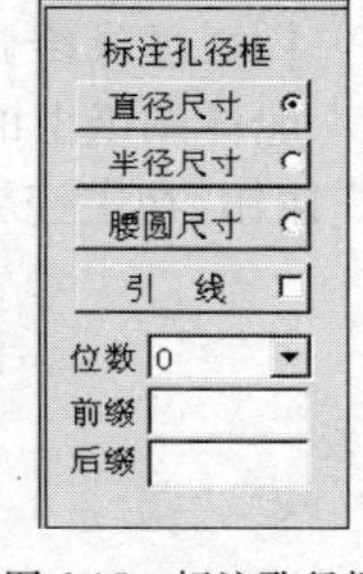

图6-15　标注孔径框

在尺寸标注框中设置本次标注时的属性。

可以有引线,可以设置尺寸小数的位数,可以在尺寸前添加字符(前缀)及在尺寸后添加字符(后缀)。

(1)标注直径尺寸。选中“直径尺寸”单选框。然后在图面上选择圆孔图形。再确定尺寸位置点。系统即在尺寸位置点处标注出直径尺寸,直径尺寸前自动添加符号ϕ。如果设置有引线,则系统过尺寸位置点和圆心点作直径线,两端带箭头,并且当尺寸位置点在圆内时标注的直径沿所作直径线方向,当尺寸位置点在圆外时沿直径线延伸至尺寸位置点水平标注直径。如果不设置引线,则系统过尺寸位置点水平标注直径。

(2)标注半径尺寸。选中“半径尺寸”单选框。然后在图面上选择圆弧图形。再确定尺寸位置点。系统即在尺寸位置点处水平标注出半径尺寸,尺寸前自动添加符号R。如果设置有引线,则系统过尺寸位置点作半径线和引线,半径线上箭头指向圆弧。

(3)标注腰圆尺寸。选中“腰圆尺寸”单选框。然后在图面上选择腰圆图形。再确定尺寸位置点。系统即在尺寸位置点处标注出腰圆尺寸。

标腰圆孔时,无引线。图6-16显示了标注孔径的例子。

5. 标注角度

点击“标注角度”按钮,按照系统在主控对话框下方的提示,在图面上选择构成角度的第一根线段、第二根线段,确定角度位置点,系统即在角度位置点处标注出角度。

二、船体标识线

在船体图纸上,一般还需要添加各种船体标识线,例如:肋骨标尺线,纵骨标尺线,阴影线,构架断裂线,板缝标志线,开孔标志线,剖面标志线,分舯线,基线。“船体标识线”按钮提供这些船体标识线的绘制功能。

点击“图纸处理”下的“船体标识线”按钮,出现如图6-17所示的下属功能按钮。包括“刻度线绘制”、“标识线绘制”、“阴影线绘制”。

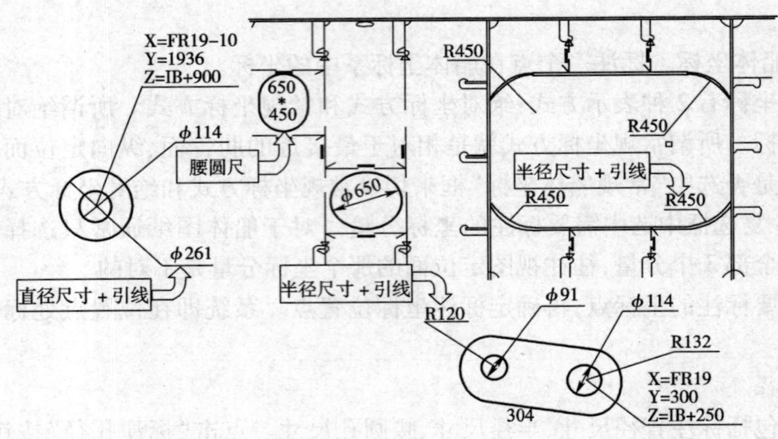

图 6-16　孔径标注实例

1. 刻度线绘制

船体图纸上的刻度线包括肋骨标尺线和纵骨标尺线。点击“船体标识线”下的“刻度线绘制”按钮,在主控界面对话框出现如图 6-18 所示的界面。

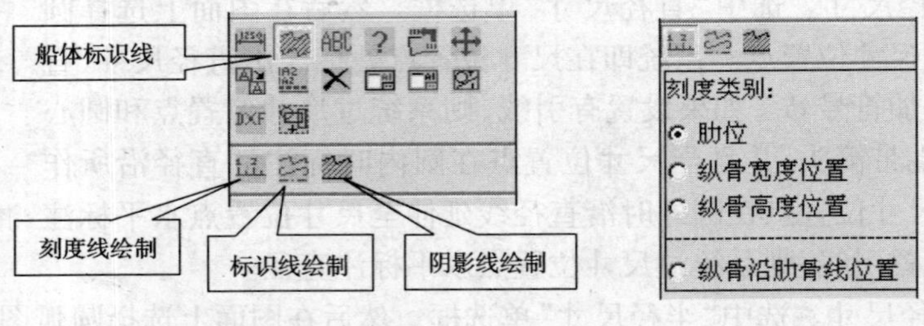

图 6-17　船体标识线　　　　图 6-18　刻度线

一般来说,一个视区中只能绘制特定类别的刻度线,如果该视区中不能绘制指定的刻度线,则会显示出错警告对话框“不能在该视图生成指定的标尺!”

(1)绘制肋骨标尺。通常只有纵向的视图才绘制肋骨标尺。

在主控界面上选择“肋位”,然后在纵向视图的图面内用鼠标指定位置点,即过指定点绘制出肋骨标尺。绘制出的肋骨标尺对应于视图的范围,绘出范围内每个肋骨位置,并逢 5、逢 10 以及在两端标注肋号。

(2)绘制纵骨标尺。就是根据“坐标定位面”中定义的纵骨坐标,在横向视图内标出纵骨位置。只有横向的视图才能绘制纵骨标尺。

在主控界面上选择“纵骨宽度位置”,可绘制视图范围内按宽度布置的纵骨的标尺。此时纵骨标尺是水平的。

在主控界面上选择“纵骨高度位置”,可绘制视图范围内按高度布置的纵骨的标尺。此时纵骨标尺是垂直的。

在主控界面上选择“纵骨沿肋骨线位置”,可沿肋骨线绘制视图范围内纵骨的标尺。此时紧贴肋骨线在纵骨位置绘制纵骨号,但没有标尺线。

选择纵骨标尺类型后，在图面内用鼠标指定位置点，即过指定点或沿肋骨线绘制出纵骨标尺。绘制出的纵骨标尺上绘出范围内每个纵骨的位置，并逢5、逢10以及在两端标注纵骨号。

必须注意，只有在近船体中部的横向视图绘制纵骨标尺才有意义。在艏艉部的横向视图上，纵骨的宽度或高度坐标已与“坐标定位面”中定义的纵骨坐标位置大大不同，绘制纵骨标尺是没有意义的。

2. 标识线绘制

点击“船体标识线”下的“标识线绘制”按钮，在主控界面对话框出现如图6-19所示的界面。这里给出了6种可以绘制的船体标识线。

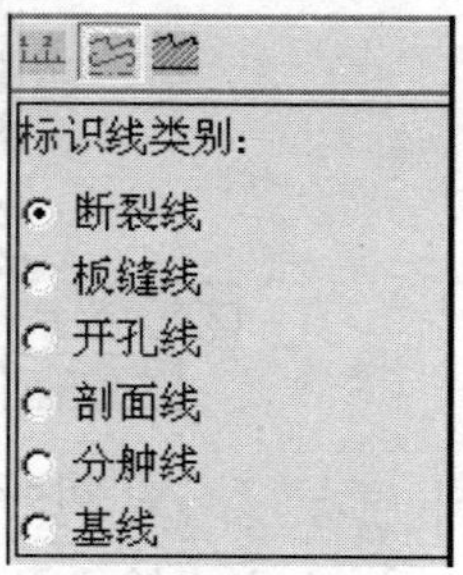

图6-19　标识线绘制

(1)断裂线绘制。如果在该船体视图中，一个船体构件没有完整地表达出来，在视图边缘被截断了，通常可在截断处绘出断裂线来表达。

选中标识线类别为“断裂线”，然后在图面上指定要绘的断裂线的起点和终点，系统即绘出断裂线。

(2)板缝线绘制。在船体图纸中，通常对需要明确表达的板缝线在板缝线上添加“S”形标识线。

选中标识线类别为“板缝线”，然后在图面上要绘板缝线标识的板缝线上指定2点，系统即在指定点间绘出“S”形板缝标识线。

(3)开孔线绘制。在船体视图中，板架与视图截面相截，板架上与视图截面相截的内孔使得板架剖面线在内孔处出现“缺口”，为了明确表示“这是一个内孔”，可以绘制开孔线。

选中标识线类别为“开孔线”，然后在图面上指定要绘的开孔线的起点和终点，系统即在指定点间绘出开孔线。

(4)剖面线绘制。选中标识线类别为“剖面线”，然后在图面上指定要绘的剖面线的起点、终点和视向点。在系统弹出的“剖面标注文字”输入对话框中给出起点处的文字、终点处的文字，以及剖面方向线的长度，系统即绘出剖面标识线。

(5)分舯线绘制。选中标识线类别为“分舯线”，然后在图面上指定要绘分舯线的视图，系统即在视图上Y坐标为0的位置绘出分舯线。

(6)基线绘制。选中标识线类别为“基线”，然后在图面上指定要绘基线的视图，系统即在视图上Z坐标为0的位置绘出基线。

3. 阴影线绘制

在船体图纸中，通常对不属于本图纸表达范围的相邻分段（区域）的船体结构的图形要填充阴影线。填充阴影线的区域必须是一个封闭的区域。因此，常常先通过添加断裂线来形成封闭区域。

点击“船体标识线”下的“阴影线绘制”按钮，按系统在主控界面对话框下方的提示，依次选择阴影边界线。选择时，无论什么走向都行，但必须按顺序选择阴影边界线。按回车或鼠标右键结束选择。系统即在指定的区域绘出阴影线。

三、文本

系统可以在图纸上添加处理文本。点击“图纸处理”下的“文本”按钮，出现如图6-20所示的下属功能按钮。包括文本输入、文本编辑、带引线文本输入、文件输入。

1. 标注常规文本

标注常规文本就是在图面上指定的位置标注键盘输入的文本字符串。点击“文本输入”按钮，按照系统在主控对话框下方的提示，在图面上选择文本基点，然后再选择文本方向点。在系统提示选择文本方向点时，也可不选择而直接按鼠标右键结束选择。系统弹出如图 6-21 所示的“文本输入及编辑”框。

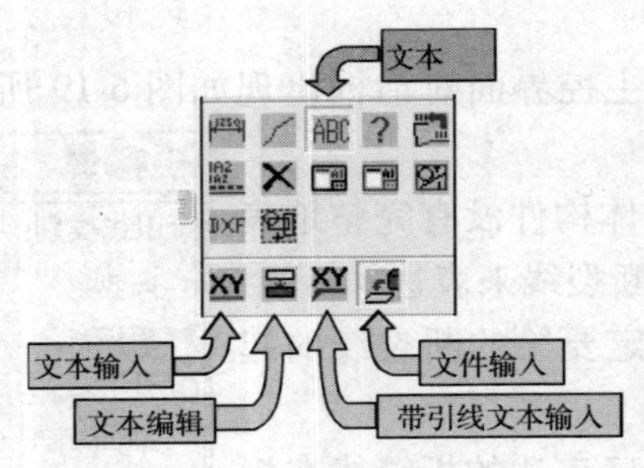

图 6-20　文本下属功能键

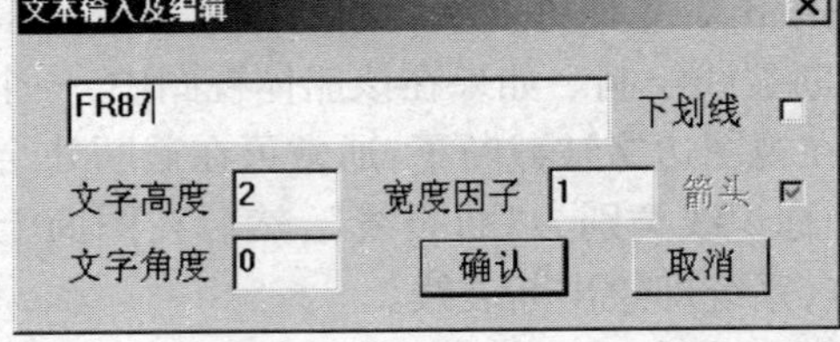

图 6-21　文本输入及编辑

在文本输入及编辑框内输入文字。确认或修改文字高度，文本高度的初值是设置文本高度功能设置的值，系统保存操作者本次设置的值作为下次操作的文字高度值。确认或修改文字宽度因子，宽度因子常规为 1，小于 1 时紧缩字符间的宽度，大于 1 时拉开字符间的宽度。如果需要在文字下添加下划线，可选中“下划线”框。文字角度是文字标注的方向角度，由文本基点和文本方向点决定，如果没有选择文本方向点，则文字角度可以编辑。

按“确认”按钮，系统即在图面上指定的位置标注出输入的文本字符串。

2. 标注带引出线的文本

标注带引出线的文本就是在图面上标注文本字符串并通过引线指向指定的位置。点击“引线文本”按钮，按照系统在主控对话框下方的提示，在图面上指定文本引线点，选择文本基点，然后再选择文本方向点。在系统提示选择文本方向点时，也可不选择而直接按鼠标右键结束选择。

3. 标注文件中文本

有时需要把一个文本文件中的内容标注在图面上。此时，可使用“标注文件中文本”的功能。点击“文件输入”按钮，按照系统在主控对话框下方的提示，在图面上指定“文件插入基点”，然后系统弹出如图 6-22 所示的“文件输入”对话框。

图 6-22　文件输入

按“…”按钮，在弹出的文件打开对话框中选择一个文本文件，系统把选择的文本文件路径显示在“文件输入”对话框中。然后配置文字高度、宽度因子、文字行距。如果选中“表格”

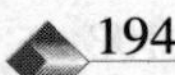

框,则在图面上制作一个表格,把文本文件的每一行填在表格的每一行中。如果不选中"表格"框,则无表格。

在作了以上配置后,按"确认"按钮,系统即在图面上指定的位置标注出文本文件中的各行文本字符串。标注的文本的左下角点就是指定的文件插入基点。

4. 文本编辑

可以编辑修改图面上通过"图纸处理"生成的各种文字,包括标注文字、尺寸文字、文本文字等等。

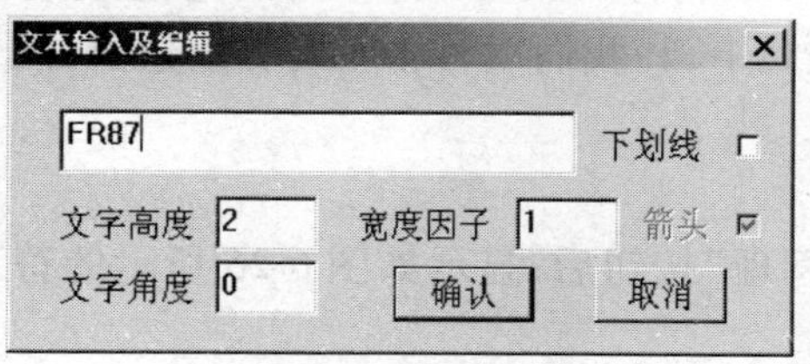

图 6-23 文本编辑

点击"文本编辑"按钮,按照系统在主控对话框下方的提示,在图面上选择要修改的文字,系统弹出如图 6-23 所示的"文本输入及编辑"框。

在文本输入及编辑框内显示出该文字原先的定义信息。操作者可修改文字、文字高度、宽度因子、文字角度。按"确认"按钮,系统即在图面上先前位置显示修改后的文本字符串。

四、符号

"符号"功能用于在船体图纸上添加诸如焊接符号、余量符号、厚度朝向符号之类的符号,使图纸能正确表达船体结构和建造要求。

点击"图纸处理"中的"符号"按钮,即出现如图6-24所示的下级按钮。

符号功能按钮依次为:符号创建,符号管理,符号插入,符号检查。

1. 符号创建

要标注符号,就必须有一个符号库。本系统的符号库完全对我们开放。我们可根据实际情况,随时创建符号存入符号库或修改符号库中已有的符号。

(1)新建符号的步骤:

第一步:首先在模型空间中以层号"0",颜色"随层",比例 1:1,绘制出所要的符号图形。如果该符号图形是通过本系统"符号插入"功能得到的,则必须用 Explode 命令"打碎"。

第二步:点击"新建符号"按钮。系统出现非模式对话框,并提示:请先输入符号名称后再选择符号图形,如图 6-25 所示。

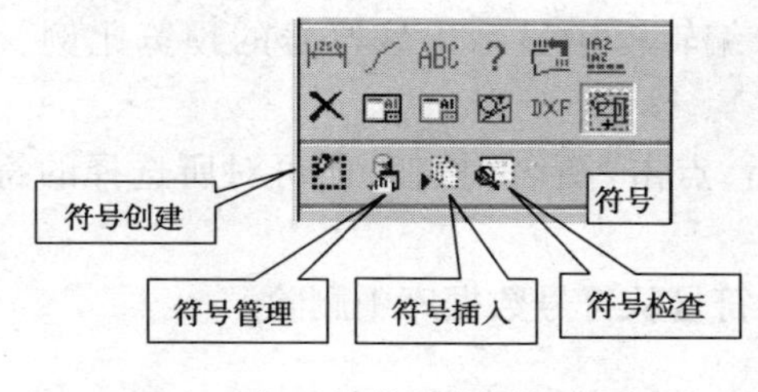

图 6-24 符号功能键

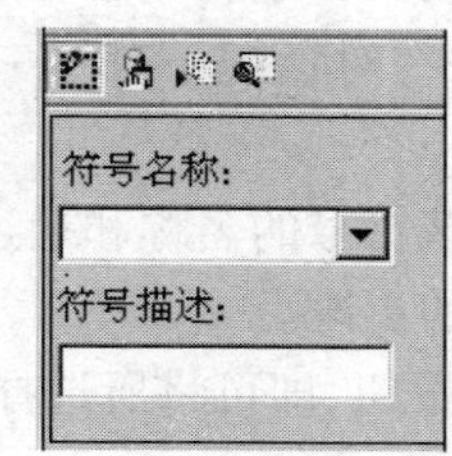

图 6-25

第三步:填写符号名称和符号描述。

第四步:选择要创建的符号图形。

第五步:选择符号基点。

这样就完成一个符号的创建。

(2)修改符号的步骤:如果在上面第三步不填写符号名称和符号描述,而是在符号名称框中选择已有的符号名称,则系统提示"是否要重新定义该符号"。选择"否",返回符号创建界面。选择"是",则通过接下的第四步和第五步操作,完成一个符号的修改。

(3)参数化符号创建:参数化符号,即是针对符号中有些文字在插入时可能改动的符号。在创建参数化符号时,符号中的参数文字可表示为:"$参数名称$"的形式。在插入参数化符号时,相应的参数名称显示在"符号参数"框中的变量项目下,让我们填写相应的变量数值,插入到图纸的符号中的参数即显示变量值。

2. 符号管理

对已有符号进行符号更名,符号删除。点击"符号管理"按钮后,显示如图6-26所示的符号管理对话框。

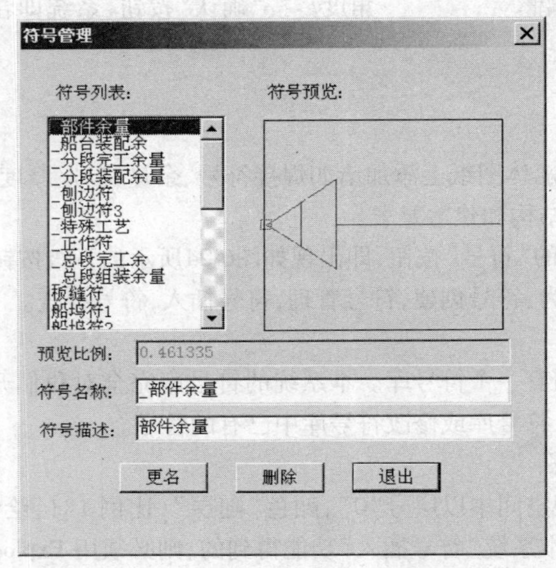

图6-26 符号管理对话框

符号列表中列出在系统中已经建立的符号名称,选择其中一项后,在符号预览中显示该符号的大致视图,并在对话框下部的三个编辑框中显示出该符号的预览比例、符号名称、符号描述。

如果在修改该符号的名称和描述后,点击"更名"按钮,即可对所选择的符号进行符号名称以及符号描述的更改。

点击"删除"按钮,即可将所选择的符号从符号数据库中删除。

3. 符号插入

将符号插入到船体图纸中。步骤如下:

第一步:点击"符号插入"按钮,出现如图6-27所示的非模式对话框。

第二步:选择要插入的符号的符号名称。

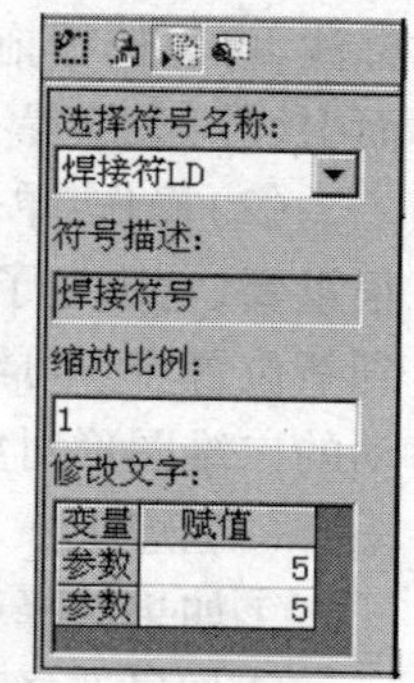

图 6-27　符号插入

第三步:给出插入符号的缩放比例,通常为1。

第四步:如果该符号有参数,则填写相应的参数值。

第五步:在图纸中选取插入符号的基点,再选择插入符号的方向点,或手动输入符号的方向角度,或按鼠标右键表示方向角度为0,即完成该符号在图纸中的插入。选择插入符号的方向点时可开启或关闭"F8 正交模式"。

4. 符号检查

检查当前模型视图中的符号是否正确。如果所插入的符号在符号库中已经不存在,则可以删除它或选取其他的符号来代替,并更新船体图纸中的符号图形。

点击"符号检查"按钮,出现如图6-28 所示的对话框。

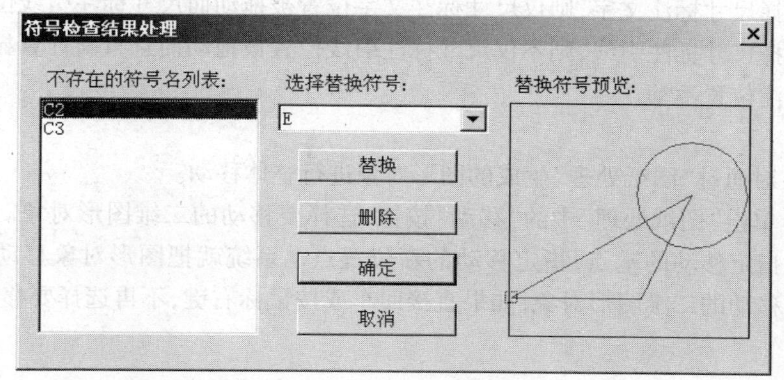

图 6-28　符号的检查

如果当前模型中符号名称在符号库中无法找到,则将该符号名称在"不存在的符号名列表"中列出。在该列表选择相应的符号名称后,就可以进行替换或删除操作。

"选择替换符号"组合框中列出的是当前符号库中的所有符号名称。"替换符号预览"中显示的图形是组合框中列出的符号的大致图形。

替换方法:在"不存在的符号名列表"中选择一个符号,在"选择替换符号"组合框中选择要替换的符号,点击"替换"按钮,则指定的符号名称被替换。

删除方法:点击"删除"按钮,则列表框中的相应的符号名称被删除。

完成替换或删除操作后,点击"确定"按钮,如果做的是替换操作,则图纸中的相应的符号被替换,如果做的是删除操作,则图纸中相应的符号被删除。点击"取消"按钮,则不作任何处理。

五、其他处理

1. 拖动

(1)功能:对通过"图纸处理"生成的图形对象进行拖动。所谓拖动,就是被拖动的图形对象不是整体移动,而是可以其中一部分被拖动,其他部分不动。例如,拖动一个带引线的名称

标注,可以选择拖动引线箭头,而名称标注字符串位置不动,也可以选择拖动名称标注字符串,而引线箭头位置不动。

(2)操作:单击“图纸处理”中的“拖动”按钮,选择要拖动的二维图形对象;(选择的位置很重要,它决定了拖动图形对象的哪一部分。)指定拖动的新位置点,系统就把图形对象拖动到新位置点。可继续选择要拖动的二维图形对象,如果直接回车或按鼠标右键,不再选择要拖动的二维图形对象,则结束。

(3)说明:

①如果选择引线起点,则仅引线起点位置被拖动而其他不动。

②如果选择引线文字,则仅引线文字位置被拖动而引线起点位置不动。

③如果选择引线中间部分,则不仅引线起点位置而且引线文字位置都被拖动,相当于整体移动。

④如果选择尺寸标注文字,则仅尺寸标注文字位置被拖动而尺寸标注引线位置不动。

⑤如果选择尺寸标注引线,则不仅尺寸标注引线位置被拖动而且重新计算显示新尺寸值,但尺寸文字标注位置不动。

2. 移动

(1)功能:对通过“图纸处理”生成的图形对象进行整体移动。

(2)操作:单击“图纸处理”中的“移动”按钮,选择要移动的二维图形对象。可以多选,开窗选择。然后指定移动的基点,指定移动的新位置点。系统就把图形对象移动到新位置点。可继续选择要移动的二维图形对象,如果直接回车或按鼠标右键,不再选择要移动的二维图形对象,则结束。

3. 复制

(1)功能:对通过“图纸处理”生成的图形对象进行复制。

(2)操作:单击“图纸处理”中的“复制”按钮,选择要复制的二维图形对象。可以多选,开窗选择。然后指定复制的基点,指定复制的新位置点。系统就把图形对象复制到新位置点。可继续选择要复制的二维图形对象,如果直接回车或按鼠标右键,不再选择要复制的二维图形对象,则结束。

4. 更新

(1)功能:对通过“图纸处理”生成的图形对象进行更新。可以更新图形的线型、线宽、颜色、文字高度。

(2)操作:单击“图纸处理”中的“更新”按钮,系统在主控对话框出现如图6-29所示的对话框。

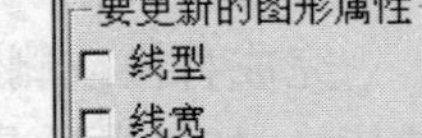

图6-29　更新

选择要更新的图形属性和类别。可以更新图形的线型、线宽、颜色、文字高度。对船体图纸,要更新的图形类别选“标注”即可。

在主控对话框下方,设置需要的线型、线宽、颜色、文字高度。

在图面上选择要更新的二维图形对象。可以多选,开窗选择。系统即更新图形对象。可继续选择要更新的二维图形对象,如果直接回车或按鼠标右键,不再选择要更新的二维图形对象,则结束。

5. 删除

(1)功能:对通过"图纸处理"生成的图形对象进行删除。

(2)操作:单击"图纸处理"中的"删除"按钮,选择要删除的二维图形对象。可以多选,开窗选择。系统就删除选定的图形对象。可继续选择要删除的二维图形对象,如果直接回车或按鼠标右键,不再选择要删除的二维图形对象,则结束。

6. 图形转换

(1)功能:图形转换是把 ACAD 二维图形转换为本船舶设计系统的二维图形对象。本功能不进行反向的转换,如果要把本船舶设计系统的二维图形对象转换为 ACAD 二维图形,可用 ACAD 转换命令(Explode 命令)。

有时会出现这种情况,某种船体构件超出了本船舶设计系统所能处理的范围,没有能建立该船体构件的模型,在剖切生成的船体图面上就没有该船体构件的图形,但是,作为用于生产的正式的图纸,必须在图面上表达该船体构件的图形。这时,可以采用 ACAD 的绘图工具,在本船舶设计系统剖切生成的船体图面上添加补缺,使图纸完整。但是,用 ACAD 的绘图工具添加的图形必须转换为本船舶设计系统的二维图形对象,才能得到保存,未经转换的 ACAD 二维图形与图册无关,不能保存在图册中。本图形转换功能就是做把 ACAD 二维图形转换为本船舶设计系统的二维图形对象的工作的。

此外,还会出现其他需要转换的情况。总之,如果要把用 ACAD 的绘图工具添加的图形保存到图册,就必须使用本功能进行转换。

(2)操作:单击"图纸处理"中的"图形转换"按钮,选择要图形转换的二维图形对象。可以多选,开窗选择,选择时可不必考虑该图形是否是 ACAD 的二维图形,系统自动会鉴别。选择后,系统就把选定的 ACAD 二维图形转换为本船舶设计系统的二维图形对象。可继续选择要转换的二维图形对象,如果直接回车或按鼠标右键,不再选择要转换的二维图形对象,则结束。

7. 图框管理

图框管理适用于各种图纸类型(安装图、零件图、复板图、开孔图及封面图等图纸),提供图框的保存、删除、调入、显示、隐藏及关闭等操作。

单击"图纸处理"中的"图框管理"按钮,系统弹出如图 6-30 所示的"图框管理"对话框。

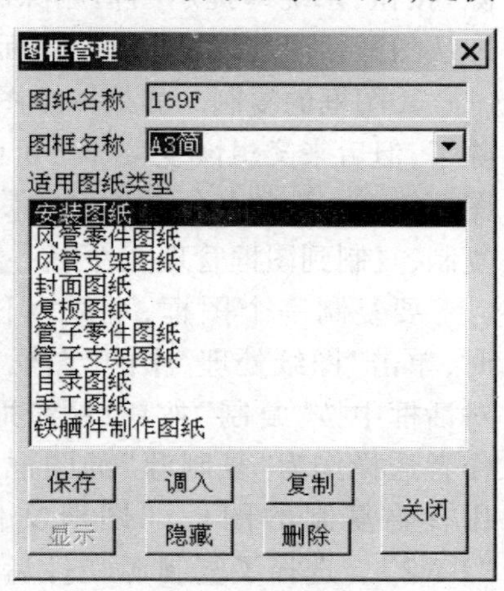

图 6-30　图框管理

对话框中显示当前图纸名称、图框名称和适用的图纸类型,并提供多个功能按钮。按使用方式划分,图框管理的功能可分为 2 类:一是对图框管理文件(文件名 DWG-FRAME. DW2,存放在船舶设计系统的系统目录)中的图框的创建、修改、复制和删除;二是对现有图纸上的图框的隐藏、显示和调入(替换)。

(1)对图框管理文件中的图框的创建、修改、删除和复制:

①图框的创建。要在图框管理文件中创建一个新的图

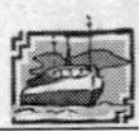

框，操作步骤如下：

a)用“图纸管理”的功能新开并显示一张新的图纸，使用一个已有的标准图框。

b)点击主控对话框下方的“视区图形隐藏和显示”按钮，在弹出的对话框中选中“显示永久隐藏图形”后单击“更新设置”按钮，以显示当前图框中的永久隐藏的图形。

c)用ACAD图形平台转换命令(Explode命令)把本船舶设计系统的图框图形转换为ACAD图形平台的二维图形。

d)用ACAD图形平台命令修改视口、图框大小、图框内容及更改页面设置等操作，并把图框的中心坐标定为(0,0)。

e)用“图形转换”功能把ACAD图形平台的二维图形转换为本船舶设计系统的二维图形。原先由本船舶设计系统转换获得的二维图形，系统将自动获取并会提示转换的数量和确认信息，仅需再选择新增加的ACAD图形平台的二维图形，进行图形转换即可。

f)进入本节的“图框管理”，在“图框管理”对话框的“图框名称”中输入新的图框名，按“保存”按钮，系统即在图框管理文件中创建了一个新的标准图框。

②图框的修改。操作步骤与上述的“图框的创建”基本相同，差别仅在：

a)在新开并显示一张新的图纸时使用要修改的标准图框。

b)修改后，不改变“图框管理”对话框的“图框名称”中的图框名，按“保存”按钮，系统即在图框管理文件中修改了该标准图框。系统会提示图框重写的信息。

图框管理文件中的图框被修改后，先前已调入使用该图框名的图纸仍使用先前的图框，因为图纸在调入使用图框时，在图册中已把该图框的数据保存在图册中，不再使用图框管理文件中的图框数据。要让图册中的图纸使用修改后的图框，应该再进行下面叙述的“调入(替换)”操作。

③图框的删除。图框的删除指的是从图框管理文件中删除一个图框，而不是从当前船体图纸中删除图框，与当前船体图纸中的图框无关，即使当前船体图纸中使用的图框就是要删除的图框，也不改变当前船体图纸中已调入使用的图框。

要从图框管理文件中删除一个图框，可以在任何一张船体图纸的状态时，单击“图纸处理”中的“图框管理”按钮，在“图框管理”对话框的“图框名称”中选择要删除的图框名，按“删除”按钮，系统即提示图框删除的确认信息，在获得确认后即从图框管理文件中删除了该标准图框。

④图框的复制。如果一个图框从图框管理文件中被删除了，但后来又想恢复，这时，可以使用图框的复制功能，从图框管理文件的备份文件中或使用有该图框的图册文件中复制，复制到图框管理文件中。

要复制一个图框，可以在任何一张船体图纸的状态时，单击“图纸处理”中的“图框管理”按钮，在“图框管理”对话框中按“复制”按钮，系统即弹出文件打开窗口，让操作者选择作为“复制源”的图框管理文件的备份文件或使用有要复制的图框的图册文件，这些文件的扩展名是“DW2”。选择了复制源文件后，系统即弹出如图6-31所示的对话框。

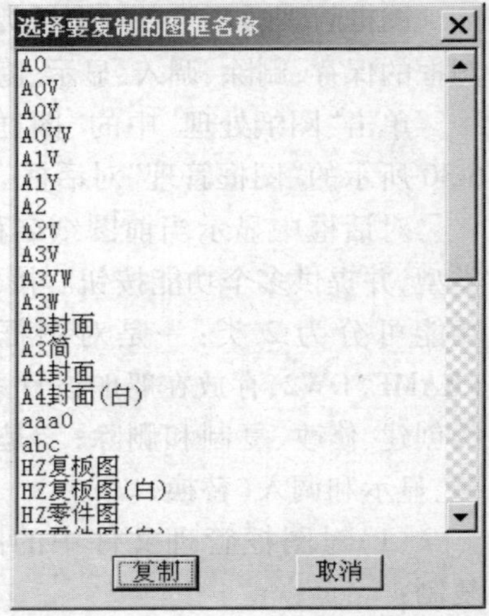

图6-31 图框复制

对话框中列出文件中包含的图框的名称。操作者可在列表中选择一个或多个要复制的图框的名称，按“复制”按钮，系统即把选中的图框复制到本船舶设计系统的图框管理文件 DWG-FRAME. DW2 中。

(2)对现有图纸上的图框的隐藏、显示和调入(替换):

①隐藏。在进行图纸处理时，需要在选中的视区中操作。但有时，往往进不到所需要的视区。这是因为，在一张图纸上开设有图框视区和各船体剖面视区，船体剖面视区是“嵌入”在图框视区中的，当操作者把焦点转移到船体剖面视区外的区域，就可能激活了图框视区，这时再想进入船体剖面视区就进不去了，在船体剖面视区内用鼠标点击，由于点击位置同时也是在图框视区内，不能达到切换视区的目的。这时要想进入船体剖面视区，唯一的办法就是“隐藏”图框。

要“隐藏”当前图纸的图框，只要单击“图纸处理”中的“图框管理”按钮，在“图框管理”对话框中按“隐藏”按钮，即隐藏了该图纸的图框。

②显示。图纸的图框被“隐藏”是不得已的做法。图纸的图框被“隐藏”了，在图纸打印输出时就不会有图框，如果操作者想在图纸的非船体剖面视区的区域标注一些东西也变得不可能。此时，必须把被“隐藏”的图框再“显示”出来。

要“显示”被“隐藏”的当前图纸的图框，只要单击“图纸处理”中的“图框管理”按钮，在“图框管理”对话框中按“显示”按钮，即显示出该图纸的图框。

③调入(替换)。如果想替换当前图纸的图框，只要单击“图纸处理”中的“图框管理”按钮，在“图框管理”对话框中的“图框名称”栏中选择一个图框名，按“调入”按钮，系统即把“图框名称”中的图框调入到该图纸内，替换了原有的图框。

经常采用“调入”的方法来依据图框管理文件刷新一个图册中的图框。这时，不改变“图框名称”栏中的图框名，按“调入”按钮，系统即把图框管理文件中的图框的最新数据调入到该图纸内，刷新原有的图框。并且，只要这个图框被“调入”了，该图册中所有的引用该图框的图纸的图框都做了刷新，不需要每张图纸都重复“调入”。但系统不做“实时刷新”，在当时，除了当前图纸，其他图纸的图框未见变化。但下次打开图册时，可以看到，该图册中所有的引用该图框的图纸的图框都刷新了。

第三节 图纸输出

首先结束其他交互操作(按 ESC 键)，然后从主控界面按“图纸输出”按钮，则显示如图6-32所示的“图纸输出”工具条。

图 6-32 图纸输出功能

该工具条中包含“外板展开图”、“图号管理”、“图纸输出”、“图面处理”等按钮。

一、外板展开图

外板展开图不同于先前所述的船体剖视图，它不需要通过“图纸生成”、“视图生成”、“视区

生成”等步骤来获得，而是可以由本船体设计系统自动生成，并且在生成的图纸上已最大限度地进行了构件名称、材料规格和牌号、肋骨标尺等的自动标注，使设计者只要再作少量图纸处理即可得到符合要求的外板展开图。

1. 生成外板展开图

外板展开图生成功能用于自动生成指定范围内的外板展开图。

按“外板展开图”按钮，系统显示如图6-33所示的“外板展开图参数”对话框。如果要创建新的外板展开图图纸，则将“创建图纸”打勾，然后在对话框中输入：

(1)图纸名称：外板展开图名称，例如SHELLEXP。

(2)图纸比例：通常为1:50或1:100。

(3)对称性：选中“右舷”则创建右舷的外板展开图、选中“左舷”则创建左舷的外板展开图、选中“对称”则创建左右舷船体构件都叠加显示的外板展开图。通常创建右舷的外板展开图。

(4)展开范围：给出外板展开图的艉端肋位、艏端肋位、下端的Y(或Z)坐标，上端的Y(或Z)坐标，来决定展开范围。

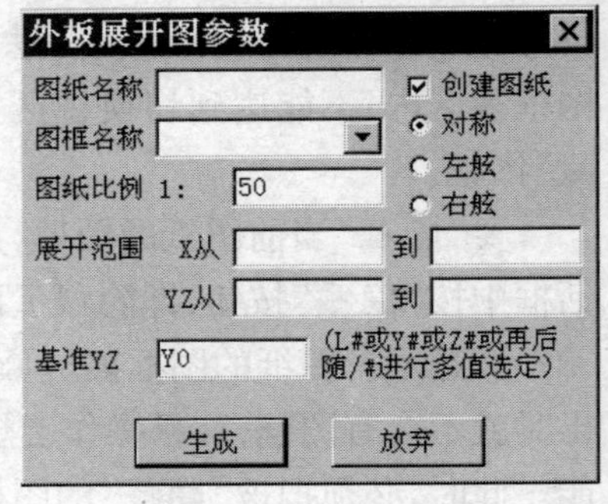

图6-33 外板展开图参数

(5)基准YZ：给出外板展开图的展开基准线的Y(或Z)坐标。通常外板展开图从船舯(宽度为0)处展开。但有时从船舯处展开会引起很大的变形，此时，可选择外板展开图中适当位置作为外板展开图的展开基准线进行展开，以减小外板展开图的变形。

(6)YZ的输入方式：展开范围和基准(位置)中，YZ的输入方式有：

L#：输入指定的纵骨定位面位置，例如L5，表示使用5号纵骨的定位面坐标，至于L5的定位面坐标究竟是Y坐标还是Z坐标，取决于纵骨定位面的定义属性。

Y#：输入指定的Y值，例如Y0，表示输入宽度0。

Z#：输入指定的Z值，例如Z1000，表示输入高度1000。

后随/#：当以指定的Y(或Z)坐标截取船体曲面时，如果发生多值，可以在指定的Y(或Z)坐标后面再紧跟“/#”，来指定靠近该位置点的另外一个坐标Z(或Y)，使得能唯一确定位置点。例如：Y0/3000，表示宽度为0但靠近高度3000的位置；Z1000/500，表示高度为1000但靠近宽度500的位置；L5/1000，表示纵骨定位面L5但靠近高度1000或宽度1000的位置，取决于纵骨定位面L5是按宽度还是高度来定位。

最后，按“生成”按钮，则系统自动生成按指定参数的外板展开图。图中绘制了外板上的所有纵骨及其规格和件号、板架交线、板缝及其坡口和外板规格及其件号，如图6-34所示。

2. 外板展开图的图面标注

生成的图纸上已最大限度地进行了构件名称、材料规格和牌号、肋骨标尺等的自动标注，设计者只要再作少量图纸处理即可得到符合要求的外板展开图。

设计者需要再加注的有：图面标题，尺寸，余量符号，断裂线，阴影线。

如果设计者对系统自动标注的构件名称、材料规格和牌号的位置不满意，可以使用“图面处理”的“移动”功能调整布局。

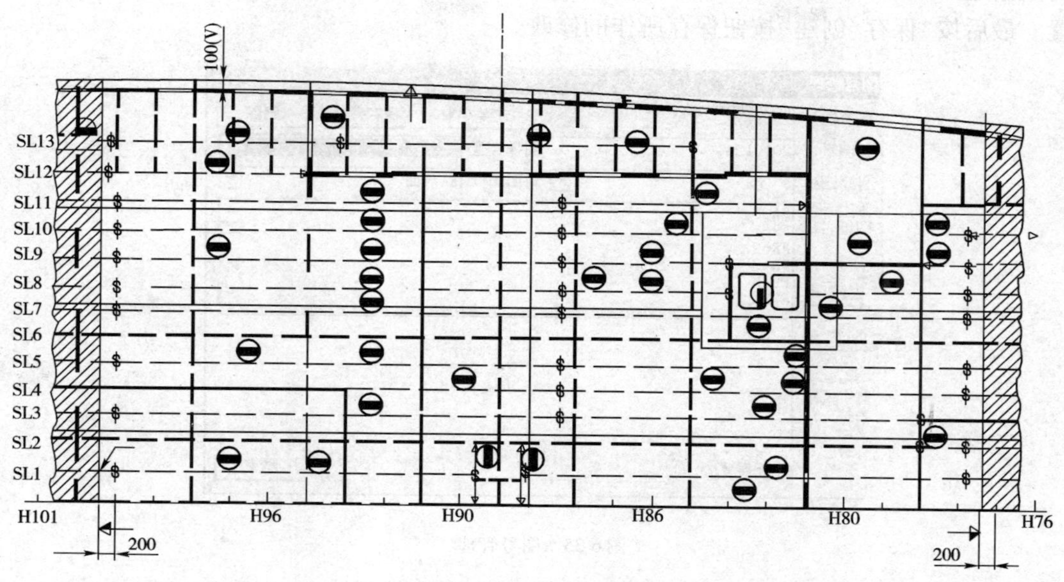

图 6-34　外板展开图(右舷)

3. 刷新外板展开图

当船体构件有修改,导致需要修改外板展开图时,可以通过外板展开图的刷新来实现。系统自动生成的外板展开图是随时可以刷新的。

要刷新外板展开图,只要按"外板展开图"按钮,在系统显示的"外板展开图参数"对话框中不选"创建图纸",系统即把"图纸名称"后的编辑框改为组合框,列出该图册中已有的图纸名称。设计者从中选择要刷新的外板展开图的图纸名称,核对其他外板展开图参数后,按"生成"按钮。系统即刷新外板展开图。

刷新外板展开图时,不会丢失设计者在外板展开图上加注的信息,系统也保护设计者对系统自动标注的构件名称、材料规格和牌号所作的布局调整。

二、图号管理

图号管理功能主要用于将生成的各类图纸进行归拢整理,使用同一个图号,将来一起输出。

在图纸输出工具条中按"图号管理"按钮,则显示如图 6-35 所示的对话框。

在该对话框中,可以创建新图号、删除已有图号、在图号中添加或去除各类图纸、设置封面图纸和目录图纸。

1. 创建新图号

要创建新图号,先按"创建/保存"按钮,然后在"新图号"中输入要创建的图号。然后进行图纸添加和去除、封面和目录图框的设置,最后按"保存/创建"按钮保存创建的图号。

2. 修改图号

要修改图号,可先从"已有图号"中选择要修改的图号,然后按"修改/放弃"按钮,把该图

号的数据显示在对话框中。可以修改图号名,可以进行图纸添加和去除、可以修改封面和目录设置。最后按"保存/创建"按钮保存所作的修改。

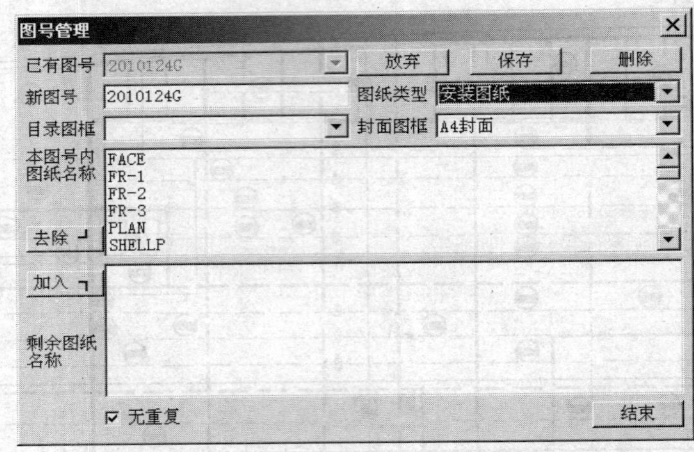

图 6-35　图号管理

3. 删除图号

要删除图号,也要先从"已有图号"中选择要删除的图号,然后按"修改/放弃"按钮,使"删除"按钮可用,随后按"删除"按钮,确认后即完成删除。

4. 图纸添加

图纸添加就是选择要归拢在该图号下的图纸。首先从"图纸类型"中选择要添加的图纸的类型。对船体图纸,通常只选"安装图纸"和"手工图纸"两种图纸类型。用本船体设计系统从船体模型数据库剖切生成的图纸属"安装图纸",而通过"DXF 输入"的手段添加到图册中来的图纸属"手工图纸"。选择肋图纸类型后,则该类型中尚未被添加的图纸名称都显示在"剩余图纸名称" 列表中。从"剩余图纸名称"列表中选择要添加的图纸名称,可以选择多个。最后按"加入"按钮,则这些图纸名称都被移动到"本图号内图纸名称"列表中了。当然,一个图号中可以包含各种不同类型的图纸。一种类型的图纸添加完成后还可再选择要添加的又一种图纸类型。

图纸名称列表是按照图纸名称排序的。

在剩余图纸名称表中,如果只想显示尚未加入任何图号的图纸(亦即如果某图纸已经加入其他图号,则不显示该图纸),则只要设置"无重复"即可。

5. 图纸去除

在"本图号内图纸名称"列表中选择要去除的图纸名称,可以选择多个。然后按"去除"按钮,则这些图纸名称不再归拢在该图号下,它们又都被移动到"剩余图纸名称"列表中了。

6. 设置封面图框

从"封面图框"中选择要使用的图框名称即可。如果该图号不需要封面,则选择空白行。

7. 设置目录图框

从"目录图框"中选择要使用的图框名称即可。如果该图号不需要目录,则选择空白行。

操作结束后按“结束”按钮。注意:如果正在修改或者创建图号时,未按“保存”按钮,即按“结束”按钮,则所作的修改无效或者图号没有创建。

三、图纸输出

图纸输出功能用于将定义的图号输出到打印机或者绘图机上。

在图纸输出工具条中按“图纸输出”按钮,则显示如图 6-36 所示的对话框。

图 6-36 图纸输出

首先从“图号”中选择要输出的图号,系统即把该图号旗下的图纸显示在“图纸情况表”中。图纸情况表列出各图纸的页号、图纸标题、图纸名称、图纸类别和图纸尺寸等信息。

1. 图纸输出

图纸输出分两种:草图输出和正式输出。两者的区别在于对“页号”是否“固定化”。“草图输出”就是输出时对图纸当前的页号不固定化,以后随图纸添加或删除,图纸的页号还可以变化。而图纸一经“正式输出”,其图纸的页号就固定下来了,不再改变,你要在第 15 页和第 16 页间插入一张图纸,原第 16 页仍是第 16 页,插入页的页号只能编为 15a 或 15 – 1 之类的页号,如果删除一张图纸,后继的页号也不“补缺”。

注:目前,“正式输出”的功能尚在开发中,尚不能使用。

要输出图纸,可在图纸情况列表中选择一张或多张要输出的图纸页号,按“草图输出”按钮,则所选择的图纸被逐页输出到打印机或者绘图机上了。.

图纸输出时会自动重新图纸中“$图号$”、“$页数$”、“$页号$”的内容,还会根据实际情况自动更新目录图纸上的内容。

2. 目录输出

目录输出功能用来输出一份图纸目录的文本文件。

按“目录输出”按钮,系统即显示一个输出文件选择对话框。通过该输出文件选择对话框确定要输出的文件的文件名。系统即将本“图纸情况表”中的页号和图纸名的对应关系表输出到该文件中。

图纸目录文件例(文件名 EB01. DIR):

图纸目录(图号:2010124G)

页号	图纸名称
1	2010124G_封面
2	FACE
3	FR-1
4	FR-2
……	
32	PLAN1

3. 图面模板变量的更新

图纸输出时会自动更新图纸中引用的模板变量,例如“$图号$”、“$页数$”、“$页号$”的内容。但如果不想通过实际的图纸输出,只想更新图纸上的“$图号$”、“$页数$”、“$页号$”等内容,则可以采用“图面处理”的功能来实现。

在图纸情况列表中选择一张或多张要图面处理的图纸页号,按“图面处理”按钮,则所选择的图纸中的模板变量被刷新。

4. 直接使用 ACAD 的 PLOT 命令输出图纸

图纸输出也可不采用本节所述的图纸输出对话框的方式,而直接使用 ACAD 的 PLOT 命令来输出图纸。在 ACAD 的布局区选中一张或多张图纸,在命令行键入命令:PLOT,在 ACAD 弹出的“打印”对话框中作相应配置,即可打印输出选中的图纸。

四、图面处理

为了方便对船体图纸的修改编辑,将一些与船体图纸处理有关的图面处理集中到该功能下。

在图纸输出工具条中按“图面处理”按钮,则显示图面处理工具条,该工具条中有八个按钮,依次是:图形转换、图框管理、图形移动、尺寸标注、图形删除、图纸切换、DXF 输出、DXF 输入。其中图形转换、图框管理、图形移动、尺寸标注的功能与图纸处理中的相应功能完全相同,如图6-37所示。

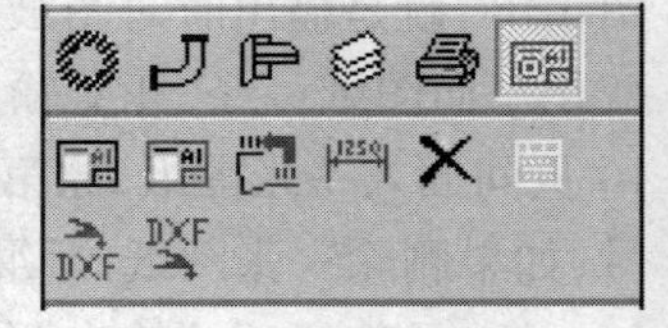

图 6-37 图面处理

1. 图形删除

图形删除与图纸处理中的图形删除略有不同,只能删除图纸中的文字标注及尺寸标注,不能删除其他图形。

在图面处理工具条中按“图形删除”按钮,进入图形选择操作。选择图纸中的文字标注及尺寸标注。选择完毕后,显示“真的要删除这些图形吗?”的确认对话框,回答是,则删除,然后继续选择,回答否,则不删除,继续另作选择,回答取消,则退出图形删除操作。

2. 图纸切换

图纸切换功能是工程和模型管理中图纸管理功能的一个补充部分,可以快速方便的切换图纸,便于查看浏览所有图纸。图册中的图纸可以被设置成显示状态,也可以被设置成隐藏状态。当图册中包含大量的显示状态的图纸时,系统的响应速度会降低。因此,常常把一些图纸设置成隐藏状态,当需要查看被隐藏的图纸时再把它切换成显示状态。本图纸切换功能就是用来快速方便的切换图纸的,它把选中的一张被隐藏的图纸切换成显示状态,同时,把选中的

当前显示的图纸切换成隐藏状态。

在图面处理工具条中按"图纸切换"按钮,则显示如图6-38所示的对话框。

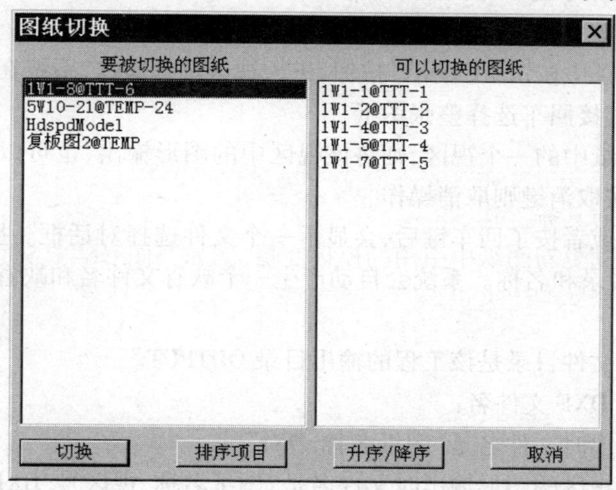

图6-38 图纸切换

该对话框中左边列出了当前所有可以被切换的图纸(即处于显示状态的图纸),并且自动选择了当前处于前台显示的图纸,在右边列出了所有与所选被切换图纸具有相同图框的图纸(即处于隐藏状态且具有相同图框的图纸),并且自动选择了按图纸排序位于所选被切换图纸后的下一张图纸。

我们可以重新选择要切换的一张图纸。

直接按回车键或切换按钮,则进行切换,按取消则放弃切换。切换的结果,左边框中选中的图纸被移到右边,被设置成隐藏状态;右边框中选中的图纸被移到左边,被设置成显示状态。

"排序项目"按钮用于确定图纸在列表中的排序方式,总共有两种排序方式,第一种是按照图纸全名排序,第二种是按照"@"后的内容排序。每按一次该按钮进行一次排序方式的切换。

"升序/降序"按钮用于确定图纸在列表中排列的顺序,是升序还是降序,每按一次该按钮进行一次排列顺序的切换。

进行第一次切换后,在主控界面对话框中会出现如图6-39所示的对话框。对话框中显示3张图纸的名称,中间的图纸是当前处于显示状态要被切换的图纸,其上下的2张图纸是排列在它的前面和后面的处于隐藏状态的图纸。可以按"上一页"或"下一页"按钮依次切换图纸。例如,按"上一页"按钮,则上一页图纸的名称移到中间,被设置成显示状态,原中间的图纸名称移到下一页,并出现新的上一页图纸名称。对于有些图形平台,按完按钮后应该将光标在该对话框下方的区域中停顿一下,以便图形平台显示切换的图纸,否则图形平台会显示一片空白而不会显示任何内容。图纸的排列顺序是按照关闭"图纸切换"对话框时,其列表中的内容排列的。如果不想依次切换而直接切换到指定的图纸,则可以按"切换页"按钮回到"图纸切换"对话框中。当然,也可以再次按工具条中的图纸切换按钮进入"图纸切换"对话框中。

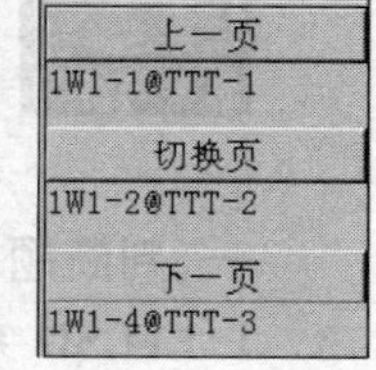

图6-39 切换

3. DXF 输出

“DXF 输出”按钮用于将一张图纸或者图纸中一个视区中的图形输出到 DXF 文件中，以便用 AutoCAD 打开编辑。

在图面处理工具条中按“DXF 输出”按钮，进入视区选择操作，系统在主控对话框提示：选择要输出的视区，或直接回车选择整张图纸。

此时可以选择图纸中的一个视区，则将该视区中的图形输出，也可以直接按回车键，则将整张图纸输出，如果按取消键则取消操作。

选择了一个视区或者按了回车键后，会显示一个文件选择对话框。操作者选择或者输入要生成的 DXF 文件目录和名称。系统会自动产生一个缺省文件名和缺省的文件目录，显示在文件选择对话框里。

系统提供的缺省文件目录是该工程的输出目录 OUTPUT。

系统提供的缺省 DXF 文件名：

当将整张图纸输出时文件名是“图纸名称. DXF”

当将图纸中一个视区的图形输出时文件名是“图纸名称_视区号. DXF”。

操作者通常使用系统提供的缺省 DXF 文件名。

所生成的 DXF 文件中，每个视区自动组成一个图块。如果按视区输出，则该图块以 1:1 的比例插入图形中。如果整张图纸输出，则每个视区图块以图纸上的比例插入图形，并且将视区边界以 255 号颜色的方框也插入图形。这样，如果想修改整张图纸输出的 DXF 图形，则必须将整个图形放大后才能正确地修改。

4. DXF 输入

也可将 DXF 文件中的图形输入到一个视区中。

首先确定将要输入的视区设置为当前视区，然后在图面处理工具条中按“DXF 输入”按钮，则显示选择输入文件的对话框，选择一个 DXF 文件后，系统会显示一个读取该文件结果的对话框，确认后，DXF 文件中的内容会加入到当前视区中，目前并未提供输入比例和输入位置的设置，自动按照 1:1 的比例以原点对齐的方式输入 DXF 文件，如果位置不正确，可以利用移动功能移动这些图形到合适的位置。

SIKAOYULIANXI

一、判断题

1. EFCSD 系统可以很方便地在三维模型的任意位置剖切出需要的二维图纸。 ( )

2. 对剖切生成的二维图纸不可以再修改。 ( )

3. 查看生成的图纸时只需点击布局栏中对应的图纸名称即可。 ( )

4. 所有的图纸都存放在图册中。 ( )

5. 一张图纸上只能布置一个视区。 ( )

6. 修改图纸时可以修改定义图纸的任意项。（　）

7. 将图纸状态设置为不显示主要是为了提高系统的处理效率。（　）

8. 先创建视口才能创建视区。（　）

9. 构件的线型表达只与构件的类型有关。（　）

10. 图纸处理时，“移动”、“复制”和“删除”的功能和AUTOCAD相应的功能一致。（　）

11. 外板展开图也是船体剖视图。（　）

二、简答题

1.“图纸管理”的主要功能是什么？

2. 创建一张新图纸时主要的操作步骤和定义项有哪些？

3.“视图管理”对话框主要功能有哪些？

4. 各种船体构件在图纸中如何用线型表达？

5. 图纸处理包括哪些主要的功能？

6. 标注零件名称时件号“全”和件号“简”的含义是什么？

7. 船体标识线主要有哪些？“刻度线绘制”、“标识线绘制”和“阴影线绘制”的区别是什么？

8.“拖动”功能和“移动”功能的主要区别是什么？

9. 如何在图框管理文件中创建一个新的图框？

10. 生成外板展开图具体的操作步骤是什么？

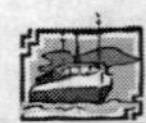

第七章　船体报表

知识目标

1. 理解船体报表的概念；
2. 理解和掌握结构属性报表的定义；
3. 理解和掌握重量重心报表、零件装配明细表的定义。

能力目标

1. 熟练掌握船体报表的运用；
2. 熟练掌握结构属性报表、重量重心报表及零件装配明细表的生成。

船体报表功能目前能产生以下 3 种船体报表：

结构属性报表

重量重心报表

零件装配明细表

生成的船体报表可以以 xls 文件格式存放在工程的 output 目录中。

点击系统窗口的“船体报表”按钮，即出现下属的生成各种船体报表的按钮，如图 7-1 所示。点击其中的一个船体报表的按钮，就生成相应的船体报表。

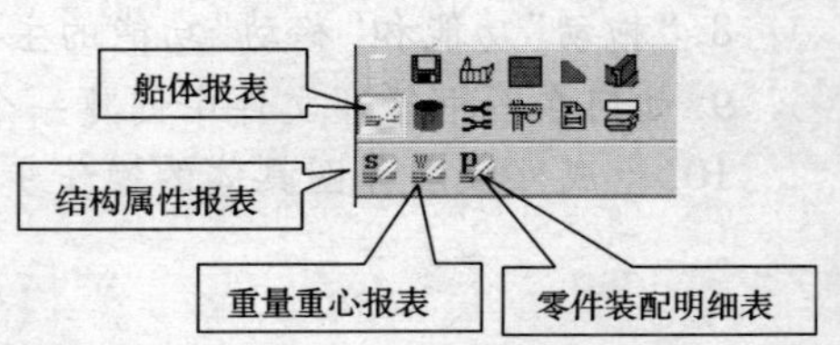

图 7-1　船体报表

第一节　结构属性报表

结构属性报表给出已建模的指定的分段的各船体构件的属性。可给出以下属性：

1. 类别

区分为：

平面板架

肘板

曲面型材

曲面板

2. 构件名

给出结构件在建模时的所用的名字。

当构件名后缀有“:Pi”时，表示是该构件的第 i 个板零件

当构件名后缀有“:Si”时，表示是该构件的第 i 个扶强材零件

当构件名后缀有“:Fi”时，表示是该构件的第 i 个面板零件

当构件名后缀有“:Ci”时，表示是该构件的第 i 个补板零件

3. 零件编码

给出结构件在建造时所用的零件编码。

4. 对称性

给出结构件的对称性：

左右对称

仅左

仅右

跨舯

5. 规格

给出结构件的材料规格。对板材零件，给出板厚度。对型材零件，给出型材规格。

6. 材料

给出结构件的材料牌号。

通过查看结构属性报表，设计人员可方便地获知结构件的零件编码、对称性、规格和材料牌号等属性，可获知平面板架等结构是由哪些板零件、扶强材零件、面板零件和补板零件组成的。

要生成结构属性报表，只需点击“结构属性报表”按钮，即出现结构件属性表生成对话框，如图 7-2 所示。

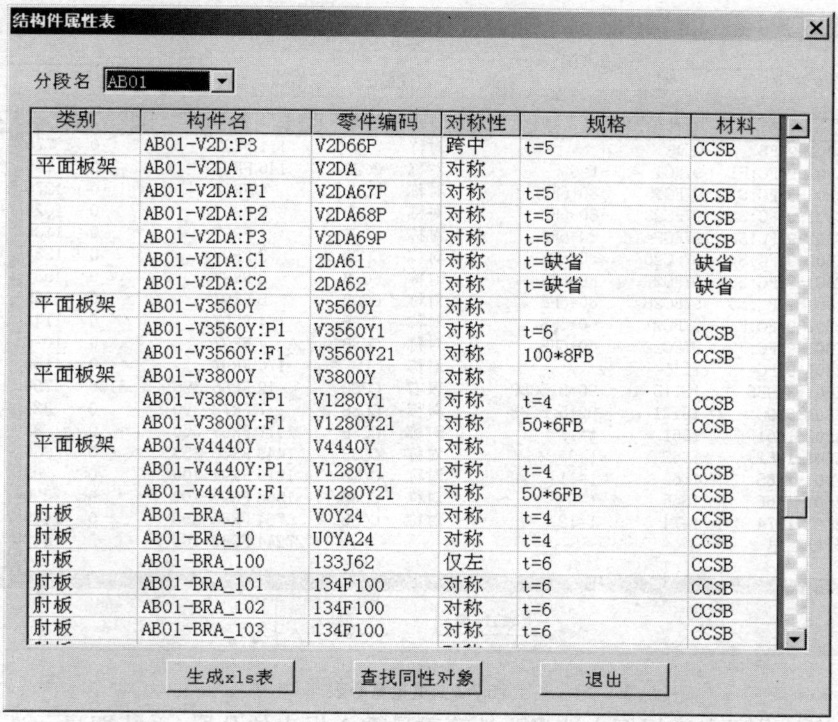

结构件属性表

分段名 AB01

类别	构件名	零件编码	对称性	规格	材料
	AB01-V2D:P3	V2D66P	跨中	t=5	CCSB
平面板架	AB01-V2DA	V2DA	对称		
	AB01-V2DA:P1	V2DA67P	对称	t=5	CCSB
	AB01-V2DA:P2	V2DA68P	对称	t=5	CCSB
	AB01-V2DA:P3	V2DA69P	对称	t=5	CCSB
	AB01-V2DA:C1	2DA61	对称	t=缺省	缺省
	AB01-V2DA:C2	2DA62	对称	t=缺省	缺省
平面板架	AB01-V3560Y	V3560Y	对称		
	AB01-V3560Y:P1	V3560Y1	对称	t=6	CCSB
	AB01-V3560Y:F1	V3560Y21	对称	100*8FB	CCSB
平面板架	AB01-V3800Y	V3800Y	对称		
	AB01-V3800Y:P1	V1280Y1	对称	t=4	CCSB
	AB01-V3800Y:F1	V1280Y21	对称	50*6FB	CCSB
平面板架	AB01-V4440Y	V4440Y	对称		
	AB01-V4440Y:P1	V1280Y1	对称	t=4	CCSB
	AB01-V4440Y:F1	V1280Y21	对称	50*6FB	CCSB
肘板	AB01-BRA_1	V0Y24	对称	t=4	CCSB
肘板	AB01-BRA_10	U0YA24	对称	t=4	CCSB
肘板	AB01-BRA_100	133J62	仅左	t=6	CCSB
肘板	AB01-BRA_101	134F100	对称	t=6	CCSB
肘板	AB01-BRA_102	134F100	对称	t=6	CCSB
肘板	AB01-BRA_103	134F100	对称	t=6	CCSB

生成xls表　查找同性对象　退出

图 7-2　结构属性表

在对话框的分段名选择框中选择要查看的分段，系统即显示选定的分段的各结构件的属性信息。

表中构件按类型：平面板架、肘板、曲面型材、曲面板的顺序排列。同样类型的构件按构件名的字符排列顺序排列。根据这个规律，可以迅速找到要查看的构件。

如果要生成 xls 文件，可以点击“生成 xls”按钮。结构属性报表的 xls 文件的文件名为：* * 分段结构属性表. xls，存放在工程的 output 目录中。

有时需要查找具有指定的属性的构件，例如查找具有相同零件编码的构件，以便判别零件编码是否正确。如果要查找具有指定的属性的构件，可先在表中指定一个属性值，例如在零件编码为 134F100 的格子中用鼠标点一下，然后，点击“查找同性对象”按钮。系统即报告一共查找到多少个该属性值（134F100）的结构件，并且把找到的同样属性值的格子的底色设置为醒目的红色。拖动滚动条，看哪些格子为红色，就可以迅速确定具有指定属性值的构件。

第二节　重量重心报表

在船体设计时，分段的重量重心是十分重要的数据。本系统可以随时计算指定的分段的重量重心，同时给出组成该分段的各结构件的重量重心。

要生成重量重心报表，只需点击“重量重心报表”按钮，即出现重量重心报表生成对话框，如图 7-3 所示。

重量重心表

分段名 EB01　计算范围 ⊙全部 ○仅左舷 ○仅右舷　分界Y坐标 100

构件名	零件编码	规格	对称性	材料	重量	重心FR	重心Y	重心Z
EB01-97FB	汇总		对称		111	FR97	0	770
EB01-97FC:P1	97FC1	t=6	对称	CCSB	146	FR97	0	1169
EB01-97FC:S1	97FC25	80*6FB	对称	CCSB	4	FR97	0	1278
EB01-97FC:S2	97FC23	80*6FB	对称	CCSB	5	FR97	0	1028
EB01-97FC:S3	97FC24	80*6FB	对称	CCSB	4	FR97	0	1186
EB01-97FC:S4	97FC26	80*6FB	对称	CCSB	3	FR97	0	1384
EB01-97FC:S5	97FC27	80*6FB	对称	CCSB	2	FR97	0	1531
EB01-97FC:S6	97FC28	80*6FB	对称	CCSB	5	FR97	0	965
EB01-97FC:F1	97FC21	60*6FB	对称	CCSB	4	FR97	0	1146
EB01-97FC:F2	97FC22	60*6FB	对称	CCSB	4	FR97	0	1096
EB01-97FC	汇总		对称		176	FR97	0	1168
EB01-SL9BS	1S115	90*5.5CBP	仅右	CCSB	12	FR86-396	-3190	754
EB01-SL9C	1S121	90*5.5CBP	对称	CCSB	7	FR78-300	0	821
EB01-1S61	1S61	t=11	对称	CCSB	1917	FR83-350	0	83
EB01-1S62	1S62	t=9	对称	CCSB	1443	FR83-353	0	386
EB01-1S65	1S65	t=11	对称	CCSB	1819	FR94-100	0	83
EB01-1S66	1S66	t=9	对称	CCSB	1365	FR94-100	0	380
EB01-1S74	1S74	t=12	对称	CCSB	764	FR80-253	0	1415
分段汇总					27244	FR88-162	-3	847

生成xls表　退出

图 7-3　重量重心表

在对话框的分段名选择框中选择要计算重量重心报表的分段，系统即显示选定的分段的各结构件的重量重心信息和分段汇总的重量重心信息。

有时，分段区分为左舷分段和右舷分段，需要分别计算左舷分段或右舷分段的重量重心。这时，可在“计算范围”区域选择“仅左舷”或“仅右舷”，并给出划分左舷分段和右舷分段的“分界 Y 坐标”，通常“分界 Y 坐标”不为 0。系统即计算显示左舷分段或右舷分段的各结构件的重量重心信息和分段汇总的重量重心信息。

当需要计算整个分段时，可在“计算范围”区域选择“全部”，此时“分界 Y 坐标”不起作用。

重量重心信息包括：

1. 构件名

给出结构件在建模时的所用的名字。

当构件名后缀有“:Pi”时，表示是该构件的第 i 个板零件

当构件名后缀有“:Si”时，表示是该构件的第 i 个扶强材零件

当构件名后缀有“:Fi”时，表示是该构件的第 i 个面板零件

当构件名后缀有“:Ci”时，表示是该构件的第 i 个补板零件

2. 零件编码

给出结构件在建造时所用的零件编码。当给出“汇总”字样时，表示对该平面板架的汇总。

3. 规格

给出结构件的材料规格。对板材零件，给出板厚度。对型材零件，给出型材规格。

4. 对称性

给出结构件的对称性：

左右对称

仅左

仅右

5. 材料

给出结构件的材料牌号

6. 重量

给出结构件的重量。单位为公斤。

7. 重心

以肋位、Y 坐标、Z 坐标的形式给出结构件的重心。

如果要生成 xls 文件，可以点击“生成 xls”按钮。重量重心报表的 xls 文件的文件名为：* * 分段结构重量重心表. xls，存放在工程的 output 目录中。

第三节　零件装配明细表

分段零件装配明细表按装配阶段列出各零件和装配件。分段零件装配明细表反映了从零件到部件、中组件、小分段、分段、总段，乃至船台的组装流程。

只有当采用 HZ 零件编码时，才可使用“分段零件装配明细表”生成功能。对工程的船体设计标准库中的船体缺省值“HZ 零件编码”配置“Y”或“N”，可设置是否采用 HZ 零件编码。

一、HZ 零件编码

HZ 船体零件编码是沪东中华造船(集团)有限公司制定的零件编码标准。HZ 船体零件编码具有编码长度简短,反映零件的信息量大的特点。HZ 船体零件编码可体现零件的位置、装配流程。采用 HZ 船体零件编码,有利于船体的设计,零件加工管理和船体装配。

1. HZ 船体零件编码格式

HZ 船体零件编码采用段式结构,零件编码的完整的形式为:

<分段码> / <装配码><位置码><零件码>

零件编码中,<装配码>为英文字母(以下简称字母),<位置码>为先阿拉伯数字(以下简称数字)后字母,<零件码>为数字后继 0 ~2 个字母。

整个零件编码以字母、数字、字母、数字间隔方式来区分各编码段。

这里对<分段码>的编码不作规定,仅对"/"后的各编码段作规定。

<装配码>

<装配码>为 0 ~2 个字母。每个字母表示一个装配属性或组装件名,如表 7-1 所示。

装配码列表 表 7-1

字　母	装配说明
空	分段装配
E	船台(坞)散装
Z	总段散装
K	半立体小分段装配
L	平面分段流水线装配
M,N	舷部小分段装配
U,V	甲板小分段装配
其他字母	中组装,并且字母即为中组装件的名字

当<装配码>为 2 个字母时,按照装配层次从高到低的顺序给出装配码字母。例如:MA,表示进行名为 A 的中组装后再进入名为 M 的舷部小分段装配。

<位置码>

<位置码>给出零件所在的图面位置。如果该图面位置的各零件需部装,则<位置码>也就是部装后的部件名。

<位置码>由一个整数后继一或二个字母构成。它由表达该部件(零件)的视图的图面标题而来,或直接利用该图面标题,或简约该图面标题得到。从<位置码>能体现部件(零件)的船体位置和图面位置。常用位置码见表 7-2。

当图面中只有一个部件时,<位置码>中只出现一个字母。当图面中有多个部件时,在上表的<常用位置码>后再附加一个字母(A,B,C,D,……),构成不同的部件名。

<零件码>

<零件码>通常为数字,可后继特定字母 S 和 P。<零件码>的数值大小决定该零件在哪个阶段参加装配(表 7-3)。

常用位置码　　表 7-2

船体视图类型	位置码	表达的船体构件
整肋位横剖面视图	<肋号>F	各种在整肋位的横向构件
非整肋位横剖面视图	<肋号>J	各种在半肋位的横向构件
纵向标号剖面视图	<标号>L	各种按舯横剖面上的纵向标号定位或归类的纵向构件
甲板面视图	<层号>D	甲板,平台等
外板(内壳)展开图	<层号>S 或空	外板,<层号>为 1 表示外壳,2 表示内壳。对外壳板,位置码也可为空
纵剖面视图	<序号或宽度>Y	各种不按舯横剖面上的纵向标号定位的纵剖面构件
水线面视图	<序号或高度>Z	各种不按舯横剖面上的纵向标号定位的水线面构件
轻围壁视图	<序号>B	以<序号>表示的各种纵、横轻围壁
斜板视图	<序号>X	斜舱壁等

零件码列表　　表 7-3

零　件　码	装配说明
数值为:1,…,60	部装零件。通常 1 到 20 为部件装配的母材零件,21 到 60 为部件从属材。部装后按<装配码>流动
数值为:61,…	散装件。此时,<装配码>为 E 则为船台散装;为 Z 则为总段散装;为空则为分段散装;其他为相应的中组散装
后继字母 P	表示拼板零件,拼板后再按零件码数值大小决定流向
后继字母 S	特指右舷零件
后继字母 SP	表示需拼板的右舷零件,拼板后再按零件码数值大小决定流向
无位置码的零件	除<零件码>中有字母"P"需先拼板外,不管<零件码>数值大小,都作为散装件,按<装配码>散装。通常为外板或同一阶段散装的标准件

2. 船体零件编码编排方法

(1)按图面为单元进行编排。

(2)每一部件的零件应在表现该部件母材的图面中编排。虽然部件的从属材零件可能在其他剖面图(详图)中表示,但仍应服从表现该部件母材的图面,进行该从属材零件的零件编码的编排。

(3)每一图面的零件的<零件码>都从头开始编排,与其他图面的<零件码>无关。

(4)一件一品,每一船体零件编码只标识一个(或对称的)零件。但同一<位置码>的从属零件或同一阶段散装的散装零件,如果材料形状尺寸相同,也可使用相同的船体零件编码。

(5)零件编排,通常按图面从舯向舷,从艉向艏,自上而下,依次编排。

(6)零件漏编或结构修改增加零件时,根据已编到的该类别的最大零件码顺编下去。如果取消零件,则让该零件码空缺。

3. 船体零件标注

(1)在分段施工图的各船体视图以及零件表(BOM 表)中标注零件时,不出现<分段码>和紧接着的连接符"/"。<分段码>仅需标注在图表的封面。但在放样下料时每个零件必须

标注以<分段码>起始的完整的零件编码。

(2)在分段施工图的各船体视图中标注零件时，“<装配码><位置码>”在表现该部件(零件)的图面中可单独标注，也可连同<零件码>标注。在“<装配码><位置码>”明确的场合，零件可只添注<零件码>。

(3)部件的从属材通常应在表现该部件母材的图面中标注<零件码>。当部件的从属材零件另有剖视图，在该剖视图中也需要标注时，应完整标注：<装配码><位置码><零件码>。

4. 船体零件编码示例(表 7-4)

表 7-4

零件编码	含　义
CB01/35F1	位于35#肋位的母材零件，进入部件名为35F的部装，而所成部件进入分段装配
CB01/35F21	位于35#肋位的从属材零件，进入部件名为35F的部装，而所成部件进入分段装配
CB01/35F61	位于35#肋位的散装零件，在分段装配时散装
CB01/35FB1	位于35#肋位的另一部件的母材零件，进入部件名为35FB的部装，而所成部件进入分段装配
CB01/E35FC1	位于35#肋位的又一部件的母材零件，进入部件名为E35FC的部装，而所成部件在船台散装
CB01/A3L2	位于纵向标号3的纵桁的母材零件，进入部件名为A3L的部装，而所成部件进入名为A的中组装，最后进入分段装配
CB01/A3L61	位于纵向标号3的纵桁的散装零件，在名为A的中组装配时散装
CB01/1D3P	位于层号为1的内底板的母材零件，先拼板，然后进入部件名为1D的部装，而所成部件进入分段装配
CB01/1D3SP	位于层号为1的内底板的右舷母材零件，先拼板，然后进入部件名为1D的部装，而所成部件进入分段装配
CB01/E1D71	位于层号为1的内底板的散装零件，直接在船台散装
CB01/1P	无位置码的(外板)零件，拼板后进入分段装配
CB01/1001	无位置码的(标准)零件，在分段装配时散装
CB01/A1002	无位置码的(标准)零件，在名为A的中组装配时散装

二、分段零件装配明细表生成

1. 分段零件装配明细表生成

要生成分段零件装配明细表，只需点击“零件装配明细表”按钮，即出现零件装配明细表生成对话框如图 7-4 所示：

在对话框的分段名选择框中选择要生成分段零件装配明细表的分段，系统即显示选定的分段的零件装配明细表。

零件装配明细表信息包括：

(1)类别。给出装配阶段。标记“部”表示部件装配，后续的各零件要装配成一个部件。标记“组”表示中组装或小分段装配，后续的各零部件要装配成一个中组装件或小分段。标记“段”表示分段装配，后续的各零部件要参加分段装配。标记“散”表示散装，其中装配名为字母“Z”的为总段散装，装配名为字母“E”的为船台(船坞)散装。

HZ分段零件装配明细表

分段名 HB01P　　图号

类别	装配名	零部件	名称及规格	P	M	S	材料	质量	初始工序	加工码	备注
部	71FB	1	15-700*1617	1			AH36	120			
		2	12.5-3569*1973	1			A	519			
		21	-150*12	1			A	15			
		22	-150*12	1			A	17			
		23	-150*12	1			A	18			
		24	-150*12	1			A	20			
		25	-150*12	1			A	20			
		26	-150*12	1			A	21			
部	71FC	1	12.5-3919*2087	1			A	682			
		21	-150*12	1			A	22			
		22	-150*12	1			A	23			
		23	-150*12	1			A	23			
		27	-150*12	1			A	22			
部	71FD	1	14-1958*737	1			A	77			
		21	200*14FB-2204	1			A	49			
		22	100*10FB-777	3			A	18			

生成xls表　　退出

图 7-4　分段零件装配明细表

按装配阶段，零件装配明细表可细分为部件装配表、中组件装配表、分段装配表和散装表。

(2)装配名。给出装配件的名字。参加该装配件的装配的零部件在以后不再出现，而作为以“装配名”命名的装配件参加以后的装配。

(3)零部件。给出参加该装配的零部件的名字。完整的零部件的名字需前缀“装配名”。

(4)名称及规格。给出零部件的材料规格。对板材零件，形式为：板厚 - 长度 * 宽度。对型材零件，形式为：型材规格 - 长度。对装配件，形式为：Assembly。

(5)PMS。分别给出零部件在左舷、船舯、右舷的数量。

(6)材料。给出零件的材料牌号。装配件没有此项信息。

(7)质量。给出零部件的总重量。单位为公斤。

初始工序。“初始工序”栏初始状态为空白。初始工序的含义由使用者规定。设计人员可在“初始工序”栏给出认为需要添加的信息。添加“初始工序”信息的操作参见以下“3. 添加附加信息”。

(8)加工码。“加工码”栏初始状态为空白。加工码的含义与 HDSHM 系统相同，由使用者规定。设计人员可在“加工码”栏给出认为需要添加的信息。添加的“加工码”信息，以后在零件展开时，将随同生成的板材零件文件和型材零件文件传递到 HDSHM 系统的零件库。

(9)备注。“备注”栏初始状态为空白。设计人员可在“备注”栏给出简短的说明。

如果要生成 xls 文件，可以在给出“图号”后点击“生成 xls”按钮。分段零件装配明细表的 xls 文件的文件名为：<分段名>_ASMB. xls，存放在工程文件下的 output 目录中。

2. 添加零件

如果在分段中有部分零件没有用本设计系统生成，但我们希望在分段零件装配明细表中

要反映这些零件,这时可采用"添加零件"的方法。

要添加零件,可事先在工程的 DATA 目录中编辑生成名为"PARTADD. DAT"的文件,在文件中给出要添加的零件的数据。数据格式如下:

<零件名>,<名称及规格>,<数量及对称性>,<材料牌号>

例如:

CB01/42F62,10-200 * 150,4PS,A

CB01/2D70,250 * 90 * 10 * 15A-1025,2S,A

表示添加一个板零件和一个型材零件。在<名称及规格>数据中,型材零件的型材规格必须满足该工程的型材规格标准。在<数量及对称性>数据中,先数量后对称性,对称性用字母 PS,P,S 或空分别表示左右对称,仅左,仅右,或船舯。<材料牌号>数据必须满足该工程的材质标准。

3. 添加附加信息

如果设计人员要在"初始工序"、"加工码"、"备注"等栏目给出简短的信息,只要点击该零部件的"初始工序"、"加工码"、"备注"等栏目,即可在该栏中键入附加的信息。系统会自动保存我们输入的附加信息(系统把我们输入的附加信息保存在工程的 DATA 目录中的名为"ASMBNOTE. DAT"的文件中),在生成 xls 文件或再次生成显示分段零件装配明细表时,可看到我们先前输入的附加信息。

SIKAOYULIANXI

一、判断题

1. 生成的船体报表存放在工程文件下的 output 文件夹内。 ( )
2. 生成船体报表前必须先确定出具体分段。 ( )
3. 所有的报表均是 xls 格式。 ( )
4. 含 Fi 的构件名表示是第 i 个板零件。 ( )
5. 分段零件装配明细表中 PMS 表示零部件在左舷、船舯、右舷的数量。 ( )

二、简答题

1. EFCSD 系统可以生产哪些船体报表?
2. 结构零件属性表给出了哪些属性信息?
3. 重量重心表包括哪些信息?
4. 船体零件完整的编码形式是什么?
5. 试说明各装配所对应的装配信息。
6. 试说明零件编码为 CB01/1D3SP 的装配含义。

第八章　提取 HDSHM 系统需要的数据

知识目标

1. 理解和掌握 HDSHM 系统需要的数据；
2. 理解和掌握曲面板缝数据的概念；
3. 理解和掌握曲面板描述数据及零件展开的方法。

能力目标

1. 掌握提取曲面板缝数据；
2. 掌握提取曲面板描述数据；
3. 能进行零件展开。

本船体结构设计系统主要用于建立船体结构模型，生成船体图纸。设计的船体要进行制造，还需要进行生产信息的制作。HDSHM 船体建造系统已很好地解决了零件的套料切割、曲面板零件的展开、弯曲加工、胎架等生产信息制作问题。把本船体结构设计系统与 HDSHM 船体建造系统连接起来，就能完美地解决船体的 CAD/CAM/CAPP。本船体结构设计系统具有数据提取的功能。使用数据提取功能，可以把船体模型展开成零件，为 HDSHM 船体建造系统提供已展开的零件，提供曲面板展开所必要的数据文件，使船体设计和制造一体化。

点击系统窗口的“数据提取”按钮，即出现如图 8-1 所示的下属的进行各种数据提取的按钮。

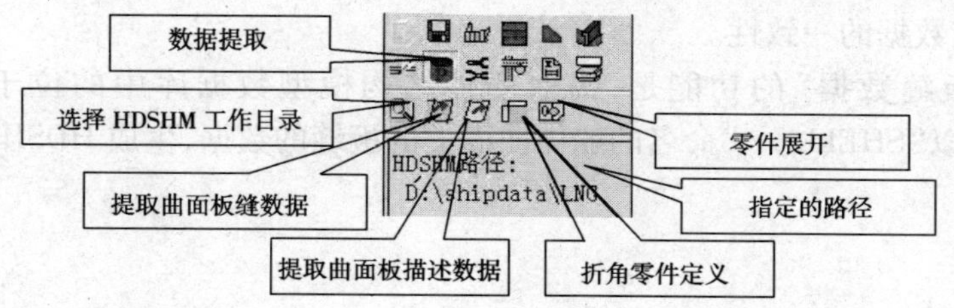

图 8-1　数据提取

目前有以下数据提取功能：

(1)选择 HDSHM 工作目录的功能；

(2)提取曲面板缝数据的功能；

(3)提取曲面板零件描述数据的功能；

(4)定义折角零件的功能；

(5)零件展开的功能。

第一节　设置 HDSHM 工作目录

必须首先指定一个文件夹，用来存放为 HDSHM 系统提取数据所生成的文件。

点击“数据提取”按钮，如果我们先前还未指定过文件夹，则系统直接弹出文件夹选择对话框。如果先前已指定过 HDSHM 文件夹，而想重新指定 HDSHM 文件夹，则可点击“选择 HDSHM 工作目录”按钮，使系统弹出文件夹选择对话框。在文件夹选择对话框中选择用来存放为 HDSHM 系统提取数据所生成的文件的目录。已指定的工作目录显示在按钮的下方。我们应核对显示的“HDSHM 路径”是否是所要求的路径。

如果指定的存放数据提取所生成的文件的工作目录不是实际上的 HDSHM 系统的产品目录，则应采取拷贝的方法不断把数据提取新生成的文件复制到真正的 HDSHM 系统的产品目录。

第二节 提取曲面板缝数据

一、功能

本船体结构设计系统通过曲面板架功能对船体曲面板缝和曲面板零件进行建模。但对除甲板曲面外的船体曲面板零件不提供零件展开等进一步操作的功能。因为对曲面板零件不是零件展开就够了，而且需要进行弯曲加工样板计算、胎架计算等。而 HDSHM 船体建造系统已很好地解决了曲面板零件的展开、弯曲加工、胎架计算等生产信息制作问题。因此，应该由 HDSHM 船体建造系统来处理曲面板零件的生产信息制作。

HDSHM 系统进行曲面板处理时首先需要生成曲面板缝。使用船体结构设计系统建模生成的船体曲面板缝可以传递到 HDSHM 船体建造系统，使在使用 HDSHM 系统进行曲面板处理时不再需要另外定义曲面板缝，这样不但可减少 HDSHM 系统进行曲面板处理的工作量和时间，而且保证了数据的一致性。

“提取曲面板缝数据”的功能是：提取船体结构模型数据库中的位于船体外壳曲面“SHELL”或其他以“SHELL_ * ”命名的船体曲面上的板缝的数据，生成 HDSHM 船体建造系统的板缝文件。

二、操作

点击“提取曲面板缝数据”按钮，系统弹出曲面板缝数据提取的对话框，如图 8-2 所示。

1. 板缝名

曲面板缝在船体模型中的名字。

2. 类型及所在曲面

指明该板缝的类型及所在曲面。板缝类型有 2 种：纵缝，柱缝。沿船长方向单值的并且纵向布置的板缝称为纵缝；沿船长方向不单值或仅跨越少量肋位的板缝称为柱缝。另有一种位于肋位面的板缝称为端缝，本系统不提取端缝的数据，因为在 HDSHM 系统中可以很方便地如同肋骨线那样生成端缝线并存放在肋骨线样条文件中。显示所在曲面是为了在多曲面的时候掌握板缝是在哪个船体曲面上定义的，便于选择。

3. 建造用名

建造用名是该板缝在 HDSHM 系统中使用的名字。在 HDSHM 系统中，纵缝只能是不超

过 4 位的正整数,柱缝只能是不大于 40 的正整数。而在本船体设计系统中对板缝名无此限制。因此,从本船体设计系统中提取板缝,必须换名成建造用名后才能为 HDSHM 系统所用。

曲面板缝数据提取

选择要提取的板缝:

序号	板缝名	类型及所在曲面	建造用名	选中
1	Z11	纵缝,SHELL	167	
2	Z110	纵缝,SHELL	168	
3	Z110A	纵缝,SHELL	169	
4	Z110B	纵缝,SHELL	170	
5	Z110C	纵缝,SHELL	171	
6	Z111	纵缝,SHELL	172	
7	Z111A	纵缝,SHELL	173	
8	Z111B	纵缝,SHELL	174	
9	Z11A	纵缝,SHELL	175	
10	Z11B	纵缝,SHELL	176	
11	Z120	纵缝,SHELL	177	
12	Z120A	纵缝,SHELL	178	
13	Z13	纵缝,SHELL	179	
14	Z130	纵缝,SHELL	180	

全选 确定 退出

图 8-2 曲面板缝数据提取

4. 选择要提取的板缝

点击板缝的“选中”栏,在“选中”栏中即出现符号“√”,表示该板缝被选中要提取板缝数据。如果想选中全部板缝,只要点击“全选”按钮,系统即在每个板缝的“选中”栏中自动设置符号“√”。如果想取消选中,只要在该板缝的“选中”栏再次点击,原先显示的符号“√”即消失。

5. 提取选中的板缝的数据

点击“确定”按钮,系统即提取“选中”栏中有符号“√”的板缝的数据,把提取的板缝数据按板缝的类型,分别存放在 HDSHM 系统的纵缝文件 LSEA2 * *. DAT 或柱缝文件 POST2 * *. DAT 中。

三、输入文件

提取曲面板缝数据时,通常要求我们在 HDSHM 工作目录中事先准备有外板肋位文件 CHARP * *. DAT,文件名中 * * 为 HDSHM 工作目录的最后 2 字符。文件格式可参见《HDSHM 外板系统使用说明书》。该文件给出了外板系统所使用的肋骨和端缝的肋位,以及对应的船长坐标。船长坐标通常是由考虑了焊接收缩的建造肋距而决定的。

当 HDSHM 工作目录中不存在外板肋位文件 CHARP * *. DAT 时,系统根据肋骨坐标定位数据和端缝定位数据自动生成外板肋位文件。但船长坐标没考虑焊接收缩。

因为外板肋位文件决定了纵缝文件中数据的存放位置,所以,通常不轻易修改外板肋位文件中的数据。如果外板肋位文件有修改,尤其是添加或删除了端缝的肋位数据,就必须重新提取全部曲面板缝。

四、输出文件

提取曲面板缝数据时，系统生成以下文件：

(1) HDSHM 系统的纵缝文件 LSEA2 * *. DAT。

该文件存放在 HDSHM 工作目录中。文件中，已把板缝名替换成建造用名。

(2) HDSHM 系统的柱缝文件 POST2 * *. DAT。

该文件存放在 HDSHM 工作目录中。文件中，已把板缝名替换成建造用名。

(3) 板缝名文件 SEAMNAME. DAT。

该文件存放在工程的 DATA 目录中。它保存我们对各板缝给出的建造用名，使在下次进入时，能显示板缝的建造用名。

第三节　提取曲面板描述数据

一、功能

提取船体结构模型数据库中的位于以"SHELL"或"SHELL_ *"命名的船体曲面上的曲面板零件的描述数据，生成 HDSHM 船体建造系统的曲面板零件描述文件 EXPAN * *. DAT。文件中，已根据板缝名与建造用名的对照表，把板缝名替换成建造用名。

从船体结构模型数据库中提取曲面板零件描述数据，使在使用 HDSHM 系统进行曲面板处理时不再需要另外定义曲面板零件描述文件。提取到曲面板缝和板零件数据后，马上就能用 HDSHM 外板系统展开曲面板零件，制作加工样板，以及其他外板加工装配信息的制作。这样不但可减少 HDSHM 系统进行曲面板处理的工作量和时间，而且保证了数据的一致性。

二、操作

点击"提取曲面板描述数据"按钮，系统弹出曲面板描述数据提取的对话框，如图 8-3 所示。

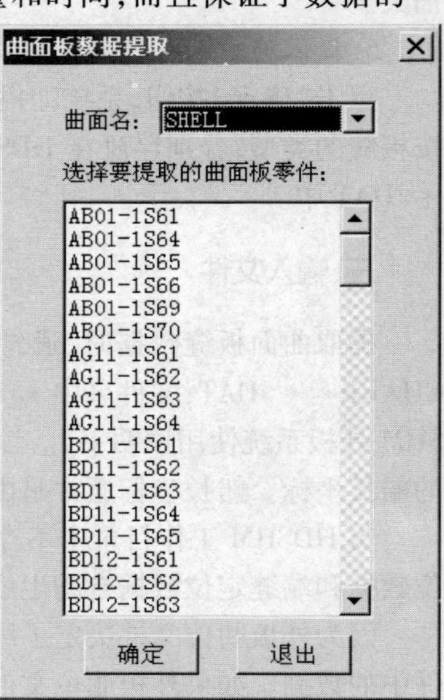

图 8-3　曲面板数据提取

1. 曲面名

在"曲面名"下拉框中选择曲面板零件所在的船体曲面的名字。系统即在板零件列表中列出在指定的船体曲面上的曲面板零件。

2. 选择要提取的曲面板零件

在板零件列表中选择要提取的曲面板零件。允许多选。

3. 提取曲面板零件

点击"确定"按钮，系统即提取选中的曲面板零件的描述数据，生成存放在 HDSHM 系统的曲面板零件描述文件 EXPAN * *. DAT。

如果在点击“确定”按钮前未选择任何零件，则系统会提示：你未选择要提取的零件，是否全部提取？此时选择“是”，则提取板零件列表中列出的全部曲面板零件的描述数据。

三、输入文件

提取曲面板零件描述数据时，要求我们事先准备有以下文件：

1. 外板肋位文件 CHARP * *. DAT

该文件在 HDSHM 工作目录中。给出了外板系统所使用的肋骨和端缝的肋位，及对应的船长坐标。当 HDSHM 工作目录中不存在该文件时，系统会提示：

…\\CHARP. DAT 不存在！必须先建立肋位船长文件。

2. 板缝名文件 SEAMNAME. DAT

该文件在工程目录中。在“提取曲面板缝数据”时生成。

当工程目录中不存在该文件时，系统会提示：

…\\SEAMNAME. DAT 不存在！必须先通过提取曲面板缝，建立该文件。

当文件中缺少被引用的板缝的建造用名时，系统会提示：

某板零件的某板缝未定义建造用名，提取该零件数据失败！

四、输出文件

提取曲面板零件描述数据时，系统生成以下文件：

HDSHM 系统的曲面板零件描述文件 EXPAN * *. DAT。

该文件存放在 HDSHM 工作目录中。文件中，已把板缝名替换成建造用名。如果该文件原先不存在，则生成。如果该文件原先已存在，则把新提取的曲面板零件描述数据添加到其中，并替换同名的零件的先前的数据。

第四节 折角零件定义

一、功能

在船体结构中，经常出现带折角的结构（不包括折边）。这些带折角的结构，处于几个不同的平面内，用平面板架的建模方法建成几个平面板架。在零件展开时，成为不同的零件。如果折角线是板缝，则以后沿折角线进行焊接。但是，在船体建造时，常常不以折角线为板缝，而是要求以折角线为拼接线把处于不同板架平面内的零件 2 拼接为一个折角零件。

在零件拼接时，其中一个零件称作“主零件”，另一个零件称作“从零件”。“主零件”就是在拼接时位置不变，并且拼接后零件名也不变的零件。“从零件”就是在拼接时要以折角线为轴进行旋转，旋转到主零件的平面，与主零件拼接的零件。拼接后原零件都被删除，而保留拼接后的新零件，并以主零件的名字命名，如图 8-4 所示。

可以进行多折角零件的拼接。

如果要拼接零件 P1,P2,P3,生成新零件 P1,则可以先把 P3 拼到 P2,再把新生成的 P2 拼到 P3。如果想让拼接后的零件名为 P2,可以先把 P1 拼到 P2,再把 P3 拼到新生成的 P2,如图 8-5 所示。

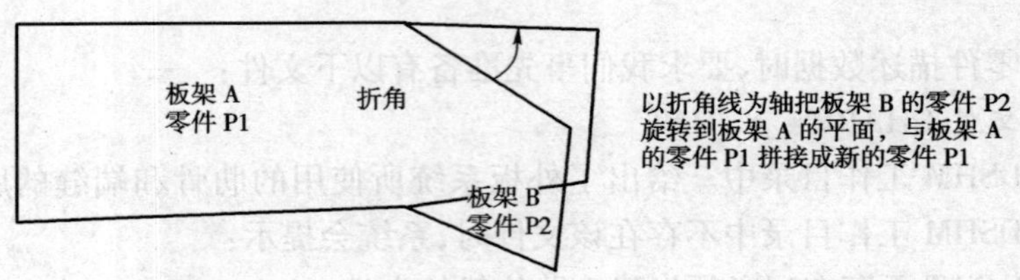

图 8-4　主从零件的拼接

“折角零件定义”功能就是让设计者输入需拼接的零件的零件名,生成拼接零件定义文件,存放在 HDSHM 工作目录中。

在船体模型中不进行零件拼接,但在“船体报表”的“零件装配明细表”中使用拼接后的新零件。在 HDSHM 系统中接收本船体设计系统生成的零件时,要根据这里定义的折角零件信息,实现零件的拼接。

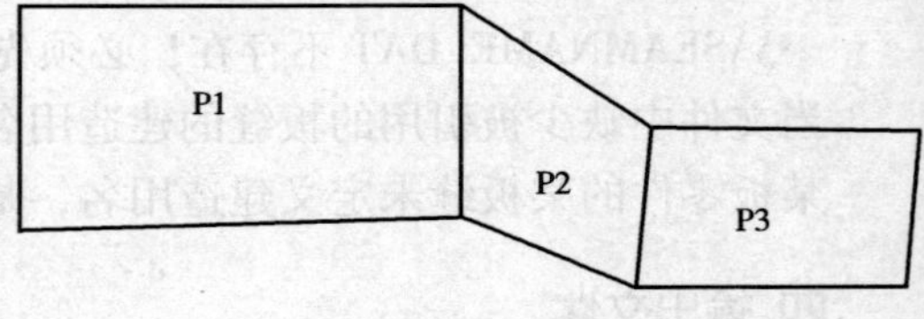

图 8-5　多折角拼接

二、操作

点击“折角零件定义”按钮,系统弹出折角零件定义的对话框,如图 8-6 所示。

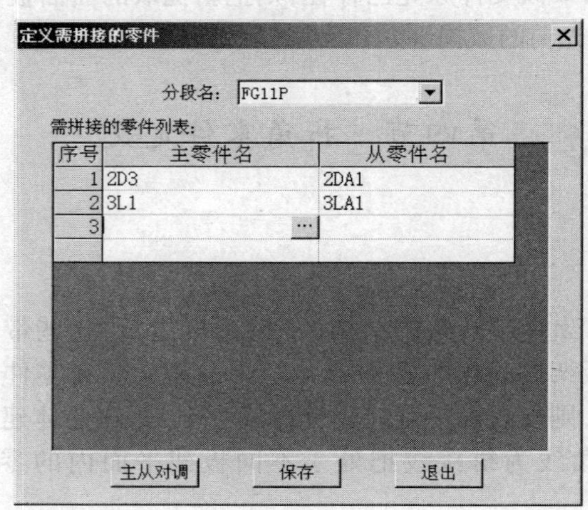

图 8-6　定义拼接零件

在“分段名”框中选择一个分段名,系统即在“需拼接的零件列表”中列出该分段已经定义的拼接零件的信息。设计者可编辑输入需拼接的零件的“主零件名”和“从零件名”。这里的

零件名中不含分段名代码段。如果单击“…”按钮,可通过从当前模型中选择需拼接的零件的实体图形来获取零件名。

“主零件名”和“从零件名”的顺序是十分重要的。如果想对调某一行的“主零件名”和“从零件名”,可以先用鼠标选中该行,然后单击“主从对调”按钮。

单击“保存”按钮,系统即把列表中的折角零件定义数据保存到拼接零件定义文件,存放在 HDSHM 工作目录。

三、拼接零件定义文件

拼接零件定义文件的文件名为:PARTCOMB. DAT

该文件存放整个船体工程全部需拼接的板材零件的拼接信息。每一行给出一个拼接信息,格式为:

主零件名　　从零件名

这里的零件名包含分段名代码段,例如:

FG11P/2D3　　FG11P/2DA1

本文件存放在 HDSHM 工作目录。

第五节　零件展开

一、功能

船体设计系统通过船体建模在计算机内建立了船体结构的电子模型。船体结构的电子模型除了浏览检查、转换生成船体图纸外，还能展开成零件，按分段分别生成板材零件数据文件和型材零件数据文件，提供给 HDSHM 船体建造系统，进行船体生产信息的制作。

本零件展开功能可展开除外板板零件外的其他 4 类船体构件:平面板架、肘板、曲面型材、甲板板。

展开的板材零件具有零件名、数量、材料牌号、外周线、内孔、划线、文字标注等信息。

展开的型材零件具有零件名、型材规格、材料牌号、区分左右舷正落反落的下料数量、长度、两端的切割参数。对有内孔或切口的零件还给出内孔或切口的下料数据。对需弯曲加工的零件还给出弯曲加工数据。

零件展开时,不考虑零件拼接和焊接收缩补偿。在 HDSHM 船体建造系统中,在接收转换零件数据文件生成零件库时,可进行零件拼接和焊接收缩补偿等处理。

二、操作

点击“零件展开”按钮,系统弹出零件展开的对话框,如图 8-7 所示。

在“分段名”框中选择一个要进行零件展开的分段。系统即在“待展开的构件”列表中列出该分段除外板板零件外的其他船体构件。所显示的船体构件名前有一数字,表示船体构件

的类型：

0 表示平面板架；

1 表示肘板；

2 表示曲面型材；

3 表示甲板板。

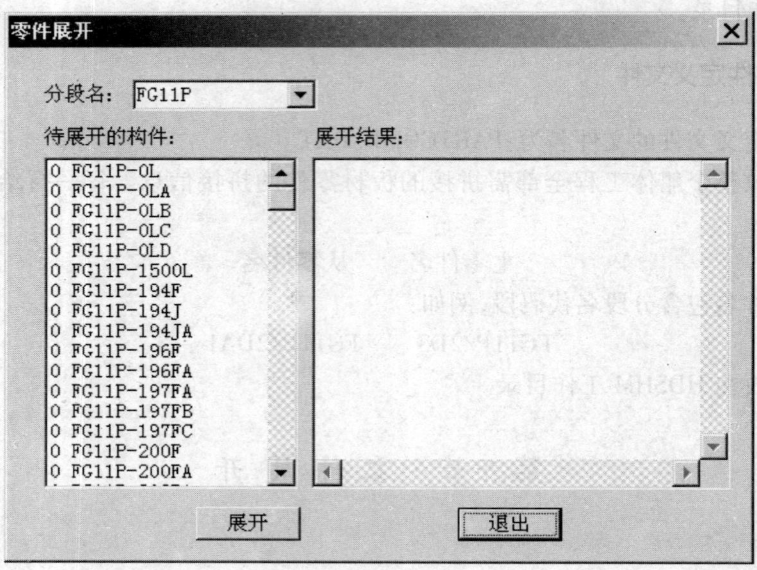

图 8-7　零件展开

在“待展开的构件”列表中选择一个或多个要展开的船体构件，单击“展开”按钮，系统即对选定的船体构件进行展开。如果想展开该分段全部船体构件，可不选择任何船体构件就单击“展开”按钮，系统在确认你是要展开全部船体构件后，展开列表中的全部船体构件。

每展开一个船体构件，就从“待展开的构件”列表中删除该船体构件，而在“展开结果”列表框中显示该构件已被处理的信息。如果该构件在展开过程中有错，系统会提示出错信息，供操作者进一步检查（表 8-1）。

执行“展开”操作后，在 HDSHM 工作目录中就生成了零件数据文件。在排除了各种展开错误后，应选择该分段的全部船体构件进行展开，使生成包含该分段全部零件的零件数据文件。以后在该分段有修改，修改完后也应选择该分段的全部船体构件进行展开。不然，零件数据文件中只包含部分的零件。

三、板材零件数据文件

板材零件数据文件的文件名为：PD－分段名.LST。

文件中每个零件是一个记录，其格式如下（在表述时采用的符号{ }表示数据段可出现多次，大括号后的数字给出可出现的次数）：

展开出错信息表

表 8-1

出错信息	应采取的措施
展开构件 <构件名> 出错！没定义过板零件	定义板零件。如果是废板架，则应删除
展开构件 <构件名> 出错！第 <序号> 个板零件边界出错	检查板架边界数据和板缝数据，看是否可能由于加放余量而造成板零件各边界即使延伸后也不能正确相交；检查是否改动了边界或板缝但没有同步修改板零件
展开构件 <构件名> 出错！在板缝上不应出现单侧内孔	对称板架允许开设单侧内孔，但不能开设在板缝上。如果需在板缝上开设单侧内孔，应把对称板架拆分成左右 2 个板架分别建模
展开构件 <构件名> 出错！不能正确生成第 <序号> 个切口的样条	检查切口的位置是否正确；检查所在的边界是否加了过大的余量（一般不宜加余量，尤其是超过 50 的余量）
展开构件 <构件名> 出错！不能正确生成第 <序号> 个边界孔的样条	同上
展开构件 <构件名> 出错！这是一个不正确的肘板	检查肘板定义是否正确
展开构件 <构件名> 出错！边界不封闭	检查甲板边界定义是否正确
展开构件 <构件名> 出错！找不到甲板曲面	可能甲板曲面已被换名或删除
展开构件 <构件名> 出错！缺少零件名	零件展开时零件名不能为空。应添加零件名
出错！型材零件 <零件名> 与同名的其他零件长度不同	不同位置的型材零件在长度、规格、材料牌号、端部参数都相同时允许同名。但只要有不同就不能取相同的零件名。要知道有哪些零件与其同名，可通过“查找同性对象”的方法获取
出错！型材零件 <零件名> 与同名的其他零件规格不同	同上
出错！型材零件 <零件名> 与同名的其他零件材料牌号不同	同上
出错！型材零件 <零件名> 与同名的其他零件端部参数不同	同上

<内部对象名> <生产用零件名>
<坐标系信息>
<材料牌号> <位置> <板厚> <面积> [<加工码>]
OUTCONTOUR
  <样条>
{ NOTE
  <个数 n>
  { <角度> <uv 坐标> <字符串> } n
} 0 – 1
{ INNER HOLE

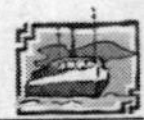

<内孔属性>

<样条>

} 0 – m

{ MARKING LINE

<划线属性>

<样条>

} 0 – m

其中：<内部对象名>是该零件在船体设计系统中的标识；

<生产用零件名>是按工厂零件编码规则给零件取的名字；

<坐标系信息>共 7 个实数，有以下四种表示形式：

1 x 0. 0. 0. 0. 0.　　定位在船长坐标 x 的横剖面零件

2 y 0. 0. 0. 0. 0.　　定位在宽度坐标 y 的纵剖面零件

3 z 0. 0. 0. 0. 0.　　定位在高度坐标 z 的水平面零件

4 x y z α1 α2 α3　　定位在原点为 x y z，欧拉角为 α1 α2 α3 的任意平面中的零件

<位置>是整数，0 表示左右对称零件，1 表示仅左，12 表示仅右，……；

OUTCONTOUR 数据段给出零件的外轮廓；

NOTE 数据段给出要在零件上标注的文字，例如余量；

INNER HOLE 数据段给出零件的内孔，这里，<内孔属性>为 0 表示不分左右舷，1 表示仅左，2 表示仅右，<样条>给出内孔的形状；

MARKING LINE 数据段给出零件上的划线，这里，<划线属性>为 1 表示在正面划线，2 表示在反面划线，<样条>给出内孔的形状。

四、型材零件数据文件

型材零件数据文件的文件名为：MS – 分段名. LST。

型材零件数据文件可取代型材零件下料草图，直接用于型材零件下料。但通常在 HDSHM 系统中以本型材零件数据文件为依据，另转换生成中文的以尺寸代替角度的型材零件下料表，用于型材零件下料。

SIKAOYULIANXI

判断题

1. 利用 EFCSD 系统的数据提取功能，可以把模型展开成零件，实现船体设计和制造的一体化。（　）

2. HDSHM 和 EFCSD 是一家公司开发的软件，因此具有相同的平台和很好的数据共享性。（　）

参考文献

[1] 王勇毅.计算机辅助船体建造[M].北京:人民交通出版社,1995.
[2] 邹劲.计算机辅助船舶设计[M].哈尔滨:哈尔滨工程大学出版社,2002.
[3] (澳)O.F.休斯.船舶结构设计[M].广州:华南理工大学出版社,1988.
[4] 杨槱.计算机辅助船舶设计[M].上海:上海交通大学出版社,1985.
[5] 邹劲.计算机辅助船舶制造[M].哈尔滨:哈尔滨工程大学出版社,2003.
[6] 刘向东.船舶结构与强度设计[M].北京:人民交通出版社,2006.